■ 国家古籍整理出版专项经费资助项目

# 新疆
## 历史古籍提要

策划：黄晓新

主编：李方　　副主编：施新荣

中国书籍出版社
China Book Press

图书在版编目（CIP）数据

新疆历史古籍提要 / 李方主编. -- 北京：中国书籍出版社，2019.9
ISBN 978-7-5068-7432-8

Ⅰ.①新… Ⅱ.①李… Ⅲ.①新疆—地方史—古籍—提要 Ⅳ.①Z838

中国版本图书馆CIP数据核字(2019)第239146号

### 新疆历史古籍提要

李方　主编

| | |
|---|---|
| 责任编辑 | 李国永　王志刚　王星舒 |
| 责任印制 | 孙马飞　马　芝 |
| 封面设计 | 东方美迪 |
| 出版发行 | 中国书籍出版社 |
| 地　　址 | 北京市丰台区三路居路97号（邮编：100073） |
| 电　　话 | （010）52257143（总编室）　（010）52257140（发行部） |
| 电子邮箱 | eo@chinabp.com.cn |
| 经　　销 | 全国新华书店 |
| 印　　刷 | 三河市顺兴印务有限公司 |
| 开　　本 | 787毫米×1092毫米　1/16 |
| 字　　数 | 350千字 |
| 印　　张 | 25.25 |
| 版　　次 | 2019年11月第1版　2019年11月第1次印刷 |
| 书　　号 | ISBN 978-7-5068-7432-8 |
| 定　　价 | 98.00元 |

版权所有　翻印必究

# 凡 例

一、本提要是2017年国家古籍整理出版专项经费资助项目，以《新疆文库》子项目《新疆历史文献综录》为基础，选择其中比较重要的新疆历史古籍文献予以简要介绍。

二、本提要选取上启先秦，下迄1911年的新疆历史文献，民国及现代发掘、汇集的1911年前的新疆历史文献资料也在选取之列，惟纯研究著作不包括在内。

三、提要选取的文种限于汉文文献，民族文献暂不收入。外国有关新疆历史记载的文献翻译成中文者，则酌情收入。

四、提要选取的文献类型包括正史、类书、志书、方略、奏稿、族谱、家谱、文牍、档案、传记、文集、考古、探险报告、游记、文书、碑刻、墓志、简牍、壁画、图录、舆图，等等。有正式出版物，也有未出版者。

五、本提要文献的内容，包括政治、经济、军事、文化、生活、地理、环境、民族、人物等方面。

六、提要原则上以一种（本）文献为一个条目，多名称者在条目中说明，相关的未能入选的文献在条目中附带说明。

七、每个条目的构成，大体由三个部分组成：一是出版及版本情况，二是作者生平及著作信息，三是文献主要内容及价值。

八、提要编排的形式，取每个条目首字的拼音字母，按汉语拼音字母的顺序进行排列。

# 目 录

| | |
|---|---|
| 凡例 | 1 |
| 1906—1908 年马达汉西域考察图片集 | 1 |
| 1910，莫理循中国西北行 | 1 |

## A

| | |
|---|---|
| 阿文成公行述 | 2 |
| 阿文成公年谱 | 3 |
| 遨游回疆纪略 | 3 |

## B

| | |
|---|---|
| 八编类纂 | 4 |
| 巴楚州乡土志 | 4 |
| 百年前走进中国西部的芬兰探险家自述： | |
| 马达汉新疆考察纪行 | 5 |
| 拜城县乡土志 | 5 |
| 班定远平西域 | 6 |
| 北京大学图书馆藏稀见方志丛刊 | 7 |
| 北使记 | 7 |
| 北征日记 | 8 |
| 边疆边务资料初编·西北边务 | 8 |
| 边疆方志文献初编·西北边疆 | 9 |
| 边疆史地文献初编·西北边疆 | 10 |
| 边政考（《全陕边政考》） | 10 |
| 编年史 | 11 |

| | |
|---|---|
| 别夫佐夫探险记 | 12 |
| 冰岭纪程 | 12 |
| 柏朗嘉宾蒙古行纪鲁布鲁克东行纪 | 12 |
| 伯希和库车地区考古笔记 | 13 |
| 伯希和西域探险记 | 13 |
| 伯希和西域探险日记（1906—1908） | 14 |
| 补过斋文牍 | 14 |

## C

| | |
|---|---|
| 曹全碑 | 15 |
| 册府元龟 | 16 |
| 岑参西域诗新释 | 17 |
| 岑嘉州集 | 17 |
| 岑嘉州诗 | 18 |
| 曾惠敏公全集 | 19 |
| 查新疆司库银圆、砂金、条金、折稿奏议 | |
| | 19 |
| 昌吉县乡土图志 | 20 |
| 昌吉县乡土志 | 21 |
| 长城外的中国西部地区 | 21 |
| 长春真人西游记 | 22 |
| 陈竹山文集 | 23 |
| 池北偶谈 | 24 |
| 出关记 | 24 |
| 出塞纪略 | 25 |
| 出戍诗话 | 25 |

1

| | | | |
|---|---|---|---|
| 穿过亚洲 | 27 | 敦煌杂钞 | 51 |
| 穿越塔克拉玛干 | 27 | 多桑蒙古史 | 52 |
| 吹芦小草 | 27 | 多岁堂集 | 52 |
| 椿园遗诗 | 28 | | |
| 从军杂记 | 29 | | |
| 从罗布沙漠到敦煌 | 30 | **E** | |
| 从西纪略 | 30 | 俄人康穆才甫斯基游记 | 54 |
| 从伊宁越过天山向罗布淖尔前进 | 30 | 额鲁特行程日记 | 54 |
| 重返和田绿洲 | 31 | 鄂本笃访契丹记 | 54 |
| 爨馀诗钞 | 31 | 鄂多立克东游录 | 55 |
| | | 二十四史西域史料汇编 | 56 |

**D**

| | | | |
|---|---|---|---|
| 鞑靼千年史 | 33 | **F** | |
| 大谷文书集成 | 33 | 芬兰东方收集品手册 | 57 |
| 大明会典 | 35 | 奉使俄罗斯行程录 | 58 |
| 大清会典 | 35 | 奉使库车琐记 | 58 |
| 大清会典事例 | 36 | 佛国记 | 59 |
| 大清一统志 | 36 | 孚远县乡土志 | 59 |
| 大唐西域记 | 37 | 阜康县乡土志 | 60 |
| 大唐西域求法高僧传校注 | 38 | | |
| 啖蔗轩全集 | 39 | **G** | |
| 荡平准部记 | 40 | | |
| 德荫堂集 | 40 | 甘肃省城自兰泉驿起至新疆路程 | 61 |
| 迪化县乡土志 | 42 | 高昌壁画菁华 | 62 |
| 地方志·书目文献丛刊 | 42 | 高昌故城及其周边地区的考古工作报告 | |
| 调查新疆府厅州县各属诸矿产说明 | 43 | （1902-1903年冬季） | 63 |
| 东方五史 | 44 | 高昌某氏残谱 | 64 |
| 东归日记 | 45 | 高居诲使于阗记 | 64 |
| 东归日记 | 46 | 高僧传 | 65 |
| 东还纪略 | 46 | 恭审张格尔口供 | 66 |
| 东汉会要 | 46 | 古代和阗：中国新疆考古发掘的详细报告 | |
| 杜环经行记 | 48 | | 66 |
| 度岭吟 | 48 | 古代中亚各民族历史资料集 | 66 |
| 敦煌随笔 | 49 | 古今图书集成 | 67 |
| 敦煌吐鲁番文献集成 | 50 | 古突厥文献西域史料辑录 | 68 |

| | |
|---|---|
| 贯酸斋诗集 | 69 |
| 光绪哈密直隶厅乡土志 | 69 |
| 光绪和阗直隶州乡土志 | 70 |

## H

| | |
|---|---|
| 哈密志 | 71 |
| 哈萨克逃人案目录 | 71 |
| 海棠仙馆诗集 | 72 |
| 海屯行纪 | 73 |
| 海外敦煌吐鲁番文献见知录 | 74 |
| 汉晋西陲木简汇编初编、二编 | 75 |
| 汉书·西域传补注 | 76 |
| 汉西域诸国图 | 76 |
| 河海昆仑录 | 77 |
| 荷戈纪程 | 78 |
| 恒一堂文稿 | 78 |
| 红山碎叶 | 79 |
| 洪北江全集 | 80 |
| 洪亮吉新疆诗文 | 82 |
| 后汉书·大秦国传补注 | 82 |
| 呼图壁乡土志 | 82 |
| 壶舟诗存 | 83 |
| 湖滨补读庐丛刻 | 84 |
| 宦游讯鲜录 | 84 |
| 荒漠寻宝 | 85 |
| 荒原的召唤 | 85 |
| 皇朝藩部要略 | 85 |
| 皇明象胥录 | 86 |
| 皇清职贡图 | 87 |
| 皇舆考 | 89 |
| 回疆纪略 | 89 |
| 回疆通志 | 90 |
| 回疆闻见小录 | 91 |
| 回疆杂记 | 91 |
| 回疆志 | 91 |

| | |
|---|---|
| 惠生行纪 | 92 |

## J

| | |
|---|---|
| 集异记 | 92 |
| 纪文达公遗集 | 93 |
| 继世纪闻 | 94 |
| 继业西域行程 | 94 |
| 伽师县乡土志 | 95 |
| 贾耽四道记 | 96 |
| 坚白石斋诗集 | 96 |
| 睫闇诗钞 | 97 |
| 金台集 | 97 |
| 经国雄略 | 98 |
| 经遗堂全集 | 99 |
| 精河直隶厅乡土志 | 100 |
| 静怡轩诗草 | 101 |
| 居易堂诗集 | 101 |
| 橘瑞超西行记 | 102 |
| 沮渠安周造佛寺碑 | 103 |
| 军机处满文准噶尔使者档译编 | 104 |

## K

| | |
|---|---|
| 喀喇沙尔事宜 | 105 |
| 喀什噶尔赴墨克道里记 | 105 |
| 喀什噶尔略节事宜 | 106 |
| 喀什噶尔英吉沙尔事宜 | 106 |
| 喀什噶尔志 | 107 |
| 喀什噶利亚 | 107 |
| 卡尔梅克史诸汗简史 | 108 |
| 戡定新疆记 | 109 |
| 康里巎巎书述笔法 | 109 |
| 柯坪分县乡土志 | 110 |
| 科布多史料辑存 | 110 |
| 库车直隶州乡土志 | 111 |

| | | | |
|---|---|---|---|
| 库尔喀喇乌苏直隶厅乡土志 | 112 | 马文升三记 | 132 |
| 昆仑旅行日记 | 113 | 满文土尔扈特档案译编 | 133 |
| | | 蒙古新疆旅行日记 | 133 |
| | | 蒙兀儿史记 | 134 |

## L

| | | | |
|---|---|---|---|
| | | 濛池行稿 | 135 |
| 拉失德史 | 114 | 米撒儿行记 | 136 |
| 兰泉诗稿 | 115 | 明实录新疆资料辑录 | 136 |
| 离乡曲 | 115 | 某氏族谱 | 137 |
| 历代日记丛钞 | 116 | 穆天子传 | 138 |
| 历代西域散文选注 | 116 | | |
| 历代西域诗钞 | 117 | ## N | |
| 历代西域屯垦戍边诗词选注 | 117 | | |
| 立厓诗钞 | 117 | 南疆勘垦日记 | 139 |
| 丽则堂诗钞 | 118 | 内府舆图 | 139 |
| 利玛窦中国札记 | 118 | 内外蒙古汗王公扎萨克衔名表 | 140 |
| 联魁新疆奏稿 | 120 | 宁远县乡土志 | 141 |
| 林则徐全集 | 120 | | |
| 刘昌纪功碑 | 122 | ## P | |
| 刘平国石刻 | 122 | | |
| 刘襄勤公奏稿 | 123 | 帕米尔辑略 | 142 |
| 楼兰 | 124 | 帕米尔历险记 | 142 |
| 楼兰汉文简纸文书集成 | 124 | 裴岑纪功碑 | 143 |
| 楼兰新发现木简纸文书考释 | 125 | 裴行俭神道碑 | 144 |
| 路经楼兰 | 126 | 皮山县乡土志 | 144 |
| 轮台县乡土志 | 127 | 平定准噶尔方略 | 145 |
| 轮台杂记 | 127 | 平番始末 | 146 |
| 罗布泊探秘 | 128 | 平回志 | 146 |
| 罗布淖尔考古记 | 128 | 蒲犁厅乡土志 | 147 |
| 洛浦县乡土志 | 129 | | |
| 落帆楼文稿 | 130 | ## Q | |

## M

| | | | |
|---|---|---|---|
| 马达汉西域考察日记：穿越亚洲——从里海到北京的旅行 1906—1908 | 131 | 祁氏世谱 | 148 |
| | | 祁韵士新疆诗文 | 148 |
| | | 奇台县乡土志 | 148 |
| 马哥孛罗游记 | 131 | 乾隆朝满文寄信档译编 | 149 |
| | | 乾隆御笔平定西域战图十六咏并图 | 150 |

| 条目 | 页码 |
|---|---|
| 遣戍伊犁日记 | 152 |
| 钦定大清会典则例 | 152 |
| 钦定河源纪略 | 153 |
| 钦定皇舆西域图志 | 154 |
| 钦定回疆则例 | 155 |
| 钦定平定回疆剿捦逆裔方略 | 156 |
| 钦定平定陕甘新疆回匪方略 | 156 |
| 钦定外藩蒙古回部王公表传 | 157 |
| 钦定西域同文志 | 158 |
| 钦定新疆识略 | 159 |
| 钦定续纂外藩蒙古回部王公表传 | 160 |
| 亲征平定朔漠方略 | 160 |
| 青楼集 | 161 |
| 青箱堂诗集 | 162 |
| 清代军机处满文熬茶档 | 162 |
| 清代西迁新疆察哈尔蒙古满文档案译编 | 163 |
| 清代新疆稀见史料汇辑 | 164 |
| 清代准噶尔史料初编 | 165 |
| 清季外交史料 | 165 |
| 《清实录》新疆资料辑录丛书 | 166 |
| 清实录中俄关系资料汇编 | 167 |
| 清实录准噶尔史料摘编 | 167 |
| 清史稿 | 167 |
| 全后汉文 | 168 |

## R

| 条目 | 页码 |
|---|---|
| 日本宁乐美术馆藏吐鲁番文书 | 169 |
| 戎旃遣兴草 | 170 |
| 瑞芍轩诗钞 | 171 |
| 婼羌县乡土志图 | 172 |
| 婼羌县乡土志 | 173 |

## S

| 条目 | 页码 |
|---|---|
| 萨恪僼公诗集 | 174 |
| 塞北纪程 | 175 |
| 塞程别纪 | 175 |
| 塞外纪程 | 176 |
| 塞外纪闻 | 176 |
| 塞外见闻录 | 176 |
| 塞外录 | 177 |
| 塞垣吟草 | 177 |
| 三州辑略 | 178 |
| 沙哈鲁遣使中国记 | 179 |
| 沙埋和阗废墟记 | 179 |
| 沙雅县乡土志 | 179 |
| 沙州伊州地志 | 180 |
| 沙洲都督府图经（残卷） | 181 |
| 莎车府乡土志 | 181 |
| 莎车府志 | 182 |
| 莎车纪行 | 182 |
| 山海经 | 183 |
| 陕甘总督奏稿 | 184 |
| 鄯善县乡土志 | 184 |
| 上海博物馆藏敦煌吐鲁番文献 | 185 |
| 尚书 | 186 |
| 神策军碑 | 187 |
| 圣武记 | 188 |
| 识小录 | 188 |
| 适斋居士集 | 189 |
| 释迦方志 | 191 |
| 首都图书馆藏稀见方志丛刊（30） | 192 |
| 殊翁合编 | 192 |
| 疏勒府乡土志 | 192 |
| 双溪醉隐集 | 193 |
| 双砚斋诗钞 | 194 |
| 水经注 | 195 |
| 朔方备乘 | 195 |
| 丝绸之路 | 196 |
| 丝绸之路上的外国魔鬼 | 196 |
| 丝绸之路资料汇钞·清代部分 | 196 |

| | | | |
|---|---|---|---|
| 丝路探险记 | 197 | 陶庐文集 | 220 |
| 斯坦因第三次中亚考古所获汉文文献（非佛经部分） | 197 | 天山客话 | 221 |
| | | 天山南北路考略 | 221 |
| 斯坦因第三次中亚探险所获甘肃新疆出土汉文文书：未经马斯伯乐刊布的部分 | 198 | 天山游记 | 222 |
| | | 帖木儿帝国 | 222 |
| 斯坦因第四次新疆探险档案史料 | 199 | 铁画楼诗续钞 | 223 |
| 斯坦因第四次中国考古日记考释：英国牛津大学藏斯坦因第四次中亚考察旅行日记手稿整理研究报告 | 200 | 听雪集 | 224 |
| | | 听园西疆杂述诗 | 225 |
| | | 通典 | 226 |
| 斯坦因所获吐鲁番文书研究 | 201 | 通鉴本末纪要 | 228 |
| 斯坦因中国探险手记 | 203 | 通鉴纪事本末 | 228 |
| 松筠新疆奏稿 | 203 | 突厥世系 | 230 |
| 宋会要辑稿 | 203 | 突厥稀见史料辑成：正史外突厥文献集萃 | |
| 宋云行纪 | 204 | | 230 |
| 绥定县乡土志 | 205 | 吐鲁番出土高昌文献编年 | 231 |
| 绥来县乡土志 | 206 | 吐鲁番出土唐代文献编年 | 231 |
| 隋唐五代墓志汇编·新疆卷 | 207 | 吐鲁番出土文书 | 233 |
| 随园诗话 | 208 | 吐鲁番出土砖志集注 | 234 |
| | | 吐鲁番考古记 | 235 |
| **T** | | 吐鲁番文书总目（欧美收藏卷） | 236 |
| | | 吐鲁番文书总目（日本收藏卷） | 236 |
| 塔城二十五年司牙仔中俄属互控已结案件清册 | 210 | 吐鲁番直隶厅乡土志 | 237 |
| 塔城直隶厅乡土志 | 210 | 柝游闻见录 | 238 |
| 塔尔巴哈台事宜 | 211 | | |
| 塔尔巴哈台沿革考 | 212 | **W** | |
| 塔尔巴哈台志略 | 212 | | |
| 塔里木河考 | 213 | 晚晴簃诗汇 | 238 |
| 踏勘尼雅遗址 | 213 | 万里行程记 | 239 |
| 太平寰宇记 | 213 | 万里游草 | 239 |
| 太平御览 | 215 | 王方翼神道碑 | 240 |
| 谭文勤公奏稿 | 216 | 往五天竺国传 | 240 |
| 唐大诏令集 | 217 | 惟清斋全集 | 241 |
| 唐会要 | 217 | 维吾尔族史料简编（上、下） | 242 |
| 唐书·西域传注 | 218 | 味道轩集 | 242 |
| 唐写本《论语郑氏注》及其研究 | 219 | 味根山房诗钞 | 243 |
| | | 温宿府乡土志 | 244 |

| | | | | |
|---|---|---|---|---|
| 温宿县乡土志 | 245 | 西突厥史料 | 267 |
| 文献通考 | 245 | 西游录 | 268 |
| 我的探险生涯 | 247 | 西域碑铭录 | 269 |
| 乌鲁木齐事宜 | 247 | 西域地理图说 | 270 |
| 乌鲁木齐守城纪略 | 248 | 西域番国志 | 270 |
| 乌鲁木齐杂诗 | 249 | 西域风景诗一百首 | 271 |
| 乌鲁木齐政略 | 249 | 西域风土记 | 271 |
| 乌什事宜 | 250 | 西域行程记 | 272 |
| 乌什直隶厅乡土志 | 250 | 西域回部图 | 273 |
| 悟空入竺记 | 251 | 西域考古录 | 273 |
| | | 西域考古图记 | 274 |
| | | 西域考古图谱 | 274 |

## X

| | | | |
|---|---|---|---|
| | | 西域南八城纪略 | 275 |
| 西北边域考 | 252 | 西域三种 | 276 |
| 西北界俄国逃人案目录 | 252 | 西域僧锁喃嚷结传 | 276 |
| 西北域记 | 252 | 西域诗十二首 | 277 |
| 西伯利亚日记·突厥草原游牧民族 | 253 | 西域水道记 | 278 |
| 西陲纪略 | 253 | 《西域水道记》校补残本 | 278 |
| 西陲纪游 | 254 | 西域土地人物略·西域土地人物图 | 279 |
| 西陲事略 | 256 | 西域闻见录 | 280 |
| 西陲竹枝词 | 256 | 西域舆图 | 281 |
| 西陲总统事略 | 257 | 西域志 | 282 |
| 西陲要略 | 258 | 西辕琐记 | 282 |
| 西番事迹 | 258 | 西征纪略 | 283 |
| 西蕃记 | 259 | 西征纪略 | 283 |
| 西汉会要 | 259 | 西征录 | 283 |
| 西行草 | 261 | 西征录 | 284 |
| 西行纪程 | 261 | 西征日记 | 286 |
| 西行日记 | 262 | 西征往返纪程 | 286 |
| 西行日记 | 262 | 西征续录 | 287 |
| 西行琐录 | 263 | 西州使程记 | 287 |
| 西疆交涉志要 | 263 | 西州图经 | 288 |
| 西路防剿（光绪四年） | 264 | 西陬牧唱词 | 288 |
| 西路防剿（光绪二年） | 265 | 希腊史残卷 | 289 |
| 西使记 | 266 | 息园诗存 | 290 |
| 西天路竟 | 266 | 夏湘人出塞日记 | 291 |

7

| | | | |
|---|---|---|---|
| 限制新疆俄人贩卖牲畜案 | 291 | 新疆图志·国界志 | 313 |
| 向日堂诗集 | 292 | 新疆图志·艺文志 | 313 |
| 辛亥定变纪略 | 293 | 新疆屯田奏稿 | 314 |
| 辛亥抚新纪程 | 293 | 新疆外交报告表 | 314 |
| 辛卯侍行记 | 293 | 新疆外交说明书 | 314 |
| 新出吐鲁番文书及其研究 | 294 | 新疆乡土志稿 | 315 |
| 新获吐鲁番出土文献 | 295 | 新疆乡土志稿二十九种 | 316 |
| 新疆兵事志 | 296 | 新疆小正 | 316 |
| 新疆财政现在得数说明 | 296 | 新疆学务公所开办章程 | 317 |
| 新疆大记 | 297 | 新疆巡抚饶应祺稿本文献集成 | 317 |
| 新疆俄领事会讯回民案 | 298 | 新疆巡警章程折稿 | 318 |
| 新疆俄人贩运牲茶案 | 299 | 新疆伊犁乱事本末 | 319 |
| 新疆访古录 | 299 | 新疆咨议局筹办处第一次报告书 | 319 |
| 新疆赋 | 299 | 新疆奏折 | 320 |
| 新疆古佛寺：1905—1907年考察成果 | 300 | 新畺志稿 | 320 |
| 新疆国界图志 | 300 | 新镌徽版音释评林全像班超投笔记 | 321 |
| 新疆回部纪略 | 301 | 新平县乡土志 | 321 |
| 新疆纪略 | 302 | 新省购办军械案 | 322 |
| 新疆纪事诗 | 302 | 新省善后销案汇编 | 323 |
| 新疆建置志 | 303 | 行程日记 | 324 |
| 新疆疆域总叙 | 303 | 胥园诗钞 | 324 |
| 新疆喀什噶尔中俄南段交界图 | 304 | 徐星伯先生事辑 | 325 |
| 新疆勘界公牍汇钞 | 304 | 许文肃公遗稿 | 326 |
| 新疆礼俗志 | 305 | 续文献通考 | 326 |
| 新疆沙漠游记 | 305 | 宣统哈密直隶厅乡土志 | 327 |
| 新疆山脉志 | 306 | 宣统和阗直隶州乡土志 | 328 |
| 新疆设行省议 | 306 | 玄奘传（大慈恩寺三藏法师传） | 329 |
| 新疆省乡土志三十种 | 307 | | |
| 新疆诗文存志 | 307 | **Y** | |
| 新疆收回伊犁八城中俄分界图 | 308 | | |
| 新疆四道志 | 309 | 焉耆府乡土志 | 330 |
| 新疆四赋 | 309 | 严廉访遗稿 | 331 |
| 新疆条例说略 | 310 | 研究俄约关于新疆人民国籍问题议案 | 332 |
| 新疆通商案 | 310 | 盐铁论 | 332 |
| 新疆图说 | 311 | 衍庆堂诗稿 | 333 |
| 新疆图志 | 312 | 杨和神道碑 | 335 |

| | | | |
|---|---|---|---|
| 叶城县乡土志 | 335 | 元和郡县图志 | 358 |
| 叶尔羌守城纪略 | 336 | 元秘史山川地名考 | 359 |
| 叶栘纪程 | 337 | 元尚居汇刻三赋 | 360 |
| 一飞诗钞 | 337 | 《元史》地名考 | 360 |
| 一个外交官夫人对喀什噶尔的回忆 | 338 | 《元史》译文证补 | 361 |
| 伊本·白图泰游记 | 338 | 元史地理通释 | 363 |
| 伊江百咏 | 339 | 元西域三藩年表 | 363 |
| 伊江别录 | 340 | 岳容斋诗集 | 364 |
| 伊江汇览 | 340 | 阅微草堂笔记 | 365 |
| 伊江集载 | 341 | | |
| 伊江杂咏 | 342 | | |
| 伊犁定约中俄谈话录 | 343 | **Z** | |
| 伊犁府乡土志 | 344 | 泽雅堂文集 | 366 |
| 伊犁纪行 | 344 | 泽雅堂诗二集 | 367 |
| 伊犁禁俄人贩牲畜米粮案 | 345 | 湛然居士文集 | 368 |
| 伊犁略志 | 345 | 贞松堂藏西陲秘籍丛残 | 368 |
| 伊犁三种 | 346 | 镇西厅乡土志 | 369 |
| 伊犁试办钱法案 | 346 | 征西纪略 | 370 |
| 伊犁文档汇钞 | 347 | 知还书屋诗钞 | 371 |
| 议覆伊犁添设孳生牧厂试办章程 | 347 | 职贡图 | 372 |
| 异域归忠传 | 348 | 止止轩诗稿 | 374 |
| 异域录 | 348 | 至正集 | 374 |
| 异域竹枝词 | 349 | 中俄边界条约集 | 375 |
| 易简斋诗钞 | 350 | 中俄国境勘界交涉及俄人劫毙中国人等案 | |
| 英国国家图书馆藏敦煌西域藏文文献 | 351 | | 376 |
| 英吉沙尔直隶厅乡土志 | 351 | 中俄交界记 | 376 |
| 由京至巴里坤城等处路程记 | 352 | 中俄界约斠注 | 377 |
| 游历刍言 | 352 | 中俄外交说明书 | 378 |
| 游历蒙古新疆日记 | 353 | 中俄伊犁交涉始末 | 378 |
| 酉阳杂俎 | 353 | 中俄约章会要 | 379 |
| 于阗县乡土志 | 354 | 中国地方志集成·省志辑·新疆青海西藏 | |
| 于阗县志 | 354 | | 379 |
| 与俄交涉各案目录 | 355 | 中国地方志集成·新疆府县志辑 | 380 |
| 御制十全记 | 355 | 中国西北稀见方志（续集） | 380 |
| 寓舟诗集 | 356 | 中国新疆壁画艺术全集 | 381 |
| 元分藩诸王世表 | 357 | 中国印度见闻录 | 382 |

| | | | |
|---|---|---|---|
| 中国与叙利亚之间的古代丝绸之路 | 382 | 竹叶亭杂记 | 385 |
| 中国之旅行家 | 383 | 总统伊犁事宜 | 386 |
| 中天竺行记 | 383 | 左宗棠全集 | 387 |
| 中亚细亚探险谈 | 384 | | |
| 舟车所至 | 384 | **后记** | **388** |
| 竹书纪年 | 384 | | |

## 1906—1908 年马达汉西域考察图片集

[芬]马达汉著,王家骥译。山东画报出版社 2000 年版。1 册,149 页。国家图书馆有收藏。同书异名者为《曼涅海姆 1906—1908 年亚洲之旅摄影集》,杨恕译。兰州大学出版社有 2003 年版。1 册,145 页。

作者从 1906 年到 1908 年,以间谍的使命由新疆入境,途经甘肃、宁夏、内蒙古、河南、河北最后到达北京。在中国为时两年的考察中,总共骑马走了 14000 公里,横跨中国 8 个省份。他在进行人类学、人文史地考察中对各种物体做了大量摄影,包括自然景观、城市风貌、社会现象、各色人物、人体特征、人文景观等,共拍摄了近 1400 幅十分出色的照片,尽现 20 世纪初叶中国西北的人文风貌。本书收录了 87 幅照片,系从马达汉中国之行时所拍摄的上千幅照片中精选而得。

这些图片对了解当时的中国西北各省自然人文有着重要价值。

## 1910,莫理循中国西北行

[澳大利亚]莫理循著,窦坤、海伦译。福建教育出版社 2008 年版 2 册,包括图录。国家图书馆有收藏。

乔治·厄内斯特·莫理循是一位与近代中国关系密切的旅行家及政治家。曾任《泰晤士报》驻华首席记者(1897—1912),中华民国总统政治顾问(1912—1920)。

本书内容是莫理循自西安出发,穿越河西走廊,至新疆乌鲁木齐见闻录。莫理循在西行时,拍摄了大量自然景象、人物、遗址、建筑的照片。莫理循通过照片逐日详尽地记录了从星星峡至乌鲁木齐沿途所见北疆的山野、客栈、当地居民、差人、废墟或某地区同时存在的新旧两城。本书选取了 658 幅照片,反映了 1910 年中国西部当时的地理和生活状态,并介绍了清末"新政"的成果及传教士在西部的生活等。对于研究中国近代史,包括新疆近代史,均弥足珍贵。

# A

## 阿文成公行述

（清）王昶撰。嘉庆十九年（1814年）刻本1册；北京图书馆复制胶卷本1盘。刻本藏于国家图书馆，胶卷本藏于首都图书馆。

王昶（1725—1806），字德甫，一字琴德，号述庵，又号兰泉，江苏青浦朱家角（今属上海）人。乾隆十九年进士。授内阁中书，充军机章京。曾从云贵总督阿桂征讨缅甸，复从阿桂定两金川。议功擢鸿胪寺卿，仍充军机章京。三迁左副都御史，先后外授江西按察使、直隶按察使、陕西按察使、云南布政使。以云南铜政事重，撰铜政全书，求调剂补救之法。内迁刑部侍郎，以老致仕。著有《使楚从谭》《征缅纪闻》《春融堂集》。辑有《明词综》《国朝词综》《湖海诗传》《湖海文传》等书。《清史稿》（卷三〇五）有传。

阿文成公即阿桂（1717—1797），章佳氏，字广廷，号云岩，大学士阿克敦之子，边疆重臣。乾隆三年举人。以父荫授大理寺丞，累迁吏部员外郎，充军机处章京。先后参与金川军事，征准噶尔，从富德进讨霍集占，平定回部。提议驻军屯田，称"守边以驻兵为先，驻兵以军食为要"，招叶尔羌、喀什噶尔、阿克苏、乌什回民赴伊犁屯田。筹划建设绥定、安远二城，兵居与民房次第设立。为维护清朝对新疆统治奠定基础。授伊犁将军，寻调署四川总督。巡边了解金川土司之间构衅及山川形势。缅甸扰边，清朝出兵，以傅恒为经略，阿桂及阿里衮为副将军。清军失利，阿桂受命留办善后。再征大小金川，阿桂在清军先后失利情况下，反败为胜。又镇压甘肃回民苏四十三及石峰堡反抗。阿桂屡将大军，知人善任，执政尤识大体。虽经乾隆屡次打击压制，终能成功。

《阿文成公行述》对上述事迹皆有记载，并及阿桂生平，不仅印证官方记载，亦能补充官书记载之不足。王昶在征缅甸、金川与阿桂曾共事，了解更多史实，在不触犯乾隆忌讳前提下，对阿桂生平有较客观的评介。

## 阿文成公年谱

（清）那彦成纂。嘉庆十九年（1814年）刊本；1998年北京图书馆出版社版《北京图书馆珍藏年谱丛刊》第99—104册收录。台北文海出版社1971年影印本8册。《近代中国史料丛刊》收录。

那彦成（1763—1833），章佳氏，字韶九、东甫，号绎堂，满洲正白旗人，大学士阿桂之孙，工部侍郎阿必达次子，清中期边疆大吏。曾作为钦差大臣，督军剿陕西教首张汉潮，署陕甘总督，处理善后事宜。授两广总督，剿平勾结海寇的土匪。从总督任上被调喀喇沙尔办事大臣，又调西宁，平叛番。历喀喇沙尔、叶尔羌办事大臣，喀什噶尔参赞大臣。道光二年（1822年），青海番族再次骚动，授那彦成陕甘总督往按。道光七年（1827年）回疆四城恢复，受命为钦差大臣往治善后事。张格尔败亡后，浩罕国藏匿张格尔妻孥。那彦成禁止与浩罕交往，断绝贸易。后来新疆再乱，那彦成被道光斥作"误国肇衅"，革职。道光十三年（1833年）卒。《清史稿》（卷367）有传。

阿文成公即阿桂，详见《阿文成公行述》。

《阿文成公年谱》记载了阿桂上至康熙五十六年（1717年）下至嘉庆二年（1797年）的亲历事件。《年谱》首先介绍了阿桂的身世和世系，以及成长经历。随即介绍了阿桂乾隆三年（1738年）举人后授镶红旗蒙古副都统，长期戍守西北边疆。乾隆十三年（1748年），参加大小金川之役。乾隆二十四年（1759年），参加平定大小和卓叛乱。事平后移师驻伊犁，提出于新疆屯田建策，被采纳。乾隆三十六年（1771年），再次参加大小金川之战，历时5年，运筹战事，多合机宜等重大事件，其中夹杂私人琐事，一直到阿桂81岁。从阿桂亲历的西北重大事件，可以从另一侧面了解乾隆年间新疆地方状况，佐证清廷对新疆施政及推行各项政策的过程。

## 遨游回疆纪略

（清）佚名撰，抄本1册。又名《遨游回疆记略》。北京大学图书馆有收藏。

本书对清代南疆风土人情、政治、经济、民族、山川形势等有记载，对清代新疆社会历史研究有一定价值。

# B

## 八编类纂

（明）陈仁锡纂。明天启刻本，285卷，100册；光绪三畏堂刻本，96册。

陈仁锡（1581—1636），字明卿，号芝台，苏州府长洲（今江苏苏州）人。明代学者、史官。天启二年（1622年）进士，授翰林编修。秉性梗直，为人正派，以讲官而深孚重望；一生勤于治学，著述颇为丰富，对当时的读书人极具影响力。曾担任经筵讲官，以不肯撰魏忠贤铁券文，削职归，后迁至南京国子监祭酒。在《四库全书总目提要》里，陈仁锡的著作大多评价不高，且明确指出了部分伪托作品，但其中有清代馆臣故意抹杀之嫌。著有《四书备考》《八编类纂》等。

《八编类纂》书记明代边防事，其书内容丰富，且体例细致，《明史·艺文志》有载。至清代因"其边类中有干碍，所载辽、金二代体例，大为狂谬"而遭全毁。书中卷362载回纥事。

## 巴楚州乡土志

（清）张璪光修。光绪三十四年（1908年）抄本。有湖北省图书馆藏《新疆乡土志稿二十九种》油印本、新疆自治区图书馆1976年重印本，日本人片冈一忠辑《新疆省乡土志三十种》（日本中国文献研究会，1986年）。点校本有马大正、华立主编《中国边疆史地资料丛刊·新疆卷》中的竖排版《新疆乡土志稿》（全国图书馆文献缩微复制中心，1990年），马大正、黄国政等编《新疆乡土志稿》（横排重印）（新疆人民出版社，2010年）。

张璪光，湖南湘潭人，监生，光绪三十一至三十三年（1905—1907）任巴楚州知州，三十四年编纂《巴楚直隶州乡土志》，是年七月因"采买累民，玩视公令"被劾革职。

《巴楚州乡土志》成书于清光绪三十四年（1908年），系奉清廷敕令而编写的新疆乡土教材之一，约4000字。分历史、政绩录、兵事录、人类、户口、宗教、地理、道路、山、水、物产、商务诸目，所载各目除人类、物产目外，大多记载详细。历史目中除记历史建制沿革外，还记法国学者伯希和到本境寻访古迹事。政绩录记设治以来所任通判、州牧等官员姓名、祖籍、政绩等情况，有一定的参考价值。兵事录记本境平定大小和卓、张格尔、白彦虎诸乱时期清廷的用兵事宜。地理、道路、山、水等目记本境地理方位、四至八界、台驿、城内衙署、祠庙、学堂、巴扎、城治规模、山川道路之源委、道里情况，尤以水道记载颇详，除记述葱岭南北两河、提滋纳普河等水道之源外，还详细记载了历来河流所经之地的开垦、修渠、筑坝及灌溉水利情况，有重要参考价值。

## 百年前走进中国西部的芬兰探险家自述：马达汉新疆考察纪行

[芬]马达汉著，马大正、王家骥、许建英译。新疆人民出版社2009年版。1册，187页。国家图书馆有收藏。

该书是一个选译本。内容主要摘录翻译了芬兰探险家马达汉在新疆的探险纪录。本书对于了解20世纪初，新疆自然人文社会风貌有一定的价值。

## 拜城县乡土志

（清）佚名修。有首都图书馆藏本，后辑入《首都图书馆藏稀见方志丛刊》（国家图书馆出版社影印本，2011年）；湖北省图书馆藏《新疆乡土志稿二十九种》（油印本）、新疆自治区图书馆1976年重印本；日本人片冈一忠辑《新疆省乡土志三十种》（日本中国文献研究会，1986年）。点校本有马大正、华立主编《中国边疆史地资料丛刊·新疆卷》中的竖排版《新疆乡土志稿》（全国图书馆文献缩微复制中心，1990年），马大正、黄国政等编《新疆乡土志稿》（横排重印）（新疆人民出版社，2010年）。

《拜城县乡土志》成书于光绪三十四年（1908年），共计3800余字，系奉清廷敕令编写的新疆乡土教材之一。是志按学部颁《例目》而编，设沿革、政绩录、兵事录、耆旧录、人类、户口、宗教、实业、地理、山水、道路、物产、商务等13目，缺氏族目。详民族户口及村庄道里，地理目记载最详。政绩录记本境设县后建城、修祠、设学、浚渠、开矿、开荒等各项政事，其中提到添修方神祠之事，对方神祠来历的记载与《温宿县乡土志地理》中的记载一致，概亦为附载《方神事略》而成。实业分别记士、农、工、商各业设教、农耕、工艺、商业现状，记载翔实。

## 班定远平西域

（清）梁启超著，小32开，58页，光绪三十年（1904年）成书，时署名"曼殊室主人"著。连载于《新小说》（1905年8月、10月）民国三十四年（1945年）重庆南方印书馆出版，中国民族图书馆藏。

梁启超（1873—1929），字卓如，一字任甫，号任公，又号饮冰室主人。中国近代思想家、史学家、文学家。清光绪举人，青年时期和康有为一起倡导变法维新，为中国近代维新派代表人物。梁启超倡导新文化运动，支持五四运动。曾倡导文体改良的"诗界革命"和"小说界革命"。其著作颇丰，合编为《饮冰室合集》。

《班定远平西域》为剧本，多用粤语，因点缀多失其真，故书末附录《后汉书·班超传》。该剧本具体内容如下：第1幕：原作第1幕前半段，班超公干。第2幕：原作第1幕后半段，班超祖居。第3幕：原作第2幕前半段，大汉朝堂。第4幕：原作第2幕后半段，汉朝军营。第5幕：原作第3幕第一段，鄯善国内某处。第6幕：原作第3幕第二段，鄯善国内匈奴钦差居所。第7幕：原作第3幕第三段，鄯善国朝堂。第8幕：原作

第 4 幕前半段，距第 1 幕 30 年后，班超祖居。第 9 幕：原作第 4 幕后半段，大汉朝堂。第 10 幕：原作第 5 幕，班超驻外军士营。第 11 幕：原作第 6 幕前半段，班超驻外总部。第 12 幕：原作第 6 幕后半段，班超凯旋，接受欢迎。

## 北京大学图书馆藏稀见方志丛刊

北京大学图书馆编（影印），国家图书馆出版社，2013 年。

第 77 册收录（清）永保修，（清）达林、龙铎纂《乌鲁木齐事宜》不分卷，其主要内容有疆域、城池、交代事宜、官制、学校、义学、满营旗表、满营马匹、满营军械、绿营马匹、绿营军械、户口、屯兵数量、换防、会哨、玉山、遣犯、军台、卡伦、驿号、养济院、应办事宜。又收入永保纂修的《伊犁事宜》不分卷，其内容大致如下：御制碑记、额设文员、印房、营务处、功过处、军台、卡伦、绿营、锡伯营、索伦营、察哈尔营、额鲁特营、铜厂、船工、宝伊局、渠井、两城满营、粮饷处、驼马处、土尔扈特、回务处、喇嘛处。第 78 册收入（清）佚名编《伊犁事略》1 卷、（清）佚名编《伊江集载》1 卷、（清）永保纂修《（乾隆）塔尔巴哈台事宜》不分卷，以及（清）永保纂、（清）兴肇增补《（嘉庆）塔尔巴哈台事宜》4 卷。第 79 册辑入（清）永保原修、（清）兴肇增补、颜札氏彦续补《（道光）塔尔巴哈台事宜》4 卷（存卷一、卷二），（清）佚名编《喀什噶尔事宜》不分卷，（清）富俊纂修《（嘉庆）科布多政务总册》不分卷。该丛刊内容丰富，体系完整，史料价值很大。

## 北使记

（金）刘祁撰，成书于金末，1 卷。《北使记》列入刘祁所撰《归潜志》第十三卷中，有明抄本。王国维《古行记校录四种》收录此书，刘祁的《归潜志》今有崔文印点校本（中华书局，2007 年）。此外，商务印书馆《万有文库》及 1983 年 6 月版（32 开）中华书局出版的刘祁《归潜志》点校本，均收有本书。国家图书馆有收藏。

刘祁，金朝文人。《北使记》主要记载金人乌古孙仲端出使西域觐见蒙古成吉思汗的途中所见所闻。乌古孙仲端，本名卜吉，金宣宗时蒙古大军大举南侵，金溃退并迁都至今开封。金宣宗兴定四年（1220年），乌古孙仲端奉旨协同翰林侍制安延珍出使蒙古求和。乌古孙仲端一行从金北部西北行经西夏曾经的属地，"历城百数，皆非汉名"，有磨里奚、纥里迄斯、瑰古、秃马惕等，终抵达离城（今伊犁）。此后继续西行，经过西辽，最后抵达当时蒙古成吉思汗西征大本营——兴都库什山中间的小镇八鲁湾。乌古孙仲端归来后，将其出使见闻转告刘祁，后者"乐为之书，以备他日史官采云"，将其行纪写成《北使记》。该书记西辽历史及回纥国山川、气候、民俗、物产、文化等情况较详，对西域的地理、风俗、物产等状况等均提供了一些其他文献未记载的史料，成为研究蒙元初期新疆和中亚地区历史地理、族群分布、社会风俗的重要文献。

## 北征日记

（清）宋大业撰。版本有清光绪十七年（1891年）刻《紫薇花馆集》本1册；全国图书馆文献缩微复制中心1985版。全国图书馆文献缩微复制中心《丝绸之路资料汇钞·清代部分》收录。国家图书馆有收藏。

《北征日记》是记载康熙三十四年（1695年），宋大业随帝讨伐新疆准噶尔部噶尔丹的纪实性日记。

## 边疆边务资料初编·西北边务

边疆边务资料初编编委会编《边疆边务资料初编·西北边务》全12册（影印），中央编译出版社，2011年。

《边疆边务资料初编》内容按类大致可分为中国边疆概述、东北及北疆边务、西北边务、西南边务四大部分，其中包括中俄边务、英印与中国西藏边务、中尼边务、中缅边务、中越边务、中朝边务、中蒙边务等。除了《清实录》《大清会典事例》、相关条约及常见者外，经过编者的努力，收录有不少稀见资料。

《西北边务》辑录资料以近现代边界形成时间、空间为范围，收录新疆地区边务方面的相关官文文件、档案史料、边事汇编、奏议、外交会谈节略、勘界电函、当事人文集日记、有关调查、报刊专论、研究报告等45种。如关于帕米尔地区归属问题，《西北边务》就收录了钱恂《帕米尔分界私议》《中俄条约斠注》《中俄界线简明说》、胡祥镠《帕米尔辑略》、许景澄《帕米尔图说》、佚名《帕米尔属中国考》、王锡祺《坎巨提帕米尔疏片略》、叶瀚《西域帕米尔舆地考》、徐崇立《帕米尔山水道里记》等相关帕米尔地理情况和边界归属的文章和著作。再如，《西北边务》还收录了《西北界俄国逃人案目录》《限制新疆俄人贩卖牲畜案》《新疆与俄领事会讯回民案》《伊犁禁俄人贩牲畜米粮案》《与俄交涉各案目录》《中俄国境勘界交涉及俄人劫毙中国人等案》等相关外交档案，这些资料是研究中俄关系史宝贵的第一手材料。《边务》收录史料选取指向性强，内容具体丰富，学术研究价值大，是研究中俄关系史和边疆史的宝贵资料。

## 边疆方志文献初编·西北边疆

边疆方志文献初编编委会编，全17册，知识产权出版社，2011年，影印。

《边疆方志文献初编》搜集边疆地区范围内各个时期形成的方志文献，尤其侧重边疆地市级以下基层方志文献，使研究者能更好地了解边境地区的社会历史变迁和社会发展实况。同时，考虑到中国历史上边疆的变迁，今日某些地区曾经也是边疆，如青海、贵州等地，因此，这些地区的方志文献也在兼收之列。

《初编》将边疆方志文献大致分为东北、北部、西北、西南四大区域。其中《西北边疆》涉及新疆地区内容最为集中，辑入其中的主要有：第一册《嘉庆重修一统志·新疆统部》；第二册椿园（七十一）《西域记》；第四至五册（清）松筠《西陲总统事略》；第六册（清）钦宪保远汇编《新疆孚化志略》、（清）苏尔德《新疆回部志》、（清）佚名《回疆志》；第七册（清）佚名《新疆四道志》；第十至十七册（清）王树枬《新疆图志》等。《西北边疆》所录新疆史料丰富，价值较高。

## 边疆史地文献初编·西北边疆

边疆史地文献编委会编，全二辑（第一辑，共24册；第二辑，共21册）（影印），中央编译出版社，2011年。

《西北边疆》收录了新疆、甘肃、青海等地区的史地文献，因历史上甘肃、青海地区曾属边疆，故将其包括在内。本书在前人的基础上，扩大搜集范围，补充前人遗漏，深入挖掘收录各类体裁文献，诸如书信、电文、调查报告、档案等。

《西北边疆》第一辑中收录凡涉及"西域""西征""西游""西陲""西行""西疆""西北""昆仑"等关键词的日记、书信、随笔、补注，有大量新疆历史地理相关内容。第二辑中带有"回疆""新疆""哈密""准部""厄鲁特""乌鲁木齐""叶尔羌""帕米尔""塔城""阿城""库车""塔尔巴哈台""喀什喀尔""伊犁""抚新""回部"等关键词的文件、公文、调查、论著，也有大量新疆历史地理内容。其所收集的新疆地区史地文献代表性强，内容丰富，具有较高的史料价值。

## 边政考（《全陕边政考》）

（明）张雨撰，12卷，有嘉靖丁未年（1547年）刻本1册；《明史·艺文志》著录。民国二十六年（1937年）上海商务印书馆影印嘉靖刻本列入《国立北平图书馆善本丛书》第一集。《续修四库全书》据此影印。

张雨，江西万安人，嘉靖十七年（1538年）进士，初授大名府清丰县令，后历云南御史等职，嘉靖二十六年（1547年）任甘肃、陕西巡抚。《边政考》是他任陕西监察御史时，根据陕西各镇呈报军钱粮的记录、图册以及博览群书编撰而成。

全书约 15 万字，记载三边四镇及嘉峪关以西至西域诸国及山川道路、营堡、关寨、驿站等情况。正文分"地舆图""三夷纪事""三夷纪类""北虏河套""西域诸国""西羌族口""列传"七门。后附跋二篇。"地舆图"载三边四镇图，有总图、榆林图、宁夏图、固原靖兰图、阶文西固图、洮岷河图、西宁图、庄浪图、凉镇永图、甘州山丹图、肃州图等十一幅。"三夷纪事"记载自黄帝以下至明嘉靖二十六年间北方少数民族及西域各国史事。"三夷纪类"列自上古猃狁、匈奴、月氏、大宛以至明代鞑靼、瓦剌等见于诸史籍的部族 230 余种。"北虏河套""西域诸国"及"西羌族口"三门各记地理、山川、古迹、物产等，如"西羌族口"，列青海、新疆、甘肃、内蒙一带少数民族、部落共 440 余个，并注明人口、居地。列传部分记录了治理北虏、西域、西羌等边疆地区自汉讫明"平虏诸臣"70 余人事迹。

## 编年史

[叶尔羌汗国] 米儿咱·沙·马合木迪·居拉斯撰。成书约在 1672—1676 年，波斯文。塔什干 1913 年曾发现抄本，1976 年莫斯科出版阿基穆什金校勘本。陈国光和加·奥其尔巴特合著有《沙·马合木·札剌斯〈编年史〉有关卫拉特蒙古的史料（摘编）》。2018 年 12 月商务印书馆出有魏良弢汉译本。

米儿咱·沙·马合木迪·居拉斯，叶尔羌汗国时期著名历史学家，诗人，维吾尔族。约在 17 世纪 20 年代出生于一个高级军官家庭，他既是当时许多政治、军事事件的见证人，又是积极参与者。

《编年史》又称《米儿咱·沙·马合木迪·居拉斯史》，全书分为导论和正文两部分，正文共 119 章。其前半部分内容基本上是对《拉失德史》一书内容的简述，后半部分才是作者的著述。它比较系统地记述了 15 世纪初至 17 世纪 70 年代在天山南北诸地的民族宗教状况、王族系谱、军事冲突、佚闻趣事等。书中还辑录了几位汗王的优秀诗篇和作者本人的一些诗作。本书与《拉失德史》一起，是研究东察合台汗国及叶尔羌汗国历史的珍贵资料。

## 别夫佐夫探险记

[俄]哈伊尔·瓦西里耶维奇·别夫佐夫著。1949年以后以《喀什噶利亚和昆仑山游记》之名由苏联国家地理出版社（莫斯科）出版。中文版佟玉泉、佟松柏译。新疆人民出版社2013年版。1册，336页。包括52幅图片。新疆人民出版社《西域探险考察大系》收录。国家图书馆有收藏。

哈伊尔·瓦西里耶维奇·别夫佐夫，俄国探险家。本书是作者率领的探险队于1889年5月13日至1891年1月3日，随从普尔热瓦尔斯基出发，经叶尔羌进入和田、喀什噶尔、罗布泊、库尔勒、乌鲁木齐，是考察全程的所见所闻。这位俄国探险家，是普尔热瓦尔斯基的助手。与科兹洛夫、罗布罗夫斯基等一直追随普尔热瓦尔斯基在中国西部做人文地理调查。此书着重是对探险队在新疆喀什、莎车、和田、库尔勒、罗布泊及北疆部分地区考察、探险之记录。这部俄国探险队于1889年5月来新疆探险考察的纪实对于研究当时新疆地理人文风貌有一定价值。

## 冰岭纪程

（清）景廉撰，版本有清咸丰十一年（1861年）刊本；清光绪五年（1879年）都门刻本；今人沈云龙主编、文海出版社出版的《近代中国史料丛刊》一编第36辑所收录的《冰岭纪程》本，1983年版，32开。全国图书馆文献缩微复制中心1985版。1卷。全国图书馆文献缩微复制中心《丝绸之路资料汇钞·清代部分》收录。清光绪五年（1879年）刊本，藏于国家图书馆。

冰岭在阿克苏东北四百余里。《冰岭纪程》记载景廉充当哈密帮办大臣时，前往冰岭的行程和艰苦作战之事。此书对研究当时新疆社会政治现状有一定价值。

## 柏朗嘉宾蒙古行纪鲁布鲁克东行纪

[意]柏朗嘉宾、[法]鲁布鲁克著。本书包括《柏朗嘉宾蒙古行纪》

《鲁布鲁克东行纪》（又称《东方行记》《卢布鲁克东行记》）两部古书。《柏朗嘉宾蒙古行纪鲁布鲁克东行纪》汉译著者为耿昇、何高济。中华书局1985版。1册，384页。中华书局2013年版，327页。国家图书馆有收藏。

柏朗嘉宾与鲁布鲁克均为基督教支系小兄弟会教士，13、14世纪东、西方交往热潮的先行者。13世纪蒙古人入侵东欧，引起欧洲震动。西欧教会方面急于了解蒙古人的意图和情况，不断派出教士前往蒙古地区进行活动。柏朗嘉宾和鲁布鲁克就是其中二位。两人都曾先后经中亚到达哈喇和林，归国后都写下有关蒙古情况的报导。这是欧洲人对蒙古人最早的专门记述，现在成为国外研究蒙古史的重要文献。书中记载了大量丝绸之路上商队贸易的情况，部分内容涉及到了新疆。

### 伯希和库车地区考古笔记

[法]伯希和著。1987年版汉文。刊登于《新疆社会科学情报》1987年第5期。新疆社会科学院收藏。

保罗·伯希和，世界著名的法国汉学家、探险家。该笔记是伯希和对库车地区进行考古的记录。1906年6月15日，伯希和一行人从巴黎出发前往中亚探险，经莫斯科和塔什干进入了中国的新疆。探险队8月末到达喀什，离开喀什后，第一站到达了图木舒克村，然后前往库车。1907年探险队在库车发现了用婆罗米文书写的久已失传语言的文件。这些失传语言后来被伯希和的老师烈维译解为乙种吐火罗语。

本文正是记述了他在库车地区考古的具体情况以及所发现的这些古文字，这对于古代库车文化研究有着重要的作用。

### 伯希和西域探险记

[法]伯希和等著，耿昇译。云南人民出版社2001年版；人民出版社2011年版，1册。云南人民出版社《中国大探险丛书》、人民出版社《人民·联

盟文库》收录。国家图书馆有收藏。

本书所展示的是伯希和到中国西北诸地探险考察的记录。正文包括9个内容：《高地亚洲3年探险记》《中国新疆居民考察报告》《中国西域地理考察报告》《高地亚洲历史地理考察》《喀什与图木舒克考古笔记（节录）》《三仙洞水磨房探珍》《库车地区考古笔记》《大海道踏古记》《敦煌藏经洞访书记》。本书是他到中国西北各地探险记的一个汇总。

## 伯希和西域探险日记（1906—1908）

[法]伯希和著，耿昇译。中国藏学出版社2014年版，1册，774页。

《伯希和西域探险日记（1906—1908）》是对伯希和西域探险团在我国新疆和甘肃各站，尤其是在敦煌从事考察和劫掠文物的史事钩沉。此书是伯希和西域考古探险团最重要的文献。伯希和的这部日记并不像普通旅行家、探险家或一般学者所作的那种游记，他记述的都是学术上的重要问题，他将田野口碑资料与文献资料相结合，以口碑补史料，以史料证口碑。该日记始于1906年7月15日的撒马尔罕，结束于1908年10月1日的郑州。书中还附有伯希和于这次探险期间所写的信件，这些信件也都是"学术信札"，每一封相当于一篇科考探险日记。这些书信与日记互补互证，角度不同，详略各异，真实反映了当时中国西域的整体面貌。

## 补过斋文牍

（民国）杨增新撰，《补过斋文牍》52卷，版本有：新疆驻京公寓民国十年（1921年）版，32册；台北文海出版社1965年版，6册。《中国新疆地方经典资料集成》（新疆人民出版社，2012年）、《中国边疆丛书》（台北文海出版社，1965年）收录。《补过斋文牍续编》，民国十五年（1926年）刻本，14册。《补过斋文牍三编》，民国二十三年（1934年）刻本4册。另有《补过斋日记》北京刻经处民国十年刻本6卷，6册。

杨增新（1867—1926），字子周，一字鼎臣，号静生，云南蒙自人。

光绪十五年（1889年）进士，三十四年（1908年）入疆，先后在阿克苏、乌鲁木齐、巴里坤等地任道台。官至新疆镇迪道尹，兼提法司。民国成立后任新疆督军、省长和新疆省主席兼总司令等职位。民国十七年（1928年）新疆发生"七七事变"，被其政敌刺杀身亡，其后金树仁开始主政新疆。

杨增新从政勤恳，思虑缜密，行事果断，手笔尤勤，身后留下了诸多反映其从政经历的文牍、日记等资料。1922年刘文龙、郑履亨、汪阳等将其资料辑成《补过斋文牍》（附日记），内分呈文编、戡定编、建设编、水利编、防蒙编、俄哈编、外交汇编（含土地、国籍、商务、税务、禁烟、词讼、华侨、杂存）、令文汇编、财政汇编、国防汇编等，从中可以看到中华民国前期近十年间新疆所发生的各种重大事件，及杨增新应对处置的思考、筹划过程与结果，广泛包括了当时新疆社会诸多方面的情形与许多的人事。对于研究新疆这段历史以及杨增新个人，都是不可或缺的珍贵资料。

# C

## 曹全碑

（东汉）中平二年（185年）立，隶体。王昶《金石萃编》、方朔《枕经堂金石书画题跋》等均收录。明万历初年出土于陕西省合阳县，1957年入藏西安碑林博物馆。因出土较晚，碑文完好，字迹清晰，故拓本众多，有西安地图出版社出版拓帖等。

《曹全碑》，全称《汉郃阳令曹全碑》，碑高253厘米，宽123厘米，碑文20行，行45字，背阴有文5列，每列字数不等。碑文内容为记述曹全生平。《曹全碑》记载有东汉建宁三年（170年）征讨疏勒之役，"建宁二年（169年），举孝廉，除郎中，拜西域戊部司马。时疏勒王和德弑父篡位，不供职贡。君兴师征讨，有尢（'吮'的异体，历来误作'尭'。'吮脓'典出《史记·吴起列传》）脓之仁，分醪（典出《吕氏春秋·顺民》载句践故事）之惠。攻城野战，谋若涌泉，威牟诸贲，和德面缚归死。还师振旅，诸国礼遗且二百万，悉以薄官。"关于此次战役，《后汉书·西域传》记载："灵帝建宁元年，疏勒王与汉大都尉于猎中为其季父和得所射杀，和得自立为王。三年，凉州刺史孟佗遣从事任涉将敦煌兵五百人，与戊（己）司马曹宽、西域长史张晏，将焉耆、龟兹、车师前后部合三万余人，讨疏勒，攻桢中城，四十馀日不能下，引去。"可见传世文献与碑文记录不合处甚多，是碑可与传世史料互勘。疏勒国（今新疆喀什附近）是古代西域诸国之一，东通姑墨、龟兹，南通莎车、于阗，西通大宛、康居，是丝绸之路的要地。

《曹全碑》除记载讨疏勒事，提供研究汉代中央王朝管理西域的资料之外，还记有党锢之祸、黄巾起义等史事，背阴题名也为东汉郡县佐吏研究提供了资料，具有相当高的史料价值。

## 册府元龟

（宋）王钦若等编。中华书局 1960 年、1985 年、2012 年影印本，12 册；凤凰出版社 2006 年版，12 册。

王钦若（962—1025），字定国，临江军新喻（今江西新余）人。北宋初期政治家。景德二年（1005 年），奉命与杨亿、孙奭等人修纂《册府元龟》。

《册府元龟》的动意是宋真宗羡慕其父宋太宗编纂过《太平御览》《艺文类聚》《太平广记》等书，而"载命群儒，共同缀辑"一部大类书。除王钦若领衔外，还有当时的著名学者杨亿、钱惟演等参与，以历代君臣事迹为主，初名《历代君臣事迹》，书成后宋真宗敕名《册府元龟》。

《册府元龟》是一部政事历史类类书，记载上古至五代历代君臣的事迹，按照人物阶层身份，分门别类，以年代为序，先后排列，目的是"为将来典法，使开卷者动有资益"。全书共 1000 卷，1104 门。编纂特点是所采资料不改旧文，不恰则原文下加注，资料源于正史，每部前有总序，每门前有小序，言简意赅，方便使用。但因所采多为常见书，又不注资料出处，以至自宋至清不为学者所重视。这部书材料丰富，引文整篇整段，凡君臣善迹、奸佞劣行、礼乐沿革、法令宽猛、官师议论、学士名行，无不具备，可以说概括了全部十七史。所收史书都是北宋以前古本，可补史校史。

所载西域内容颇多，散见书中，而以卷九百五十六至卷末《外臣部》记载尤多。如卷九百六十《外臣部·土风第二》记载西域诸国"西域且末国，治且末城，有蒲萄诸果。西域自且末以往皆种五谷"，"于阗国在且末西北，多玉石"，"朱居国在于阗西，其人山居，有麦多林果，咸事佛语，与于阗相类焉"，"渴盘陀国，于阗西小国也。风俗与于阗相类"，"龟兹国在白山之南，能铸冶"，"焉耆国在车师南，近海水多鱼"等数十条，另外《外臣部》中《朝贡》《备御》《征讨》等篇也集中记载了西域相关史地情况，并较为详细。

### 岑参西域诗新释

徐百成编著，新疆人民出版社1995年版。1册，239页。收录有岑参的64首诗作。

徐百成是新疆化肥厂一名普通的退休干部，后任乌鲁木齐市乌拉泊古城古迹保护协会副会长。自学新疆历史文化知识，以一己之力保护文物古迹、从事新疆古代历史文化研究，有"民间文物考古专家"之誉。

《岑参西域诗新释》是徐百城对岑参诗的研究心得，如考证《白雪歌送武判官归京》一诗中"白草折"指的就是芨芨草，"北风卷地"描写的就是柴窝铺盆地的三十里风区等，均成一家之言。

### 岑嘉州集

（唐）岑参著。8卷，以官职嘉州刺史名集，诗歌排序不分体。岑参殁后30年，其子岑佐公收集遗文，请杜确编《岑嘉州诗集》8卷，集前有杜确序，为岑诗编集之始，但原集已佚。

今存《岑嘉州集》有明覆刻宋书棚本，台湾中央图书馆藏；明铜活字《唐人诗集》本；明嘉靖三十一年（1552年）黄埻东壁图书府刻《唐十二家诗》

本；清阮元编《宛委别藏》本；清光绪十年（1884年）遂宁书局记得本；1958年上海商务印书馆铅印本。另有两卷本，一卷本传世，编次大致同八卷分体本。今人陈铁民、侯忠义《岑参集校注》（上海古籍出版社，1981年），廖立《岑嘉州诗笺注》（中华书局，2004年）是通行的注本。

岑参（约715-770），荆州江陵（今湖北荆州）人。曾任嘉州（今四川乐山）刺史，后人因此称"岑嘉州"。曾祖岑文本相唐太宗，伯祖岑长倩相唐高宗，伯父岑羲相唐睿宗。参早岁陷孤贫，玄宗天宝五载（746年）登进士第，任右内率兵曹参军。天宝间曾两次出塞，来往于安西（今新疆库车）、北庭（今新疆吉木萨尔）间，任节度府掌书记、节度判官。肃宗时历任右补阙、起居舍人、虢州长史等职。代宗大历二年（767年）出守嘉州，后客死成都。

岑参是唐代著名的边塞诗人，《岑嘉州集》中关于描写西域的诗作有40多首。两次出塞，六年西域生活，使岑参的诗境界空前开阔，造意新奇，具有雄奇瑰丽的浪漫色彩。他既热情歌颂了唐军的勇武和战功，也委婉揭示了战争的残酷和悲惨。火山云，天山雪，热海蒸腾，瀚海奇寒，狂风卷石，黄沙入天等异域风光也均融入其诗。代表作如《走马川行奉送封大夫出师西征》《白雪歌送武判官归京》《热海行送崔侍御还京》《火山云歌送别》等。岑参的西域诗，突破了以往征戍诗写边地苦寒和士卒劳苦的传统格局，极大地丰富拓宽了边塞诗的描写题材和内容范围。杜确《岑嘉州集序》云："每一篇绝笔，则人人传写，虽闾里士庶，戎夷蛮貊，莫不讽诵习吟焉。"

## 岑嘉州诗

（唐）岑参著。宋刻本8卷，卷一至卷三为五言古诗，卷四为七言古诗，卷五至卷七为五言律诗，卷八为七律和七绝。今仅存4卷，国家图书馆藏。八卷本全本有明正德十五年（1520年）谢无良刻本；黄丕烈所跋明抄本。另《岑嘉州诗》还有明正德十五年沈恩刻4卷本，《四部丛刊初编》初次印本据沈恩刻本影印（1919年）；明正德十五年（1520年）熊相、高屿秘刻7卷本，《四部丛刊初编》二次印本据熊相刻本影印（1929年）。

《岑嘉州诗》分体编排，编次与《岑嘉州集》有明显差异，是岑参诗集的又一版本系统。

## 曾惠敏公全集

（清）曾纪泽著，《曾惠敏公全集》9卷，清末影印本。内《文集》5卷、《归朴斋诗钞戊集》2卷、《巳集》2卷，光绪十九年（1893年）江南制造局铅印，中国国家图书馆藏。又有上海石印本，首都图书馆藏。文集前二卷为杂体文23首，后三卷为出使欧洲时书札。诗钞原有300余首，后毁于火，今皆残存之作，弟纪鸿序以行世。戊集卷上存同治十年以前之作，卷下存同治十一年（1873年）以后之作，巳集则光绪四年（1878年）后作。

曾纪泽（1839—1890），字劼刚，号梦瞻。湖南双峰荷叶人。清代著名外交家，曾国藩次子。初袭父一等毅勇侯爵。光绪年间曾担任清政府驻英、法、俄国大使，也是当时秉承"经世致用"新思维的官员。其后与俄人力争，毁崇厚已订之约，更立新议，使俄罗斯交还伊犁。中法战争时，力与法人争辩。官至户部左侍郎。卒赠太子少保，谥号惠敏。曾纪泽学贯中西，自幼受严格教育，通经史，工诗文，并精算术。及长，因受洋务运动影响，学习英语，研究西方科学文化。有诗、古文及奏疏若干卷，早岁所著有《佩文韵来古编》《说文重文本部考》《群经说》等传于世，后人辑有《曾惠敏公全集》。工诗文，书法篆刻，善山水，尤精绘狮子。

曾纪泽还著有《曾纪泽日记》，所记为同治九年至光绪十六年（1870—1890）间之事。由刘志惠整理，中华书局2013年版（5册）和岳麓出版社1998年版（3册）两种版本；另有喻岳衡点校本，《曾纪泽遗集》岳麓书社1983年版1册，402页。

## 查新疆司库银圆、砂金、条金、折稿奏议

（清）佚名著，抄本，1册。收录在《中国边疆研究资料文库·边疆史地文献初编·西北边疆》第二辑，中央编译出版社，2011年；《中国边疆行纪调查记报告书等边务资料汇编》初编，香港蝠池书院出版有限公司，

2009年。

该奏议是光绪三十三年（1907年）新疆布政使王树枏上报新疆司库银圆、砂金条金、等各库存银钱核查奏稿合集，如实记载了为实施新政，新疆省有关要求盘查司库库银圆、砂金、条金数额前前后后所禀呈的奏稿。附《新疆布政使王树枏赍呈司库截至光绪三十三年二月二十三日止实在现存银两并装鞘箱各数目照录清单》《新疆布政使王树枏赍呈新饷所经手收支各库银钱官票银圆砂条金截至二月二十三日止实存各数目照录清单》。

## 昌吉县乡土图志

（清）佚名编。有首都图书馆藏本，后辑入《首都图书馆藏稀见方志丛刊》（影印本，国家图书馆出版社，2011年）。辑入《中国地方志集成·新疆府县志辑》（影印本，凤凰出版社，2012年）。点校本有马大正、华立主编《中国边疆史地资料丛刊·新疆卷》中的竖排版《新疆乡土志稿》（全国图书馆文献缩微复制中心，1990年）。此本未收舆地图，且整理质量不高，文句倒置、错漏甚多，前两本中有十三处统计数据相差甚大，须与抄本核对使用。另有马大正、黄国政等编《新疆乡土志稿》（横排重印）（新疆人民出版社，2010年）。

是志成书于清光绪三十四（1908年）年，内容较详，13200余字，为新疆乡土志中字数较多的一部。本志撰写者曾参考了《汉书》《元史》《长春真人西游记》《三州辑略》《汉西域图考》《蒙古游牧记》等书。该志与另一《昌吉县乡土志》同载昌吉县光绪末年历史、地理、人文情况，文辞各有优劣，从内容与体例上相比较来说，《乡土图志》较《乡土志》更为详赡、规范。体例上，严格依据清廷所颁《例目》所列15目撰写，同时在各目开篇均列出《例目》的要求。

《昌吉乡土图志》在历史目中对该地建城经过及城门名称在《新疆识略》《汉西域图考》等文献中的不同记载，列出所疑，体现了修纂者严谨的修志态度。兵事录详记清末北疆民团领袖徐学功在石河（今沙湾县境）抗击沙俄侵略军伪装商队的经过。补充了徐学功祖籍族源及徐姓的来历，将徐的先祖追溯至秦代，为《清史稿》等书所缺载。户口、宗教、实业均为《昌吉县乡土志》所未载。《乡土图志》以四分之一的篇幅，记载了大量的经济资料。包括昌吉县的各种粮食、经济作物、药材每年的产销量，是编写商业、工业、物产、外贸志有价值的资料。

## 昌吉县乡土志

（清）佚名纂，1册。是志成书后未及付梓，即被日本人林出贤次朗携至日本，片冈一忠辑入《新疆省乡土志三十种》（中国文献研究会，1986年）。收录《中国西北文献丛书》二编（线装书局，2006年）影印本。点校本有马大正、华立主编《中国边疆史地资料丛刊·新疆卷》中的竖排版《新疆乡土志稿》（全国图书馆文献缩微复制中心，1990年），其中历史目所记"乾隆四十二年改设昌吉县"亦沿袭《新疆省乡土志三十种》本而误；又有马大正、黄国政等编《新疆乡土志稿》（横排重印）（新疆人民出版社，2010年）。

《昌吉县乡土志》成书于清末，系奉清廷敕令编写，为清末新疆乡土教材之一，内容简略，仅2000余字。列10目，叙该县历史、民族、地理、物产等，记事至光绪末年（1908年）。政绩录记述乾隆间两任昌邑的王哲与光绪年间两任昌邑的李凌汉的惠民事迹。耆旧录中记邑之援贡李延举、耆老赵中合之事迹，虽简却明。人类目记汉、回、缠三个民族之户数大略、习俗、从业等情况，但其评价以偏概全。其余山、水、物产各目虽内容简略，但亦能略窥其貌，有一定的参考价值。

## 长城外的中国西部地区

[俄]尼·维·鲍戈亚夫连斯基著。1906年圣彼得堡出版，商务印书馆1980年版，1册。

尼·维·鲍戈亚夫连斯基，俄国官员，通晓汉语和新疆少数民族语，清末任俄国驻塔城等地领事。《长城外的中国西部地区》是作者在中国任职期间将其搜集的情报资料编汇成书，全书共41章，内容涉及新疆政治、经济、历史、宗教、文化、贸易、司法等。例如第一章名为《长城外的中国西部地区》，叙述了新疆的疆界、新疆的行政区划、该地的特点——包括戈壁、主要山脉和河流、罗布泊及其古今的地理位置等；第六章名为《居住在中国西部地区的民族》，论述了汉族人的西迁、政府加强西迁的措施、西迁的方式、西迁的一般路线、移民区的准备工作、国家给移民的补贴、汉族风俗人情和汉族人在新疆的职业选择等；第十六章名为《喀什噶尔》，介绍了喀什噶尔古城及其历史、喀什噶尔在贸易与政治上的作用、喀什噶尔与俄国的隔绝等，还介绍了哈密、叶尔羌、和阗、巴里坤、焉耆、玛纳斯等地。除了知识性的介绍外，作者还从俄国殖民者观点出发，对某些事作了评论，比如第二十章，作者评论道："公职人员缺乏保障，导致了他们的违法和贪污现象，司法与行政权的合一则显示了中国法制的落后性。"本书对了解19世纪末20世纪初新疆社会经济状况和研究近代中俄关系史均有重要参考价值。

## 长春真人西游记

（元）李志常撰，成书于13世纪初，2卷。成书后长期埋没于道教典籍《道藏》之中，不为世传，清乾隆六十年（1795年），钱大昕、段玉裁从苏州玄妙观《道藏》中发现其书，并由钱大昕抄出，后大行于世。版本有清乾隆十六年（1795年）版；清道光四年（1824年）刘喜海家抄本，1册；清道光二十七年（1847年）灵石杨尚文刻连筠簃丛书本，2册，收藏于北京师范大学图书馆；商务印书馆（上海）民国二十六年（1937年）版；中华书局1985年版，1册，50页等，收录于《图书集成初编》，国家图书馆有收藏。近人王国维校注本有民国十五年（1926年）排印本；台北广文书局1972年版；台北商务印书馆1976年影印本，收录于《人人文库》。内蒙古人民出版社2001年9月版，蒙文，忽赤罕译，大32开，266页。此外，中华书局党宝海点校版有多个版次，1979年版较为通行。河北人民出版社、中央民族大学出版社、中国旅游教育出版社等也有该书出版。

李志常，全真道士，丘处机弟子。《长春真人西游记》是他撰写的一本游记。上卷载丘处机拒绝金和南宋的邀请，心向蒙古，奉成吉思汗之命率18弟子（李志常即为随行18弟子之一）西去觐见；丘处机一行从山东出发至燕京，后于1220年从燕京经宣化、达赉诺尔、呼伦贝尔、乌兰巴托、杭爱山、阿尔泰山、准噶尔盆地、轮台、天山、铁门关等地，于1222年到兴都库什山脉的成吉思汗军营。下卷讲述长春真人三次向成吉思汗讲道并随其返回蒙古之事。该书涉及所经地区的地理、风俗、民情等方面，对研究13世纪我国漠北、新疆、中亚、西亚史地有重要参考价值。

## 陈竹山文集

（明）陈诚撰。主要版本有：正统十二年刻本；崇祯十六年（1643年）重刊本；雍正七年（1729年）刊本；嘉庆补刻本。新疆人民出版社2011年排印本。

陈诚（1365—1457），字子鲁，又字朴斋，号竹山，江西吉水县人。曾出使撒里畏兀儿、安南、西域，出色地完成了使命，是当时与郑和齐名的外交家。其生平事迹仅散见于《明史》《广西土司传》《安南传》《西域传》。

陈诚是明代著名的使者，曾五使西域。《陈竹山文集》分内外篇，内篇二卷，外篇二卷，共4卷。另有遗编"前后遗赠杂录"，但书口仍刻"外篇卷二"。全书合计167页，每面9行，行20字，约6万余字。内篇为陈诚自著，卷一收《奉使西域复命疏》《西域山川风物行程纪录》《与安南辨明丘温地界书》《狮子赋》；卷二收《西域往回纪行诗》92首、《居休诗》46首、《像赞》《历官事迹》等。外篇皆缙绅大夫题赠诗文，"遗编"收陈诚父陈同的《行状》《墓表》等。《文集》具有很高的文献价值，为研究陈诚家世、生平、交游、仕历，以及明王朝的西域经略提供了大量的新资料。

## 池北偶谈

（清）王士禛撰。清康熙三十九年（1700年）临汀郡署刻本26卷。又有台北商务印书馆1976年影印版；中华书局1982年排印版；上海古籍出版社1993年排印版等。

王士禛（1634—1711），字子真，又字贻上，号渔洋山人，又号阮亭，济南府新城县（今山东桓台县新城镇）人。因避雍正帝讳，被改名士正。乾隆时赐名士祯，谥号"文简"。他生于书香门第、官宦世家，良好的家世加上过人的禀赋，很早就写诗著述、蜚声文坛。他作诗强调兴会神到、得意忘言，以清淡闲远的风神韵致为诗歌最高境界，创"神韵说"，"主持风雅近五十年"。康熙帝曾征录其文三百篇为《御览集》，是康熙年间最有影响的诗人和诗论家。

《池北偶谈》一名《石帆亭纪谈》，部分故事涉及新疆。

## 出关记

汉晋著作。已佚。又称《张骞出关志》。依据为《隋书·经籍志》载："《张骞出关志》一卷。"南宋郑樵《通志》、王应麟《玉海》所录书名、卷数与《隋书》相同。《册府元龟》著录此书的情况稍详："张骞为郎使月氏，撰《出关志》一卷。"有学人称其为《史记·大宛列传》前半部分改称，也有说法认为另有他书。《汉书·艺文志》无著录。又据今人考证，此书系西汉继张骞之后，其他使臣出使西域的闻见录。在西汉武帝时，张骞及其他西域使臣的"从吏卒"为效法张骞博取富贵，纷纷向武帝陈述西域的奇闻怪物，以求出使。这些呈辞保存在官方档案资料中，汉晋之士将西汉使臣的西域见闻抄录成书，并拟名作《张骞出关志》。《张骞出关志》记事时间起于西汉武帝时，止在公元元年前后。

张骞两次出使西域，将中原文明传播至西域，又从西域诸国引进了汗血马、葡萄、苜蓿等物种到中原，促进了东西方文明的交流。故汉晋时人以其名义对西汉使者西域所见所闻之汇编称之为《张骞出关志》，也与其开拓性成就有着直接关系。从相关文献，若《博物志》对此书一鳞半爪的征引，可以看到当时汉晋时期新疆某些物产以及与中原经济方面的交流内容。

## 出塞纪略

（清）钱良择撰。有清嘉庆刻本，藏于国家图书馆；清嘉庆张海鹏借月山房汇钞本；道光四年（1824年）陈璜重编补刻本；清道光十六年至二十年（1836—1840）钱氏守山阁据泽古斋重钞改编补刻本；中华书局1991年版等，1卷，1册。中华书局1991年版与《出塞纪略》合刊。清泽古斋《泽古斋重钞一百十种》第二百三十八卷、清道光钱氏守山阁《指海一百四十种》第四百十六卷收录。也被称为《出塞日记》，有稿本；《小方壶斋舆地丛钞》本，1卷，1册，收藏于国家图书馆。

钱良择，清诗人。《出塞纪略》记述的是康熙二十七年（1688年）他同朝贵使塞外绝域俄国见闻录，其中所经区域涉及新疆北部诸地。

## 出戍诗话

（清）袁洁著。4卷，一函二册，半叶8行，行16字。国家图书馆藏本阙第一、第二卷，第三卷卷首有周作人"苦雨斋藏书印"白方印。北京大学图书馆藏本阙序言及卷一前三叶，每卷首叶钤有"燕京大学图书馆珍藏"白方印。日本京都大学"东洋文化研究所"亦藏有《出戍诗话》全帙，为目前仅见。封面题有"半亩园娜嬛妙境藏书"题识，知此书原为道光间麟庆"半亩园"旧藏，颇足珍贵。收入张寅彭《清诗话三编》，2015年上海古籍出版社出版。

袁洁，生卒年不详，号玉堂，江苏桃源（今江苏泗阳）人，嘉庆六年（1081年）拔贡。袁洁雅好文墨，性喜交游，在嘉道之际的北方文坛上具有一定知名度，除《出戍诗话》外，尚著有《蠡庄诗话》《习静轩偶记》。曾任山东乐安、金乡知县。嘉庆二十四年（1819年），因为友人代作呈词，于道光三年（1823年）被遣戍乌鲁木齐，道光七年（1827年）赐还。戍满归来后，袁洁一度入直隶总督那彦成幕府，道光十一年（1831年）结束幕府生涯，在山东依附故人谋生，潦倒而终。

《出戍诗话》是袁洁往返西域而作，也是现存成书最早的西域诗话著作。卷首称："余曩梓《蠢庄诗话》十卷，颇为友人所谬许，业已不胫而走矣。连年浪迹江湖，薄游燕市，小住淀津，采辑近人之诗几溢行箧。方拟续梓之，以公同好。"自遣戍乌垣后，"未能读万卷书，转得行万里路，不可谓非平生之幸也。""就整装之日，始记事记人记地，偶有吟哦及友朋投赠佳句，随时登入"。《出戍诗话》记事自道光二年（1822年）春起，至道光八年（1828年）东还抵兰州时仍有赓续，详载"谪戍新疆全部经历、行程及所晤人物，同时涉及道光间诗人及诗事"（蒋寅《请诗话考》）。具体而言，卷一记友人送行之事与相关诗作，卷二载西行旅途闻见及初抵新疆后的经历，卷三记西域生活及文学活动，卷四历叙入关行程及与兰州友人的往来。从纵向的时间深度与横向的行程广度两方面，将三年遣戍生涯的点滴细节浓缩笔端，经纬交错地还原出西行的传奇经历。较之单纯点评与辑录诗作，尤为耐人寻味。

就内容的独特性而言，《出戍诗话》中所记载的塞外诗事均为前人所未及。如卷二记载昌吉诗人群像："昌吉县明经李云麐秉钺学问淹雅，腹笥便便，诗亦颇见力量，洵边塞中通才也。又有秀才王延之，字晴山，年老耽吟，设馆于迪化之汉城，与昌吉相隔百里，常以诗寄。"另有豫省郭敬亭，曾任甘肃典史，后调任昌吉，"喜吟咏，自颜其室曰'诗龛'，四壁皆友人投赠之作"。卷三中还记载奇台秀才张百祥事："古城为四达通衢，商贾云集，车马喧阗，乌鲁木齐迤东第一繁会处所。奇台秀才张瑞斋百祥来游其地，撰《古城八景》，各系以诗。有磨河长春，地窝岚波，芦湖飞白，沙碛幻市，孚远祥烟，雪峰献瑞，荒城坚壁，渠边柽柳名目。"这些作品今亦不存，但读诗话可以感受道光初年塞外诗风之盛。

《出戍诗话》所展现出清代西域诗创作的多元性、丰富性、广泛性等，亦填补了道光初年西域诗史的空白。

## 穿过亚洲

[瑞典]斯文·赫定著,张新泰、杨镰编;王蓓、赵书玄、张鸣译。新疆人民出版社2013年版。2册;880千字,259幅图片。新疆人民出版社《西域探险考察大系》收录。国家图书馆有收藏。

本书记述斯文·赫定从1893年1月横贯亚洲,跨越五个年头的探险经历。其中包括在于阗河陷入绝境与塔里木发现古城丹丹乌里克、攀登"冰山之父"等新疆探险的经典内容。总的来说,《穿过亚洲》是一本记录关于塔里木河、罗布泊水系、罗布人的聚落地等内容的著作。本书成为世人了解新疆近代文明的橱窗。

## 穿越塔克拉玛干

[英]斯坦因著,巫新华译。广西师范大学出版社2000年版。1册,325页。广西师范大学出版社《西域游历丛书》收录。国家图书馆有收藏。

1908年,斯坦因带着他的助手以及他满载文物的骆驼队,沿着玄奘曾经走过的路,穿越了塔克拉玛干沙漠,经过雪山,回到了伦敦。本书的文字及大量的图片,生动地再现了他的这次探险考察活动,有助于了解古代塔克拉玛干地区繁荣的佛教文明及地理风貌。

## 吹芦小草

(清)杨炳堃撰,有咸丰年间稿本,陈长孺评并跋;光绪十一年(1891年)刻本,附《中议公自订年谱》八卷。

杨炳堃(1786—1858),字蕉雨,浙江归安(今浙江湖州)人。嘉庆十七年(1812年)拔贡。十九年以知县分发河南补缺,任密县知县。道光十一年(1831年),任河南信阳州知州。后又历任湖北汉阳知府,云南迤东道、湖南盐法长宝道等职。二十七年,湖南新宁县雷再浩等人起事,杨炳堃随湖南巡抚陆费瑔剿捕有功,赏戴花翎,兼署臬司篆务。二十九年,兼署藩司篆务。是年十月，冯德馨接任湖南巡抚，杨炳堃受其委派前往宝庆督办军务。因冯德馨奏报围剿事失实，进剿不力，被湖广总督裕泰弹劾，杨炳堃也随之一并发往新疆。咸丰元年（1851年）二月杨炳堃由湖南长沙赴戍，有其弟小瀛、姨甥王一斋偕行。次年四月抵乌鲁木齐。时任乌鲁木齐都统的毓书派其在印房帮办汉文事件。七月，乐斌接任乌鲁木齐都统，委其总办汉文事件。咸丰三年（1853年），楚北军务未竣，军需浩繁，杨炳堃自愿捐银二千两，得旨加恩释回。于十月初一启程归里，归途中又奉到谕旨："着即赏给同知职衔，以示奖励。"次年九月返回家中。咸丰八年（1858年）十月病卒，终年七十三。事具《中议公自订年谱》。

《吹芦小草》为杨炳堃遣戍西域时的诗作，收诗起自道光三十年（1850年）十月，即杨炳堃赴戍上路前四个月，止于咸丰四年（1854年）七月，即抵家前一个多月，共收诗159首。其中作于新疆境内的诗歌有67首。虽杨炳堃被遣戍新疆时已年近七十，但从其诗歌中可以看出他较为高昂的精神状态。其西域诗的主要内容，大致可分为唱和赠答诗、戍途纪行诗两类。杨炳堃的唱和对象为流放期间所交往的各级官员，如萨迎阿、韩赐麟、成瑞、罗世瑶等，而以成瑞为最多；赠诗的对象则多为上级官员，内容以歌功颂德为主。其戍途纪行诗主要描写内容是大西北异于内地的风景、民俗等，往往在描写美丽风景时透露出一丝淡淡的乡愁，是杨炳堃往返西域途中创作的风景诗的特色。

杨炳堃虽在清代西域诗中总体成就并不突出，但其西域诗记载了自己流放时期的生活，描绘了边疆的风土人情和自然风光，也在一定程度上真实反映了清朝在边疆的统治情况，具有一定的价值。

## 椿园遗诗

（清）七十一撰。清恩华抄本，现存残本一册，国家图书馆藏。

七十一，字椿园，尼玛查氏，满洲正蓝旗什岳泰佐领下恩监生，祖籍吉林长白山，乾隆十九年（1754年）进士，二十六年任武陟县令，兴修堤坝，后历修城垣、学校、公署，民无扰累。曾任职于刑部，后奉使西域"在库车办事",期间著有《西域闻见录》8卷,一名《西域琐谈》。回京后,仍任职刑部,殁于乾隆五十年(1785年)前后。

《椿园遗诗》是由其妻弟德庆所辑录,有诗近80首,关于西域的诗歌7首,3首七律,2首五律,1首七言古诗,1首七言绝句。3首七律诗中的第一首《戈壁记事》是记录诗人真实的生活经历与感情中,虽诗句有欠推敲处,但也颇具情趣,如"偶然沟洫来何处,村落居然驿路边";第二首《哈喇沙喇》,所描绘的是一种和平安乐的景象,实际上是对清政府统一西域二十余年后,在西域各大政治方针上的颂扬;第三首《哈喇插起》抒发自己无所依托,希望建功于塞外的情怀。五律有《哈密早发》《哈喇和卓》,第一首是写诗人在哈密时的所见所闻,并抒发对未来担忧之情,不过诗中有记录偏误之处;第二首通过对历史的回顾,歌颂乾隆皇帝平定准噶尔的功德。七言古诗是《阻风行》,这首诗歌向人们展示西域特有风情的同时,也说明自己"奉使"的辛苦和奔波王事的无奈。七绝是《过哈尔哈阿曼》,描写今库尔勒铁门关所在的哈满沟。

七十一《椿园遗诗》中西域诗数量较少,内容大多是描述与内地不同之风景,题材比较单一,诗歌内容或歌颂帝王功绩,或表达个人在西域生活中的辛苦与无奈,或是描写西域所特有的地域风情,其中《过哈尔哈阿曼》算是成就最高的一首。

此外七十一还著有《椿园文存》,有清抄本2册,国家图书馆藏。其中部分文章记载乾隆间新疆政事及民间风情,有一定的史料价值。

## 从军杂记

(清)方观承撰,《小方壶斋舆地丛钞》本;全国图书馆文献缩微复制中心1996年版,1册,《丝绸之路资料汇钞·清代部分》收录,国家图书馆有收藏。

方观承(1698—1768),字遐谷,号问亭。安徽桐城人。曾任内阁中书、军机章京、直隶总督等职。《从军杂记》主要记载雍正十二年(1734年),方观承随军出征准噶尔部的途中见闻,对当时的行军和战事有较为详尽的

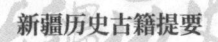

记录，是研究当时西北，包括新疆诸地社会人文的重要资料。

## 从罗布沙漠到敦煌

[英]斯坦因著，赵燕、谢仲礼、秦立彦译。广西师范大学出版社2000年版。1册，331页。广西师范大学出版社《西域游历丛书》收录。国家图书馆有收藏。

本书记录了作者从罗布沙漠到敦煌的考察行程及调查情况，先是穿过罗布荒原东北行，沿途观察了古代塔里木盆地与疏勒河分隔开来的地带的自然地理状况，及这条中国最早与中亚相连的道路的历史地貌。到达敦煌的新营地后，一方面循古长城遗址调查；另一方面则是寻找烽燧和驿站遗址，发掘了很多用汉字书写的文字和生活用品，反映了公元前后时期这一边境地区的荒凉生活。

## 从西纪略

（清）范昭逵撰，1卷。清嘉庆十六年（1811年）杨坦抄本；清道光十三年（1833年）版；清光绪间吴江沈氏世楷堂重印刻本；台北广文书局1969年版和上海书店出版社1994版，1册。《昭代丛书·辛集》收录。清嘉庆杨坦抄本藏于苏州图书馆。

《从西纪略》记康熙五十八年（1719年），为辟建漠北蒙古台站，范昭逵随兵部尚书范时崇，出杀虎口，经归化而至乌喇特，因著《从西纪略》。内容涉及从北京西行至新疆巴里坤的行程和沿途社会、自然、风物风情。

## 从伊宁越过天山向罗布淖尔前进

[俄]普尔热瓦尔斯基著，黄健民译。新疆人民出版社1999年版1册。《新疆文库》收录名为《走向罗布泊》。新疆人民出版社《亚洲探险之旅》收录。国家图书馆有收藏。

普尔热瓦尔斯基，俄国19世纪最著名的探险家和旅行家。从1870年至1885年，四次来中国丝绸古道上进行探险考察。《从伊宁越过天山向罗布淖尔前进》正是他有关丝绸古道的著作，对研究新疆当时自然人文有重要价值。

## 重返和田绿洲

[英]斯坦因著，刘文锁译。广西师范大学出版社2000年版。1册，300页。广西师范大学出版社《西域游历丛书》收录。国家图书馆有收藏。

《重返和田绿洲》是作者基于中国新疆地区的考古手记。他在书中描述了一幅完整的自印度西北部至中国河西地区的古代文化图景。这本书的研究成果极大地促进了西域中亚学研究的进展。此外还可以使国人了解19世纪末20世纪初的那段帝国主义列强掠夺中国，特别是新疆文化遗产的屈辱历史。

## 爨馀诗钞

（清）徐步云著，4卷，刻本，中国社会科学院文学研究所藏。《道光泰州志·艺文志》收录徐步云诗3首，张寅彭主编的《民国诗话丛编》系列之《十朝诗乘》（郭则澐撰）卷十三抄录其《新疆纪胜诗》16首。钱仲联主编《清诗纪事·乾隆朝卷》误将徐步云、徐礼华录为二人，实际礼华为徐步云号。《爨馀诗钞》已收入上海古籍出版社《清代诗文集汇编》。

徐步云（1734—1824），字蒸远，号礼华。江苏兴化人。身历四朝，享年92岁。《清史稿》无传，其事迹散见于《咸丰重修兴化县志》《道光泰州志》《泰州新志刊谬》《民国续纂泰州志》《民国泰县志稿》等。徐步云"幼机警，风神玉立"，曾在安定书院青灯寒窗，苦读七载。乾隆二十七年（1762年）乾隆帝第三次南巡，徐步云与吴泰来、陆锡熊、郭元瀓、程晋芳、赵文喆、严长明、钱襄等江苏、安徽名士进献诗赋。徐步云以召试一等特赐举人出身，授内阁中书，于四库馆分纂《永乐大典》子、集二门，改任缮书处分校官。

乾隆三十三年（1768年）卢见曾两淮盐引案发。与卢见曾有师生之谊的徐步云闻讯，附书漏泄信息，致使卢氏预行寄顿，官府查抄扑空。徐步云也被遣戍伊犁。流放前后，他与纪昀有过往来。在遣戍期间，伊犁将军舒赫德对他较为器重："将军舒文襄赫德一见如平生，留掌印房，凡奏稿及受土尔扈特降一切文檄皆出其手。"三年流放期满，在舒赫德保奏下，徐步云得以离开新疆回籍。

徐步云西域诗作收录在其诗集《爨馀诗钞》中，以其乾隆三十八年（1773年）献册行在的36首《新疆纪胜诗》为主体，另包括作于赴疆途中的《题嘉峪关驿壁》《寄内》《壮游》3首，作于伊犁的《伊犁江》《瘦马行》《赠乔东斋》《即事》《望南山》5首，和作于乾隆四十年（1775年）前后的《寿舒相国夫子一百韵》，共计45首。这些作品或讴歌一统、颂赞兴屯，或歌咏山水、摹画风物，或追述重大历史事件，内容丰富，视角独特，着力突现了18世纪中后期西域一统后的兴旺之景。在他的诗作中，徐步云还作为亲历者，着重描写了乾隆时期新疆平定之后伊犁地区的屯田情况，并以目击者的身份，以诗歌记载了土尔扈特回归之事。徐步云的诗作在其生前就为人称道，姚鼐《爨馀诗钞序》称："余读舍人诗，气息纯乎香山，……不事矜奇而低回往复，自能味馀于外。"特别指出徐步云诗歌"不事矜奇"而又引人入胜的特点。作为跟纪昀一样，在清朝统一新疆后较早遣戍新疆并留下诗作的诗人，他开启了清代西域边塞诗创作的繁荣局面。徐步云在伊犁的经历，使其成为重大历史事件的见证者、目击者、描述者，使其诗文具有历史学、民俗学、文化学、方志学等多方面的价值。

徐步云另著《爨馀文钞》2卷，稿本，中国社会科学院文学研究所藏。

# D

## 鞑靼千年史

[英]巴克尔（E.H.Parker）著，黄静渊、向达译。商务印书馆1937年版；河南人民出版社2016年版，1册。

巴克尔（1849—1926），又名庄延龄。英国汉学家，是近代来华的著名外交官，长期在中国生活，致力于中国语言、宗教及文化的研究和传播工作。1877—1880年在福州、镇江、广州等地领事馆任职。退休回英后，曾任利物浦大学学院汉文讲师、曼彻斯特维多利亚大学汉文教授。著有《蒙古游记》（1870—1871）、《比较中国家庭惯例》（1878年）、《中国同外国人的关系》（1888年）、《中国同欧洲的交往》（1890年）、《上溯长江》（1892年）、《缅中关系史》（1893年）、《诸夏原来》（1908年）、《中国宗教研究》（1910年）等。

《鞑靼千年史》共7卷，分别为《匈奴》《鲜卑》《蠕蠕》《突厥》《西突厥》《回纥》《契丹》，分别记述自汉代以来在中国北部的各少数民族部落的历史。为不谙中文的西方学者提供诸多信息，对后人深入研究诸部族的历史具有一定的帮助。全书对西域事记载颇多，其中卷六《回纥》第一章"初期回纥在北部之兴衰"、第二章"流落时期之回鹘"、第三章"在西方之后期"多有涉及新疆地区的内容。此书在西方汉学界占有重要的学术地位。

## 大谷文书集成

[日]小田义久责任编集，3卷，日本法藏馆出版。第一卷1984年3月出版，列为《龙谷大学善本丛书》5；第二卷1990年3月出版，列为《龙谷大学善本丛书》10；第三卷2003年出版，列为《龙谷大学善本丛书》23。

小田义久，1934年生于广岛，1958年毕业于龙谷大学文学部佛教史学科，1964年于龙谷大学文学部研究科取得文学博士学位，后为龙谷大学教授。小田义久的著作除《大谷文书集成》外，还有《大谷文书研究》《佛教东渐的历史》等。

大谷文书指大谷光瑞在民国初年组织大谷探险队到西域寻找到的文献资料，包括汉文文献及非汉文文献，这批文献后入藏龙谷大学。该书是这批资料的整理汇编，3卷共收8147件文书，每册均分释文和图版两部分。图版仅收部分文书图版，但进行了分类；释文则按大谷文书编号顺序排列，对大谷探险队收集的吐鲁番、库车等地文书进行了整理和录文。图版在前，录文在后，可两相参照。第一卷收1001—3000号文书，图版按时代和内容分为四部分刊布。第一部分为高昌国时代诸文书。第二部分为西州时代诸文书，又按文书内容细分为籍帐、官厅文书、土地制度文书、兵役文书、唐代力役文书、户主名簿、唐代差科簿、取引法文书、长寿二年（693年）张怀寂告身、贞观十七年（643年）六月西州奴俊延妻孙氏辩、药方书断片、佛教文书、佛典及佛书断片、道教文书断片、文学文书十五类。第三部分为吐鲁番出土敦煌文书。第四部分为库车出土文书。第二卷刊布3001—4500号文书，图版按时代划分为高昌国时代诸文书及西州时代诸文书。西州时代诸文书按内容又分为籍帐、官厅文书、土地制度关系文书、兵役关系文书、唐代契券类、经济关系文书、药方书断片、佛教关系文书、佛书断片、道教关系文书、文学关系文书、性质不明文书。别外，还有少量清代质札（帖子）。第三卷刊布4501—8147号文书，图版亦按时代和内容分为六个部分，第一部分收高昌国时代诸文书。第二部分收西州时代诸文书。分为籍帐、官厅文书、土地制度关系文书、契券类、经济关系文书、周氏一族纳税文书（纳税证明书）、药方书断片、占书、文学九类。第三部分收唐代诸文书。第四部分收汉籍。第五部分收佛教关系文书，分为佛典、写经、入藏经目录三类。第六部分收道教关系文书。后有附录，为著名的《李柏文书》。《大谷文书集成》全三卷的出版标志着龙谷大学所藏吐鲁番文书大部刊布完毕。

## 大明会典

始纂于弘治十年（1497年），（明）李东阳、申时行等人先后纂修。经正德时参校后刊行。嘉靖时经两次增补，万历时又加修订，撰成重修本228卷。明万历十五年（1587年）内府刻本。中华书局1989年、广陵书社2007年分别影印。

李东阳（1447—1516），字宾之，号西涯，茶陵（今属湖南）人，因家族世代为行伍出身，入京师戍守，属金吾左卫籍。李东阳八岁时以神童入顺天府学，天顺六年（1462年）中举，天顺八年（1464年）举二甲进士第一，授庶吉士，官编修。官至特进光禄大夫、左柱国、少师兼太子太师、吏部尚书、华盖殿大学士。死后赠太师，谥文正。

申时行（1535—1614），字汝默，号瑶泉，晚号休休居士。苏州府长洲（今江苏苏州）人。嘉靖四十一年（1562年）状元。历任翰林院修撰、礼部右侍郎、吏部右侍郎兼东阁大学士、首辅、太子太师、中极殿大学士。

《大明会典》是记载中国明代典章制度的官修书，记载典章制度十分完备，凡《明史》所未载者，多有交代，为研究明代史的重要文献；还记载了大明王朝对西域少数民族地区的管理，是研究明代对少数民族政策的重要资料。

书中卷一二五西北诸夷记载明初皆臣服于中原王朝，并授予指挥等官，还授予诰印；而且说明了哈密为诸番的入贡要道，甚至还被封为王，赐予金印，后来哈密被吐鲁番吞并，中央朝廷并没有询问；此外还录有在西北所设的诸卫。该卷又记载了西番在洪武初年派遣人到中央王朝招谕，并且令各族举旧有官职者至京，被授予了国师，及都指挥、宣慰使、元帅、招讨等官；西番又封了灌顶国师、及赞善、阐化等王、大乘大宝法王，都赐予印诰；而且在西番设有都指挥使司、指挥司等处，都一一载录。

## 大清会典

（清）康熙至光绪五朝会典馆纂修。有线装书局2006年《大清五朝会典》本，24册。

《大清会典》是记述清朝典章制度的官修史书，通称《清会典》。初修于康熙二十三年（1684年），雍正、乾隆、嘉庆和光绪曾四次重修。《清会典》体例是"以官统事，以事隶官"，即以政府机构为纲，记载的政府机构及其职掌、施行法令；以各种政事为内容，纲目分明。

理藩院是清朝政府统治蒙古、回部及西藏等少数民族的官衙机构，在五朝《清会典》中载有专卷。理藩院初掌蒙古事，随着清廷全国政权的建立，更为总管蒙古、西藏、新疆等各少数民族地区事务的中央机构。洋务运动前还负责处理对俄罗斯的外交事务。理藩院下设旗籍、王会、典属、柔远、徕远、理刑六司，分掌爵禄、朝贡、定界、官制、兵刑、户口、耕牧、赋税、驿站、贸易、宗教等政令。理藩院所辖，先后尚有内馆、外馆、蒙古学、唐古特学、托忒（卫拉特）学、俄罗斯学及木兰围场、喇嘛印务处、则例馆等机构。此外还派司员、笔帖式等常驻少数民族地方，处理特定事务，定期轮换。清统治者通过理藩院实施对各少数民族地区的统治，相关制度、法令在《清会典》"理藩院"卷均有详尽记载。《清会典·理藩院》内容可与《理藩院则例》核验互证。

## 大清会典事例

（清）官修政书，484册，清嘉庆内府抄本，收藏于国家图书馆。

《大清会典事例》嘉庆间修920卷；光绪时修1220卷。按照会典纲目，依年系事，说明各机构于不同时期的状况，集中反映有清一代政治制度之嬗变。有官刻本，存理藩院24卷，其中"理藩院"部分，详尽记述了清代藩部地区，特别是蒙藏新疆地区的疆理、封爵、喇嘛封号、户丁、耕牧、设官、仪制，以及它们在清代的演变过程。

## 大清一统志

（清）穆彰阿等重修，道光二十九年（1849年）薛子瑜活字印本。

1934年商务印书馆将其列入《四部丛刊续编》影印出版。

《大清一统志》，清代官修全国总志。560卷，目录2卷。曾经康熙、乾隆、嘉庆朝三次纂修，其中乾隆二十九年（1764年）第二次纂修，四十九年完成。《四库全书总目》著录为"三百四十二卷，而外蕃及朝贡诸国，别附录"，一题五百卷。二次纂修主要目的就是增纂《大清一统志》西域新疆内容。这体现在卷四一四至四二〇的西域新疆统部。乾隆本记载了新疆各地的历史沿革、山川形胜、人文物产等，初步反映了乾隆年间清朝在新疆地区的统治情况，以及当时新疆地区的经济社会发展水平。具体内容包括新疆地区所属各地的地理方位、建置沿革、古迹分布、职官建置、城堡、台站、屯田垦辟、户口田赋、风俗和物产、清军平定准部和回部过程中的勒铭碑文，并介绍了新疆周边其他民族部落情况，包括安集延、塔什罕、拔达克山、博洛尔、布哈尔、爱乌罕等。其资料大致取材于《西域图志》和《西域同文志》，但数据有所更新。例如辟展地区土地开垦的数目没有照抄《西域图志》，而是代以新的数据。

嘉庆帝命国史馆总裁文华殿大学士穆彰阿（？—1856)主持第三次修订，嘉庆二十五年（1820年）完成，道光二十三年（1842年）刊刻，故又题《嘉庆重修一统志》。嘉庆本在乾隆本基础上重修，有所承袭和发扬。如乾隆本不包括镇西府和迪化州，是因当时二地隶属于甘肃统部；嘉庆本根据当时现实将二地列入新疆统部，不再隶属甘肃统部。又如在体例上，嘉庆本在乾隆本原有体例基础上增加了晷度、卡伦、列女三门，可与其他史书互为参照。

## 大唐西域记

（唐）玄奘述、辩机撰，12卷，成书于贞观十二年（646年）。《大唐西域记》成书之后，流传版本甚多。宋崇宁二年（1103年）福州等觉禅院刊本；宋元间平江府碛砂延圣寺刻大藏经本，11册；明洪武南藏本；清宣统元年（1909年）常州天宁寺刻本，4册；上海人民出版社1977年版，1册；台北商务印书馆1983年影印本。中华书局1981年向达《〈大唐西域记〉古本三种》影印本，内辑敦煌写本残卷、北宋福州等觉禅院刊本残卷、金赵城藏本残卷、南宋资福寺本（《四部丛刊》影印本）。1985年，中华书局出版的季羡林等校注本，32开，1123页，《中外交通史籍丛刊》收录。近年来，岳麓书社、中国国际广播出版社、凤凰出版社、中国旅游教育出版社等也出版了相应版本。与此书相关的，还有［日］京都帝国大学文科大学编《〈大唐西域记考异〉索引》，大日本图书株式会社1911年版，全2册，134页（正文）、44页附录，收藏于中国民族图书馆。（民国）陈垣著《〈大唐西域记〉撰人辩机》，国立中央研究院历史语言研究所集刊抽印本，1册，13页。（民国）贺昌群著《〈大唐西域记〉之释与撰》，北平世界文化合作中国协会民国二十五年（1936年）版，1册，8页，论述宋代以来《大唐西域记》各种版本中著录的"三藏法师玄奘奉诏译"和"大总持寺沙门辩机撰"的质疑问题。季羡林等《〈大唐西域记〉今译》陕西人民出版社1985年版1册，439页；2008年版1册，264页。收藏于国家图书馆。

玄奘，唐代著名高僧。为探究佛教各派学说分歧，于贞观元年（627年）一人西行五万里，到达印度佛教中心那烂陀寺取真经。回国后，奉唐太宗敕命而著《大唐西域记》。本书记载了玄奘西行求取佛法的亲身经历和沿途138个国家和地区、城邦的见闻。本书卷一与卷十二，记载新疆南部地区地理、历史、风俗、宗教、语言、文化等诸多信息。这些为研究中古时期新疆的珍贵资料。

## 大唐西域求法高僧传校注

（唐）义净撰。湖州思溪法宝资福禅寺本；中华书局1983年版收录于《中外交通史籍丛刊》；大藏经本2卷，藏于国家图书馆。

义净（635—713），唐代译经僧。高宗咸亨二年（671年）自海道赴天竺取经。武周证圣元年（695年）还至洛阳，后在长安洛阳主持译事，与鸠摩罗什、真谛、玄奘等共称四大译经家。译述之余，亦常以律范教授后学，盛传京洛。

《大唐西域求法高僧传》记载玄奘西行回国（645 年）至本书写出（691年）为止的 46 年间，57 位分别来自大唐、新罗、睹货罗、康国、土蕃的禅师、法师的求法事迹。其中记载康国僧伽跋摩师以及高昌彼国岸、智岸西行求法情况，还附有四、五、七言感叹或赞颂的诗偈。此外还记载有当时诸僧出国西行的路线，在陆路方面途经新疆的是中路和北路，中路是由鄯州经凉州（今甘肃省武威）、甘州（今甘肃省张掖）、沙州（今甘肃省敦煌）、瞿萨恒那（今新疆维吾尔自治区和田）、佉沙（今新疆维吾尔自治区疏勒）、揭盘陀（今新疆维吾尔自治区塔什库尔干）、迦毕试（今阿富汗境内）、伐剌拿（今巴基斯坦西北境，印度河西之本努）等地往中印度的路线。北路是由长安经瓜州（今甘肃省安西）、伊州（今新疆维吾尔自治区哈密）、高昌（今新疆维吾尔自治区吐鲁番）、屈支（今新疆维吾尔自治区库车）、葱岭北面热海（今塔吉克斯坦伊西库尔湖）、笯赤建（今哈萨克斯坦境内）、铁门（今乌兹别克斯坦境内）、乌仗那（今巴基斯坦境内）、迦湿弥罗（今克什米尔）等地至中印度的路线。还兼述了沿途经济、风俗和沿线风光以及西行所经各国学习佛法等情况，保存了相当多的佛教史料和一般史料，是研究 7 世纪西域诸国状况和国际交通的重要资料。

## 啖蔗轩全集

（清）方士淦撰。清同治十一年（1873 年）两淮运署刻本，8 卷。中国社科院历史研究所藏。内包括《啖蔗轩诗存》3 卷、《蔗馀偶笔》1 卷、《啖蔗轩自订年谱》1 卷、《东归日记》1 卷。

方士淦（1787—1849），号莲舫，又号啖蔗居士，安徽定远县人。嘉庆十三年（1808 年）举人。二十三年，选授湖北德安府同知。二十五年，补授浙江湖州知府。道光五年（1825 年）缘事革职。六年，遣戍伊犁，同年抵戍，八年释回。

《啖蔗轩诗存》收录诗人遣戍新疆后的西域诗作，比较重要的作品有《伊江杂诗十六首》，如："浩浩伊江水，春来浪拍天。南山插云里，北岸近城边。沃土原宜谷，疏河可溉田。""城外绿阴稠，金堤百尺楼。群峰环雪岭，一水带沙流。不有神明相，谁令祀典修？宗臣遗像在，忠义凛千秋。""附郭名园胜，春风倒酒瓶。浓阴三十里，绿水短长亭。野有农歌乐，山余猎火荧。主人偏爱客，时索换鹅经。"详细记述了伊犁风物及流人生活。《东归日记》是作者赐环途中的日记，记录沿途见闻，具有较高的史料价值。

## 荡平准部记

（清）魏源撰，1卷。有《小方壶斋舆地丛钞》第二秩本，《中国西北文献丛书》第二卷（兰州古籍书店，1990年）据此本影印。另收入魏源全集编辑委员会编校《魏源全集》（岳麓书社，2004年）。

魏源（1794—1857），湖南邵阳隆回（今隆回县司门前镇）人，名远达，字默深，又字墨生、汉士，号良图，清末思想家、政治家、文学家。道光二年（1822年）举人，道光二十五年（1845年）进士。曾任高邮知州，但仕途不顺，晚年弃官归隐，潜心佛学。道光二十一年（1841年），魏源入两江总督裕谦幕府，直接参与抗英战争，因见清政府腐朽不堪，投降派昏庸误国，愤辞而归，立志著述，并于次年完成了《圣武记》。

魏源著有多部有关清朝平定准格尔部叛乱著作，此书是其中之一，成书于清光绪十七年（1891年），主要记载了清廷平定准格尔部叛乱事宜，是研究近代中国历史的重要史料，同时也是研究魏源学术思想的主要作品。

## 德荫堂集

（清）阿克敦撰；（清）阿桂编辑，有清嘉庆二十一年（1816年）长白那彦成刻本16卷，首1卷，凡4册。

阿克敦（1685—1756），字仲和，又字立恒，章佳氏，满洲正蓝旗人。康熙四十八年（1709年）进士，改庶吉士，授编修。五十二年，充河南乡试副考官。五十三年，以学问优，典试有声名，特旨擢侍讲学士。五十七年，迁内阁学士。雍正三年（1725年），补授礼部左侍郎兼兵部右侍郎。四年，署两广总督，在任弹劾贪官，颇有政声。五年，署广西巡抚，因家人索暹罗国米船规礼及庇护下属贪赃，拟斩监候。七年，发往江南河道工程效力赎罪。九年，以内阁额外学士衔命往阿尔泰随抚远大将军马尔赛出征准噶尔。十一年，办理扎克拜达里克军饷。十二年七月，命偕侍郎傅鼐、副都统罗密使准噶尔，议罢兵息民，及准噶尔和喀尔喀以阿尔泰山为界划分游牧范围等事宜；路经河西走廊，于十二月初九日到达伊犁。此次和议，因游牧划界之事未定，其首领噶尔丹策零遣宰桑吹那木喀随使团入京再议。次年四月，回至京师。乾隆三年（1738年）春，复命阿克敦再使准噶尔，以侍卫旺扎尔、台吉额默根为副。此次西行，取道乌里雅苏台，于七月四日到达伊犁。十二月回至京师。其后历任工部、刑部、吏部侍郎，正白旗汉军都统、翰林院掌院学士等职。十三年，翰林院奏进册文，因翻译错误，以大不敬罪拟斩监候。寻释，后充国史馆总裁等职，日见宠信。二十一年卒，谥文勤。

《德荫堂集》是阿克敦之子阿桂编辑阿克敦作品而成，以"诸家塾，昭示子孙，俾无忘祖之所"为编纂目的，多侧面多层次地反映了清代前期的社会历史风貌，开拓了写作领域和思想境界，继承并发扬了中国文学的艺术形式。此集共16卷，卷首增《阿文勤公年谱》，按赋、颂、诗、从集、馀集、奏、论、记、考、议、辨、说、序、赞分类列卷，其中诗6卷，记、考、议、辨合为1卷。诗又分为《馆课集》《北游集》《塞外集》《东游集》《南游集》《扈从集》《随征集》《馀集》。《德荫堂集》中描写塞外风光、天山景观以及当地人民的风俗民情，记叙出使朝鲜，表达乐观尚武精神的诗作成就比较突出。

《奉使西域集》是收入《德荫堂集》卷八《随征集》中的诗集，载西域诗凡26首，为阿克敦赴使准噶尔期间所作。《奉使西域集》内诗作时间之先后，在编排上基本有次序可寻。但第二次出使西域，仅存诗5首，当是阿桂序言其父"常欲以功名经济答主知，不屑屑于词章之末"，西域诗作有所佚失的缘故。内容以写新疆山川之雄奇、大漠之浩瀚为多，但主要是通过这些景物来抒发为和谈成功而奔波的雄心壮志，其中也不乏反映当地风土人情的诗。除文学价值外，对于了解新疆地区自然地理、历史人文具有很高的史料价值和史地学价值。

## 迪化县乡土志

（清）佚名纂修。书成后未及付梓，即被林出贤次郎携行日本，1986年日本片冈一忠辑入《新疆省乡土志三十种》（中国文献研究会，1986年）。点校本有马大正、华立主编《中国边疆史地资料丛刊·新疆卷》中的竖排版《新疆乡土志稿》（全国图书馆文献缩微复制中心，1990年），收入《中国地方志集成·新疆府县志辑》（凤凰出版社，2012年）影印本；又有马大正、黄国政等编《新疆乡土志稿》（横排重印）（新疆人民出版社，2010年）。

该志约成书于光绪末年，迄于光绪三十三年（1907年）十月。当时迪化县知县为王炳堃，其修纂者或是王炳堃。王炳堃，湖南长沙县人，生卒年不详，曾于1907年8—10月任迪化县知县，1911—1913年先后任喀什噶尔道尹、观察使、伊犁府知府等职。

清末推行新政，设编书局，敕各地采辑乡土志以为小学课本，遂修是志。本志不分卷，列15目，8000余字。本书记述迪化府迪化县历代的历史、政绩、耆旧、农、兵、工、商、地理、界址、山、水、道路、河渠、村庄及人类、户口、宗教等各项事宜。以历史、政绩、兵事、地理、山、水、宗教记载较详。兵事详记乾隆三十二年（1767年）镇守都统温福、守备刘德平定流民兵变之事；尤其是对光绪初年清军剿灭阿古柏匪徒的记载甚详。户口、实业内容记载虽略，但其数据有一定参考价值。书中援引《使高昌记》《新疆识略》《西域闻见录》《唐书·地理志》《大清一统志》《蒙古游牧记》等文献，对迪化县历史、地理方面内容进行了考证。

## 地方志·书目文献丛刊

孙学雷主编《地方志·书目文献丛刊》全40册（北京图书馆，2004年）影印。

该丛刊从国家图书馆地方志专藏中，选出清末民初通志艺文志中经籍部分，加以编选、汇集而成。在各地历次所修的志书中，选取撰写时间最晚、包含经籍志内容最全面的方志；在区域范围上，涵盖全国各省、直辖市、自治区，在通志经籍缺失的个别省份，以相应区域性书目文献加以补充，从而形成全国一体通代经籍志集成。编排时按照华北、东北、西北、华东、中南、西南为主线，间以分册需要，排列而成。其中涉及新疆的内容存于第七册《（宣统）新疆图志》。流传至今，学术界公认有五个版本，即通志局本、官书局本、东方学会本、黄册抄本和稿本。该图志是一部清末官修方志，它较为全面地记述了新疆的历史地理、典章制度、民俗、礼俗、物产、人物等情况，是研究新疆历史文化的重要资料。

## 调查新疆府厅州县各属诸矿产说明

（清）佚名编，全1册。该档案较早版本是清光绪三十三年（1907年）新疆官书局线装铅印本，后被辑入国家图书馆古籍馆编《国家图书馆藏清代民国调查报告丛刊》（影印），北京燕山出版社，2007年。

是资料收录了清代至民国时期的众多各类调查史料，涉及政治、军事、经济、财政、外交、文化、人口等各个方面。该矿产说明主要介绍了新疆各厅、县的矿产分布地点、矿质和开发使用情况。具体内容大致如下：吐鲁番厅辖区内的"南煤窑沟有煤炭矿三处，均距城九十里，系官荒矿界，占地周围百余里"，随后介绍了"煤窑沟炭质甚佳，火力较大，色黑性脆灰红"，迤西十二里七昌河炭质相同，迤东三十里螳螂沟次之。鄯善县南乔而踏什有水晶矿，尽系戈壁，距城六百六十里，水草缺乏，人迹罕至；县北东西柯柯雅有炭矿，距城九十里，系官荒矿界，占地周围约七八十里，"炭质散脆，每百分中含有硫质七八分"；斯尔海浦沟口有煤炭矿，距城七十里，系官荒矿界，占地约数十里，矿苗不厚，炭质松散，火力不劲，亦只供本地之用。哈密厅城西南有煤窑矿，一名前窑，距城二百五十里，四面戈壁，占地百余里，一名后窑，距城二百四十里，地势均平，炭质松散，稍含油气，红柳园有金矿，距城二百八十里，沁城有银矿，距城北七十里。镇西厅城东北无度沟有金矿，系官荒，距城二百里，矿质不多，皆颗粒赤金；城西北羊圈湾有铅矿，与科布多连界，距城七百里，矿苗细微；城北东窑有煤，距城二百里；城西北西窑有烟炭，距城二百二十里，附近均系戈壁。

奇台县城东北羊圈湾有银铅矿，系官荒，距城四百五十里，与科布多交界，接连镇西厅金铅矿；城北距沙泉有煤矿，距城二百七十里，矿界占地二十余里，四面戈壁，煤棕色含有铁质。孚远县西南水西沟有铁矿炭矿，距城七十里，近无村落，市镇矿界广远，均系官山。阜康县东南大黄山有炭矿，距城一百五十里，山脉自南而北，土色赤红，所产烟炭色黑性脆，见风松散，每百分中含有硫质七八分。迪化县是迪化直隶州旧治，距城南百余里有金矿，界地均是官荒；城西南出四十里有银矿；又城南九十里出产红铜；在该县水磨沟、苍黄沟、头屯三处均产煤炭，质色黝黑，燃生光焰，性亦坚结无烟。昌吉县南金口河出产沙金；县南九十里硫磺沟出产烟炭，较头煤炎力稍逊，中含铁质，灰色甚红；县南七十里头屯河产煤产石油，矿界地面四十余里，均是官山，近无市镇，所产石油或黄或白，光亮如漆。绥来县西南一百五十里博罗通古有石油矿，矿界地面侧近山沟，面积约十余里，油质清稠，黑白不一；在红沟西卡湾两地也出产石油，但油质比博罗通古较次；县西南一百二十里龙骨河、淖金沟河有金矿，矿界地面约五十里，俱是官山，等等。该矿产说明反映出当时新疆矿产开采规模狭小、技术落后、优质矿藏发现不多的特点，但对于我们研究新疆地区的经济发展和近代采矿业的发展参考价值很大。

## 东方五史

（清）库尔班·阿里·哈立德编撰，成书于1896年，全书共12章，约52万字。1910年中亚喀山模范出版社出版。新疆社会科学院于1970年从塔塔尔文原著译为现代维吾尔文，1980年又从维文转译为汉文。民族出版社2014年出版汉文版。

库尔班·阿里·哈立德（1846—1913），伊斯兰教学者、历史学家，塔塔尔族。生于中亚阿亚库孜城。18世纪买德勒汗盛世时，随其经商之父迁至新疆塔城定居。少年时，就读于阿亚库孜、塞米巴拉金斯克等地的经文学堂。成年后，在塔城清真寺任伊玛目、卡迪30余年，后从事历史著述。他学识渊博，精通中亚地区多种语言和阿拉伯语、波斯语，宗教历史、地理、语言文学造诣颇深。他遍游天山南北和中亚、西亚一带，对诸多民族的社会历史进行实地考察，广泛搜集资料，探访求教于名人学者，分析研究和考证各种传说有关事实，以丰富的第一手资料，循其亲身体会，本着"把昔日人民的景况编成故事加以传播，把当代民族的状态陈述于世"的愿望，历时21载，于1896年用塔塔尔文撰成《东方五史》。

《东方五史》又称《五本历史》，是记述中亚及新疆民族、宗教的历史著作。主要内容包括中亚费尔干纳浩罕、阿通布旭克汗至胡大亚尔汗末期的重大历史事件以及新疆南部六城可汗政权的创建和更迭，喀喇汗朝可汗萨图克·布格拉汗归信伊斯兰教的经过，秃黑鲁帖木儿汗和阿帕克和卓的传记，浩罕入侵者阿古柏政权的建立及其覆灭；哈萨克、乌兹别克、柯尔克孜、塔塔尔、巴什基里等民族的族源与概况，诺阿依人与克普恰克人；成吉思汗及其谱系；蒙古人与西藏人的关系；新疆伊犁、塔城等地维吾尔、回、哈萨克等族民众反抗清朝；塔城的由来；有关"回回"与东干等词的解释；回族在塔城地区的宗教生活与哈萨克族、蒙古族的相互关系，俄国入侵中亚与新疆；各地一些城堡和清真寺的兴建；哈萨克斯坦概况及哈萨克人的风俗习惯；中亚和新疆著名山川、河流名称的由来和介绍；朝觐行程记；西亚及欧洲名城的介绍；蒙古族、塔塔尔族补遗；日本概况；中国诸朝与清朝，还包括1881年签订的中俄条约等文献内容。该书较为详尽地记述了新疆和中亚突厥语系诸民族的族源、历史、伊斯兰教传入天山南北等新疆历史上的重大事件，内容涉及有关语言、文学、天文、地理等学科领域，是研究新疆及中亚的重要史籍。

## 东归日记

（清）方士淦撰，1卷。版本有清同治十一年（1872年）两淮运署刻本；《小方壶斋舆地丛钞》本；中央民族学院图书馆1983年油印本；甘肃人民出版社2002年版。中央民族学院图书馆1983年版与《荷戈纪程》《南疆勘垦日记》合刊。《小方壶斋舆地丛钞》第二帙、中央民族学院图书馆《甘新游踪汇编》、甘肃人民出版社2002年版《西北行记丛萃》收录。国家图

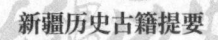

书馆有收录。

方士淦（1787—1849），道光六年（1826年）以事遣戍伊犁，八年释归。道光八年三月十五日，作者自伊犁惠远城起身东归，途经乌鲁木齐、哈密、玉门、嘉峪关、张掖、兰州、天水、咸阳，于同年六月三十日到达今陕西西安。《东归日记》即是对这一行程见闻的记录，备载山川道里、汉回地名、风景形势、物产土俗、名贤轶事。书中保存了不少西北地区，特别是新疆地区的交通、风俗、城池等史料，对研究西北史地有一定的参考价值。

## 东归日记

（清）吴恢杰撰。版本有民国抄本1册；中央民族学院图书馆1983年油印本；全国图书馆文献缩微复制中心1985版。中央民族学院图书馆《甘新游踪汇编》、全国图书馆文献缩微复制中心《丝绸之路资料汇钞·清代部分》收录。民国抄本藏于上海图书馆；油印本藏于中央民族大学图书馆；全国图书馆文献缩微复制中心1985版藏于国家图书馆。

《东归日记》与下述《西征日记》撰述背景相仿，是作者驻哈密一年而返的旅途见闻录。

## 东还纪略

（清）史善长撰，1卷。有清嘉庆二十四年（1819年）刻本；清光绪番禺史澄刻《味根山房全集》本等。清嘉庆刻本藏于湖南图书馆；清光绪番禺史澄刻《味根山房全集》本藏于国家图书馆。

《东还纪略》是史善长遣戍伊犁三年，放归后而作的书。其中涉及新疆北部诸多自然人文资料。

## 东汉会要

（南宋）徐天麟撰。约成书于理宗宝庆二年（1226年）九月，晚《西汉会要》约十五年。有武英殿聚珍本，清初毛氏汲古阁影宋抄本40卷，清光绪十年（1884年）江苏书局刻本，中华书局1955年本，上海商务印书馆《国学基本丛书》本，上海古籍出版社1978标点本，上海古籍出版社《历代会要丛书》收录。

该书40卷，记东汉典章制度，所据以范晔《后汉书》为本，旁采刘珍等《东观汉纪》、华峤《后汉书》、司马彪《续汉书》、袁宏《后汉纪》、杜佑《通典》，以及《汉官仪》《汉杂事》《汉旧仪》诸书，比较全面地反映了东汉王朝各项典章制度及其沿革变迁。其体例与《西汉会要》略同，然无《西汉会要》的学校、运历、祥异三门，而增文学、历数、封建三门，分为帝系、礼、乐、舆服、文学、历数、封建、职官、选举、民政、食货、兵、刑法、方域、蕃夷十五门，384事。世所传者，皆据宋本传抄。四库本第三十七、三十八两卷全阙，三十六、三十九两卷阙半。清人蒋光煦《斠补隅录》曾校补，重刊收入《涉闻梓旧》。清光绪五年（1879年）岭南学海堂本据常熟瞿氏铁琴铜剑楼影宋本补为全帙。

该书记载了西域的史实。如卷二十《职官二》"西域都护""戊己校尉"条，记载了此二机构在西域的设置沿革变迁。卷三十八《方域下》"十三部下"条，记载了西域各郡置。卷四十《番夷下》"西域"条，记载西域内容尤多，涉及光武帝初定天下到建安二十一年（216年）二百年西域的历史及与汉朝交往的史实。东汉初光武帝刘秀忙于国内战事，无暇顾及西域，西域局势混乱。北道各国大都附属于匈奴，南道诸国则相互攻伐，争战不休。匈奴乘机征服了西域北道诸国和南道大国于阗，利用西域的人力物力不断袭扰东汉边境。为彻底击退北匈奴的进攻，外通商道，内安边境，东汉王朝采取"以夷制夷"的方略，从明帝始派军出征西域并派班超出使西域。班超控制薄弱的南道各国，降鄯善，制于阗，袭疏勒，驱除了西域南道的北匈奴势力，使南道诸国先后归附。最后南道基本打通，北道东西也为汉朝控制。于是东汉重设西域都护和戊、己二校尉。该书是研究西域历史和东汉交往的重要史料。该书引证的部分原书已散失，因而保存了一些原始材料，更显示其珍贵价值。

## 杜环经行记

（唐）杜环著，成书于唐代宗时期。杜环，唐代著名旅行家。《经行记》又称《大食国经行记》。杜环于唐天宝间为大食国军俘虏，后游历西行。归国后写成《经行记》，讲述了自己的沿途见闻。《经行记》原书已佚，《通典》有录。清人丁谦著有《唐杜环经行记地理考记》1卷，收入《浙江图书馆丛书》。近人王国维撰有《古行记校录八种本》，包括此书，收入《海宁王静安先生遗书》外编。中华书局据《通典》中《经行记》残语，辑录并笺注成《经行记笺注》，析为12篇，记12国事，2000年4月初版，张一纯笺释。32开，262页，后于2006年4月再版。

现《经行记》残存文字（即《通典·边防典》引1110字）是记述8世纪中叶新疆、西亚、中亚诸地以及非洲北部地区极为珍贵的原始资料。

## 度岭吟

（清）景廉撰。有稿本藏于北京大学图书馆；另有同治三年（1864年）初刻本，藏于国家图书馆；清光绪重刻本；1996年版全国图书馆文献缩微复制中心《丝绸之路资料汇钞·清代部分》收录1卷。

景廉（1824—1885），字秋坪，颜扎氏，满洲正黄旗人。咸丰二年（1852年）进士。由编修五迁至内阁学士。八年，授伊犁参赞大臣，次年十月到任。十一年，阿克苏办事大臣绵性、叶尔羌参赞大臣英蕴先后以贪暴被劾，命景廉住鞫。是年九月，景廉由伊犁惠远起程，道经14个军台，行程1000余公里，十八日后到达阿克苏。途中翻越冰岭，得诗34首，名之曰《度岭吟》。同治元年（1862年），迁叶尔羌参赞，未任。二年，坐事落职。五年，以头等侍卫充哈密帮办大臣；十年，授乌鲁木齐都统，皆因地方未靖，滞留甘肃安西，未到任所。十三年，命为钦差大臣，督办新疆军务，令统帅各部共击阿古柏匪帮图谋收复新疆。光绪元年（1875年）内迁，历任工部尚书、军机大臣、兵部尚书等职。十一年，卒于官。有《冰岭纪程》《度岭吟》等作品行世。

《度岭吟》附于景廉《冰岭纪程》末尾，1卷，载诗34首，皆为其从惠远到阿克苏的途中所作。因途中路过冰岭，因此得名《度岭吟》。冰岭即木素尔岭，地处拜城与昭苏县之间，是天山中部重要山隘，向系南北疆之交通要道。在西域诗中，景廉是唯一翻越冰岭，留下诗作的西域诗人，因此《度岭吟》的价值就不只是局限在山川景物的描绘上。景廉在《度岭吟》的小序中说："自鸣天籁，不择好音，手录以存，用志鸿爪。"可见作者目的即为记录途中见闻及感想。诗集虽题名《度岭吟》，却不仅是描写冰岭之雄奇，而是一路行来，山川景物，多有吟咏。其内容大致可分为四类：一是关心形胜，注重备战，抒发勤于王事的情怀；二是欣赏途中佳景，形诸笔墨；三是抒发对边疆各族人民的热爱之情；四是通过途中景物的描绘，阐发哲理。

其作品中对冰岭自然环境的描写，维吾尔族人民风俗的展现，以及对阿克苏当时社会、军事状况的记述等，有助于还原当时冰岭的自然地理状貌，促进对阿克苏地区历史文化的了解，具有极高的史地学价值和民俗学价值。此外，其诗集中绝句、律诗、古体诗皆有，五言、七言兼备，气势宏大，韵味无穷，具有很高的文学价值。纵观《度岭吟》，虽有瑕疵，但无论在思想上还是艺术上，仍不失为西域诗中的一颗璀璨的明珠，是西域文学中一份宝贵的遗产。

## 敦煌随笔

（清）常钧辑，2册2卷，约19000字，吴玉年家藏抄本。有国家图书馆藏清抄本2册，顾廷龙辑《边疆丛书》甲集（禹贡学会，民国二十六年（1937年）四月禹贡学会据传钞本）影印本，黄永武收入《敦煌丛刊初集》（新文丰出版公司，1985年），《中国西北文献丛书》第三辑《敦煌史地文献》据《边疆丛书》本影印（兰州古籍书店，1990年）。

此书成书于乾隆七年（1742年），系作者采集旧闻，记风土情形、古今沿革等，作者从边吏的视角出发，记录、阐发了作者在任安西兵备道内的政治活动及治边思考。全书分上、下两卷，上卷以地域分类，记载了敦煌地区的道里、风土民情以及作者在该地任职的活动和见闻；下卷专记政事，内容涉及屯田积谷、开渠筑城等方面。上卷分赤金、靖逆、柳沟、小湾、安西、瓜州、回民五堡、沙州、哈密；下卷分形势论、户口田亩总数、屯田、开渠、党河源流、添筑安西东关护墙、酌给安西城内隙地建盖民房、添设要站引墩。其中"回民五堡""哈密"两篇主要记述了敦煌地方政府对内附维吾尔族人的安置状况，有重要的史料价值。

### 敦煌吐鲁番文献集成

上海古籍出版社编，上海古籍出版社 1992 年至 2007 年 15 年间陆续出版 68 册。

《敦煌吐鲁番文献集成》是上海古籍出版社与国内外学术机构合作编成的。1989 年，上海古籍出版社就《俄藏敦煌文献》的出版与苏联列宁格勒东方研究所商榷，双方达成统一意见之后组建专门机构，开始出版《敦煌吐鲁番文献集成》的筹备工作。《敦煌吐鲁番文献集成》是一部大型资料丛书，收录有俄藏、法藏、上海博物馆藏、上海图书馆藏、北京大学图书馆藏，以及天津艺术博物馆藏吐鲁番文献图版，以收藏家为单位分别印刷。包括《俄藏敦煌文献》17 册、《法藏敦煌西域文献》34 册、《上海图书馆藏敦煌吐鲁番文献》4 册、《上海博物馆藏敦煌吐鲁番文献》2 册、《北京大学藏敦煌文献》2 册、《天津市艺术博物馆藏敦煌文献》7 册，还有《俄藏敦煌艺术品》《俄藏敦煌汉文写卷叙录》《敦煌汉文文书》。其中，《俄藏敦煌文献》17 册和《法藏敦煌西域文献》34 册是《敦煌吐鲁番文献集成》的骨干部分。流失海外的敦煌文献除日本藏品外，英、法、俄汉文藏品的主体部分已经出版完毕。这套丛书印制精良，不少敦煌文献系首次公布，价值很高。

《俄藏敦煌文献》由俄国孟列夫、我国钱伯诚主编，2001 年出版。该书收入俄罗斯科学院东方研究所圣彼得堡分所收藏的敦煌文献及以敦煌名义编号的文献二万余号。第 1—5 册收录全部弗卢格编号 366 号，是俄藏敦煌文献最完整的部分。第 6—17 册为敦煌编号部分。《俄藏敦煌文献》17

册收录有佛教、道家、儒家、文学、医学、法律文献；大量官、私、寺院文书；还有西夏黑水城文书、回鹘文和藏文等少数民族文献。该书涉及西域、新疆的记载较多，如《俄藏敦煌文献17》为《俄藏敦煌文献》的最后一册，收录共2392号，其中400余号为克洛特科夫于新疆吐鲁番收集所得。

## 敦煌杂钞

（清）常钧辑，2册2卷，约19000字，吴玉年家藏抄本。有国家图书馆藏清抄本2册，顾廷龙辑《边疆丛书》甲集（禹贡学会，民国二十六年（1937年）四月禹贡学会）据传钞本印本，黄永武收入《敦煌丛刊初集》（新文丰出版公司，1985年），《中国西北文献丛书》第三辑《敦煌史地文献》据《边疆丛书》本影印（兰州古籍书店，1990年）。

常钧，字且平，号和亭，叶赫那拉氏，满洲镶红旗人，雍正四年由翻译举人考授内阁中书，迁陕西潼关同知，乾隆二十一年（1756年）从征准噶尔，乾隆二十八年（1763年）任甘肃巡抚。逾四年，往喀喇沙尔办事。

此书成书于乾隆七年（1742年），系常钧察访见闻，参证旧志撰成。是书侧重于搜集、介绍安西地区以往的名物制度、山川景胜，并加以考证。全书分上下两卷，上卷主要记载敦煌地区行政机构的建制沿革，下卷是对山川、河流、古迹情况的介绍。此外，有关这一时期哈密、巴里坤、吐鲁番的史事则分别见于上下卷末篇中，多为抄录其他史料而成。卷上：河西四郡、关西七卫、安西厅、安西卫、柳沟卫、沙州卫、靖逆厅、靖逆卫、赤金卫、哈密；卷下：嘉峪关、赤金山、石油泉、玉门厅县、赤斤蒙古卫、昌马疏勒二河、观音寺、苦峪城、窟窿河、三危山、鸣沙山、白龙堆、流沙、渥洼水、氐置水、敦煌废郡、古长城、玉门关、阳关废县、罕东卫、罕东左卫、安定阿瑞二卫、曲先卫、雷音寺、南山、天山、瀚海、巴里坤、土鲁番。其"雷音寺"条收录了《李氏再修功德记》碑残文，是较早研究敦煌莫高窟碑铭的文字。

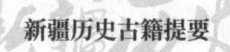

## 多桑蒙古史

[瑞典]多桑（Constantin d'Ohsson）著，凡2册7卷。有1936年商务印书馆冯承钧译本，中华书局、上海书店、东方出版社、上海古籍出版社、商务印书馆等多种再版本。

多桑（1780—1855），瑞典人，著名东方学家，出生于君士坦丁堡，曾任瑞典外交官。精通欧洲诸国语及突厥、波斯、阿拉伯、亚美尼亚语。

《多桑蒙古史》是作者用法文撰成的一部蒙古史。其对蒙古民族在中亚、西亚，以及13—14世纪时蒙古民族向西方发展，达到东欧各地的活动史实等进行了记述，所叙时间为12世纪初至14世纪80年代。全书分上、下两册。前三卷记述自成吉思汗至元末时的事迹，多引用（波斯）拉什德《史集》（波斯文）、术外尼《世界征服者史》（波斯文）、《全史》（阿拉伯文）、《札兰丁传》（阿拉伯文）等巴黎所藏东方文献、与蒙古史有关的穆斯林文献。后三卷专言伊儿汗国的史事，并附带言及钦察、察合台两汗国。第二卷和第三卷在记述成吉思汗以后之事时，多取材于中国史书的译文，其中取材于宋君荣、冯秉正翻译的汉文史料，以《续通鉴纲目》《元史类编》两书为最多，偶亦采用《元史》。

此书多有涉疆内容，除了叙述钦察汗国、察合台汗国的内容之外，第一卷第一章《13世纪初年之中亚》、附录二《中亚诸部族》、附录五《畏吾儿》等也都涉及到新疆，在中外学界享有盛名。本书缺点在于多桑不懂汉文，未能更广泛利用汉文史料；此外，他所用的一些穆斯林文献不是最好的写本，因引用资料二三十种，且多语种，人名、地名、部族名的译写也不太规范，这是早期西方蒙元史著作的普遍毛病。

## 多岁堂集

（清）成书撰，清道光十一年（1821年）刻本，7卷，4册，国家图书馆藏。

成书（1760—1821），字倬云，号误庵，穆尔查氏，满洲镶白旗人。《国朝耆献类徵初编》卷一零五有传。乾隆四十九年（1784年）进士，签户部主事。五十二年（1787年），补福建司缺。后历任翰林院侍讲、侍读、侍讲学士、詹事府詹事等。嘉庆三年（1798年），迁内阁学士。四年，官盛京兵部、户部侍郎。六年，召回京，官工部、兵部、户部侍郎等。十年三月，改二等侍卫，充哈密帮办大臣，六月抵任。十一年正月，转办事大臣。十一月被召，复授右侍郎。次年四月抵京，任兵部、工部侍郎。十九年，授直隶泰宁镇总兵。二十一年，因事降为古城领队大臣，寻调乌什办事大臣。五月，自易州西行，九月抵任。二十四年正月，调叶尔羌办事大臣。二十五年正月被召，十月至京。十一月，补太常寺少卿。道光元年（1821年），擢兵部左侍郎，寻改户部右侍郎。六月，命往山东、河南审案，卒于途次。有《多岁堂诗集》行世，内有西域诗120余首。

　　《多岁堂集》中的诗作都有编年，西域诗主要在卷三、卷四中。成书的西域诗写作时间与其被贬西域的时间有关，第一段西域诗创作是在嘉庆十年到十一年十一月（1805—1806）任哈密帮办大臣和办事大臣一年半的时间里，作诗百首，他的大部分西域诗都是在这个时间段完成。成书于嘉庆十年（1805年）秋巡查境内屯政，在此期间诗作颇多，《伊吾绝句》30首大型组诗，把哈密的历史、地理、现状、出产、民俗、宗教信仰等都加以记述。成书将此次外出巡查中所见到的内地没有的动物和植物也用诗歌记录下来，如《白果子》《黄羊》等20首。这类诗歌多记其行，有些抒发个人情感。成书第二次被贬西域是在嘉庆二十一年至二十五年（1816—1820）正月间，此次得诗30首。诗人再次出关已经57岁，但其诗歌的豪情更胜于前，诗歌中往往以边疆军事统帅自况。从成书的诗作来看，他为官期间，和当地群众关系颇为融洽，离任时当地民众都依依不舍，他也在诗歌中多表现出对西域民众的热爱之情。

# E

## 俄人康穆才甫斯基游记

[俄]康穆才甫斯基撰,清光绪二十二年(1896年)西山黄氏版。汉文1册。与《帕米尔图说》《英人杨哈思班游记》《英人戈登游记》合印。国家图书馆有收藏。

康穆才甫斯基,俄国19世纪著名的探险家和旅行家。本书是康穆才甫斯基考察大小帕米尔和新疆南疆等地的一部游记。对研究当时新疆人文社会状况有重要价值。

## 额鲁特行程日记

(清)长白宜珍撰。有清抄本;北京图书馆复制胶卷本;中央民族学院图书馆1983年油印本;全国图书馆文献缩微复制中心1985年版。1册。中央民族学院图书馆《甘新游踪汇编》、全国图书馆文献缩微复制中心《丝绸之路资料汇钞·清代部分》收录。油印本藏于中央民族大学图书馆;抄本、胶卷本、全国图书馆文献缩微复制中心1985年版藏于首都图书馆。

《额鲁特行程日记》是长白宜珍奉命查勘伊犁沿边卡伦界碑时所作。书中详细记述了新疆的风土人情和山川景色,也对其经过的关卡、城镇作了详细记录,对研究西北边疆历史地理,以及我国与周边国家和地区的早期边贸关系等方面,具有重要的史料价值。

## 鄂本笃访契丹记

[意大利]利玛窦著;何高济等译;何兆武校。中华书局2010年版。1册。中华书局《利玛窦中国札记》收录。国家图书馆有收藏。

利玛窦(1552—1610),天主教耶稣会传教士、学者。他是天主教在中国传教的最早开拓者之一，也是第一位阅读中国文学并对中国典籍进行钻研的西方学者。

本书主要内容是1603年欧洲耶稣会印度分会的神甫鄂本笃从陆路来到中国见闻录。鄂本笃为了探察印证马可·波罗书中神奇的"契丹国"，于1603年从莫卧尔王朝的腊和儿（今巴基斯坦拉合尔）起程，扮作商人与前往喀什的商队结伴同行。鄂本笃由腊和儿经白沙瓦到可不里（今阿富汗的喀布尔），再由此向北，越过兴都库什山，进入葱岭（帕米尔高原），经塔什库尔干到达叶尔羌（莎车）。鄂本笃到达时，正值西域历史上的叶尔羌汗国时期。作为天山南部的重要城镇，当时的叶尔羌不仅有着重要的政治文化地位，而且也是丝绸之路上的货物集散地和商品贸易中心，"商贾如鲫，百货交汇"。1604年，鄂本笃随另一个商队，从叶尔羌起程，经阿克苏、库车到达焉耆。后继续东行，经吐鲁番、哈密，入嘉峪关，到达肃州（酒泉）。后鄂本笃不幸身染重病而亡。北京耶稣会的利玛窦等人，根据鄂本笃的日记及其伙伴亦撒克的回忆，写成了《鄂本笃访契丹记》。

本书对研究明代丝绸之路和新疆情况具有重要价值。

## 鄂多立克东游录

[意]鄂多立克著。清光绪十五年（1889年），留学意大利的郭栋臣将鄂多立克旅行记译为汉文并加注释，刊于武昌，名《真福和德里传》，后香港《公教报》重印其译文。何高济根据玉尔译本译成汉文，1981年中华书局出版。此版将其与《海屯行纪》《沙哈鲁遣使中国记》合刊，2002年再版。中华书局《中外关系史名著译丛》《东域纪程录丛——古代中国闻见录》（2008年版）收录。国家图书馆有收藏。

鄂多立克，罗马天主教圣方济各会修士，继马可·波罗之后来到中国的著名旅行者。他约于1314年开始到东方游历传道，后由陆路西行，经东胜、甘肃、新疆诸地，取道波斯北境（原木剌夷国）回到故乡。1330年5月，他在帕度亚（Padua）口述旅行经历和见闻，由教友威廉用质朴的拉丁文笔录下来。

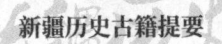

该书涉及范围广泛，对研究中外交通史、中亚史、蒙元史、明史及新疆史地等都有一定的参考价值，与中国的历史文献也可相互参照。

## 二十四史西域史料汇编

陈世明、孟楠等汇编，共三册：《二十四史两汉时期西域史料校注》《二十四史魏晋南北朝时期西域史料汇编》《二十四史唐宋元明时期西域史料汇编》。新疆大学出版社分别于2003年、2007年、2010年出版。2013年再版。《新疆文库》收录，名为《二十四史西域史料辑注》。

陈世明，1967年毕业于新疆大学中文系维吾尔语专业本科，1981年毕业于新疆大学中国语言系突厥语族语言文学专业，获硕士学位。曾为新疆大学人文学院教授、博士生导师，教育部文科重点研究基地新疆大学西北少数民族研究中心专职研究员，中国突厥语研究会常务理事，西北民族大学客座教授。曾撰写《西域翻译史》《汉维翻译教程》等著作3部，参与《二十四史西域（广义）史料》翻译成维吾尔文的工程。

孟楠，历史学博士，历史学专门史（新疆史）硕士研究生导师、教授。现为新疆大学兰州大学西北少数民族研究中心专职研究人员、新疆大学学报编辑部主任。著有《俄国统治中亚政策研究》，主编《中国五国简史》《二十四史两汉时期西域史料校注》，发表"哈萨克三玉兹历史考略""略论西夏与周边民族的联姻"等论文40余篇。

《二十四史西域史料辑注》以中华书局标点本为基础，将《史记》《汉书》《后汉书》《三国志》《晋书》《宋书》《魏书》《北齐书》《周书》《隋书》《南史》《北史》《新唐书》《宋史》《元史》《明史》等史籍中有关西域资料辑录出来汇集成书。内容包括西域政治、经济、文化、地理、民族、民族往来、风土人情，以及中央王朝与西域地方政权之间的政治、经济、文化关系，中央王朝治理西域的具体措施等方方面面，有的加以考订和注释。时间上起夏商周三代，下迄明朝，跨度长达数千年。

其中，《二十四史两汉时期西域史料校注》从《史记》《汉书》《后汉书》中辑录相关材料，包括汉朝、匈奴等有关记载，并加以考订注释，是研究两汉时期西域社会、经济、文化发展史，研究西域民族与民族关系史以及汉代中央王朝与西域地方政权关系史的重要文献资料。

《二十四史魏晋南北朝时期西域史料汇编》从《三国志》《晋书》《宋书》《梁书》《魏书》《北齐书》《周书》《隋书》《南史》《北史》中辑录相关材料，包括西域、突厥和高昌等有关记载。该册前言谓："它比较客观地反映了从公元220年曹丕建立魏国至公元618年李渊建立唐朝近400年间西域（广义）、乃至突厥、高车的社会、政治、经济、文化、民俗民情以及中原王朝与西域地方政权，乃至与突厥、高车的政治、经济、文化关系。"

《二十四史唐宋元明时期西域史料汇编》从《新唐书》《新五代史》《宋史》《辽史》《金史》《元史》和《明史》中辑录相关材料，包括西域、突厥、蒙古等记载，反映了唐至明时期西域地方政权的政治变迁、社会经济及文化状况。

该书汇集了汉代至明代有关西域的正史史料，为学人了解新疆历史、学术界使用史籍材料提供了很大便利，也有利于研究新疆各民族的历史，阐明各民族在我国统一多民族国家形成、发展和巩固过程中的作用，同时也为中亚、西亚地区的历史研究提供了便利条件和参考资料。

# F

## 芬兰东方收集品手册

[芬]哈伦整理，1977年出版，1册，赫尔辛基大学图书馆藏。

哈伦（Harry Halen），芬兰蒙古学家，赫尔辛基大学图书馆馆员。主要著作有《芬兰东方收集品手册》《曼涅尔海姆收集的回鹘文残卷（一）》。

芬兰人曼涅尔海姆（Carl Gusta Emil Mannerneim）曾供职于俄国总参谋部，1906年至1908年奉命到新疆、甘肃等地刺探军事、地理等方面情报，走访交河故城，在吐鲁番和奇台等地购买到不少吐鲁番出土的古代艺术品和写本材料，收藏于芬兰国立博物馆，后移交赫尔辛基大学图书馆保存。该馆馆员哈伦据此编辑《芬兰东方收集品手册》，对这批吐鲁番文献进行了初步整理研究，对曼涅尔海姆收集品的全貌作了简要记录，计有汉文写本1917件、回鹘文写本70件、梵文写本9件、于阗文写本2件，粟特文写本4件（其中有古波斯文写本1件、察合台文手稿）。这些写本除少量为和田所得外，均得自吐鲁番，总计2003件，几乎全是佛典断片，仅有一两件户籍、僧人牒状残片。1979年哈伦又出版《曼涅尔海姆收集的回鹘文残卷（一）》，刊布15件回鹘文佛典的图版和释文。1981年至1982年，日本百济康义、藤枝晃、井之口泰淳等人前往赫尔辛基，将全部写本拍摄成胶卷，带回龙谷大学收藏。

### 奉使俄罗斯行程录

（清）张鹏翮撰，有清刻本，1卷，2册；中华书局1991年版，清刻本藏于国家图书馆，中华书局1991年版与《出塞纪略》合刊。又称《漠北日记》《奉使俄罗斯日记》。

《奉使俄罗斯行程录》与上述《出塞纪略》是对同一题材的两种记录，所记行程，二者略同，对途中事物的观察，则各有着眼点，可称姊妹篇。其中涉及新疆内容与上述《出塞纪略》相仿。二书均备受史家重视。

### 奉使库车琐记

（清）庆林撰。有清抄本1册；全国图书馆文献缩微复制中心1985版。香港蝠池书院出版有限公司2009年版。全国图书馆文献缩微复制中心《丝绸之路资料汇钞·清代部分》收录。蝠池书院出版有限公司2009年版《中国边疆行纪调查记报告书等边务资料丛编（初编）》（套装共50册）收录。国家图书馆有收藏。

《奉使库车琐记》记述的是作者从京师出发前往新疆库车，一路上所见所闻与事迹。

## 佛国记

（东晋）法显撰，1卷。成书于东晋义熙十二年（416年）。《佛国记》成书后不断流传，著名的有两宋版（明胡震亨、毛晋同订），《四库全书》收录；明崇祯毛氏汲古阁刻本；清嘉庆十年（1805年）张氏照旷阁刻本；清乾隆五十六年（1791年）金溪王氏刻本；清光绪八年（1882年）四明群玉山房刻本；清光绪十一年（1885年）金陵刻经处刻本；1937年商务印书馆平装版；1983年台北商务印书馆影印本；兰州古籍书店1990年影印本（收录于《中国西北文献丛书》）等。注释本主要有：1985年上海古籍出版社，2008年中华书局，2016年中国旅游出版社等出版的章巽校注（顾颉刚等编校）本；2008年重庆出版社出版田川译注版。另有[日本]足立喜六《考证法显传》、岑仲勉《佛游天竺记考释》、贺昌群《古代西域交通与法显印度巡礼》等书可供参考。

法显，东晋高僧，佛教改革家。《佛国记》又名《历游天竺记》《历游天竺记传》《昔道人法显从长安行西至天竺传》《释法显行传》《法显传》《昔道人法显从长安行西至天竺传》等，全书13000余字，记载东晋高僧法显隆安三年（399年）至义熙九年（413年）西去今印度地区求取佛法的经历。法显自长安出发，过流沙（指敦煌以西至今新疆若羌县之间的沙漠），越葱岭（今帕米尔），行程数万里到达天竺（今印度），尔后从海路返回。该书对法显途径的古中国西北、阿富汗、克什米尔、巴基斯坦、印度、尼泊尔、斯里兰卡、印度尼西亚等32国的佛教文化、历史传说、山川地形、物产气候、建筑造型、风俗习惯等记载颇为翔实。这些对于研究当时法显所经亚洲各国，特别是我国新疆地区公元5世纪初的历史概况具有很高的文献价值。

## 孚远县乡土志

佚名者修，光绪三十三年（1907年）手抄本。有湖北省图书馆藏《新疆乡土志稿二十九种》（油印本）、新疆自治区图书馆1976年重印本。点校本有马大正、华立主编《中国边疆史地资料丛刊·新疆卷》中的竖排版《新疆乡土志稿》（全国图书馆文献缩微复制中心，1990年），马大正、黄国政等编《新疆乡土志稿》（横排重印）（新疆人民出版社，2010年）。此外日本大谷探险队成员野村荣三郎《蒙古新疆旅行记》称，野村曾抄来两种孚远县乡土志（光绪二十九年（1903年）、光绪三十三年），惜未见原本。

该志记事内容下限为光绪三十三年。当时孚远县知县为魏霖澍。魏霖澍，湖南邵阳县人，监生，光绪三十三年任孚远县知县，宣统二年（1910年）任于阗县知县，1912年任伽师县知县。

《孚远县乡土志》成书于清光绪三十三年，系奉清廷敕令编写的新疆乡土教材之一，内容较简，全志仅2300余字，列历史、政绩录、耆旧录、户口、地理等13目。有县地图一幅，并附图说横8格，直10格，每格作20里，以红、黄、蓝三色画出道路、官路和水道作区别，此为其他乡土志不同之处。是志行文虽简，然叙同治、光绪年间该地民团首领孔才的祖籍、经历、战历和逝世都较详实，不但弥补了正史的空白，并且纠正了《清史稿·文麟传》所称"孔才，哈密人"的谬误。此外，对山川、地理也有比较全面的记载，所述同治初年该县破城子处尚存唐代所铸铁钟之事，亦为他书所不载。

## 阜康县乡土志

（清）巨国柱修，不分卷。有湖北省图书馆藏《新疆乡土志稿二十九种》（油印本）、新疆自治区图书馆1976年重印本。点校本有马大正、华立主编《中国边疆史地资料丛刊·新疆卷》中的竖排版《新疆乡土志稿》（全国图书馆文献缩微复制中心，1990年），马大正、黄国政等编《新疆乡土志稿》（横排重印）（新疆人民出版社，2010年）。各本差异较大。

巨国柱，字子馥，生卒年不详，甘肃秦安人，光绪乙亥年（1875年）举人，曾任阜康县知县，著有诗集《幕研斋稿劫馀诗存》4卷。巨国柱于光绪三十四年（1908年）在新疆阜康县知县期间，奉京师编书局敕令编纂《阜康县乡土志》以充作小学教材。光绪三十四年（1908年）年二月因贪劣不职被革职。

《阜康县乡土志》成书于光绪三十四年，列14目，8000余字。篇首记载建置沿革和"特纳格尔"地名的来源，列举了建县以来几任知县招民开垦、修改城垣、仓库、桥梁的政绩。地理目对九运街、滋泥泉、甘尔堡等集镇和博克达山作了重点记述。物产的记载过于简略，唯指出阜康历史上曾以高粱制酒著名全疆，销运奇台。大小黄山所产煤炭皆运往东境，年销约几千车辆之多。在兵事、耆旧目中，所述同光年间民团情况甚详，著录了同治三年回酋暴动、最终被以王者彦为首的民团歼灭一事，此事似仅此乡土志记载。

# G

## 甘肃省城自兰泉驿起至新疆路程

（清）佚名编，清末刻本。收入吴培丰整理《丝绸之路资料汇钞（清代部分）》（全国图书馆文献缩微复制中心，1996年），题名为《甘肃至新疆路程》。

本书分为两个部分，一为甘肃省城自兰泉驿起至新疆路程，详列从甘肃至新疆之间的驿站，里程，对重要的驿站有详细的解释；二为甘肃省城至新疆总程，将沿途重镇之间的里程列出，其路线大致为从甘肃至塔尔巴哈台为凉州府、甘州府、嘉峪关、哈密、巴里坤、乌鲁木齐、伊犁、塔尔巴哈台，从哈密至和阗依次途经吐鲁番、乌鲁木齐、喀喇沙尔、库车、阿克苏、伊犁、叶尔羌、喀什噶尔，最后抵达和阗。

61

## 高昌壁画菁华

[民国] 罗振玉编并序，罗福苌译述。1册，珂罗版；上虞罗氏民国五年（1916年）影印本。

罗振玉（1866—1940），字式如、叔蕴、叔言，号雪堂，浙江省上虞县永丰乡人，晚号贞松老人、松翁。中国近代教育家、考古学家、金石学家、敦煌学家、古文字学家，中国近代考古学的奠基人。他开辟了敦煌学、甲骨学、简牍学和古器物学四门学问，对西北史地学也很有研究，编印了大量书籍，为中华学术和流传史料做出了突出贡献。罗振玉在辑录西陲古物和其他边裔文献方面用功颇多，除辑印《高昌壁画菁华》外，还与王国维合编《流沙坠简》，与蒋斧、董康、王国维等人合编《敦煌石室遗书》，辑录西北石刻史料并刊布了西夏字书等。

罗福苌（1895—1921），字君楚，浙江省上虞县永丰乡人，罗振玉次子，语言学家、历史学家。幼而通敏，年未冠既博通欧洲诸国文字，于法语、德语造诣尤深。继治中国民族古文字学，同其兄罗福成一起致力于西夏文的研究，创通西夏文的读法，其学受乃父影响颇深。1914年，著《西夏国书略说》一书，就《掌中珠》所载西夏文字考证出23个部首。后陆续发表了《俄人黑水访古所得记》《西夏赎经记》《大方广佛华严经卷一释文》《妙法莲花经弘传序释文》《宋史夏国传集注》（部分）等论文。惜英年早逝，年仅26岁。王国维有《罗君楚传》记罗福苌生平事迹。

《高昌壁画菁华》是罗振玉看到伯希和携带的敦煌壁画影本和勒柯克著录的高昌壁画后有感而辑的。据《〈高昌壁画菁华〉序》记载，罗振玉最先在大谷光瑞举办的西陲古物展览会上看到新疆的佛教艺术品，这次展览会中，大谷展出了他所藏的数十幅高昌壁画。1916年，罗振玉又在日本看到勒柯克著的《高昌访古志》一书，被书中所载的二十二幅壁画所吸引，于是有了编印《高昌壁画菁华》的计划。

全书共著录绘画二十二幅，其中勒柯克高昌壁画二十幅，大谷光瑞绢画两幅。其目录有每幅图的详细信息，并在每幅图下注明发现地。编书过程中，罗振玉还对壁画做了一些简单考证，也附在书中。关于壁画时代，书载"诸画时代虽不能确知,而缣素中之仕女背,有开元户籍,则在开元以前,可知也。其勒柯克氏所得,殆在麴氏有国时,高昌佛法,麴氏时为最盛。又以画迹观之,亦当在李唐以前。"至于艺术特征,他认为这些画是西域体系,其艺术特征是"曹衣出水",它的笔法是"稠叠紧窄",这与吴道子的"吴带当风"正好相对。由此他推定这些画是西域风格,与唐代的大小尉迟及二简可以相提并论。

该书体例精美,著录科学。书长41.5厘米,宽28.2厘米,因为采用的是大本,不但在形貌方面接近原画,而且也能较好传达原画的神韵;因书中所收大谷光瑞之藏为绢画,与书名《高昌壁画菁华》不符,故以附录的形式刻布。

此书是我国学者最早著录西域佛教美术的著作,是中国敦煌吐鲁番学史的重要文献,也是我国第一次著录和刊布新疆壁画的著作,并向国人通报了勒柯克的考古事迹,这在当时是难能可贵的。

## 高昌故城及其周边地区的考古工作报告（1902-1903年冬季）

[德]阿尔伯特·格伦威德尔著,新疆文物考古研究所,吐鲁番学研究院编著,管平译。文物出版社2015年版1册。文物出版社《新疆文物考古研究所丛刊》收录。国家图书馆有收藏。

阿尔伯特·格伦威德尔,德国著名探险家。从1902年到1914年,在阿尔伯特·格伦威德尔和冯·勒柯克的先后率领下,德国探险队沿中国新疆丝绸之路北线进行过四次考察。在格伦威德尔1902年所绘的高昌平面图上,可见其勘测考古之地达70处之多。在1902—1903年冬季,格伦威德尔在高昌及周围地区进行了长期考古发现和挖掘。此书即为此次考古活动的报告书。中文译本是新疆文物考古研究所计划重点编译的首部西域考察与探险的著作。

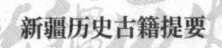

## 高昌某氏残谱

《吐鲁番出土文书》所收两份族谱之一，1973年阿斯塔那第一一三号墓出土，见《吐鲁番出土文书》（录文本）第三册，定名为《高昌某氏残谱》（63—64页），《吐鲁番出土文书》（图文本）壹改名《某氏残族谱》（333页）。此谱残缺较甚，仅存一纸。

纸面绘以长方形框，分为二栏，成四列六行排列，以实线或虚线相连。实线为原来所有，虚线系整理者拟补。所存二栏，每栏右框内为谱主，左框为谱主夫人，谱内诸线表示人物关系，长方形框是事先画好的，大小相同，其中只够记谱主名、子和谱主夫人姓氏、郡望。谱主仕宦较显者，框内首记卒官，将字挤出框外；字后记仕历，内容较多，空间不够，便接写于夫人框内。谱主仕宦不甚显者，卒官及仕历均记于框外。夫人亲属如曾仕宦，其名及卒官亦记于框外。二栏最后一代谱主，一仅记"字养祖"，一仅记一"讳"字。书法较为潦草，似为一非正式抄件。从残存样式看，本谱与墓主有一定的关系。关于谱主之郡望有两种说法，一说为西平鞠氏，一说为金城鞠氏。

这件《高昌某氏残谱》是我们所见年代较早的族谱实物，弥足珍贵。对了解中古时期河西及高昌地区史实具有重要的价值。

## 高居诲使于阗记

（后晋）高居诲撰，1卷，成书于五代时期。《高居诲使于阗记》书名是近代著名学者王国维所题。原名《于阗国行程录》，又名《使于阗记》。该书原由《宋史·艺文志》著录，原本已散佚，部分内容散见于《新五代史·四夷附录三》《重修政和经史证类备用本草》、程大昌《演繁露》和马端临《文献通考》诸书。杨建新选编的《古西行记选注》收录该行记，共5页，宁夏人民出版社1987年6月出版，32开。1993年新疆青少年出版社《丝绸之路上的古代行旅》也收录此书。

高居诲，后晋彰武节度判官。《高居诲使于阗记》主要记载后晋遣使臣供奉官张匡邺、彰武节度判官高居诲奉命出使西域于阗国（今新疆和田地区）的见闻。后晋初年，于阗国王李圣天遣使朝觐，后晋遣张匡邺、高居诲前往于阗国册封李圣天为"大宝于阗国王"。张匡邺一行从灵州出发，经过河西走廊沿塔克拉玛干沙漠南缘西行至于阗国境内，又经两年，返回汴梁。高居诲将其西行途中所见皆记录下来，比较详细地记录了天山南部各地，特别是于阗地区地理、政权、风物特产、经济和文化等方面情况，于阗著名的玉石出产地三条玉河，亦有较详细记录。该书是研究10世纪和阗地区历史的重要史料之一。

## 高僧传

（南朝梁）释慧皎著。中华书局《中国佛教典籍选刊》1992年点校本，14卷，藏于国家图书馆。中州古籍出版社2015年版。

释慧皎（497—554年），俗姓陈，会稽上虞人，南朝梁代高僧、佛教史学家。慧皎学涉内外，博通经律，常挂单会稽嘉祥寺，每年春夏弘宣佛法，秋冬专事著述，撰《涅槃义疏》《梵网经疏》，阐扬涅槃学说。圆寂后墓在庐山禅阁寺。

该书为梁天监十八年（519年）编撰，凡14卷，又名《梁高僧传》《梁传》《皎传》，分译经、义解、神异、习禅、明律、亡身、诵经、兴福、经师、唱导十科，记载自东汉明帝至梁代高僧257人，附见200余人，其中多记载西域名僧事迹及其文学活动。本书介绍自从佛法东渐之后，西域名僧纷纷来中土，或传译经典，或教授禅道，或借神通度人，或以法力济世。如俊异之声名传西域的安息国太子安世高、祖先为康居（今新疆北部）人的唐僧会，以及影响深远的龟兹国（今新疆库车一带）僧鸠摩罗什等人。该书内容精深，义理明确，条理清晰，文采斐然，为中国佛教史上第一部系统的僧传，是后世研究古代哲学、文学、历史之重要著作。其所创传记体例，为后世历代僧传所仿效；所记载的西域众僧事迹，对研究新疆佛教史有重要的意义。

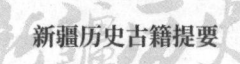

## 恭审张格尔口供

（清）长龄录。收于《中国边境史料通编》，1卷。《明清史料》收录。

长龄（1758—1838），萨尔图克氏，字懋亭，蒙古正白旗人。从征甘肃、新疆、台湾、廓尔喀，累擢内阁学士，兼副都统。道光间，历任协办大学士、文华殿大学士、军机大臣、云贵总督。道光六年（1826年），转任伊犁将军，主持平定张格尔之乱，加封一等威勇公。谥文襄，入祀贤良祠。著有《长文襄公自订年谱》《长文襄公新疆善后奏疏》。《清史稿》（卷三六七）有传。

张格尔（？—1828），清新疆伊斯兰教白山派首领，大和卓波罗尼都之孙，逃居国外的伊斯兰教封建贵族。道光六年，在英国支持下，勾结中亚浩罕国军队入侵南疆，先后攻占喀什噶尔、英吉沙尔、叶尔羌、和田等城，自称赛义德·张格尔苏丹，复辟和卓封建统治。清政府命伊犁将军长龄调集吉林、黑龙江、陕西、甘肃、四川清军万余人，会师于阿克苏，组织全面进攻，相继收复喀什噶尔等城。道光八年（1828年）初，张格尔逃至喀尔铁盖山被清军擒获，押至北京处死，叛乱平定。这份口供就是长龄与杨芳擒获张格尔后审理时所录，是研究清道光年间张格尔叛乱的重要史料。

## 古代和阗：中国新疆考古发掘的详细报告

[英]斯坦因著，巫新华等译。山东人民出版社2009年版，2册。国家图书馆有收藏。

本书以近百万字的篇幅和300多幅图片及地图，详细介绍了斯坦因第一次到塔克拉玛干沙漠考古探险的全过程，他的发现直观反映了塔克拉玛干绿洲历史上曾经的辉煌。

## 古代中亚各民族历史资料集

[俄]尼基塔·雅科夫列维奇·比丘林（Никита Яковлевич Бичурин）撰。1846年开始编纂，至1851年编成。切博克萨雷1851年版，1960年版。

尼基塔·雅科夫列维奇·比丘林（1777—1853），又名亚金甫（Yakinf），俄国中国学和东方学奠基人。俄国科学院通讯院士，俄国东正教驻北京第九届传教士领班。1808年1月抵达北京，在北京留居14年，学习汉语、满语、蒙语、藏语，研究中国及毗邻地区的政治历史状况。撰有《蒙古纪事》《蒙古最初四汗史》《西藏青海史》《中国及其居民、风俗和教育》《中华帝国统计资料》《中国农业》《中国社会道德状况》等。

《古代中亚各民族历史资料集》是比丘林的最后一部著作。他在中国边疆少数民族史地研究过程中广泛使用汉文文献，收集并翻译了一大批珍贵资料，由于当时的考古学和人类学还比较落后，不能为他的研究提供辅助材料，所以这些文献就成为唯一丰富而又可信的资料来源。他以汉文文献为基础，将这些史料编纂成书，成为关于中亚各民族历史的集大成之作，涉及匈奴、乌桓、鲜卑、柔然、回鹘、契丹等多民族历史。他所提供的历史资料和信息在当时的俄国是前所未有的，并对西方汉学产生很大影响，不谙中文者率多径直引用其译文。

## 古今图书集成

（清）陈梦雷等编。雍正六年（1728年）版，64部、576函、5000册；广陵书社2011年版，160册。

陈梦雷（1650—1741），字则震，号省斋、天一道人，晚号松鹤老人，福建闽县人。清朝著名学者、文献学家。康熙九年（1670年）进士，授编修。四十年，受命主编《汇编》，后赐名《古今图书集成》。

《古今图书集成》是一部大型类书，采撷广博，内容丰富，天文、地理、社会、禽兽、昆虫，乃至文学、乐律等等均有涉及，包罗万象。陈梦雷在卷首《凡例》中自云："法象莫大乎天地，故汇编首《历象》而继《方舆》；乾坤定而成位，其间者人也，故《明伦》次之；三才既立，庶类繁生，故次《博物》；裁成参赞，则圣功王道以出，次《理学》《经济》，而是书备焉。"明言本书的编撰意图，力图囊括天、地、人及一切庶类和圣功王道，使之成为一个百科知识总汇。全书共有六个汇编，共函32典和6109部。《历象》编分《乾象》《岁功》《历法》《庶微》四典；《方舆》编分《坤舆》《职方》《山川》《边裔》四典；《明伦》编分《皇极》《宫闱》《官常》《家范》《交谊》《氏族》《人事》《闺媛》八典；《博物》编分《艺术》《神异》《禽虫》《草木》四典；《理学》编分《经籍》《学行》《文学》《字学》四典；《经济》编分《选举》《铨衡》《食货》《礼仪》《乐律》《戎政》《祥刑》《考工》八典。集清朝以前图书之大成，是后世学者治学的重要参考。

西域方面，《方舆》编中记载颇多，例如《山川》典《河》部第二一八卷记载，"（河水）一源出身毒之国，葱岭之上，西去休循二百余里"，《坤舆》典《舆图》部第七十六卷载，"突厥、回纥、党项、吐谷浑之别部及龟兹、于阗、焉耆、疏勒、河西内属诸胡"；《博物》编中记载从西域来的各种货物，如《草木》典《铁线》部第一六三卷记载，"《扶南传》：安息国出，醉皂荚可食，味美"。记载最为详细处为《方舆》编《边裔》典各部，集中在第四十五至五十八卷，有《长股》部、《渠搜》部、《月氏》部、《鄯善》部、《小宛》部、《疏勒》部、《休循》部、《精绝》部、《于阗》部、《安息》部等。另外，汇考部中所搜集的图书也有部分涉疆内容。

## 古突厥文献西域史料辑录

洪勇明编纂《古突厥文献西域史料辑录》，世界图书出版西安有限公司，2014年。

洪永明，新疆师范大学语言学院教授。

是书以历史语言学、民族语言学为指导，运用考据、释读文献对勘、历史语音演变、词义发展等方法，对古代突厥文文献进行转写和释读，摘录其中与新疆有关的史料，并进行分析，丰富了新疆历史文化的内容，具有很大的参考价值。本书的绪论部分主要介绍了古代突厥文文献概况及其研究价值、研究方法和研究框架。正文第一部分介绍了鄂尔浑河流域古突厥文碑铭（暾欲谷碑、阙特勤碑、毗伽可汗碑、阙立啜碑、翁金碑、磨延啜碑、铁尔痕碑、铁兹碑、霍伊士—塔米尔碑），第二部分介绍了叶尼塞河流域古突厥文碑铭（乌巴特碑、伯克里碑、阿勒腾湖碑），第三部分主要研究新疆—敦煌文献（藏经洞艾利亚兹马文书、雅尔和屯感谢信、米兰戍堡文书），第四部分主要研究江布尔城附近塔拉斯河流域碑铭。各小节中分成史料摘录、史料分析。附录部分包括：部分文献释读、缩略语和古代突厥文文献图片。

## 贯酸斋诗集

（元）贯云石撰。主要版本有：明万历四十三年（1615年）潘是仁刻本，《宋元诗四十二种》收录；明天启二年（1622年）重修本2卷，国家图书馆藏。

贯云石，本名小云石海涯，号酸斋，出身于"色目世臣"家庭。祖父阿里海涯是北庭（吉木萨尔）的畏兀儿人，元朝攻灭南宋的主要将领之一，开国元勋。贯云石本人曾出任宣武将军、两淮万户府达鲁花赤，又于元仁宗皇庆二年（1313年）二月被任命为翰林侍读学士。任职不到两年，就辞去二品京官"移疾辞归江南"，隐居林下，"十余年间，历览胜概，著述满家"（欧阳玄《元故翰林学士中奉大夫知制诰同修国史贯公神道碑》）。文名广受时人赞誉。

## 光绪哈密直隶厅乡土志

佚名纂，或为刘润通纂。有日本人片冈一忠辑《新疆省乡土志三十种》（中国文献研究会，1986年）。点校本有马大正、华立主编《中国边疆史地资料丛刊·新疆卷》中的竖排版《新疆乡土志稿》（全国图书馆文献缩微复制中心，1990年），马大正、黄国政等编《新疆乡土志稿》（横排重印）（新疆人民出版社，2010年）。

刘润通，湖南人，光绪三十四年至宣统元年（1908—1909）任哈密直隶厅通判，民国初年（1912年）曾任喀什噶尔通商局局长、和阗知州兼交涉局局长、和阗县知事等职，后因在和阗县知事任上亏欠公款受到惩戒。

该志于光绪三十四年（1908年）修，共5000余字。该志未按部颁《例目》分类，分历史、兵事、天时、舆地、道里、山脉、水利、驿递、城池、公署、人户、赋税、学校、商务、祠庙古迹、兵防、风俗、动物、植物、树艺、矿产、祥异等22目。驿递一目详细记述了哈密东西北十三驿各驿的支出项目及费用，这是其他乡土志中少有的。赋税目简单记载每年征粮额数、牲畜税银额数，为宣统本所无。学校记载学堂运行及开支概况，比宣统本更详细具体，是了解、研究清末哈密教育的重要资料。兵防记载了协镇哈密副将、左旗马队都司、分防、营屯、经制外委等各下辖的各级官兵数、官马兵马数等，系宣统本所未载。祥异记载捕风捉影之事，是此志最大不足。其对当地的山川、道里、驿递等记述较为详尽，是研究该地水利、交通的重要资料。

与宣统本相较而言，该志成书在前，没有按照《例目》分类，但内容包含了光绪末年（1908年）哈密地区的各个方面，数据翔实，内容具体，为后来宣统本编纂之基础。

## 光绪和阗直隶州乡土志

（清）谢维兴修。光绪三十四年（1908年）稿本、抄本。有湖北省图书馆藏《新疆乡土志稿二十九种》（油印本）、新疆自治区图书馆1976年重印本，日本人片冈一忠辑《新疆省乡土志三十种》（中国文献研究会，1986年）。又有首都图书馆藏本，后辑入《首都图书馆藏稀见方志丛刊》（影印本）（国家图书馆出版社，2011年）。点校本有马大正、华立主编《中国边疆史地资料丛刊·新疆卷》中的竖排版《新疆乡土志稿》（全国图书馆文献缩微复制中心，1990年）；又有马大正、黄国政等编《新疆乡土志稿》（横排重印）（新疆人民出版社，2010年）。

谢维兴，光绪二十九年（1903年）任皮山县知县，三十二年任迪化县知县，三十四年调署和阗直隶州知州，宣统元年（1909年）以苛征虐民而革职，1914年任于阗州牧期间因浮收派苛被枪决。

是志成书于清末，系奉敕纂辑之小学教材，分历史、政绩录、兵事录、耆旧录、人类、户口、氏族、宗教、实业、地理、山、水、道路、物产、商务15目，计3000字。内容具体，应为宣统本编纂之基础，具有比宣统本更全面的参考价值。地理、山、水、道路记本境地理方位、四界八至、各明四至、城内祠庙、学堂以及山川源委、道里、台释远近；水和道路均参引《新疆识略》与近日舆图以证方位。商务先述本境所产之物、所制之品的品类，继而分别记在本境销行之物、销往他境之物和自他境销入本境之物的数量、名物，对研究新疆地方史有一定参考价值。政绩、兵事、耆旧、人类、户口、氏族、宗教、实业、物产等目记载简略。

# H

## 哈密志

（清）锺方著，51卷。有国家图书馆藏清末抄本1册、清末朱格钞本1册。另有清道光二十六年（1846年）纂抄本、民国二十六年（1937年）吴丰培校勘禹贡学会辑铅印《边疆丛书》甲集本。

锺方，字午亭，汉军正黄旗人，道光年间进士，后于道光二十年（1840年）先后出任驻藏帮办大臣，哈密办事大臣。二十七年调回京，此后事迹不详。

《哈密志》是锺方担任哈密办事大臣时，整理案牍、搜罗史书、实地考察后撰写而成。

《哈密志》内容囊括了天文、舆地、食货、职官、武备、纪事、学校、选举、人物、回部等几个方面，本书纪事起自乾隆二十三年（1758年），下至道光二十六年（1846年），详记哈密与内地的交通孔道、移民屯田等内容，还记述清代在哈密实行的扎萨克制。

## 哈萨克逃人案目录

（清）佚名编，1册。《钦命总理各国事务衙门清档》内容之一，最早似为光绪年间抄本，后被辑入《国家图书馆藏历史档案文献丛刊·清代孤本外交档案续编》（影印），全国图书馆文献缩微复制中心，2005年。国家图书馆藏。

　　该档案记录了光绪十五年、十六年的俄籍哈萨克人逃入中国的情况以及中国政府对此事的态度。光绪十五年（1889年），督修官魏晋桢、承修官朱有基、校对官朱樑济整理收录新疆巡抚陶模十一月二十日《俄属哈萨克逃入界内派员收集交还俄官由》奏文一件；十一月二十九日发俄国公使喀希呢《俄属哈萨克逃入中国照约送回，嗣后严禁逃窜滋扰由》照会一件；光绪十六年（1890年），督修官松年，承修官葛宝华，校对官贵镛收录闰二月初三日，新疆护理巡抚《咨复俄属布回托古大逊逃入喀境一案，前已备文咨呈至哈萨克混入喀境一节，查有俄国穷民亦万等已饬通送查办由》呈文一件；四月二十四日伊犁将军《查明并无哈萨克逃入中国据情咨复由》奏文一件；四月二十九日发俄国公使《据伊犁将军查复并无哈萨克逃入中国由》照会一件。

## 海棠仙馆诗集

　　（清）宋伯鲁撰，有清末海棠仙馆刻本，15卷；民国二年（1913年）铅印本，15卷；民国十三年（1924年）海棠仙馆刻本，23卷（附《海棠仙馆诗馀》）。

　　宋伯鲁（1854—1932），字子钝，亦作芝栋、芝洞、芝田，号九峻山樵、芝翁、瓶园老人、钝叟、心太平轩老人。陕西礼泉人。《清代人物传稿》有传。光绪十一年（1885年）以优贡中举，翌年中进士，选庶吉士，散馆授编修。先后任顺天乡试同考官、山东乡试附考官、山东道监察御史。身为言官，他在戊戌维新变法中积极上书，还多次为康梁向光绪帝代呈奏折，在维新变法中发挥了重要作用。变法失败，宋伯鲁以"滥保匪人"的罪名"着革职永不叙用"，携眷逃往上海，匿居三年后返回陕西。光绪三十二年（1906年）春，宋伯鲁应伊犁将军长庚之邀同赴新疆，因长庚因循守旧，宋伯鲁觉得难以施展抱负，遂于宣统三年（1911年）返回故里。后致力于陕西辛亥革命和地方公益事业，晚年主持了《续修陕西省通志稿》的修撰，前后历时十年，民国二十一年（1932年），书成未刊，宋伯鲁病逝于西安，卒年七十九。宋伯鲁一生博闻强识，诗书画被称为三绝，且旁及黄老医卜之学，有《海棠仙馆诗集》《蘅红词》等诗词集，《新疆建置制》《续修陕西省通志稿》等方志作品，论书画专著《心太平轩书画论》，杂记《知唐桑艾》等20余种著述行世。

《海棠仙馆诗集》大致按编年排列，分为《鼓箧集》《成均集》《柯亭集》《皇华集》《浴堂集》《乌台集》《南游集》《浩然集》《归田集》《西征集》《返辔集》《遂初集》《海尘集》。其中，《海尘集》7卷和所附《海棠仙馆诗馀》系后加，前两个版本未收。宋伯鲁的西域诗主要收录于《遂初集》和《返辔集》中，同时也见于宋伯鲁赴疆途中所写的《西辕琐记》，共计70余首。其西域诗最主要的特点是多"道中诗"。这类诗内容大都是描摹西域的风景风物，常运用夸张的艺术技巧，比喻生动新奇，层出不穷。同时，其"道中诗"往往还流露出一种淡淡的哀愁，虽不浓烈，但颇感人。宋伯鲁还喜把前人成句稍加变化融入诗中，但不见突兀，更显自然，这在西域诗中颇为罕见。但是，宋伯鲁的西域诗有用僻典、用冷字、自造词汇的习惯，在一定程度上影响了阅读。此外，特别值得一提的是，在所附的《海棠仙馆诗馀》中，有22首西域词，内容多为写景和题画，词风刚柔并济，有较高的艺术成就，在清代西域文学中颇为难得。

宋伯鲁作为建省后来到新疆的文人，其西域著述特别是其《西辕琐记》，在载录诗词的同时，还以行程日记的形式较为详细地记载了入疆途中的自然景观、民风物产等，具有一定的史料价值。

## 海屯行纪

[亚美尼亚]乞剌可思·刚扎克赛著。布莱资奈德的英文译注（收在《中世纪研究》第1卷，1910）最通用，有张星烺（《中西交通史料汇编》收录）、唐长孺（《海桑东游录》，载《国学论衡》，1935年）汉译本。1964年波义耳（J.Boyle）在《中亚杂志》发表的英文译注本，最佳汉译本是何高济本，

1981年中华书局出版。此版将其与《海屯行纪》《沙哈鲁遣使中国记》合刊，2002年再版。国家图书馆有收藏。

乞剌可思·刚扎克赛，亚美尼亚学者。此书是对海屯一世赴蒙古朝见大汗的往返旅程的记载。这篇《行记》收录在其随员、历史家乞剌可思·刚扎克所著的《亚美尼亚史》中，因记载行程尤其是回途所经各地地名甚详，是作为13世纪东西交通和中亚地理的重要资料。它很早就受到学者的注意，其中也涉及一些新疆史地内容。

## 海外敦煌吐鲁番文献见知录

荣新江著，江西人民出版1996年版，32开，1册，收入《东方文化丛书》。

荣新江，1960年生，天津人，现任北京大学历史系教授、博士生导师。中国唐史研究会理事、副会长，中国敦煌吐鲁番学会常务理事，曾任《唐研究》主编。主要研究方向为唐中西文化交流史、唐五代西北民族史、西域史、敦煌吐鲁番文书等，出版著作《于阗史丛考》（与张广达合著）、《海外敦煌吐鲁番文献知见录》《归义军史研究——唐宋时代敦煌历史考索》《鸣沙集——敦煌学学术史与方法论的探讨》《学术训练与学术规范：中国古代史研究入门》等。

该书是对欧美、日本所藏敦煌吐鲁番文献资料的考察报告，按收藏单位介绍各国的收集、收藏、研究情况，分为七章。第一章介绍英国相关收集品，包括英国博物馆、英国图书馆、印度事务部图书馆、印度国立博物馆藏品；第二章介绍法国收集品，包括法国国立图书馆、集美博物馆藏品；第三章介绍德国收集品，以德国国家图书馆馆藏为主；第四章介绍俄国收集品，以圣彼得堡东方学研究所馆藏为主；第五章介绍北欧收集品；第六章介绍日本收集品，包括龙谷大学图书馆、东京国立博物馆、京都国立博物馆、静嘉堂文库、宁乐美术馆等的相关藏品；第七章介绍美国收集品。书末附有西文缩略语表。该书具有几个特点，首先，书名虽曰"敦煌吐鲁番文献"，实际上以敦煌吐鲁番出土文献为主，同时也包含西北其他地区的出土文献；

其次，以文物上的文字资料为对象。可以说，该书对以敦煌吐鲁番为主的中国西北出土文书的海外收藏、研究情况作了较为全面的介绍。

## 汉晋西陲木简汇编初编、二编

张凤编，上海有正书局1931年影印本，甘肃文化出版社1999年版，《中国西北文献丛书续编》收录。

张凤（1887—1966），字天方，浙江嘉善人。清光绪三十年（1904年）秀才。民国六年（1917年）执教于浙江第一师范，民国十一年（1922年）公费留学，就读于法国巴黎大学，二年后获该校文学博士学位。回国后，民国十五年（1926年）始历任国立暨南大学教授、教务长、社会历史系主任、文学院院长兼图书馆馆长等职。著有《张凤字典》《天目印谱》《池上存稿集》《非非室诗集》等。

张凤雅好考古，旅法期间于卢浮宫博物院考古班学习，获得协助马伯乐整理斯坦因考察所获西域简牍文书的机会，得到斯坦因中亚探险所获汉晋木简及部分唐代文书照片，以及这些出土文献的出土地点、编号等信息。回国后，在叶恭绰的鼓励下，于民国二十年（1931年）在上海有正书局编辑出版《汉晋西陲木简汇编》。

该书分为初编、二编两编。初编收法国沙畹已考释但印而未行的斯坦因前两次楼兰考察所获简牍。由于这些材料罗振玉已收入《流沙坠简》，并有罗振玉、王国维的考释，张凤仅刊布图版，未加考释和分类。二编系马斯伯乐未刊布的斯坦因第三次中亚考古所获简牍，总计251枚简牍。张凤为之释文，以不同字号大小的铅字著录简文，以反映原始简字的大小差异。又根据简文及残简首可明确识读的二三字，为每简拟写标题，并附有图版（除最后两枚简外）。此外，还作了一些考证，收录了4枚马伯乐未刊的图版。两编刊布了斯坦因所得全部木简。其内容多为汉晋间官私文书，涉及烽燧、戍卒、俸钱、屯田、生活等等。惜张凤释文错误较多，亦未公布所收简牍之编号。该书出版后，张凤被马伯乐告上国际法庭，最后以张凤胜诉告终。总之，该书是研究汉晋历史的重要史料，对于研究汉晋间边塞政治、经济、军事、文化等具有重要的参考价值。

## 汉书·西域传补注

（清）徐松撰，二卷。有首都图书馆藏清抄本二卷、清道光九年（1829年）阳湖张琦刻本 2 册、道光二十二年（1842 年）《指海》丛书本、清光绪十九年（1893 年）宝善书局石印本 2 册、清光绪二十年（1894 年）广雅书局刻本 1 册、清光绪六年（1880 年）刻本 2 册。又有《丛书集成初编》据《指海》丛书本排印本。点校本有朱玉麒整理《西域水道记》（外二种）本（中华书局 2005 年）。

《〈汉书·西域传〉补注》是对班固《汉书·西域传》及颜师古注所作补注，集中体现了徐松深厚的考据学功底。徐松以周历天山南北，并有编纂西域通志《伊犁总统事略》之重任，遂首先考订《西域传》中古代地名之沿革，以今证古，成《〈汉书·西域传〉补注》2 卷。在《〈汉书·西域传〉补注》中，犹重地理沿革的考订，旁及历史、人物、宗教、民族、物产等诸多方面。

## 汉西域诸国图

[宋] 志磐绘。南宋景定年间（1260—1264）绘，雕版墨印。藏于国家图书馆。《佛祖统纪》本，上海古籍出版社 2012 年版，1 册。

志磐（生卒年不详），号大石，南宋禅宗、天台宗僧人，佛教史家。幼年师从袁机，后出家学禅宗，精通天台宗教观。著有《佛祖统纪》，另有《法界圣凡水陆胜会修斋仪轨》六卷。

《汉西域诸国图》取自《佛祖统纪》卷三十二，该图反映了中国汉代时期西域诸国分布及自河西走廊到西域的交通路线。地图范围东起黄河上游兰州一带，西至安息，南抵石山，北到瀚海。图中采用形象绘法，绘出了天山、葱岭、北山、南山、石山和积石山；用简略的双线绘出黄河上游河道，葱河置于图的正中，由西向东流入蒲昌海。图上还清晰地绘出中国通往西域的两条路线，它们始于甘肃的武威，经张掖、酒泉到敦煌，然后分南北两路沿蒲昌海南下：南路经鄯善、小宛、焉耆、龟兹、于阗、莎车，沿葱岭南麓，经大月氏至安息；北路沿蒲昌海向北，经伊吾、交河、车师前王、狐胡、乌孙、疏勒，越葱岭到大宛、康居、奄蔡。全图标注地名达70余处。

该图虽绘画比较简略，却是目前所见到的绘制时间较早的一幅西域诸国图及交通图，对研究西域地理沿革有一定的参考价值。

## 河海昆仑录

（清）裴景福著，《河海昆仑录》于光绪三十二年（1906年）集成，宣统元年（1909年）迪化官报局排印，1937年中华书局重印。胡大浚主编《西北行记丛萃》择录，甘肃人民出版社2002年刊行。后中国国际广播出版社对其原版内容进行整理、编辑、修改、校订，于2016年1月第一次印刷出版。

裴景福（1854—1926），字伯谦，一字睫闇，安徽霍邱县新店埠人。清同治十二年（1872年）拔贡朝考一等，光绪五年（1879年）中举，光绪十二年（1886年）登进士第，授户部主事。光绪十八年（1892年）改官广东知县，先后补陆丰、番禺（今广东广州）、潮阳（今广东汕头）、南海（今广东佛山）四县县令。二十九年两广总督岑春煊诬其贪污，提讯追赃，缉拿下狱。光绪三十一年（1905年）被议处谪戍伊犁，次年四月抵达戍所。裴景福到达乌鲁木齐后，应新疆巡抚联魁之召，为其幕宾。在乌鲁木齐的三年时间，与布政使王树枏、谪戍的广西提督苏元春、流放的前辅国公载澜交往密切，并一同参加了编修《新疆图志》等工作。宣统元年（1909年）给事中李灼华为其伸雪，此年七月得赦免，离开乌鲁木齐。赦归后，卜居无锡，以金石书画自娱。1914年出任安徽省公署秘书长，后升任政务厅长。1926年病逝，享年七十二。著有《河海昆仑录》《睫闇诗钞》《壮陶阁书画录》，为世所珍。

《河海昆仑录》是裴景福将从广东出发，经由江西、安徽、河南、陕西、甘肃，到达乌鲁木齐这一年中的"道途之所经历，耳目之所遭逢，心思之所接斗,逐日为记,悉纳之囊中"(王树枏序言)集成。本书共分6卷,卷一记述广州至河南的行程;卷二至卷五记述从陕西到甘肃的见闻感想;卷六记载进入新疆以后的所见所闻。书中纪行、叙事、写景、言志、抒情,诗文相映,情事互补。自然风光、民情风俗、时事、历史、军事、外交、书法、绘画、古玩鉴赏,乃至股票,无所不包。其中关于西域的自然环境、物产、农业生产、民俗、宗教、教育等有诸多描写,表现出对西域的热切关注,对于了解西域历史文化、自然地理等具有极其重要的历史价值与现实意义。

## 荷戈纪程

（清）林则徐撰,约1.5万字。该书经人整理删改,冠以此名,刊于《林则徐遗集》中,后有多种刊本。有清光绪二十四年（1898年）文德堂石印本;小方壶斋舆地丛钞本;中华书局（上海）民国十三年（1924年）年版等。1册。《小方壶斋舆地丛钞》第二帙、中华书局《古今游记丛钞》收录。1961年中山大学历史系据原稿草本整理后收入《林则徐集·日记》中。又作为西北史地资料,收入《古西行记选注》（宁夏人民出版社1987年出版）。国家图书馆有收藏。

林则徐任湖广总督时,奉旨以钦差大臣赴广东查禁鸦片,遭陷害,于清道光二十二年（1842年）被清廷革职发配伊犁。《荷戈纪程》又名《壬寅日记》,正是此行见闻录。本书记林则徐于道光壬寅（1842年）七月初六,于西安上路,抵达伊犁惠远城（今霍城县惠远故城）为期的122天的内容,记载了艰辛的赴戍途程、沿途历史地理概况、风土人情及行程中的见闻等。本书是研究清代中期新疆史地的宝贵资料。

## 恒一堂文稿

（清）苏宁阿撰,清钞本,5卷,6册,有王仁俊小印一枚,北京大学图书馆藏。别本《恒一堂集》不分卷,清钞本,残存3册,中国科学院图书馆藏。无序,亦无总目。

苏宁阿（1731—1805），字静斋，号恒一，又号寿泉，伊普楚特氏，正白旗蒙古人，居热河丰宁。乾隆十九年（1755年）任蓝翎侍卫，升三等侍卫。三十六年擢昌平参将，五十四年由中军副将补授正定镇总兵，调天津镇总兵。嘉庆五年（1800年）擢宁夏将军，后署甘肃提督，补镶黄旗蒙古都统。

《恒一堂集》册一题"文集三"，又名《烟霞录》，其中《遨游记略序》作于乾隆四十年，自叙生平云："丙寅冬，先府君除授贵州府知府，时余十六岁矣，随守播州。自丙寅迄癸酉八年之中，余往返于燕黔之途六次。甲戌春，荷蒙圣恩，擢为侍卫。自持戟至癸未十年间，东至兴京，南至江浙，北游紫塞，吴越齐鲁，陪京沙漠，无年或息。而其中于庚辰岁复往返黔南，由长江而抵会通。甲申孟春，从军回疆喀什噶尔，征剿乌什，历秦晋韩魏，万六七千余里。新疆山川形胜，中州枝干龙脉，日绘一图，以记其略。西域之地利，亦稍悉其梗概焉。"其记边地山川形胜之文有：《万里回疆文后序》《太安驿记略》《山西记略》《潼关记略》《西安记略》《平凉记略》《甘州记略》《肃州记略》《西域回疆记略》《沙州记略》《安西记记略》《哈密记略》《哈喇沙尔记略》《库车记略》《赛哩木拜城记略》《阿克苏记略》《乌什记略》《喀什噶尔记略》《叶尔羌记略》《和阗记略》《老鹰崖毛口江记略》《云南省记略》等。册二题"文集六"，乃乾隆四十七年至嘉庆元年所作祭文、游记之类。末有庄士宽跋，称其集"体大思精，气昌骨俊，谈理则表里精粗洞若观火，论事则是非成败较若列眉，盖合道德经济而一以贯之"。册三题"文集七"，有乾隆五十四年（1789年）所作《正定镇形图说》《天津形胜说》《沧溟一览记》《致乔道台书》等。记事止于嘉庆元年（1796年）。虽是武人之作，但随员、转战，自记行程，多可据以考究乾隆年间边地概略。

## 红山碎叶

（清）黄濬撰，1卷。清光绪二十七年（1901年）刻本；民国晒印本1册；全国图书馆文献缩微复制中心1985年版；兰州古籍书店1990年影印本。

兰州古籍书店《中国西北文献丛书》第4辑、全国图书馆文献缩微复制中心《丝绸之路资料汇钞·清代部分》收录。民国晒印本藏于北京大学图书馆。

道光十一年（1831年），黄濬因在彭泽知县任上境内有客舟遭风失银，被诬为行劫而落职，后又遭陷害，被流放，道光十九年（1839年）抵达戍所乌鲁木齐。黄濬在新疆期间，对自然风物充满热爱，更对红山情有独钟，"聚叶为薪，积叶成屋"，后将自己所见所闻和游历荟萃汇集，冠名为《红山碎叶》。

## 洪北江全集

（清）洪亮吉著。有光绪三年至五年（1877—1879）授经堂刻本，清光绪十五年（1889年）湖北官书处刻本等。授经堂刻本是在原《洪北江遗书》上进行的增订。《洪北江遗书》有乾隆、嘉庆间刻本和道光年间续刻本，《四部丛刊·洪北江诗文集》即据此本影印，它包括三个部分：《卷施阁文甲集》10卷、《卷施阁文乙集》8卷、《卷施阁诗》20卷、《附鲒轩诗》8卷，为亮吉门生吕培、谭正治等校订，乾隆六十年（1795年）刊于贵阳节署，此刊本又收于《近代中国史料丛刊续编》；《更生斋文甲集》4卷、《更生斋文乙集》4卷、《更生斋诗》8卷、《更生斋诗余》2卷，为亮吉门生谭正治、谭贵治等校订，嘉庆七年（1802年）孟夏刊于洋川书院，中华书局《四部备要》本据乾隆、嘉庆刻本影印。中华书局2001年版刘德权点校《洪亮吉集》，以授经堂本为底本，是现行通用的研究文本。

洪亮吉（1746—1809），初名莲，曾改名礼吉，字君直，一字稚存，号北江，晚号更生，江苏武进人。《清史稿》卷三五六和《清代碑传全集》卷五一有传，《国朝耆献类征初编》卷一三一有其生平资料7种。《北京图书馆藏珍本年谱丛刊》册116有吕培等编《洪北江先生年谱》。洪亮吉为乾隆四十五年（1780年）举人，五十五年进士，殿试一甲第二名。历任翰林院编修、文颖馆纂修、顺天乡试同考官。继出任贵州学政，任满回京，任咸安宫总裁，参与修《高宗皇帝实录》。嘉庆四年（1799年），因上书直言吏治腐败，随即被遣戍伊犁。嘉庆五年（1800年）二月到达伊犁戍所，百日赦还。自塞外戍归后，亲故话旧，恍如隔世，因自号更生居士。自此里居十年，或遨游山水，或著书讲学，或为诗酒之会，虽已心灰意冷，但兼济之心始终不灭。嘉庆十四年（1809年）四月卒于家，享年六十四。

洪亮吉流放期间著有《遣戍伊犁日记》《天山客话》《万里荷戈集》和《百日赐环集》四种，均收入《洪北江全集》中。其中《遣戍伊犁日记》是洪亮吉流放伊犁途中的日记，起自嘉庆四年（1799年）八月二十日，到次年二月十日抵达戍所伊犁惠远城，期间五个多月逐日为记。《天山客话》是洪亮吉在伊犁的见闻，多记伊犁风物。具有一定的史料价值。《万里荷戈集》和《百日赐环集》，共收录其西域诗作共150余首。其西域诗按主要内容大致可分为描摹西域奇山异水、展现西域民风物产和记录遣戍艰辛与友朋酬赠几大类。按其经历大致又可分为赴戍、在戍、赦归三部分。在赴戍的路上，进入星星峡后有诗30余首，大多是沿途景物和事物的记录，是变相的行程日记，比较粗疏，缺乏韵味，佳作不多。在戍期间的诗作主要是《伊犁纪事诗四十二首》，以竹枝词的形式，记述了伊犁的风土人情和流放伊犁官员的日常生活，具有史料价值和艺术价值。释归路上写于西域境内的诗作有30余首，全载《百日赐环集》中，主要是回乡途中的见闻和写给友人的留别之作。与赴戍相比，赦归路上的诗作更生动一些。就创作特色而言，洪亮吉的西域诗题材丰富，拓展了边塞诗的题材；风格多样，以雄奇豪放见长，其中也不乏平和清新明快之作；造语自然，工于白描，常运用夸张、联想、比喻、拟人等修辞手法。总体来说，洪亮吉的西域诗想象恢奇，气势峥嵘，境界阔大，笔力遒劲，情志昂扬，在艺术手法及精神气度等方面颇有盛唐边塞诗之情韵。

洪亮吉是乾嘉时期学者型文人的代表，"经术词术，并登峰而造其极"（吴元炳《洪北江先生遗集序》）。忠而被遣，"万里荷戈"，诚然是其人生之大不幸，但西域之奇异景观、壮丽风光却为他提供了新鲜而丰富的诗料，拓展和提升了其诗歌境界，借此达到诗歌创作的巅峰，正如张维屏《听松庐诗话》所云"先生未达以前名山胜游诗，多奇警。及登上第，持使节，所为诗转逊前。至万里荷戈，身历奇险，又复奇气喷溢。信乎山川能助人也。"也正是其边塞诗使他饮誉清代诗坛，此又是诗家之大幸也。

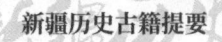

## 洪亮吉新疆诗文

修仲一、周轩编注，新疆大学出版社 2006 年版，291 页，1 册，30 万字。

收录了清代被流放到新疆伊犁的官吏洪亮吉写下的诗文《万里荷戈集》《百日赐环集》《乞假将归留别成亲王极言时政启》《遣戍伊犁日记》《天山客话》与《冰山赞》《瀚海赞》等杂著。编注者对洪亮吉诗文进行了全面注释与笺说，是对洪亮吉西域著述的全面展示。

## 后汉书·大秦国传补注

（清）陈运溶撰，1 卷，约 14 千字，有湘西陈氏刻本传世，清光绪二十六年（1900 年）成书，现收藏于国家图书馆。

陈运溶（1858—1918），字子安，号芸畦，湖南善化县七里营（今长沙市岳麓区天顶乡清水村）人，晚清著名的方志学家和地理学家。自幼聪颖，18 岁即成太学生，授修职郎、江苏补用县丞。毕生致力于著书、辑书和刻书，尤其对搜寻、辑录湖南古地理、古艺文佚书竭尽全力。陈运溶所著、所辑图书计有《湘城访古录》《湘城遗事记》《麓山精舍丛书》《灵麓山人诗集》《逸庐文集》等，达数百卷之多，除刊印自辑、自著图书外，还刊印了其他湘籍学者的著作，如李梦莹的《薜荔遗诗》等。

《〈后汉书·大秦国传〉补注》为地理考证书。此编以《后汉书》为本，详稽载籍，援古证今，于光绪二十六年（1900 年）成书。内容多引自《三国志》《晋书》、新旧《唐书》《太平御览》《海国图志》等。《中文新疆书目》所列书目之一。《麓山精舍丛书》收录，入第二集释地类。

## 呼图壁乡土志

（清）佚名修。光绪三十四年（1908 年）抄本。有湖北省图书馆藏《新疆乡土志稿二十九种》（油印本）、新疆自治区图书馆 1976 年重印本，1986 年片冈一忠辑《新疆省乡土志三十种》（中国文献研究会，1986 年）。

点校本有马大正、华立主编《中国边疆史地资料丛刊·新疆卷》中的竖排版《新疆乡土志稿》（全国图书馆文献缩微复制中心，1990年）；马大正、黄国政等编《新疆乡土志稿》（横排重印）（新疆人民出版社，2010年）。

《呼图壁乡土志》于光绪三十四年（1908年）成书，是奉清廷敕令而编写的新疆乡土教材，列15目，仅3000余字。户口目中载"现据本年七月前任武县丞永清奉文所造光绪三十一年（1905年）民数清册登载，其三十二年民数容查明实在丁口，分别汉回详细造齐续"，内容包括城关、附城和庄、东乡、南乡、西乡、北乡男女大小各项人口数，记载详细。耆旧录、人类、氏族、宗教、实业、物产、商务6目均极简略或无具体内容。地理、山、水、道路均较详细，征引《一统舆图》《新疆识略》《西域图记》等文献以证山、水之名称、方位，有一定的史料价值。

## 壶舟诗存

（清）黄濬撰，清道光四年（1824年）谦六堂刻本。浙江省图书馆、上海图书馆藏。

黄濬（1779—1866），一名学濬，字睿人，号壶舟、壶舟生、壶道人、古樵道人、四素老人。有《壶舟诗存》《壶舟文存》等行世。嘉庆戊辰恩科中举，道光壬午进士及第，签分江西萍乡，历任雩都、赣县、东乡、临川、彭泽知县，署南安府同知。曾督修《萍乡县志》和《雩都县志》，《光绪太平续志》称："（黄濬）所至振兴文教，得士人心。"道光十一年（1831年），黄濬在彭泽任上，客舟遭风失银，濬以"并不速行审详，亦未起获全赃，办理已属玩延；且该事主等控系多人上船抢劫，而县详则称船遭沈侧，数人凫水捞摸，显有化大为小，讳匿轻纵情事，至被控书差包庇分赃，尤难保其必无"（《道光实录》卷一九一）的罪行遭革职。十七年冬，下南昌狱。十八年，谪戍乌鲁木齐。弟黄治闻讯由京赴江西，侍兄往戍。十九年夏，抵戍所。二十三年夏，巴里坤地震，城圮，黄濬奉命督修。竣工后，议叙有功，得以释回。二十五年，兄弟二人启程东归。次年抵家。濬晚年主讲黄岩萃华书院、太平宗文书院和鹤鸣书院。年八十余卒。

黄濬在乌鲁木齐期间,受到都统成瑞的赏识,常相宴饮唱和。《壶舟诗存》诗存中保留了黄濬遣戍乌鲁木齐时的全部诗作。大部分是写西域自然风光和与友人的唱和之作。包括与林则徐之间的诗歌往来,也成为当时西域诗坛上受人瞩目的文学事件。写景之作如《塞外二十咏》:"伊吾瓜地近龙沙,我到清和未茁芽。万井云棉翻渴鸟,千畦烟筇走修蛇。雪融甫下东陵种,秋熟应劳北使车。回忆儿时浮满瓮,而今泛梗在天涯。"《天山快雪》:"皑皑万古此天山,我到飞霙绕髻鬟。山意欲联新旧雪,天心不阻去来关。马蹄笃速翻银盏,蟾魄分明吐玉环。自喜年来犹健在,不同韩老畏跻攀。"交游之作如《秋杪佩刀迎都院于七道湾口占》:"朝曦暗蔼出林间,隐映秋光点翠峦。都护西来停马首,稿砧东望怨刀环。腰间权抵三公佩,世路真如七道湾。束带矜庄身已惯,羊裘惟叹鬓毛斑。"是了解和认识道光时期乌鲁木齐遣戍文人的绝好文学史料。

## 湖滨补读庐丛刻

(清)锺镛撰,有民国二十年(1931年)铅印本。后被收入沈云龙主编《近代中国史料丛刊》第一辑(文海出版社,1973年)影印。《中国西北文献丛书》第五卷《西北稀见方志文献》(兰州古籍书店,1990年)影印。

是书为锺镛的作品集,其中收录了其《新疆志稿》《逊盦文集》《逊盦文集外集》《代言录》《逊盦四六文》《逊盦诗集》等。此书内容丰富,不仅是研究新疆之重要史料,也是研究锺镛生平及其学术思想的重要史料。

## 宦游讯鲜录

(清)佚名撰,两卷。国家图书馆藏清抄本,4册。

此书所记涉及新疆全境及内迁诸民族。作者按照行政区划,记一地之行政机构,介绍其建制沿革。书目有疆备考、迪化府、阜康县、奇台县、昌吉县、绥来县、镇西厅、库尔喀喇乌孙厅、哈密厅、吐鲁番厅、伊犁府、绥定县、宁远县、喀喇沙尔厅、精河厅、库车厅、塔尔巴哈台厅、疏勒州、温宿州、疏附县、拜城县、莎车县、乌什厅、叶城县、和阗州、于阗县、英吉沙尔厅、玛喇巴什厅、土尔扈特（南北东西部）、哈萨克（东中西部）、布鲁特（东西部）、边外诸部（南北部）。

## 荒漠寻宝

[俄]费·阿·奥勃鲁切夫，王沛译。新疆人民出版社2013年版。1册，285页。新疆人民出版社《西域探险考察大系》收录。国家图书馆有收藏。

费·阿·奥勃鲁切夫，俄国探险家。此书是作为西部"找宝人"的自述。《荒漠寻宝》是那个特殊的历史时期的纪实。从书中可以了解外国探险家如何到中国找寻和运走文物，俄国商人如何在中国新疆、蒙古进行商贸活动，以及清朝末年边塞的风土人情。书中以文字和图画的形式生动形象地展现了中国西部的自然风貌、罗布泊的神奇景观，喀拉和屯"死城"的奥秘和"风谷"变幻莫测的景象。书中记录了作者从塔城出发到百年前的西域城乡直至甘肃敦煌、西藏拉萨做了一番探险旅游。本书对于研究清末新疆自然人文环境有着重要价值。

## 荒原的召唤

[俄]普尔热瓦尔斯基著，王嘎、张友华译。新疆人民出版社2001年版。1册，344页。新疆人民出版社《亚洲探险之旅》收录。国家图书馆有收藏。

本书与上述《从伊宁越过天山向罗布淖尔前进》一样是普尔热瓦尔斯基有关丝绸古道的著作。其中涉及到了不少新疆自然人文之内容。

## 皇朝藩部要略

（清）祁韵士著，22卷，附表4卷。有国家图书馆藏清抄本、清道光二十六年（1846年）筠渌山房刻本、清光绪十年（1884年）浙江书局重印本。首都图书馆藏清道光筠渌山房刻本8册。点校本有包文汉整理《清朝藩部要略稿本》（黑龙江教育出版社，1997年），刘长海整理《祁韵士集》本（三晋出版社，2014年）。

《皇朝藩部要略》是一部有关清朝外藩诸部的编年史著作，全书共18卷，分内蒙古要略2卷、外蒙古喀尔喀部要略6卷、厄鲁特要略6卷、回部要略2卷、西藏要略2卷等五部分。主要叙述清朝征服与统一内蒙古四十九旗、外蒙古喀尔喀部、厄鲁特、回部、西藏等边疆地区，将这些边疆领土纳入到清朝版图，以及清朝对这些边疆民族地区实施有效主权管辖的历史进程。与新疆有关的是卷九至卷十四的厄鲁特要略6卷，以及卷十五至卷十六的回部要略2卷。

本书重点是记述清廷统一西北边疆地区的过程，及颁布法律、稽户口、编牛录、立屯田、设官治理等各项管理边疆的行政设施。对康熙、雍正、乾隆三朝笼络安抚西北少数民族首领以及出兵平定噶尔丹、策妄阿拉布坦、噶尔丹策零、罗卜藏丹津、阿睦尔撒纳、霍集占等叛乱，叙述尤详。对于一度迁居额济勒河（今伏尔加河）下游的土尔扈特部返归新疆的情况亦有记载。本书对研究新疆区域史、民族史具有重要价值。

## 皇明象胥录

（明）茅瑞征撰。崇祯茅氏芝园刻本8卷，4册，初刊于崇祯二年（1629年）。《国立北平图书馆善本丛书》影印崇祯刻本。《四库禁毁丛刊》（史部第10册）收录。

茅瑞征（生卒年不详），归安（今浙江吴兴）人，字元仪，号伯符。自号苕上渔父、澹泊居士、清远居士。万历二十九年（1601年）进士，天启元年（1621年）擢兵部职方主事，升郎中。官至南京光禄寺卿。著有《万历三大征考》《皇明象胥录》《东夷考略》《澹泊斋集》《五芝纪事》《明末启祯遗事》等。

茅瑞征曾官兵部职方司，留意边防扼塞，根据历代史牒及耳目闻见，撰为此书，补郑晓《皇明四夷考》，纪事迄于万历。对明代边境和通使梯航诸国，罗列略备。书中卷六哈密，卷七西域、土鲁番、于阗、亦力把力、撒马儿罕、哈烈等国，记载了西域各部落、部族、中亚各国历史沿革，山川地理，风俗民情及其与明朝的交往情况等。

## 皇清职贡图

[清]傅恒奉敕撰，门庆安、丁观鹏、金廷标、姚文瀚、程梁等绘。清乾隆年间文津阁四库全书写本；清乾隆武英殿刻本；台北商务印书馆1983年影印本；辽沈书社1991影印本；海南出版社2001年影印本；广陵书社2008年影印本等。9卷，绘三百种不同民族地区人物图像，每一种各绘男、女二幅，共600余幅画像。

傅恒（1720—1770），即富察·傅恒，字春和，米思翰之孙，乾隆皇帝孝贤纯皇后之弟，满洲镶黄旗人，清朝名将。乾隆十三年（1748年）督师指挥大金川之战，降服莎罗本父子。乾隆十九年（1754年）力主清军攻伊犁，平息准噶尔部叛乱。乾隆三十三年（1768年）授经略，督师云南，乾隆三十五年（1770年）班师，不久病逝，谥文忠。曾奉命仿汉字篆体制成满文篆字，主编多种辞典类工具书，如多种文字合璧的历史地理学词典《西域同文志》等等。

门庆安（生卒年不详），乾隆时期画家，据《历代画史汇传》记载，其为"国子生，于乾隆时绘职贡图"，著有《耕砚田斋笔记》。

丁观鹏（生卒年不详），北京人，清代画家，主要活动于康熙末期至乾隆中期，雍正四年（1726年）进入宫廷成为供奉画家，擅长人物、山水，深受欧洲画风影响，主要作品有《摹宋人雪渔图》和《仿韩七子过关图》等。

金廷标（生卒年不详），字士揆，浙江湖州人，与其父金鸿同为清代画家。金廷标擅长绘仕女、花卉，也善取影、白描。乾隆二十五年（1760年），乾隆南巡时廷标进白描罗汉册，后奉命入内廷供奉。《石渠宝笈》著录其81幅作品。

姚文瀚（生卒年不详），号濯亭，北京人，清代画家。乾隆时期供奉内廷，擅长人物、山水，传世作品有《四序图》等。

程梁（生卒年不详），清代画家，乾隆时期供奉内廷。

《皇清职贡图》正式编纂于乾隆十六年（1751年），图说满汉文合璧。绘卷分别由乾隆帝钦定的画师门庆安、丁观鹏、金廷标、姚文瀚、程梁等绘制。乾隆二十二年（1757年）初成，适逢戡定西域，拓地二万余里，增绘伊犁、哈萨克、布鲁特、乌什、拔达克山、安集延诸部，共七卷。二十六年（1761年）成书八卷，乾隆二十八年（1763年）以后爱乌罕、霍罕、启齐玉苏、乌尔根齐诸部，咸奉表入觐，土尔扈特自俄罗斯来归，云南整次、景海诸土目相继内附，又续增"爱乌罕回人"等五图，乾隆三十六年（1771年）再增"土尔扈特台吉"等三图，乾隆四十一年（1776年）再加"整欠头目先迈岩第"等二图，五十三年增绘《淡水右武乃等社生番》，乾隆五十八年（1793年）增绘《巴勒布大头人并从人即廓尔喀》，《皇清职贡图》九卷至此得以增补完成。

全书按地区编排，卷一域外，即清藩属国、海外交往国，如朝鲜、琉球、安南、英、法、俄等；卷二西藏、伊犁、哈萨克；卷三关东、福建、湖南、台湾；卷四广东、广西；卷五甘肃；卷六四川；卷七云南；卷八贵州，卷九为续图，包括爱乌罕回人、爱乌罕回人妇、霍罕回人等。

《皇清职贡图》描绘了清朝鼎盛时期邦交国家、藩属民族以及藩部土司和边地少数民族人物的状貌、服饰、生活习俗，并配以文字解说，堪称18-19世纪世界民族图像大观，也是清朝统一多民族国家的缩影。

西域方面，《皇清职贡图》记载了诸多史实，涉及伊犁、哈萨克头目、布鲁特头人、乌什、库车、阿克苏等处回目、拔达克山回目、安集延回目、安西厅哈密回民、肃州金塔寺鲁古庆等处回民、爱乌罕回人、霍罕回人、哈萨克别部、土尔扈特台吉等内容。如"伊犁"，分为四部分，一为伊犁等处台吉。图说："伊犁即古屈里地也，旧为厄鲁特部落，所属有二十一处，乾隆二十年（1755年），我师平定，遂隶版图。"二为伊犁等处宰桑。图说："伊犁等处台吉之下，各置宰桑，以辖民人部落，职有大小，以所辖之远近为差。"三为伊犁等处民人。图说："伊犁民人以游牧为事，不事耕凿，咸仰食于回人。"四为伊犁塔尔奇、查汗乌苏等处回人。图说："伊犁贸易回人，族姓不一，住伊犁之塔尔奇、查汗乌苏等处，与诸厄鲁特贸易。又有阿克苏、库车、叶尔奇木、哈什哈尔、呼腾等五种回人，各据城堡，以耕牧为生。乾隆二十年，平定伊犁，其回人阿迪斯伯克、乌苏卜等输诚向化，赴热河朝觐，赐赉遣归。"再如"哈萨克头目"，图说"哈萨克在准噶尔西北，即汉大宛也，有东西二部，自古未通中国。乾隆二十二年（1757年），东哈萨克之阿布赖、阿布尔班必特，西哈萨克之阿必里斯等先后率众归诚，各遣其子侄赴京瞻仰，并进献马匹，遂隶版图。"等等。

《皇清职贡图》不仅能够为我们全面了解清代少数民族和域外风土人情提供第一手资料，同时也能为中国美术史、中外关系史以及满语文等相关领域的研究提供必要的参考。

## 皇舆考

（明）张天复撰，12卷，4册，嘉靖三十六年（1557年）成书，同年有应明德10卷刻本。另有万历朱琏10卷刻本等。

张天复（1513—1573），字复亨，号内山，山阴（今浙江绍兴）人。是明末散文家张岱的高祖父。嘉靖二十六年（1547年）进士，历官云南按察司副使、太仆寺卿。博洽工文，亦善书。著有《皇舆考》《鸣玉堂稿》《博山居印谱》《绍兴志》，事迹附见《明史·文苑传》其子元忭传中。

《皇舆考》，《四库提要》载："是书取闽本《志略》稍加润饰。其自序云'文襄桂公《舆地图志》、宫谕念庵罗公《广舆图》、司马许公《九边论》，词约而事该'。故往往引三家之说冠于篇端。文襄桂公者桂萼，念庵罗公者罗洪先，司马许公者许论也。其大意在规《明一统志》之失，但贪列人物，依然挂一漏万。至若四至八到，郡县沿革，皆略而不详，未为善本。"该书卷十二记载有关哈密、火州、吐鲁番等相关历史信息。

## 回疆纪略

（清）佚名撰，10卷，万余字，约成书于清中末期，有抄本典藏中央民族学院图书馆。

该书是清代新疆地理著作。主要记述哈密、吐鲁番、喀什噶尔、英吉沙尔、乌什、库车、喀喇沙尔、阿克苏、叶尔羌、和阗十城，各为一卷。每城下细分沿革、疆域、山川、古迹、建置、官制、赋税、营伍、军台、卡伦、粮饷等项，各城子目不尽相同，如哈密有屯田而无赋税，喀什噶尔有兵防。于新疆风俗习惯叙述详致，对民族学、民俗学俱有参考价值。

## 回疆通志

（清）和宁撰，又名《回疆事宜》，12 卷。有国家图书馆藏清抄本 12 册、天津图书馆藏抄本四册，另有清嘉庆九年（1804 年）刻本、民国十四年（1925 年）沈瑞麟校订铅印本、《中国西北文献丛书》第一辑《西北稀见方志文献》（兰州古籍书店，1990 年）影印沈瑞麟校订铅印本。

和宁（1741—1821），额勒德特氏，字润平，号太菴，蒙古镶黄旗人，后避道光帝讳改名和瑛。乾隆朝进士。历任四川按察使，安徽、四川、陕西布政使，西藏办事大臣。嘉庆五年（1800 年），召为理藩院侍郎。嘉庆七年（1802 年），因事被贬谪乌鲁木齐效力赎罪，十二月以蓝翎侍卫任叶尔羌办事大臣。八年十月，调喀什噶尔参赞大臣。十一年八月，因处理喀喇沙尔亏空案宦绩显著，奉调回京担任户部右侍郎。十一年十月，清廷以和瑛久任边职，且在喀什噶尔参赞大臣任上整顿吏治颇有著绩，召和瑛返京。途次凉州时又命其为乌鲁木齐都统。和瑛旋又反辔西域，于十一年十二月任事乌鲁木齐都统。

该书凡 12 卷，总计十余万字。卷一为乾隆"御制诗"，歌颂乾隆清政府平定大小和卓叛乱之武功；卷二至卷六"列传"及卷十二之"纪略"部分，详细记载了清政府统一新疆期间的历史事实，是研究康雍乾时期清政府与新疆关系的重要史料；卷七至卷十一详细记载了天山南路所属各地之沿革、建置、营伍、屯田、粮饷、赋税等，是研究当时社会状况的重要资料；卷十二之"风俗""物产"，主要记载了当地的风土人情，对当地民风、民俗的研究具有重要的参考价值。

## 回疆闻见小录

（清）乔重禧撰，2卷，1册。有陔南池馆遗集本。清咸丰元年（1851年）刻本。也名为《重定回疆见闻小录》，有清同治间刻本。为《春晖堂丛书》内乔重禧所撰《陔南池馆遗集》中之一文。首都图书馆有藏品。

乔重禧，清咸丰至光绪年间人。本书对咸丰至光绪年间新疆南疆自然、人文、风土有较为细致的描述，具有一定价值。

## 回疆杂记

（清）王曾翼撰，1卷。有《昭代丛书·癸集》本；《小方壶斋舆地丛钞》本。《小方壶斋舆地丛钞》收录。国家图书馆有收藏。

王曾翼，乾隆五十年（1785年）四月随陕甘总督福长安前往新疆巴里坤视察屯田。曾两度出关。《回疆杂记》记述了清朝一统回疆后少数民族社会民俗和精神风貌等内容。

## 回疆志

（清）永贵、固世衡编撰，苏尔德增纂，4卷，首1卷。亦称《新疆回部志》《西域回疆志》。《回疆志》的抄本较多，主要有永贵、固世衡初纂本、苏尔德增纂本、达福补订本等，散藏于海内外。台湾成文出版社1968年据乾隆间抄本（残本）影印《回疆志》。

永贵（？—1783），拜都氏，字心斋，满洲正白旗人，父布兰泰，自云骑尉世职授理藩院员外郎。乾隆四十八年（1783年）去世，谥文勤。

《回部志》由永贵等人初撰，后由苏尔德于乾隆三十七年（1772年）完成定稿。乾隆四十九年（1784年），嘉木湖达福再次校正作序重新刊刻，题为《新疆回部志》（但未刊印原书中的舆图）。《回疆志》卷一收辑御制碑文两篇，一为《平定回部勒铭叶尔奇木之碑》，一为《平定回部纪功伊西洱库尔淖尔之碑》。其后有回疆地理图说、回疆全舆图、天时、地理、山河、城池，分别概述新疆回部的地理位置和特点，气候变化，山川河流以及各城池方位规模等。卷二分为回教、经字、祷祀、风俗、年节、乐器、戏嬉、面貌、性情、房屋、衣冠、饮食、婚姻、丧葬、耕种、织衽、交易、畋渔及五谷等条目。卷三主要有官制和户口两部分，分别记述各城伯克员数及其品级和各城所属户口数目等。卷四分赋役、钱法、刑法、隘卡、邮驿、外夷等条目。

## 惠生行纪

（北魏）惠生撰，也称《北魏僧惠生使西域记》，现有日本大正昭和间（1926—1931）刊印本，1卷。收藏于国家图书馆。《隋志》题作《慧生行传》。本书与《宋云行纪》一样，叙述了魏神龟元年（518年）十一月，惠生与宋云向西域取经的经过，对沿途新疆各地的山水地理、文学宗教多有记载。《大正新修大藏经》第204册收录。二书同法显、玄奘著作一道构成整体了解中原佛僧西行取经历程的重要内容，对我们探索和了解古代天山南部诸族独特的社会经济和文化状况极有帮助。

# J

## 集异记

（唐）薛用弱撰。原书已散佚，现有传本多为2卷16条。晁公武《郡斋读书志》著录为二卷："集隋唐间诡谲之事，一题《古异记》。首载徐佐卿化鹤事。"《新唐书·艺文志》著录为3卷，《崇文总目》亦作3卷。《宋史·艺文志》著录为1卷，今存《顾氏文房小说》本。商务印书馆与《博异记》合刊影印。

薛用弱，字中胜，中唐时河东（今山西永济）人，生卒年不详，唐穆宗时任光州刺史，有政声和文采。《新唐书·艺文志》注云："字中胜，长庆光州刺史。"《太平广记》卷三一二《神二十二》引《三水小牍》提到他"戈阳郡东南有黑水河，河湄有黑水将军祠。大和初，薛用弱自仪曹郎出守此郡。为政严而不残。"

《集异记》是唐代小说的代表性作品，在小说史上占有重要地位。虽多记奇闻轶事，内容荒诞不稽，但与六朝志怪小说不同，作者在荒诞的故事内容里注入现实元素，反映当时人的思想感情，已具有有意为小说的因素了。该书搜奇述异，文辞雅饬可观。《四库全书总目提要》盛称"其叙述颇有文采，胜他小说之凡鄙"。《集异记》有对于西域胡商在中原经商等事宜的零星记载，是唐代中原与西域文化和商业沟通的侧影。

## 纪文达公遗集

（清）纪昀撰。《纪文达公遗集》有清嘉庆十七年（1812年）献县纪氏刻本18册，藏于国家图书馆；清刻本10册，藏于国家图书馆；清抄本20册，藏于天津图书馆上海古籍出版社；2002年孙树馨编校本32卷等。

纪昀（1724—1805），字晓岚，又字春帆，晚号石云、观弈道人，直隶献县人。乾隆十九年（1754年）进士，改庶吉士，授编修。后曾为山西乡试及京师会试考官，视学福建。回京后补侍读充日讲注官，晋左庶子，授贵州知府。因学问优异，得乾隆帝赏识，以四品卿衔留任，擢翰林院侍读学士。乾隆三十三年（1768年），因卢见曾案以漏言夺职，发往乌鲁木齐效力赎罪。年底到达乌鲁木齐，三十六年初获释返京，在乌鲁木齐生活了两年。因他曾是朝中官员，又是著名文人，所以受到当时乌鲁木齐最高军政长官办事大臣的礼遇，任为秘书官，负责起草奏折檄文，并可签署一般公文，处理一般政务。回京后复职为编修，两年后奉命主持纂修《四库全书》，历时13年告成，同时完成《四库全书总目提要》，晋左都御史、礼部尚书。嘉庆元年（1796年）调兵部尚书，嘉庆四年（1799年）充高宗实录馆副总裁，嘉庆十年（1805年）以礼部尚书、协办大学士加太子太保管国子监事，同年二月卒，享年八十二岁。

《遗集》为诗文别集，所辑诗文皆纪昀一生日常所作，诗文各 16 卷，上编文 16 卷，下编诗 16 卷。《文集》16 卷中卷一、二为赋，卷三为雅、颂，卷四、五为折子，卷六为表、露布、诏、疏，卷七为论、记，卷八、九为序，卷十为跋，卷十一为书后，卷十二为策、书，卷十三为铭，卷十四为碑记、墓表、行状、轶事，卷十五为传，卷十六为墓志铭、祭文。《诗集》十六卷中，卷一至四为恭和诗，卷五至六以恭纪诗为主，余下卷数为各体诗。卷十四为《乌鲁木齐杂诗》160 首，乃乾隆三十年（1765 年）谪戍新疆时作，对于乌鲁木齐自然环境、民俗风情、风物特产等有详细的记述。

## 继世纪闻

（明）陈洪谟撰，6 卷，成书于明嘉靖初年（1522 年）。古有明万历四十五年（1617 年）陈于廷所刊《纪录汇编》本、晚明《历代小史》本遗世，1 册；商务印书馆（长沙）民国二十六年（1937 年）影印本，收录于《丛书集成》；中华书局 1985 年版，收录于《丛书集成初编》。

陈洪谟，明代文学家。《继世纪闻》是陈洪谟编著的明代史料笔记。记载明武宗正德朝的见闻。此书对明王朝与西北边疆地区的少数民族，特别是与哈密、吐鲁番等地关系有详细记载。所记诸事多为作者亲历，可与正史相比照，有极高史料价值。

## 继业西域行程

（北宋）王继业著，1 残卷。为东京天寿寺僧人王继业写完《涅槃经》后，宋朝范成大《吴船录》有节略。也称为《继业三藏西域行程》，版本有《大正新修大藏经》本；商务印书馆民国排印本，商务印书馆《民国丛书集成》收录，收藏于国家图书馆。王国维校注本，名为《三藏行记》，1 卷，收录于《古行记校录八种本》，收藏于国家图书馆。

王继业，北宋僧人。乾德二年（964 年），宋太祖赵匡胤诏沙门 300 人入天竺求舍利及贝多叶书，王继业是其中之一。开宝九年（976 年）王继业等人回国，奉太宗诏择居四川峨眉山牛心寺，把从西域带回的涅槃经一函42卷藏于寺中。王继业在每卷涅槃经之后，分记西域行程。此记虽不甚详，然地理大略可考。范成大发现后，全文抄录，收入《吴船录》中，得以流传至今。书的内容是记载王继业等自阶州（今甘肃武都）起行，经甘、肃、瓜、沙、伊吾、高昌、焉耆、于阗、疏勒、大石诸国，由加湿弥罗入五印度，又由五印度北经泥波罗国、吐蕃等地返回阶州。此书为研究宋初内地到新疆再到印度之中西交通的宝贵史料。

## 伽师县乡土志

（清）高生岳编，1卷。光绪三十四年（1908年）抄本。有湖北省图书馆藏《新疆乡土志稿二十九种》油印本、新疆自治区图书馆1976年重印本，日本人片冈一忠辑《新疆省乡土志三十种》（日本中国文献研究会，1986年）。点校本有马大正、华立主编《中国边疆史地资料丛刊·新疆卷》中的竖排版《新疆乡土志稿》（全国图书馆文献缩微复制中心，1990年），马大正、黄国政等编《新疆乡土志稿》（横排重印）（新疆人民出版社，2010年）。

高生岳，生卒年不详，光绪末年任职伽师县知县。

是志于清光绪三十四年成书，是奉清廷敕令而编写的新疆乡土教材，3000余字，列历史、政绩、兵事、耆旧、人类、户口、氏族、宗教、实业、地理、山、水、道路、物产、商务14目。历史、兵事、政绩、耆旧、氏族等记载简略。人类目记本境土著缠回、客籍汉回、布鲁特之来源、户数、生活情况。户口则分别记缠回、布鲁特、客籍汉回男女大小人口数，是研究清末伽师县民族、户口重要的历史资料。宗教记回教的产生、历史、经典、传播、教俗等情况。实业记士、农、工、商各业人口数，其中对士的记载，纂者将阿訇、毛拉等归入此目，并统计了人数，是其他乡土志所少见的。地理、山、水、道路各目记本境方位、四至八界、辖境庄乡、山川源委、台驿等情况，记载均较详细。物产记动植物、矿物的种类、名称、产量情况。商务记本境与英俄两国及周边各地间的商贸往来，销出、运入的商品种类、销量情况。此志虽简，然所载民族、户口及山水、道路、物产、商务等内容，有一定参考价值。

## 贾耽四道记

（唐）贾耽著，今佚。有《新唐书·地理志》辑录本。记述了当时唐朝通往边疆地区并与外国交往的七条主要交通路线，其中包括受降城入回鹘道、安西入西域道等。涉及新疆的主要是"安西入西域道"，指从库车出发，经当时阿拔斯王朝在中亚的势力范围怛逻斯（今江布尔）城，再西行经由波斯到达今巴格达的陆上通路。这就是有名的陆上"丝绸之路"。这些对研究唐代中原与新疆以及周边地区交通史具有重要价值。

## 坚白石斋诗集

（清）李銮宣著。有清嘉庆二十四年（1819年）刻本4册，山西人民出版社1991年刘泽点校本。系李銮宣学生董祾将李銮宣的1262首诗付梓成此书，分为7集16卷：《白云集》2卷、《瓯东集》3卷、《诏南集》2卷、《荷戈集》3卷、《七十二沽草堂吟草》1卷、《诃子林集》2卷、《不波馆集》3卷。又有山西人民出版社《三晋古籍丛书》本；《荷戈集》一名，《荷戈诗草》有清光绪九年（1883年）抱秀山房刊本1卷，系李銮宣谪戍迪化时诗作汇编的单行本；《坚白石斋诗》，清抄本。

李銮宣（1758—1817），字伯宣，号石农，晚号塞翁，山西静乐人。幼年丧母，由祖母抚育成人。十三岁补弟子员，二十二岁以拔贡举于乡，入京为景山官学博士。乾隆五十五年（1790年）中进士，授刑部主事。乾隆六十年（1795年）迁湖广司员外郎。嘉庆九年（1804年）八月，升任云南按察使，翌年到任，所在多有政声。蒋攸铦评价李銮宣："余久闻其为人刚介有气岸，今之君子也。及见，恂恂德心，与之言，皆从肺腑中出，无少矫饰。为政宽平简易，不急功近名，公馀以吟咏自娱。性落落难合，而于余独有水乳之契。"在云南任上因事遣戍乌鲁木齐。嘉庆十一年（1806年）离开昆明时，百姓扶老携幼相送。

李銮宣出身于书香仕宦之家，幼年即跟祖母学习声韵之学，之后治经学，侧重于经世致用。于诗兼备众体，一生创作甚丰。《荷戈集》中作于乌鲁木齐地区的诗作，除了描写自然风物，与友人颜检、和瑛唱和之外，多抒发遣戍塞外的一己之感。张维屏《听松庐诗话》云："石农中丞，正直而和易，虚己而爱才。其诗模山范水，自具清雅，吊古言怀，每多沉郁。至《荷戈集》中述哀诸篇，能使读者愀然以悲。"

## 睫闇诗钞

（清）裴景福著。有清光绪二十六年（1900年）刻本2册，藏于国家图书馆；商务印书馆民国七年（1918年）版4卷；《睫闇诗稿附续稿》清抄本1册，藏于北京大学图书馆；黄山书社2009年出版的汪茂荣点校本《睫闇诗钞》等。

《睫闇诗钞》共18卷，基本按作者经历的时间顺序编排，包括《睫闇诗钞》中10卷：《吴船集》（上、下卷）、《岭云集》（上、下卷）、《西征集》（上、下卷）、《化城集》（上、下卷）、《东归集》全卷和《风泉集》，以及《睫闇诗钞续集》7卷：《风泉集》下卷、《耕淮集》（卷一至卷四）、《淮隐集》（上、下卷）、《梦痕集》1卷。其中《西征集》《化城集》和《东归集》中大部分描写在西域的见闻，题材多样，主要有时事类、题画咏物类、交游唱和类和山水风物类，以山水风物类为主。内容上多为对西域的地理环境、自然风物的详细描写和与友人的交往唱和，对人文环境、民俗风情的记述较少。语言上重炼字、炼句、炼意、炼格，精于声调之美及谋篇布局，具有一种雍容典雅、超凡脱俗的气质，取得了一定的诗歌艺术成就。

## 金台集

（元）廼贤撰。16开，2卷，2册，上卷50面，约13千字，下卷44面，约12千字，民国十一年（1922年）刻本，今藏首都图书馆。

廼贤（1309—？），字易之，又名纳新、乃贤、葛逻禄易之，号河朔外史，合鲁（葛逻禄）部人。因葛逻禄为突厥族姓氏，汉译为"马"，故也叫马易之。元至正九年（1349年），被荐为翰林院编修官。合鲁部人东迁，散居各地，迺贤家族先居南阳（今属河南）。后其兄塔海仲良入仕江浙，他随之迁居四明（治今浙江宁波）。迺贤兄师事本乡儒者，中进士后任职宣慰，名重一时。迺贤则淡泊名利，退居四明山水之间，与名士诗文唱酬。为元末著名诗人，有《金台集》《海云清啸集》《南城咏古诗帖》《迺前冈诗集》和考古学史名作《河朔访古记》传世。

《金台集》是作者的代表作，存诗231首，其诗虽以游览酬唱之作居多，但反映社会问题的诗作也还不少，其风格总的来说是不刻意雕饰，清润流丽，因此颇受称赏。代表作有《登崆峒山》《三峰山歌》《京城春日二首》《益清堂》《送王公子归扬州》《雪霁晚归偶成二首》《月湖竹枝四首题四明俞及之竹屿卷》《送吴月舟之湖州教授》《铁牛庙》《京城春日二首》《读汪水云诗集二首》《羽林行》等。

## 经国雄略

（明）郑大郁撰，此书辑于明亡之际，全书共48卷。一为明末三槐堂刻本，存26卷；一为明末三槐堂刻本，存22卷；另有日本东京图书馆藏本的复印本，总48卷，分订为30册，半页8行20字，四周单边，白口，无鱼尾，书口下有"观社"二字。

郑大郁，字孟周，温陵人，可能是一位富有学养的书商，"观社"可能就是他书业的字号。

《经国雄略》于南明弘光元年（1645年）夏刻于福建，传世稀少。入清后，其中的《边塞考》6卷又遭到禁毁，故长期以来未能引起史家的注意。《经国雄略》分为：天经考、畿甸考、省藩考、河防考、海防考、江防考、赋徭考、赋税考、屯政考、边塞考、四夷考、奇门考、武备考。其中《四夷考》2卷，开卷即记载西有吐蕃西域，自汉武帝派张骞始通西域以来，中国帝王往往在盛世之时派遣使者往西域。介绍了西域的地理位置以及明王朝派遣使者和管理西域的政策。此外还有永乐十三年（1415年）

陈诚使西域的路线以及一路的见闻，并配有地图，详细绘制西域的南界和西界。又记载哈密在甘肃西1200里，其由来是武帝置河西四郡并设立西域都护用来防御北虏西番。还介绍了哈密的自然地理并绘图说明。又介绍了西番的历史沿革并配图说明地理状况。全书文字配图，可以更好地供人们了解当时西域的地理状况，为研究明时西域地理风俗与明王朝对西域政策的宝贵资料。

## 经遗堂全集

清韦佩金撰，有道光二十一年（1841年）江都丁光煦刻本。

韦佩金（1752—1808），字酉山，一字书城，江苏江都（今扬州）人。嘉庆《重修扬州府志》、嘉庆《江都县志》《怀集县志》均有传。乾隆四十三年（1778年）进士，五十三年授广西苍梧知县，历任苍梧、怀集、马平、凌云四县知县。嘉庆二年（1797年）"狆苗滋事"，韦佩金负责军需要任，因"趱运军粮，心存推诿"（《嘉庆朝实录卷二三》）被革职，留于军营效力。嘉庆四年被发往伊犁赎罪。嘉庆五年抵达伊犁戍所，被派往册房办事，并在将军署内课读官宦子弟。八年释归。后以教授为生，卒年五十七。韦佩金一生著述较多，据《嘉庆扬州府志》记载，有《经遗堂全集》26卷、《唐藩镇考》《伊犁总志纂略》2卷、《地理指掌》20卷、《西戎纪程》3卷、《世系》2卷、《旧治录》1卷。另据《江南徵书文牍》所载，除上述著述外，还有《广西水地考通释》8卷、《新疆地里考》4卷。但是绝大多数散佚不传，今仅存《经遗堂全集》。

《经遗堂全集》为诗词文合集，囊括了韦佩金在乡期间、广西任职期间以及遣戍新疆伊犁期间的文学作品。其中有嘉庆六年（1801年）自序、嘉庆四年黄骅所作原序、道光五年（1825年）门人丁元模序和道光二十一年（1841年）仪征刘文淇所作后序。四篇序后附有《嘉庆重修扬州府志》和《嘉庆江都县志》中韦佩金的传记。《经遗堂全集》共26卷，前21卷为诗，以诗体编排。卷二十二至卷二十四为文，共27篇；卷二十五、卷二十六为词，共124首。其西域诗穿插在《经遗堂全集》的前21卷中，凡72首。

韦佩金的西域诗据内容可分为两类，一类是在遣戍途中的即景抒怀诗，多借西域独特的风景来表达自己复杂的心态。另一类则是与方受畴、杨廷理等友人和保宁等上级官员的唱酬赠别之作。总体而言成就不太高，其赠别诗所占比重大，且多属应酬，缺乏真情实感；诗风求奇，但有一些诗因为刻意雕琢、用字生僻，语句支离破碎，造成"文气不通"；同时，在诗中自我标榜，过于浮夸，有失实之处。

韦佩金的西域诗虽然题材狭窄，艺术成就不高，但部分诗歌描绘了当时西域的自然风光、风土民情和气候物产等，同时以诗纪事，比较全面的记录了自己在西域时候的生存状态，也在一定程度上反映了其他遣员在伊犁戍地的精神面貌。

## 精河直隶厅乡土志

（清）曹凌汉修，光绪三十四年（1908年）抄本。有湖北省图书馆藏《新疆乡土志稿二十九种》油印本、新疆自治区图书馆1976年重印本，日本人片冈一忠辑《新疆省乡土志三十种》（日本中国文献研究会，1986年）。点校本有马大正、华立主编《中国边疆史地资料丛刊·新疆卷》中的竖排版《新疆乡土志稿》（全国图书馆文献缩微复制中心，1990年），马大正、黄国政等编《新疆乡土志稿》（横排重印）（新疆人民出版社，2010年）。

曹凌汉，光绪三十三（1907年）至三十四年任精河直隶厅同知。光绪三十三年，在原蒙养学堂基础上设官立第一初等小学堂，大河沿子设立第二初等小学堂。三十四年编纂《精河直隶厅乡土志》，是为精河首部地方志。

该志成书于光绪三十四年（1908年），为编小学教材而纂辑，分历史、政绩录、兵事录、耆旧录、人类、户口、氏族、宗教、实业、地理、山、水、道路、物产、商务诸目，约8000字，记事至光绪三十四年。此志虽多录旧籍，亦博采诸家，为研究新疆史地提供了不少有价值的资料。

## 静怡轩诗草

（清）毓奇撰，清道光五年（1825年）刻本，1册。国家图书馆藏。

毓奇（1735—1791），字钟山，号竹溪，钮钴禄氏，满洲镶黄旗人。幼失怙恃，家贫力学。年二十三，考补内阁中书。乾隆二十九年（1764年），升内阁侍读。三十四年，随傅恒征缅甸，因军功升工部郎中、江西道监察御史。四十六年，奉命往山东治河，擢内阁学士兼礼部侍郎。四十八年，授漕运总督。五十四年，因失察湖北臬司私于漕船带木植事革职。旋以头等侍卫充任乌什办事大臣。五十五年十月，迁喀什噶尔协办大臣。五十六年十月，暴卒于喀什噶尔，归葬于京。

《静怡轩诗钞》中收录有关于西域的诗歌较为丰富。如《徕宁即事》《巡查卡伦，一路山行有感》《早行渡河至喀朗圭途中口号》等，或描写在新疆任上的经历，或赞颂民族团结，或吟咏疆域辽远，或慨叹家国之事，具有一定的史料价值。

## 居易堂诗集

（清）王曾翼撰，有乾隆六十年（1795年）刻本，5卷，1册，藏于国家图书馆、复旦大学图书馆、福建省图书馆。

王曾翼（1733—1794），字敬之，号芍坡，江苏吴江人。乾隆二十五年（1760年）进士，授户部福建司主事，累擢至甘肃甘凉兵道。四十六年，参与镇压甘肃循化（今属青海）苏四十三领导的撒拉族人民起义，署甘肃布政使、按察使。后缘事落职。四十九年，甘肃回民田五率众起义，围伏羌，王曾翼率兵驰救。围解，擢巩昌府知府，迁兰州兵备道，三摄按察使。五十年四月，陕甘总督福康安奉诏前往巴里坤视察屯田，九月再受命往天山南路"抚谕讹言"，曾翼均随行。五十一年，迁西宁道。五十九年，曾翼卒于任，享年六十一。

《居易堂诗集》共五卷，有诗歌133首，由其子王祖武汇录编次成帙，全书按照时地线索编排，有《吟鞭胜稿》上、下两卷，《吟鞭胜稿附》一卷，收录《五君咏》《辛丑兰州纪事诗》《甲辰纪事诗》各一卷。《吟鞭胜稿》上卷主要记录山西、陕西和甘肃一带的行旅见闻，《吟鞭胜稿》下卷又分为《东行杂咏》《西行杂咏》《西行续咏》和《回疆杂咏》，记录了王曾翼频繁察访的行程见闻，以新疆行旅诗为主。《辛丑兰州纪事诗》《甲辰纪事诗》记载了甘肃回民田五起义等重要历史事件。

《居易堂诗集》以诗歌的形式记述了王曾翼在西北任职的所见所闻所感，内容涉及的范围十分广泛。诗中夹杂着大量详细的自注，对于准确认识其内容有重要的意义。《居易堂诗集》中共有西域诗作70首，大体可以划分为民俗、风景、咏怀与纪事四类。《回疆杂咏》30首，仿古《竹枝词》之遗意，详细记载了西域民风民俗，从婚嫁、建筑、服饰、娱乐、饮食到丧葬等等，几乎涵盖了当时社会的所有民风、民俗。其他西域诗则从不同角度描写了西域自然风光，记录了西部用兵，抒发了诗人浓厚的思乡之情及人生感悟等等。

王曾翼是写南疆风俗民情的第一人，他的西域诗丰富了内地人们对新疆这片异域土地的认识，也传达了其"塞帷宣圣德，问俗采欢谣"采民风、宣圣德的目的。在诗集的序中，吴镇赞叹："新疆不可无诗，而作新疆诗尤不易。……（芍坡先生）据鞍吊古，揽景怀人，阅历之奇境尽，词章之能事亦尽。……其内地之诗，经前人所题咏者，先生独开生面；至新疆回部，前之人未有诗而今忽有之，以采民风，以宣圣化。"全面评价了王曾翼西部行旅诗对于当时了解新疆历史文化、民俗风情的价值和地位。其诗作中反映出的积极乐观的生活心态，也从侧面映射了大一统后边疆地区人们安定的生活状态以及西域诗人的生活状貌。另外，其西域诗作题材多样、形式灵动、语言质朴、情感真挚，颇具文学价值。

## 橘瑞超西行记

[日]橘瑞超著，柳洪亮译。新疆人民出版社1999、2010、2013年版，各1册。新疆人民出版社《西域探险考察大系》收录。国家图书馆收藏。

橘瑞超，日本净土真宗本愿寺派僧侣。著名的佛教遗迹探险家。

1908—1909年参加大谷探险队第二次西域探险。由野村荣三郎领队指挥，从北京出发，取道张家口、库伦等地进入新疆，遍访古城（今奇台）、乌鲁木齐、吐鲁番、楼兰、和阗、叶尔羌和喀什噶尔等处。1910年8月从伦敦出发，经俄国西伯利亚入新疆参加大谷探险队第三次考察，重访吐鲁番、楼兰、喀什噶尔等地，原拟从西境入西藏之计划未遂，东行至敦煌，北折新疆，假道西伯利亚，1912年6月回国。两次探险之公开使命为探察佛教东渐遗址和搜集佛教梵语本原典，兼调查内蒙古喇嘛教和新疆伊斯兰教及当地民族奉教状况。对高昌故城阿斯塔那墓区、楼兰古代居民住区等重要遗址进行了发掘，搜集到许多回鹘文本佛典，并掘走梵、汉、蒙古、突厥文等佛教经卷、抄本等古文献和藏、婆罗米文等木简及文物等。

本书包括作者的《中亚探险》《新疆探险记》《新疆通信摘抄》。书中正是记述了作者两次入亚洲腹地的艰险历程。

## 沮渠安周造佛寺碑

（北凉）承平三年（455年）立，隶体。《吐鲁番地区志》收录。清光绪年间新疆吐鲁番地区高昌古城出土，光绪二十九年（1903年）德国探险队盗往柏林，原碑在第二次世界大战中已毁。光绪三十二年（1906年），端方出使欧洲，于德国柏林将此碑做成拓本带回，现中国历史博物馆收藏。

《沮渠安周造佛寺碑》，又称《北凉沮渠安周造佛寺碑》《北凉沮渠安周造像记碑》，碑文为北凉中书郎中夏侯粲撰，22行，行47字。此碑发现时碑体完整，文字清晰，碑文逾千字，记述了高昌王沮渠安周崇奉佛教和兴建寺院的经过。沮渠安周为沮渠无讳之弟，《宋书》《魏书》《资治通鉴》均有记载。北凉政权曾先都张掖，后都姑臧，被北魏所灭后，沮渠无讳、沮渠安周先后西奔，占据高昌，无讳称王一年即丧，安周继位，《沮渠安周造佛寺碑》即是安周在位期间所立。高昌，在今新疆吐鲁番市哈卓堡西南。

碑文用语洗练，多采佛典，碑文第九行"凉王大且渠安周"即《宋书》《魏书》《通鉴》各书提及的北凉沮渠安周本人。通过碑文可知，此次造寺立碑的工作是按照国王的意愿进行的，作碑文的夏侯粲、典作御史索宁、监造法师法铠三人的名字同样出现在碑文中，其中索宁负责全部工程，法铠负责监督建筑造像，夏侯粲是沮渠安周身旁撰拟王命的史臣，三人的身份和工作说明沮渠安周对于佛教的热诚，也透露出王权和官僚机构役使教团的实情。当时的吐鲁番盆地政局动荡，经济脆弱，人民生活不安宁，因此由官方主导的佛教信仰除了可以求得内心的平定，更含有作为国家政治大事而被励行的意义。北凉余部占据高昌连同以前北凉在高昌设郡算起，其政权对高昌的统治时间较长，因此，通过此碑可以管窥北凉对高昌的佛教乃至社会文化的贡献和影响。

北凉石刻较为少见，除此碑外，另有《高昌新兴令麹斌芝造寺施入记》，同碑碑阴有《高昌绾曹郎中麹斌造寺铭》，分别记载了建昌元年（555 年）施主麹斌芝施舍钱财造寺事和延昌十五年（526 年）施主麹斌施舍钱财造寺事。还有《高昌主客长史阴尚□造寺碑》，该碑文字脱漏较为严重，缺字 231 字以上，据遗存的碑文可知，记述的是吐鲁番盆地统治阶层阴氏家族阴尚□造寺事。此二碑可以说明佛教在该地区的盛行。

### 军机处满文准噶尔使者档译编

中国第一历史档案馆、中国边疆民族地区历史与地理研究中心合编，中央民族大学出版社（2009 年），满汉对照，5 册。

本书收辑雍正十二年（1734 年）至乾隆十九年（1754 年）准噶尔蒙古进京使者的档案，均选自中国第一历史档案馆所存军机处满文《夷使档》。《夷使档》是专门记载清政府与准噶尔部交往的原始档案，内容包括准噶尔蒙古遣使进京朝觐、商议划定边界、派使赴藏熬茶、遣派商队至京城及肃州地方贸易，以及清廷对准噶尔使者的迎送、接待、赏赐等一系列活动。该书满汉对照，前部为《夷使档》满文原档，后部为汉译文。

# K

## 喀喇沙尔事宜

（清）斐森布撰，约三万字。有北京图书馆馆藏清抄本的胶卷复制本。1979年由吴丰培重加整理增编，定书名为《喀喇沙尔事宜》。分上下两卷油印，藏于中央民族大学图书馆，后辑入中央民族学院图书馆编《中国民族史地资料丛刊》（中央民族学院图书馆，1979年）。

书首有"呈书人陕西延绥镇柳树涧守备达生潮"字样，但尚不能确定为撰修者。达生潮，曾任喀喇沙尔夷回粮饷城守营屯工事务章京，陕西延绥镇柳树涧堡守备。斐森布，事迹不详。

此书原名《喀喇沙尔志略》，修于道光二十九年（1849年），吴丰培认为喀喇沙尔此前未曾出现过志乘之作，此书可能是喀喇沙尔的首志，在检核该书时，发现其与新疆各地事宜志书体例相同，故而仿事宜之作，改其名为《喀喇沙尔事宜》。此书分为上下两卷，上卷为喀喇沙尔本区之事，具体包括沿革、疆域、山川、城垣（附寺庙）、兵防营伍、屯政、卡伦、防汛、军台、粮饷、资调经费、租贡、官制、土产、历朝经办事宜、杂记，下卷以土尔扈特东归为主，整编相关史料，叙述土尔扈特反抗沙俄之民族压迫，不远万里迁返祖国，清廷以喀喇沙尔为土尔扈特游牧区，世守藩篱之事。

## 喀什噶尔赴墨克道里记

（清）徐崇立撰。《西域舆地三种汇刻》本1册；中央编译出版社2011版。又称《喀什噶尔至墨克道里记》。中央编译出版社2011版《中国边疆研究资料文库·边疆边务资料文献初编·西北边务》（全12册）收录。新疆维吾尔自治区图书馆、国家图书馆有收藏。

《喀什噶尔赴墨克道里记》是徐崇立在南疆喀什噶尔至墨克一线的考察资料。

## 喀什噶尔略节事宜

（清）珠克登撰，4卷，道光年间抄本，《中国西北文献丛书》二编（线装书局，2006年）影印。

珠克登，字华亭，满旗，吉林长白山人。曾三度赴新疆。珠克登于道光二十一年（1841年）由肃州镇内奉调喀什噶尔换防。咸丰三年（1853年）任宁夏总兵。他在新疆公暇之余，将当地民情及其他各项事宜汇集成编，遂成是书。

是书卷一为城池形势图说及营制商民，详细记述了喀什噶尔的城池规制、地势地形、官职、各营方位与所管辖地、军营官兵数、官兵粮饷马匹、遣犯旗犯人数、卡伦地底台、喀什噶尔各乡庄贸易民人、南八城名号里数等。卷二为粮饷、回务、满三营屯田民情，记喀什噶尔、英吉沙尔交纳粮饷、回务事宜、满三营屯田与民情，对屯田规模、赋税粮石、回部世袭顶翎人数均有记载。卷三为奋勇制胜长毛阵图，记喀什噶尔各营军械库修缮、军器弹药军服的储存、士兵操练情况。卷四为文札阵图说与见使章程，记述该地文札处理原则标准、各种事件处理章程、营规等情况。

## 喀什噶尔英吉沙尔事宜

（清）永保修，范建中纂。又名《喀什噶尔附英吉沙尔》，抄本，不分卷，2万余字。此书有抄本和油印本，湖南图书馆藏乾隆修旧钞本，甘肃省图书馆藏1963年油印本。收入《中国西北文献丛书》二编（线装书局，2006年）影印。

永保（？—1808），费莫氏，满洲镶红旗人，大学士温福之子，清朝将领。范建中，大学士范文程的四世孙，范时捷之孙，袭一等男爵。乾隆五十八年（1793年）正月，范建中奉旨补雅德所遗喀什噶尔员缺，在喀什噶尔协办任内与参赞大臣永保修撰《喀什噶尔附英吉沙尔》一书。

《喀什噶尔英吉沙尔事宜》成书于乾隆末年，记载喀什噶尔（今新疆喀什）、英吉沙尔（今新疆英吉沙）两地的疆域（附山川）、城池、古迹、衙署、道里、官制（附兵弁）、年例折奏（附贡物）、事宜、仪制、钱法、每岁征收、每岁额支、税务、军台、卡防、军器、回务事宜、伯克事宜（附回人兵制）、伯克养廉、本处伯克、布鲁特、各回城节略等。是研究乾隆末期南疆政治、经济、军事等方面不可多得的资料。记载南疆赋税依驻防军需而定，并详细记载南疆量衡制度。在"年例折奏"中，将每月参赞大臣折奏的内容一一罗列。

## 喀什噶尔志

（清）佚名著。光绪三十二年（1906年）抄本2册，1963年甘肃省图书馆油印本。

该书又名《新疆志》，记事至光绪初年，参以史志，厘定妥协，凡有变易，略事稽考。内容仅及喀什噶尔（今新疆喀什）、英吉沙尔（今新疆英吉沙）、叶尔羌（今新疆莎车）、玛喇巴什（今新疆巴楚）、乌什、阿克苏、喀喇沙尔（今新疆焉耆）等地。细目又分为疆域、城郭、水道、卡伦、军台、道路、内附民族部落等，其中内附部落部分，主要是对天山南路布鲁特（今柯尔克孜族）各部落和西蒙古土尔扈特、和硕特等部落分布状况、牧场范围、社会组织等的介绍。是研究建省前夕新疆地区的政治、经济、地理、民族等的重要文献，尤其对清末新疆柯尔克孜族、蒙古族的经济与社会发展情况的记载颇有价值。

## 喀什噶利亚

[俄]A.H.库罗巴特金（Куропаткий，A.H）著。有俄文、英文版，1879年圣彼得堡初版。汉译本有：1.新疆人民出版社1980年版（据1882年加尔各答英译本转译）；2.商务印书馆1982年版（据1879年俄文版译出，并把原书中的长篇附录资料基本译出，较为完整），1册。

库罗巴特金（1848—1925），俄国陆军上将。1874年毕业于俄国参谋部军事学院，积极参与俄军征服中亚的战争，出任过陆军大臣，日俄战争期间兼任俄军总司令。

《喀什噶利亚》全名是《喀什噶利亚：它的历史、地理概况，军事力量，以及工业和贸易》，作者于1876—1877年曾率俄国使团到喀什噶尔、阿克苏、库尔勒等地活动，与当时窃居南疆的浩罕军官阿古柏谈判"划界"，并借此机会广泛搜集南疆的政治、军事、地理情报。返国后，向俄国军事当局递呈了一份详细报告。《喀什噶利亚》就是根据报告增补而成。作者根据见闻记述了阿古柏生平及统治南疆的暴政，南疆民众为躲避而大量外逃等情况。作者一行在南疆逗留半年之久，除了了解当地历史，调查政治、经济、军事及风土人情外，还勘察了从俄国进入南疆的各条道路，记录了距离、地形、城堡、卡伦、水源等信息。该书详细记载了作者利用阿古柏统治危机，与之签订边界条约的谈判，直接危及清朝主权。尽管这部书完全是为俄国拟议军事入侵新疆服务的，但所提供的资料对于研究新疆近代史和阿古柏问题很有参考价值。

## 卡尔梅克史诸汗简史

佚名撰，原书托忒文撰写。西·诺尔布汉译，收录于《厄鲁特蒙古历史译丛》第四集，中国社会科学院民族研究所1985年刊行。巴岱等注释《卫拉特历史文献》（托忒文版，新疆人民出版社1987年版）收录。

本书作者佚名，但从他对土尔扈特东返以及清政府对土尔扈特的安置等情况十分熟悉这一点分析，应是随渥巴锡东返的卫拉特人。本书最后写到木羊年（1775年1月9日，即乾隆三十九年十二月初八日）渥巴锡汗去世，成书当在此后不久。本书从和鄂尔勒克率部西迁一直叙述到渥巴锡率部东返，其中对土尔扈特在伏尔加河的发展及与沙俄的关系颇加注意。对敦罗布喇什及渥巴锡时期记述较详。从作者对沙俄情况比较熟悉来看，他可能掌握了一些与沙俄交往的文件，或者参与过这方面的活动。作者有较高的史学修养，对一些事件的时间、地点、经过，记述都比较准确，对于研究卫拉特史和托忒文历史文献很有价值。

### 戡定新疆记

（清）魏光焘撰，8卷，由黄丙焜、徐鼎藩、李徵煦创始，杨调元编定。又名《剿定新疆记》。光绪二十五年（1899年）九月铅印本。又，收在中国史学会编《中国近代史资料丛刊》之《回民起义》卷一至卷五，略有删节（上海人民出版社，2000年）。收录在《中国边疆研究资料文库·边疆史地文献初编·西北边疆》第二辑，中央编译出版社，2011年；《清朝治理新疆方略汇编》第二辑，学苑出版社，2006年。

魏光焘（1837—1916），字光邴，别号午庄，湖南邵阳人。早年隶左宗棠军。历任平庆泾固化道道员、甘肃按察使、甘肃新疆布政使、江西布政使、陕西巡抚、陕甘总督、云贵总督等职。

本书卷一至卷四《武功记》，按年记载同治三年（1864年）至光绪九年（1883年），左宗棠率军平定西北地区回民起事及击败由英、俄支持的阿古柏，收复除伊犁以外的天山南北各地的经过。卷五《粮饷篇》，汇集左宗棠行军时筹措粮饷的有关奏折。卷六《归地篇》，记俄国归还伊犁的经过。卷七《置省篇》，记载收复新疆后，建议清政府在新疆建立行省。卷八《善后篇》，记收复新疆后如何治理新疆。本书对研究清末新疆的历史以及清中央政府对新疆的管理有重要的参考价值。

### 康里巎巎书述笔法

（元）康里巎巎书，京华出版社1998年版《中国墨迹经典》收录。

康里巎巎（1295—1345），字子山，号正斋、恕叟，西域康里人。康里不忽木的次子，康里回回之弟。兄回回书法师颜鲁公，能诗。《元史·巎巎传》载："子山善真行草书，识者谓得晋人笔意，单牍片纸，人争宝之，不翅金玉"。《书史会要》称："巎巎刻意翰墨，正书师虞永兴，行草师锺太傅、王右军，笔画遒媚，转折圆劲，名重一时，评者为国朝以书名世者，自赵魏公（赵孟頫）后，便及公也。"

康里巎巎擅楷、行、草等书体，善以悬腕作书，与赵孟頫、鲜于枢、

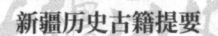

邓文原齐名，世称"北巎南赵"。他的代表作有《奉记帖》《李白古风诗卷》《述笔法卷》等。他以少数民族特有的豪放性格来学习书法，形成自成一家的风格，在书法史上有着不可替代的地位。

## 柯坪分县乡土志

（清）潘宗岳编。又称《新疆省温宿府柯坪县乡土志》，1册。光绪三十四年（1908年）抄本。有湖北省图书馆藏《新疆乡土志稿二十九种》油印本、新疆自治区图书馆1976年重印本，日本人片冈一忠辑《新疆省乡土志三十种》（中国文献研究会，1986年），点校本有马大正、华立主编《中国边疆史地资料丛刊·新疆卷》中的竖排版《新疆乡土志稿》（全国图书馆文献缩微复制中心，1990年），马大正、黄国政等编《新疆乡土志稿》（横排重印）（新疆人民出版社，2010年）。

潘宗岳，湖南宁乡人，曾任新疆温宿县分防柯坪县丞、温宿县知县。纂有《温宿县乡土志》《柯坪分县乡土志》。

《柯坪分县乡土志》于光绪三十四年成书，系奉命纂辑之小学教材，计约2000字。该志按清学部《例目》分历史、政绩录、兵事录、耆旧录、人类、户口、氏族、宗教、实业、地理、山、水、道路、物产、商务十五目，附地图一幅。耆旧、氏族有目无文。历史目简略记载沿革，兵事录记乾隆二十三年（1758年）大小和卓叛乱、道光六年（1826年）张格尔之乱。人类目记土著回民（即维吾尔）体貌特征及风俗习惯。实业目中将毛拉百余人列为士，较为罕见。

## 科布多史料辑存

（清）桂祥等著，包括《桂祥科布多奏稿》《连魁科布多奏稿》《科布多巡边日记》和《科布多政务总册》四种罕见史料。吴丰培辑录，凡1函2册。书目文献出版社1986年出版影印本，北京线装书局2006年出版影印本。

吴丰培（1909—1996），字玉年，江苏吴江人，现代著名藏书家、版本目录学家、文献学家。1930年考入北京大学，先后师从朱希祖、孟森研习明史，后又整理家藏蒙藏旧档，开辟西藏史地研究。早年参加禹贡学会，发表《记班禅达赖失和事》，参与编辑《边疆丛书》6种。"七七事变"后，辗转于各学校任教。1957年调中央民族学院图书馆工作，编成《馆藏中国民族问题研究文献书籍草目》，与苏晋仁合撰《关于达赖喇嘛的封号、地位、职权等的考证》，参与《中国地方志联合目录》的编纂。编辑多种边疆史地资料。如《廓尔喀纪略补辑》《联豫驻藏奏稿》《豫师青海奏稿》《民元藏事电稿》《藏乱始末见闻记》《赵尔丰川边奏牍》《清代藏事辑要续编》《川藏游踪汇编》《平定金川方略》《平定两金川方略》《巴勒布纪略》《西域同文志》《丝绸之路资料汇抄》《桂祥科布多奏稿》《连魁科布多奏稿》《钦定理藩部则例》《有泰驻藏日记》《清末蒙古史地资料荟萃》《明代宫廷杂录汇编》《抚远大将军允禵奏稿》等。曾任中国地方志集成编辑指导委员会委员、西藏社会科学院西藏学汉文文献编辑顾问、中国边疆史地研究中心学术顾问等。

本书是吴丰培辑录蒙古、新疆资料汇编之作。《科布多政务总册》曾由吴先生编入《边疆丛书》（禹贡学会1937年刊行），其余三种均为稿本。其中《桂祥科布多奏稿》价值最高。桂祥（1849—1913），叶赫那拉氏，清三等承恩公，满洲镶黄旗副都统，慈禧之弟。该《奏稿》始于光绪六年（1880年）七月初八日"蒙军到防月饷不敷分放折"，止于光绪七年（1881年）三月初三日"除留通事二名外其馀八名裁撤片"，包括17件正折、29件附片，共计46件折、片。其中部分折、片《光绪朝朱批奏折》所不载，颇为珍贵。但周学军等据中国第一历史档案馆原件影印的《光绪朝朱批奏折》及《清德宗实录》考证，此奏稿具奏人实为科布多参赞大臣清安所撰。

### 库车直隶州乡土志

（清）佚名撰，1卷。有首都图书馆藏清抄本，后辑入《首都图书馆藏稀见方志丛刊》（影印本，国家图书馆出版社，2011年）。另有湖北省图书馆藏《新疆乡土志稿二十九种》（油印本）、新疆自治区图书馆 1976 年重印本，日本人片冈一忠辑《新疆省乡土志三十种》（日本中国文献研究会，1986 年）。点校本有马大正、华立主编《中国边疆史地资料丛刊·新疆卷》中的竖排版《新疆乡土志稿》（全国图书馆文献缩微复制中心，1990 年）；又有马大正、黄国政等编《新疆乡土志稿》（横排重印）（新疆人民出版社，2010 年）。

《库车直隶州乡土志》于光绪三十四年（1908 年）五月成书，约 3000 余字，系奉清廷敕令编写的新疆乡土教材。分列历史、政绩录、兵事录、耆旧录、人类、户口、实业、氏族、宗教、地理、山水、道路、物产、商务 14 目。历史目记本境历史、建制沿革，以清代为详。政绩录先总结本境于建省后之经营状况，后记各祠庙、学堂情况，对方神祠的记载，与温宿、拜城、焉耆府乡土志所载相似。兵事录记乾隆年间平大小和卓之乱、同治年间的马滐之乱、光绪年间湟回刘四伏等倡乱等事，知县蒋牧安插所收抚之湟回刘四伏叛乱余众垦殖、开渠之事。耆旧录记库车回部郡王玛木特世系几代人的功绩，记述详细。地理记本境方位、四至八界。商务列表记载进出口货物种类、销量情况，清晰明了，由所列数据得知本境皮毛出口量大且种类多，可知本境商业之殷繁。

## 库尔喀喇乌苏直隶厅乡土志

（清）佚名纂修，1 册。是志成书后未及付梓，即被日本人林出贤次郎携至日本，1986 年片冈一忠辑入《新疆省乡土志三十种》（中国文献研究会，1986 年）。收录《中国西北文献丛书》二编（线装书局，2006 年）影印。点校本有马大正、华立主编《中国边疆史地资料丛刊·新疆卷》中的竖排版《新疆乡土志稿》（全国图书馆文献缩微复制中心，1990 年），马大正、黄国政等编《新疆乡土志稿》（横排重印）（新疆人民出版社，2010 年）。

《库尔喀喇乌苏直隶厅乡土志》约清朝光绪三十三年至三十四年（1907—1908）成书，奉京师编书局敕令纂辑。分列历史、政绩录、兵事录、耆旧录、人类、户口、氏族、宗教、实业、地理、山、水、道路、物产、商务15目，8000余字，是第一本系统、全面介绍乌苏县情的志书。它记录了乌苏的地理位置、建置沿革、山川形胜、人口民族、民情习俗和宗教活动，对于历史上和当时发生的兵事、政绩、商务、古迹亦作了概要介绍。历史目征引文献达9种12处之多，各处征引均详细注明，并作了适当的解说。耆旧录有目无文。人类目记本境回、缠、蒙古各族世系源流、聚居地、宗教、风俗、婚丧礼俗、纪年等情况，记载详细。同时征引《圣武记》《新疆要略》《新疆识略》等文献，对涉及到的地名、风俗等进行考证。氏族记蒙古旧土尔扈特世系，但记载极为简略。宗教目主要记喇嘛黄教寺庙情况。

## 昆仑旅行日记

（清）温世霖撰。有民国三十年（1941年）铅印本1册；中央民族学院图书馆1983年油印本；全国图书馆文献缩微复制中心1985版；天津古籍出版社2006年高成鸢编注本1册，207页。中央民族学院图书馆《甘新游踪汇编》、全国图书馆文献缩微复制中心《丝绸之路资料汇钞·清代部分》收录。国家图书馆有收藏。

1908年，温世霖和孙洪伊等人从事政治活动，搞地方自治，后被推为全国学生界同志会会长。温世霖因带头请愿和号召罢课，被清廷逮捕，发配新疆。《昆仑旅行日记》记载了温世霖发配新疆过程和沿途观感，内容涉及新疆地区诸多奇风异俗和当时西北百姓极度贫困的生活状况，并关注当地教育情况。作者以高度的责任感参与新疆事务，记事凿凿，言辞恳切，对研究晚清新疆人文风貌有着重要文献价值。

# L

## 拉失德史

[叶尔羌汗国] 米尔咱·穆罕默德·海答尔撰，1547年用波斯文写成，后有波斯文和察合台文两种抄本。1687年在这部名著的基础上，由莎车著名学者米扎·买合穆德·贾拉斯完成了《拉失德史·续编》。后来，又有喀什噶尔著名学者哈吉·吾守尔·海里帕，将波斯文的《拉失德史》原作译成维吾尔—察合台文，使这部史学名著得以在天山南北更广泛地流传。19世纪中叶，东印度公司的W.厄斯金摘要翻译了此书，但未出版。H.霍渥斯在《蒙古史》中曾利用了这个很不完全的译稿。1895年，罗斯译、伊莱亚斯编的英译本出版。该英译本根据大英博物馆编号为Add.24090的波斯文原本译成，并以大英博物馆编号为Or.157的手抄本（所有者为剑桥大学考埃尔教授）相校订。1898年，英译本出了第二版。新疆社会科学院历史研究所根据英译本出版汉文本，收录于"中亚史丛刊"，书名定为《中亚蒙兀儿史——拉失德史》，王治来校注，1985年6月出版，1册。

米尔咱·穆罕默德·海答尔（1499—1551），叶尔羌汗国军事统帅，后成为克什米尔地区统治者，是一位对叶尔羌汗国的政治、军事和文化事业做出过显著贡献的著名人物。海答尔除了历史著作《拉失德史》一书之外，还有一部长诗作品《世事记》。

《拉失德史》因献给叶尔羌汗国统治者阿卜杜·拉失德汗而得名。该书记述了从第一个皈依伊斯兰教的察合台大汗秃黑鲁·帖木儿起，一直到叶尔羌汗国的拉失德汗执政为止长达两个多世纪以来，维吾尔族在政治、经济和文化方面的发展史。全书两编，第一编为"正史"，共70章，叙述秃黑鲁帖木儿汗至阿卜杜·拉失德汗时期的历史事件、历史人物及以及察合台后王在新疆的统治情况；第二编为"史迹概述"，共116章，以作者亲身经历记述了从其外祖父优努斯汗到其在克什米尔地区执政的历史社会情况，还记载了作者熟知的察合台、月即别和其他各族王公的情况。全书对 200 年间新疆及中亚地区的政治、经济、宗教、文化、地理、风俗等方面有详细记述，涉及有关维吾尔族、哈萨克族、柯尔克孜族、瓦剌蒙古及中亚各民族的历史活动，重点记述了蒙兀儿诸汗和杜格拉特部家族在新疆统治的历史。该书对新疆历史和伊斯兰教在新疆及中亚地区的传播研究有重要价值，填补了察合台汗国后期历史的研究空白。

## 兰泉诗稿

（清）福庆撰。中国科学院图书馆藏，此版本仅一卷，两广总督李鸿宾题识。又有燕京图书馆藏本，26 卷，前有福庆自序，后附项本彝跋语《兰泉诗稿》校刊后记、《太夫人家传》。全书为稿纸钞本，9 行，16 字，双行小注，单鱼尾，黑口象鼻，四边双栏，蝴蝶装，无题识。

《兰泉诗稿》为福庆诗歌别集，共 26 卷，收录古今体诗歌 930 首。诗集作品始于乾隆癸未（1763 年）止于嘉庆己卯（1819 年），前后时间跨越 57 年，诗集虽为福庆子孙在其弃世之后编录完成，但福庆生年已经着手编排。诗集的编排以时空的变化为线索，亦经过删改。其诗作语言平易晓畅，晶莹秀润，勿求奇险，毫无滞涩之感；题材多样，体式齐备；内容丰赡，涉及当时的政治、历史、地理、文化等诸多方面。可以说，诗人以其诗歌为载体、以一位当地官员的视角，向世人展示了当时西域的形象。

## 离乡曲

（清）锡笔臣著，油印稿；手抄本。

锡笔臣，生平不详，清末锡伯族中著名文人。曾为伊犁将军衙门文案处文案总办。为人正直清廉，忠于职守。光绪三十二年（1906 年）三月，清政府曾授予锡笔臣副都统衔，提升他为伊犁索伦营领队大臣。宣统元年（1909 年），伊犁将军长庚调陕甘总督，曾保奏举荐锡笔臣作为伊犁将军人选。

18 世纪 60 年代初，世居东北地区的三千多名锡伯族军民由沈阳出发，跋涉万里路途，徙到新疆伊犁地区安家立业，在锡伯族历史上谱写可歌可泣的壮丽篇章。清朝末年，全疆动乱，伊犁沦陷。锡笔臣怀着"人生不可忘艰难"之思，在经过战乱、痛定思痛后，带着时代的思想感情做《离乡曲》。全诗120行，作者根据历史资料，翔实记录了一部锡伯戍边迁徙史，是西迁锡伯族军民戍边屯垦历史中最有影响力的诗作。

## 历代日记丛钞

李德龙、俞冰主编，北京学苑出版社2006年版。

此书汇集了历代知见日记，以清代为主。其中第32册收录了赵钧彤的《西行日记》，第34册收录了洪亮吉的《伊犁日记》《天山客话》，第39册收录了方士淦的《东归日记》，第46册收录了林则徐的《荷戈纪程》，第51册收录杨炳堃《西行纪程》，第65册收录景廉的《行程日记》，第108册收录沙克都林扎布《南疆勘界日记图说》，第157册收录宋伯鲁《西辕琐记》，第167册收录温世霖《昆仑旅行日记》，第168册有单骑的《新疆旅行记》。

## 历代西域散文选注

锺兴麒、王有德选注，新疆人民出版社1995年版，1册，282页，23万字。

本书收录汉代至清代西域散文73篇，有些文章选自正史，如司马迁《大宛列传》，有些选自行记如《宋云行记》《大唐西域记》，有些是著述的序跋，如《〈拉失德史〉前言》，有些选自笔记如《阅微草堂笔记》。汉代至元代部分，由王有德选注，明清部分由锺兴麒选注。本书首次将历代西域散文汇集注释，其中有不少清代文献并不常见，对于清代西域散文的推介功不可没。

## 历代西域诗钞

吴蔼宸编,新疆人民出版社1982年用繁体字竖排初版行世,翌年重印一次。2001年6月第二版改用简体横排。简体字本系32开异型本,326页。

《历代西域诗钞》搜集了汉唐以来,特别是有清一代的文人和官员吟新疆的诗作近千首,保存了关于西域治理丰富的历史和民俗资料。该书中,清以前各代作者作品不及四分之一。清朝官员及流人作品丰富,反映了乾隆一统之后,中央政权对新疆管理的新特点。

此外类似西域诗选本还有《清代西域诗辑注》,星汉编著,新疆人民出版社1996年版,1册,汉文,42万字。

## 历代西域屯垦戍边诗词选注

星汉、王瀚林选注,新疆人民出版社2001年版,1册,317页,26万字。本书选录自汉代到民国时期,涉及西域屯垦戍边的65位诗人343首作品,其中包括汉武帝刘彻《天马歌》、王震《进新疆》、张仲瀚《塞上咏怀》等,为新疆屯垦戍边事业提供了一个独特的文学视角。

## 立厓诗钞

(清)蒋业晋撰,清嘉庆年间长洲蒋氏交翠堂刻本,2册,国家图书馆藏。蒋业晋(1727—1805),字绍初,号立厓,江南长洲人。乾隆二十七年(1762年)曾至陕西谋职不果。次年归里。三十一年考中举人。三十四年,任湖北孝感知县。三十八年至四十四年,任湖北汉阳知县。四十六年,因黄梅县监生石卓槐"嫁名鉴定诗集",戍乌鲁木齐。五十年,返里。

《立厓诗钞》中收录了蒋业晋遣戍新疆时期诗作,有对西域幕僚生活的描写,如《从将军东郊小猎回营试射归纪二律》:"上巳春光紫塞晴,牙旗小队踏沙行。一时僚从风云色,四面围场霹雳声。虎帐投醪齐献瓾,龙媒并辔更论兵。将军智勇威边境,不独穿杨此日惊。"《九日随将军阅库尔喀喇乌苏城》:"戊己新屯骠骑营,恰逢九日上孤城。重关不断黄云色,大漠长流黑水声。万里登高兼审势,三边从猎剧论兵。时平伏莽都销歇,岂学悲歌塞上行!"有对自然景象及自然风物的描写,如《绥来县渡河》:"河流汇雪泉,急湍疾于箭。马蹄蹴浪花,喷薄如雨溅。南山高入云,雪色明组练。地脉蓄精英,金沙耀冰涧。时于清流中,割取碧霞片。"《灵山水歌》:"灵山山脉连祁连,峰头积雪太古前。赤乌倒射玉龙脊,化作匹练千丈当空悬。上山下泽本定位,不闻水府反据高山巅。"还有部分诗作反映了和遣戍文人的交游,具有多方面的价值。

## 丽则堂诗钞

(清)吴庆恩撰。4卷,道光间刻,中国国家图书馆藏。

吴庆恩(1790—1853),字盖山,江苏甘泉人。《丽则堂诗钞》卷首有六合朱实发、元和顾千里序。凡古近体诗508首,起嘉庆十八年(1813年),止道光二十二年(1817年)。卷末刻"维扬砖街青莲巷内柏华升刊"二行。光绪《江都县续志》卷二十称,陈逢衡为其集撰序,谓其"才气横溢,如长江大河,不可一世",此序今集中失载。感旧诗注谓:"嘉庆癸亥,余十四岁客关中。"道光十九年(1839年)作《松江喜晤姜寿彤》称:"我年已五十,家室犹彷徨。"县志称其咸丰三年(1853年)死于太平军。工于乐府,所作《黄鹤楼放歌》,揽景抒情,俯仰不可抑。其祖之黼以事谪伊犁,庆恩随侍塞外,故集中诗多记新疆山川风情。别本《吴盖山诗钞》一卷,黄锡麒辑入《蔗根集》,道光间刻本,南京图书馆藏。

## 利玛窦中国札记

[意]利玛窦(Matteo Ricci)著,[比]金尼阁(Nicolas Trigault)整理。1615年于德国以《基督教远征中国史》之名出版;中华书局出版的中译本是根据 Louis Joseph Gavlagher 译自拉丁文的英译本(1953,纽约,Random House 版),由何高济、王遵中、李申等人汉译,1982年出版,收录在《中

外关系史名著译丛》中。2010年中华书局再版，1册。

利玛窦（1552—1610），意大利来华传教士，学者。明朝万历年间来到中国居住，除传播天主教教义外，还广交中国官员和社会名流，传播西方天文、数学、地理等科学技术知识。他的著述不仅对中西交流作出了重要贡献，对日本和朝鲜半岛上的国家认识西方文明也产生了重要影响。著有《坤舆万国全图》等。

利玛窦晚年把他在中国传教的经历撰写下来，就是为人们所熟知的《利玛窦札记》（或称笔记、纪行、手稿、日记、记录、记事）。手稿以意大利语写成，没有作其他说明。据金尼阁说，利玛窦写这份文献，是打算先把它送给耶稣会会长审阅，然后再让别人阅读，目的是向欧洲人介绍有关中国的情况和在中国的传教事迹，使同会教友及有关人士从中获得教益。

1614年，比利时传教士金尼阁为了保存这份珍贵文献，把它从澳门携回罗马。在漫长单调的旅途航行中，金尼阁着手把它从意大利文译为拉丁文，并增添了一些有关传教史和利玛窦本人的内容，附有利玛窦死后哀荣的记述。这个拉丁文本第一版于1615年在德国奥格斯堡出版。

在《利玛窦中国札记》中，利玛窦以亲身经历为依据，描写了明代中国情况，包括中国的土地物产、政治制度、科学技术、风俗习惯等。他以一个外国人的旁观态度将所见所闻记录下来，提供了非比寻常的视角。其中，第一卷之第二章《关于中华帝国的名称、位置和版图》、第三章《中华帝国的富饶及其物产》等章节有关于西域情况的记载，例如在提到当时中国的四至时写道，"它的西北方面被一片多少天都走不尽的大沙漠所屏障，能够阻止敌军进攻边界，或则成为企图入犯的人的葬身之所"，"在王国的西部，群山围绕，山外只有几个穷国，中国人很少或者根本不理睬，因为他们既不怕它们，也不认为值得吞并它们"。关于草药也有相关记载："中国的药草丰富，而在别处只有进口才行。大黄和麝香最初是撒拉逊人从西方带来的，在传遍整个亚洲之后，又以几乎难以置信的利润出口到欧洲。在这里买一磅大黄只要一角钱。"该书对研究明代中西交通史、耶稣会入华传教史，以至明史都有较大价值。

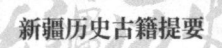

## 联魁新疆奏稿

（清）联魁撰。原稿本藏于国家图书馆。2014年新疆社人民出版社《清代新疆稀见奏牍汇编》影印出版。

联魁（1849—?），字星樵，一字星乔，满洲镶红旗人。贡生出身，同治三年（1864年）在神机营当差，历任兵部候补员外郎，海军衙门章京，会典馆纂修，兵部郎中，甘肃甘凉道，甘肃西宁道，曾在安徽担任布政使，光绪三十一年（1905年）出任新疆巡抚，宣统二年（1910年）卸任。宣统元年兼任会办盐政大臣。

联魁在新疆巡抚任期内，清廷为振兴国势，下诏各省举荐人才。联魁以杨增新为新疆选拔的人才，上报朝廷，并奏报联魁与杨增新办理"法政学堂""原有房舍""添设讲堂、厅室"等事。举荐奏折还记载了他对杨增新的评价："平日读书研究经史，不为浮靡无用之学。居官以爱民为本，历任繁剧，忠信明决，确有政绩可指。吏治实擅专长，而又留心时务，淹贯中西，洵为经世有用之才。"此外，还有联魁遵旨查办官犯的奏稿，报告查办了云骑尉胜亮、千总刘起瑞、副都统荣和和游击岑盛霭等三十余人，这些人陆续到配，或襄理巡警、或勘查矿务、或供差书局、或帮办屯防，安静守法，别无过犯，均有悔过自新。又摘录这些犯人案由以及到配日期，呈报以备御览恩施。

该奏稿有助于了解清末新疆的举荐及监管流放人员的相关政策。

## 林则徐全集

（清）林则徐著，来新夏等主编，林则徐全集编辑委员会编，海峡文艺出版社2002年版，10册。收录奏折、文录、诗词、信札、日记、译编等。

林则徐（1785—1850），字元抚，又字少穆、石麟，晚号竢村老人、竢村退叟、七十二峰退叟、瓶泉居士、栎社散人等，曾任江苏巡抚、湖广总督、两广总督、代理陕甘总督、陕西巡抚和云贵总督等职，两次受命为钦差大臣。卒谥文忠。道光十九年（1839年），林则徐主持了"虎门销烟"，成为中华民族的民族英雄。第一次鸦片战争。林则徐以"误国病民，办理不善"的罪名被革职发配伊犁。《癸卯日记》是林则徐1843年在伊犁的日记，内容主要包括对鸦片战争之后政局的关注，记载各地官员的调迁，与邓廷桢的友谊，在伊犁的交往及伊犁风物等。

此外，各种林则徐著作的单行本种类繁多，包括：

《林则徐家书》，中央书店民国二十三年（1934年）版，1册，76页，藏于美国国会图书馆；《林则徐书札手稿》，上海古籍出版社1985年版影印本，2册；《林则徐书札手迹选》，刘九庵编选，紫禁城出版社1985年版，1册，181页；《林则徐诗集》，郑丽生校笺，海峡文艺出版社1987年版，1册，722页；《云左山房诗钞》，延边大学1990年版8卷，1册，280页。其中包括至库车、阿克苏、乌什、和阗（今和田）等地勘办开垦事宜的诗作；《林则徐选集》，杨国桢选注，人民文学出版社2004年版，《近代文学名家诗文选刊》收录；《乙巳日记》，抄本，林家珍藏，不分卷，约3万字，题名《抵金汇帙·乙巳》，以"云左山房"32开、24行（每行25格）稿纸楷书缮录。《乙巳日记》记道光二十五年（1845年）林则徐勘查库车、乌什、阿克苏、和阗、叶尔羌（今莎车）、喀什噶尔和喀喇沙尔（今焉耆）七城垦地，中经英吉沙，走遍南疆八大城以及由吐鲁番赶往哈密途中的情形，虽残缺，但却是林则徐履勘南疆的唯一原始记录，弥足珍贵。

《林文忠公尺牍》，稿本，2册，收录了林则徐写给刘建韶的信札8通、写给刘源灏的手札3通，国家图书馆藏；《林文忠公书札诗稿》，稿本，2册，国家图书馆藏；《林文忠公政书》，清光绪十一年（1885年）刻本，16册37卷，北京师范大学图书馆藏，中国书店1991年影印；《林则徐书简》，杨国桢编，福建人民出版社1985年版，1册，284页；《林则徐诗文选注》，上海师范大学历史系中国近代史组编注，上海古籍出版社1978年版，1册，331页；《林则徐联句类集》，萨嘉榘编，福州市社会科学1985年印，1册，32页；《林则徐诗选注》，周轩注，新疆人民出版社1996年版，1册，327页。

## 刘昌纪功碑

（唐）贞元十八年（802年）立。《全唐文》《西域碑铭录》收录并录文。

《刘昌纪功碑》，全称《唐故四镇北庭行军兼泾原等州节度支度营田等使开府仪同三司检校尚书右仆射使持节泾原诸军事泾州刺史兼御史大夫上柱国南川郡王赠司空刘公神道碑铭并序》，权德舆撰文。刘昌，字公明，汴州开封人，唐朝名将，两《唐书》有传。少学骑射，出身行伍，曾参与平叛李希烈。贞元三年（787年）任泾州刺史，次年充四镇、北庭行营兼泾源节度支度营田等使。刘昌驻扎泾原十五年，在此构筑七城二堡，以守土镇边；又"躬率士众，力耕三年，军食丰羡，名闻阙下"，保障了军粮的供应，泾原出现了"政成事节，师以律成，人以富教"的繁荣景象。

《刘昌纪功碑》叙事周详，在刘昌驻泾州的时间问题上，可补《旧唐书·刘昌传》之不足；在刘昌卒年问题上，也可纠正《旧唐书·德宗本纪》之讹，史料价值颇高。

## 刘平国石刻

（东汉）永寿四年（158年）刻，阴刻隶体，摩崖石刻，存101字。《神州国光集》、王国维《观堂集林》、罗振玉《西陲石刻录》《新西域记》等均收录。新疆博物馆收藏有清光绪五年（1879年）的拓本，其时刻石刚刚发现，文字虽有漫漶，但大多数尚可辨析。

《刘平国石刻》又称《龟兹左将军刘平国摩崖》《刘平国治关亭诵》《刘平国治路颂》《龟兹刻石》等，最早由清光绪五年（1879年）左宗棠部将张曜幕僚施补华发现，其时他们正征讨入侵新疆的阿古柏匪帮而驻军于阿克苏。然发现地点多有争议，有"库车城西塞拉木山东二百里处""阿克苏东四百五十里拜城东北赛里木山之摩崖""天山南路赛里木城东北二百里山间"等多种说法。新疆博物馆1972年出版《文物工作学习手册》厘定其发现地为"拜城与库车之间的博扎克拉格（Bozikerake）山沟口上"。石刻记载了东汉西域都护府龟兹左将军刘平国率领孟伯山、狄虎贲、程阿羌等六名汉人（秦人）、羌人筑关修路、凿岩筑亭，以利稽查行旅的事迹。石刻附近还有"敦煌淳于伯作此诵"的刻字，以及汉代石垒遗迹、古城废墟。汉代此地当为西域南部通往伊犁河流域的重要交通孔道之一。刘平国，史籍无传。自19世纪末石刻被发现以来，著录考证者已有数十家（如王树枬《新疆访古录》、黄文弼《塔里木盆地考古记》等），今人有谢国桢（《汉刘平国治路颂旧拓本跋》）、李铁（《汉刘平国治关刻石小考》）、王炳华（《"刘平国刻石"有关新疆历史的几个问题》）、陈云华（《新疆四块汉文古碑的书法、刻石与志书记述》）等对此做过研究。

《刘平国石刻》对于研究新疆地区历史地理、各民族文化交流和民族史等具有极高价值，也为研究汉唐时期书法艺术源流发展演变，提供了宝贵资料。

### 刘襄勤公奏稿

（清）刘锦棠著，16卷。光绪二十四年（1898年）刻本，新疆大学图书馆藏。另有书目文献出版社1986影印本版，4函20册；全国图书馆缩微文献复制中心1986年版，16开，硬精装。

刘锦棠（1844—1894），字毅斋，湖南湘乡人，清朝著名将领。刘锦棠父亲厚荣是湘军军官，因镇压太平天国起义而丧生。刘锦棠成年后，投入叔父所在的湘军，镇压太平军和捻军，积勋至州同、巡守道。同治六年（1867年），清廷以左宗棠为钦差大臣督办陕甘军务，率兵镇压陕西、甘肃、新疆回民起义军。左宗棠起用刘锦棠接统他叔父留下的老湘军。刘锦棠迫降回民军领袖马化龙，占领金积堡，后又平定西宁马桂源回军。光绪四年（1878年）左宗棠奉诏还京时，被清廷命为署理钦差大臣、督办新疆军务。从光绪二年（1876年）八月到四年一月，刘锦棠在左宗棠的领导下，赶走阿古柏，收复新疆，并负责新疆的一系列善后工作，成为新疆第一任巡抚。

《刘襄勤公奏稿》是刘锦棠于光绪年间，奉命驻镇新疆的奏折及清廷朱批、寄字之文移稿簿册汇编，奏稿起自光绪四年（1878年）止于光绪

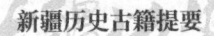

十五年（1889年）。该书记录了新疆改为行省经过，涉及官制、饷银筹划、军队改编等诸多方面，真实反映了晚清新疆建省前后的政治和社会状况。是研究晚清新疆历史的珍贵资料。

## 楼兰

[德] 阿尔伯特·赫尔曼著；姚可崑、高中甫译。新疆人民出版社2013年版。1册。包括47幅图片。新疆人民出版社《西域探险考察大系》收录。国家图书馆有收藏。

阿尔伯特·赫尔曼，德国学者。《楼兰》主要讲述了斯文·赫定1901年发现楼兰相关事迹。这是20世纪举世关注新疆的起点。协助斯文·赫定整理新疆发现的文献、文物时，德国学者阿尔伯特·赫尔曼写出了有关著作。这是世界学术界第一本以西域三十六国之一的楼兰王国为主题的著作，出版于1931年。赫尔曼的《楼兰》，是整个楼兰探险发现过程的一个组成部分，是认识楼兰的指路牌。

## 楼兰汉文简纸文书集成

侯灿、杨代欣辑录，3册，天地出版社1999年出版。

侯灿简介见《楼兰新发现木简纸文书考释》。

杨代欣，1949年生，四川成都人，出身于书法世家，精通金石书画。为中国书法家协会会员、四川省书法家协会理事、四川省书学学会副会长、四川省人民政府文史研究馆馆员。

楼兰出土汉文简纸文书经历一个世纪，发掘情况与文字考释先后有6个国家学者经手，著录陆续刊布，但时间已久，旧著难寻，资料又极其分散，为提供一部系统的楼兰出土汉文简纸文书资料，侯灿、杨代欣辑录此书。楼兰汉文简纸文书编号极其复杂，每批发掘人有自己的编号，考释人有自己的编号，后来的资料汇集人亦有自己的编号，由于编号纷繁杂乱，使得释读和研究多有不便。故而该书在编排过程中按照考古学的要求，试图尽可能多地反映楼兰汉文简纸文书出土的真实情况。因此，该书使用了斯坦因分级编号法，根据文书出土地点按组点和出土时间先后编入。该书正文共计十四章，第一章至第八章为L.A.出土汉文文书，其中Ⅰ、Ⅱ、Ⅳ、Ⅴ、Ⅵ.ⅱ编号为汉文出土简纸文书，Ⅲ、Ⅵ.ⅰ编号为汉文木简文书，Ⅶ为汉文纸文书。第九章为L.B.出土汉文简纸文书；第十章为L.C.出土汉文纸文书；第十一章为L.E.出土汉文简纸文书；第十二章为L.F.出土汉文简纸文书；第十三章为L.K.出土汉文简纸文书；第十四章为L.M.出土汉文纸文书。

为方便读者检索，该书在正文之前设有《楼兰汉文简纸文书编号索引表》，书中有杨代欣《楼兰汉文简纸文书墨迹研究》，还有六篇附录，附录一：黄文弼《土垠出土汉文木简及考释》，附录二：郭峰《斯坦因第三次中亚探险所获楼兰汉文文书残片未经马斯伯乐刊布部分》，附录三：《沙畹、王国维考释楼兰汉文文书与斯坦因编号对照表》，附录四：《马斯伯乐、张凤考释楼兰汉文文书与斯坦因编号对照表》，附录五：《楼兰文献辑录》，附录六：《楼兰汉文简纸文书研究著作论文要目》。最后有《后记》。可以说，该书对一个世纪以来各国公开刊布的楼兰出土汉文简纸文书进行了系统的汇集、整理、文字释读、史实考释工作，是迄今为止楼兰文书资料搜集最为齐全的书，是研究中西交通史、丝绸之路、西域史、鄯善史、前凉史、书法史、简牍学、文书学不可或缺的重要资料。

## 楼兰新发现木简纸文书考释

论文，作者侯灿，发表于《文物》，1988年第7期。

侯灿，1936年生，1961年毕业于四川大学历史系考古专业。曾任新疆师范大学敦煌吐鲁番学研究室主任。中国魏晋南北朝史学会理事，中国故都学会理事，中国敦煌吐鲁番学会理事，中国新疆教育国际交流协会理事。主要从事新疆文物考古、历史文化研究。出版学术专著《高昌楼兰研究论集》《吐鲁番出土砖志集注》《楼兰汉文简纸文书集成》《论楼兰城的发展及衰废》《鞠氏高昌王朝郡县城考述》《麻札塔古戍堡及其在丝绸之路上的重要位置》。主编《魏晋简书风》《魏晋残纸书风》《吐鲁番砖墨迹》，参编《中国都城辞典》。发表论文100余篇,多次荣获国家及省部级科研成果奖。

1980年4月,新疆文物考古队对楼兰古城进行考古发掘时,在城中三间房官署遗址出土汉文文书65件,其中木简63件,纸文书2件。此外还有佉卢文残木牍1件。这批文书是楼兰古城自1900年被发现以来出土的第五批文书。由于这批文书对研究我国魏晋时期历史,尤其是楼兰与西域历史、中西文化交流史有着重要价值,并有益于书法史研究,故而侯灿先生撰此文,将这批木简、纸文书结合以往刊布的楼兰出土文书进行分类诠释,共分为十类,一为释官(有官职名称的木简3件);二为释地(有地名的木简5件);三为簿书(可归为簿书类的木简8件);四为名籍(此类简有2件);五为屯戍(反映吏士屯垦戍守的木简10件,涉及垦种、牧养、作工、戍卫);六为廪给(关于粮食廪给的简6件,都是吏士吃粮的收支记录);七为器物(此类简约有8件);八为买卖(此类简有4件);九为杂释(一部分字句残损,文义难于理解,或字迹非常模糊,无法辨识的木简,归为杂释一类,计17件);十为纸文书(2件,均为麻纸,质地粗糙结实)。在该文中,侯灿先生记录了这批木简文书的编号、长、宽、厚度等物理特征,书写情况(是否两面书写),进行释文并配以图版,侯灿先生还结合之前刊布的楼兰文书对部分木简文书的内容进行了初步研究。通过对这批楼兰新出土木简文书的考释,侯灿先生得出四个重要观点。首先,曹魏西晋时期,楼兰遗址既设置长史也设置都督,长史主管戍守屯垦,都督统帅和管理西域诸国军队。其次,魏晋时期仍然重视对西域的经营。再次,楼兰地区的吏士,除了耕垦、牧养、作工、戍卫之外,亦从事一些买卖活动,有官吏还使用奴婢,出租土地。最后,魏晋时期正处于隶书、楷书、行书、草书并行的阶段,书写材料也由简牍向纸张过渡和发展。

### 路经楼兰

[英]斯坦因著,肖小勇、巫新华译。广西师范大学出版社2000年版。1册,320页。广西师范大学出版社《西域游历丛书》收录。国家图书馆有收藏。

本书是他对楼兰古城发掘、劫掠过程的记录。书中的文字和图片,有助于了解楼兰古城的历史。

## 轮台县乡土志

（清）顾桂芬修，有湖北省图书馆藏《新疆乡土志稿二十九种》油印本、新疆自治区图书馆1976年重印本。点校本有马大正、华立主编《中国边疆史地资料丛刊·新疆卷》中的竖排版《新疆乡土志稿》（全国图书馆文献缩微复制中心，1990年），马大正、黄国政等编《新疆乡土志稿》（横排重印）（新疆人民出版社，2010年）。

顾桂芬，生卒年不详，江苏兴化县人，光绪三十四年（1908年）至宣统元年（1909年）任轮台县知县，后任英吉沙尔知县、知事等职，在英吉沙尔知县任上因贪污公款和勒索民财被撤职查办，在查案中病故。

《轮台县乡土志》成书于光绪三十四年（1908年），系奉清廷敕令而编写的新疆乡土教材，计8000余字。列历史沿革、政绩录、兵事录、耆旧录、人类（附户口、氏族、宗教）、实业、地理、山、水、道路、物产、商务诸目。所载该地山水湖泊颇详，水道仿照《西域水道记》分别记本境几大湖泊、源委、道里情况，较有特色，可与其他史乘相互参稽。所载该县县城西之古柳树，城东南之故城遗址等，对考古学亦有一定参考价值。宗教记西域宗教沿革以及回字、纪年、礼拜寺、封斋礼俗、交际、巴扎、婚嫁、衣冠、居丧、饮食、钱币换算、衡量换算等情况，详细记述了本境回民之风俗民情，涉及到居民生活的各个方面，对了解当地社会生活情况有参考价值。

## 轮台杂记

（清）史善长撰。清光绪刻《味根山房全集》本，1册2卷；上海古籍出版社2010年影印收入《清代诗文集江编》。是史善长遣戍乌鲁木齐期间所作杂记，内容主要涉及和军府幕僚的交往，以及日常见闻。可以与作者本人《味根山房诗钞》中的部分作品相参照，对于了解嘉庆末年（1819年）乌鲁木齐社会情况具有较高的史料价值。

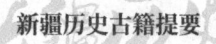

## 罗布泊探秘

[瑞典]斯文·赫定著,崔延虎、王安洪、郭颖杰译。新疆人民出版社1997、2013年版。2册。新疆人民出版社《西域探险考察大系》收录。国家图书馆有收藏。

该书极其详尽地记录了塔里木地区水文、地质、人口的状况,以及罗布人,楼兰古国等。特别是讲述了新疆罗布荒漠、罗布泊之争、塔里木水系综合水系特征、塔里木盆地的高度关系等内容。

## 罗布淖尔考古记

黄文弼著,由国立北平研究院史学研究所和中国西北科学考察团理事会印行,国立北京大学出版部民国三十七年(1948年)承印。该书亦收入《黄文弼著作集》(日文),恒文社1988年版。《黄文弼历史考古论集》收入该书第四篇《木简考释》,题为《罗布淖尔汉简考释》。

黄文弼(1893—1966),字仲良,湖北汉川人。中国现代考古学家,西北史地学家。1918年毕业于北京大学哲学系,1919年在北京大学研究所国学门任教,是20世纪西域考古探险时代唯一的中国考古学家。黄先生自1928年以来前后四次进入新疆,收集了大量考古文献资料,整理并出版了《高昌砖集》《高昌陶集》《罗布淖尔考古记》《吐鲁番考古记》《塔里木盆地考古记》等著作,记述考古调查、发掘经过,对所收集的文献资料作了尽可能详细的考释。黄文弼先生所获文献资料,现在大多数收藏在中国国家博物馆,少量吐鲁番墓砖归故宫博物院所有。黄先生所公布的文献资料涉及典籍传播、回鹘历史、西域社会、摩尼教流传、中古经济制度研究等方面,嘉惠学林甚多。1927年,黄文弼先生在罗布泊的默得沙尔发现汉简71枚,出土地是居庐訾仓故址。据此,他写成了《释居庐訾仓——罗布淖尔汉简考释之一》,发表于《国学季刊》1936年第5卷第2期。在文中,黄先生考证并确定这批简的时间在公元前49年至公元8年,并在1948年出版的《罗布淖尔考古记》(中国西北科学考察团丛刊之一)中记录了此事。

《罗布淖尔考古记》分正文与图版两部份，正文有四篇，第一篇为绪论，分五章，综论罗布淖尔水道之变迁及楼兰国历史与文化，第一章明水道，第二章述楼兰国历史，第三章论交通，第四章阐述汉朝西域之经营及文化之传播，第五章阐述佛教东来与文明。第二篇为工作概况，分两章，讲石器遗址与湖畔古冢。第三篇为器物图说，第四篇为汉简考释，收录黄文弼先生在楼兰遗址中发掘的70余枚汉简，分为释官，释地，释历，释屯戍，释廪给，释器物，释古籍，杂释八章，还有释简牍制度及书写一章，共九章，并刊布了这批汉简的影本和摹本。这批汉简，是1927—1930年中瑞西北科学考察团、1934—1937年西北科学考察团两次考察在罗布淖尔北岸古烽燧亭遗址中获得的。因这批汉简中有黄龙、河平、元延诸年号，黄先生判定这批简应是宣、元、成帝之际的遗物。由于这一时期楼兰国已南迁，史书少有楼兰故墟的记载，因而这批简对了解当时西域政治军事之历史有所帮助。另外，黄龙元年（前49年）汉简早于斯文赫定、斯坦因在西域长史故墟发现的魏晋简牍（270年）约300年，对于研究汉初罗布淖尔北部之情况亦有重要价值。

## 洛浦县乡土志

（清）杨丕灼修，1卷。光绪三十四年（1908年）抄本。有湖北省图书馆藏《新疆乡土志稿二十九种》油印本、新疆自治区图书馆1976年重印本；1986由日本人片冈一忠辑《新疆省乡土志三十种》（中国文献研究会，1986年），此本缺序文及《玉河八景词》。点校本有马大正、华立主编《中国边疆史地资料丛刊·新疆卷》中的竖排版《新疆乡土志稿》（全国图书馆文献缩微复制中心，1990年），马大正、黄国政等编《新疆乡土志稿》（横排重印）（新疆人民出版社，2010年）。

杨丕灼，籍贯不详，光绪三十三年（1907年）任洛浦县主簿，在任期间曾作《玉河八景词》，载于《洛浦县乡土志·水》中。

《洛浦县乡土志》于清光绪三十四年成书，系奉清廷敕令编写的新疆乡土教材之一，约4000字，列14目。所载《义园碑记》《向化亭碑记》

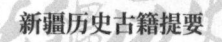

《方神庙碑记》均为首录，是了解当时该地社会经济的重要历史文献。在水道目中附录该志纂者杨丕灼所作《玉河八景词》八章，记玉河一带胜景。志中有维吾尔文字母一目。

## 落帆楼文稿

（清）沈垚著。汪曰桢编，民国七年（1918年）吴兴丛书刻本24卷，《补遗》1卷。此外另有单行本多种：《落帆楼文稿》，稿本，张穆辑录，清道光二十七年（1847年）灵石杨墨林刻本4卷4册，编入《连筠簃丛书》；商务印书馆（上海）《丛书集成初编》民国二十五年（1936年）版；中华书局1985年版；《落帆楼文遗稿》，清抄本，1卷，上海图书馆藏，缪荃孙校跋；《落帆楼文集剩稿》，清光绪刻本2卷，辑入《聚学轩丛书》，南京图书馆藏。

沈垚（1798—1840），字敦三，号子敦，一作子惇，浙江乌程（今属湖州市）人，道光甲午（1834年）优贡生。"英姿卓荦，议论出人意表。工骈体文，经史子集罔不溯流探源，于三礼最深，尤精舆地之学。《水经注》《元和郡县志》皆成诵，而融会贯通。"（《清代学人列传》）他是一位沿袭传统舆地学理路治学、受乾嘉学术影响成长起来的学人。曾为编修徐宝善补修《大清一统志》新疆部分数册，又为侍郎姚元之修《国史·地理志》，并为西北史地学大家徐松延入门下。"读书愈力，经史子集罔不溯流探源，而尤精舆地之学。地理以水道为提纲，书之所载，千支万派，棼如乱丝，读者每苦昏眩而不能遽解。君独一览了然，执笔为图，往往与古图暗合。"（孙燮《落帆楼大集补遗·沈子敦哀辞》）沈垚所著代表作有《新疆私议》《六镇释》《西游记金山以东释》《葱岭南北河考》等，对西北史地学多有贡献。

# M

## 马达汉西域考察日记：穿越亚洲——从里海到北京的旅行 1906—1908

[芬]马达汉著，王家骥译。中国民族摄影出版社2004年版。1册，618页。

本书是芬兰探险家马达汉在100多年前到中国西部地区进行探险、考察活动的个人日记。《马达汉西域考察日记（1906—1908）》记述这位芬兰探险家自1906年从中亚进入我国新疆，横跨中国八个省份、行程14000公里、为期两年的考察记录，及其大量的社会、人文图片记录和文物收集等。虽然作者是到中国进行军事刺探活动时所写的，但该书对当时新疆的政治、经济、军事和民政等情况，以日记的形式作了详细记载。通过具体内容，可以使世人了解到当时清末新疆社会的农牧业、商业、社会生活及少数民族族群等方面状况。对相关研究具有重要的史料价值。

## 马哥孛罗游记

[意]马哥孛罗著。中文译本颇多，主要有七种汉文译本。魏易：《元代客卿马哥博罗游记》，1913年北京正蒙印书局出版。张星烺：《马哥孛罗游记》，1929年北美印刷局印刷，燕京大学图书馆发行。此前，张星烺曾将英人亨利·玉尔英译本附注及法人亨利·考狄修订补注本《游记》导言部分译出，以《马哥孛罗游记导言》书名于1924年由北京地学会发行；至1929年，始将所译《游记》正文第1卷30章与《导言》合并印出。李季：《马可波罗游记》，1936年4月上海亚东图书馆发行。冯承钧：《马可波罗行记》，1936年11月上海商务印书馆出版，1947年2月第三版，中华人民共和国成立后中华书局曾于1954年重印。全书分上、中、下三册。张星烺：《马哥孛罗游记》，1937年7月上海商务印书馆出版。陈开俊等译：《马可波罗游记》，1981年11月福建科学技术出版社出版。梁生智：

《马可·波罗游记》，1998年9月中国文史出版社出版。商务印书馆《万有文库》、台北商务印书馆《人人文库》《映像纪实系列》收录。国家图书馆有收藏。

马可·波罗，世界著名的旅行家、商人。马可·波罗17岁时跟随父亲和叔叔经中东历时四年多来到中国，在中国游历了17年。回国后口授《马可·波罗行纪》。该书又名《马可·波罗游记》《东方闻见录》《寰宇记》等，是一部关于亚洲的游记；以叙述中国为主的《游记》第二卷共82章，在全书中分量很大，其中涉及中国西北地区的有关于新疆地区的介绍。

## 马文升三记

（明）马文升撰。嘉靖二十九至三十年（1550—1551）袁氏嘉趣堂刻《金声玉振集》本。《纪录汇编》《国朝典故》《学海类编》《今献汇言》《续修四库全书》等都有收录。

马文升（1426—1510），字负图，别号约斋，又号三峰居士、友松道人。钧州人。景泰二年（1451年）进士。官至兵部尚书，谥号"端肃"。历仕五朝五十六年，后人有"五朝元老马文升"之称。又与王恕、刘大夏合称"弘治三君子"。《明史》（卷一八二）有传。

《马文升三记》包括《西征石城记》《抚安东夷记》和《兴复哈密记》。《西征石城记》讲明太祖"既平江南，克燕都，下三晋，兵至陕西，而把丹等率众归附，授平凉卫正千户。其部落则散处开城等县为百姓，抽其壮丁为平凉卫军，使自耕食"的征伐治理及平定满四之乱事。《抚安东夷记》，1卷，记成化十四年辽东巡抚陈钺冒功激变，马文升奉命抚定之事。《兴复哈密记》又名《哈密国王记》《兴复哈密国王记》，1卷，记明初派兵平定阿黑麻叛乱的经过。明初太宗册封元代遗臣脱脱为哈密忠顺王，并赐金印。脱脱死后由子孛罗贴木继承王位，孛罗贴木无子，死后由其母治理国事。成化九年（1473年），吐鲁番的察合台后王速檀阿力掳哈密王母及金印不还。速檀阿力死后，其子阿黑麻不满明政府敕封，遂杀新继哈密忠顺王罕慎。明政府又封陕巴为忠顺王。阿黑麻复怒，杀哈密大头目都督阿木郎，并掳陕巴及金印而去。兵部右侍郎张缑因抚番不力而下狱，阿黑麻骄纵，明廷遂派马文升等统兵进剿。阿黑麻兵败，乞归顺，并释陕巴，事件平复。作者作为此役总负责，颇详事件始末，故所述内容详实，为研究明代新疆民族史重要参考资料。

## 满文土尔扈特档案译编

中国科学院民族研究所民族史研究室、中国第一历史档案馆满文部联合译编《满文土尔扈特档案译编》，民族出版社，1988年。

本书收录了乾隆朝满文土尔扈特档案145件，选自已汉译的409件满文土尔扈特档和70件满文月折档，时间始于乾隆三十六年（1771年）三月二十二日，迄止于四十年（1775年）闰十月二十四日。其内容主要包括：第一，清政府获悉土尔扈特蒙古东返消息后引起的疑虑和争论，以及清政府确定对土尔扈特蒙古实施收抚政策的过程；第二，土尔扈特蒙古返抵伊犁河流域时的现场记述及东返人数、户数的实地调查；第三，赈济土尔扈特蒙古部众和封赏土尔扈特首领的详情；第四，渥巴锡、策伯克多尔济、舍楞等人觐承德以及领导东返斗争主要首领回国后的政治生涯；第五，土尔扈特蒙古部众游牧地的划分与变迁，以及乾隆三十九年（1774年）渥巴锡颁布的部落管理法规；第六，有关土尔扈特蒙古历史和王公世系等的记述。

## 蒙古新疆旅行日记

[日]野村荣三郎著，董炳月译。新疆人民出版社2013年版。1册，229页。包括88幅图片。新疆人民出版社《西域探险考察大系》收录。国家图书馆有收藏。

野村荣三郎，大谷光瑞中亚探险队成员之一。探险队有过三次探险经历。第二次探险（1908—1909）是由橘瑞超和野村荣三郎前往，主要发掘吐鲁番、楼兰、库车等地。《蒙古新疆旅行日记》正是作者此次探险的记录。该日

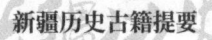

记多层面地详细记录了沿途的社会、历史、宗教、民族、自然状况，因此具有百科全书的性质。

## 蒙兀儿史记

（清）屠寄撰。初刻于 1911 年，凡 8 册 48 卷，后有两次增刻。1934 年又由屠氏后裔根据屠寄的最后修改稿，第 4 次整理刻印，凡 4 函 28 册 160 卷；1958 年古籍出版社据此影印；1962 年中华书局重印。北京市中国书店 1984 年再版。

屠寄（1856—1921），字敬山，号结一宧主人，江苏武进（今常州）人。光绪十四年（1888 年）为张之洞幕僚，任广东舆图局总纂，主修《广东舆地图》。后中进士，授庶吉士，曾任工部主事。又曾任黑龙江舆图局总纂，主修《黑龙江舆地图》。主张译"洋书"，兴教育。戊戌变法后历诸学官。辛亥革命后曾任武进县民政长。1913 年辞职归家，一意撰著。他深感《元史》修撰草率不足，有必要对蒙古社会史事进行补充。遂积二十年之功，撰成《蒙兀儿史记》。此外他还撰有《黑龙江舆地图说》《成吉思汗陵寝商榷书》《元秘史地理今释》（未刊）、《元秘史注》（未刊）等。

《蒙兀儿史记》160 卷，包括本纪 18 卷，列传 129 卷，表 12 卷，志 1 卷。但其中 14 卷有目无文，计缺《本纪》1 卷、《列传》11 卷、表 2 卷，实为 146 卷。记事不限于元代，故书名不题《元史》而名《蒙兀儿史记》。书中广泛采用蒙元史料及有关参考文献，汲取前人研究成果，于前史补充甚多。尤偏重于元世祖以前的蒙古社会史事，对各大汗国特别是察合台汗国、伊利汗国、钦察汗国的宗室世系和舆地等事迹补充较富；对《元史》记载简略的太祖、太宗、定宗、宪宗等朝，增补较多；为 400 余名《元史》缺载的重要历史人物补立了新传；补写了西域、木剌夷、巴黑塔等外国列传；增补了蒙古色目氏族表，对《元史》各表中记述的世系、封爵、谥号、人名以及年代等大量错误亦多所纠正。书中专设《西域传》《察阿歹诸王列传》《昔班列传》《漠北三大汗诸子列传》《木剌夷列传》等传，足补旧《元史》不足，并对蒙元时期西域史地多加考核。设立《帖木儿传》，有助于了解

13世纪后期在中亚帖木儿帝国的崛兴。

《蒙兀儿史记》取材广博，除《元史》《元朝秘史》《蒙鞑备录》《黑鞑事略》《长春真人西游记》《辍耕录》等，还广泛利用了元人文集、金石碑铭、方志资料。外国史料除采洪钧书外，同时屠寄借助朋友和儿子的翻译，对诸如《多桑蒙古史》及美、俄、日学者研究成果多加利用，如多桑《蒙古史》原书，美国学者乞米亚可丁的《蒙古人史》《俄国的蒙古人》《南西伯利亚旅程》三部著作，俄人所著《蒙古泉谱》，德人撰《元代疆域图》，英国人霍渥尔特撰《蒙古史》《马可波罗游记》等等。屠寄对史料和前人研究成果进行仔细考订，择善而从。丰富了本书内容。编著体例采用自撰自注的方式，对许多同名人名、地名而难以区别的，都加注释说明。对前人研究中的失误，对《元史》中许多文字上的讹误、衍脱和史实、地理、官职、年代、部族、族源、世系等方面的漏误，也以丰富的史料和谨严的考证，进行改动或补充，并在注文中注释出来，考释精辟，材料详赡。书中对人名、地名、部族名及其他名词术语，使用了统一的译名，避免了混淆，体例更加谨严。尽管书中还存在着牵强附会、轻率武断等所造成的错误，但与改、补《元史》的大多数著作相比，本书具有更高的学术价值和参考价值，是研究蒙元史值得利用的重要史籍之一。

## 濛池行稿

（清）祁韵士撰，清嘉庆十四年（1809年）刊本；中央民族学院图书馆1983年油印本；1934年山西省文献委员会编《山右丛书初编》本。

祁韵士（1751—1815），字谐庭，一字鹤皋，山西寿阳人。乾隆四十三年（1778年）进士，改翰林院庶吉士。四十五年，授编修。五十二年，充国史馆提调兼总纂官。五十六年后，官户部主事、员外郎等职。嘉庆六年（1801年）官宝泉局监督。九年，宝泉局亏铜案发，祁韵士被发往伊犁当差。二月由京启行，八月抵戍。被伊犁将军松筠派充印房章京。十三年，期满，释回原籍。十月由伊犁启行，次年三月抵里。十五年，松筠总督两江，被聘为幕僚。十六年，那彦成总督陕甘，被聘往兰州课其子。十九年，那彦成为直隶总督,仍随至署中课读。二十三年,卒于保定书院。有诗集《濛池行稿》《西陲竹枝词》等行世。

《濛池行稿》是祁韵士发配西域,赴戍途中所作。祁韵士在自序中称"以事赴伊江,长途万里",孤苦无聊,故"乃不得不以诗自遣"。《濛池行稿》作于西域境内者30余首,主要是作者一路见山川江河、古迹形胜,心有触动,发言为诗。其内容有山水诗、咏史诗,尤以叙事诗和感怀诗为多,大致可分为三类:一是沿途思念故乡,想念亲人;二是进入西域后,描写内地所没有的奇景怪物;三是抒发自己的恋阙之情。祁韵士的诗作多具有强烈的现实主义色彩,反映出他的历史观、人生观、民族观。

## 米撒儿行记

[大食]阿不都拉·米撒儿著,11世纪著本,1册。1934年波斯文本被译成英文刊出,中译本据英文翻译,1981年出版,国家图书馆藏。[英]亨利·玉尔曾有节译本,载于《契丹路程》一书。我国学者冯承钧又将其节译,载于《西域南海史地考证论著汇辑》。

阿不都拉·米撒儿,诗人。10世纪中叶,布哈拉苏丹纳斯尔·本·阿赫默德与甘州回鹘王结姻,遣使东来迎娶回鹘公主;米撒尔随行,自布哈拉起程,经河中诸城,越葱岭,沿昆仑山北麓东进。《米撒儿行记》记录了一路所见,对新疆地理记叙尤为详细。此书为五代时期西域史、中西交通史重要资料。

## 明实录新疆资料辑录

田卫疆编,新疆人民出版社2002年版,288页。1983年新疆社科院历史研究所曾内部印刷发行,获得"全国古籍整理出版规划领导小组"2002年度出版补贴后,由新疆人民出版社正式出版。

田卫疆,新疆社会科学院研究员,曾任该院历史所所长、副院长。为中国民族史学会、中国中外关系史学会理事,新疆历史学会副会长兼秘书长。新疆大学、石河子大学、塔里木大学、伊犁师范学院客座教授。享受国务院"政府特殊津贴"（2000年度）。出版有《高昌回鹘史稿》《正确阐明新疆历史》《丝绸之路与东察合台汗国史研究》《新疆历史丛稿》等著作。主编《中国新疆通史》《吐鲁番史》《新疆史纲》等著作。发表学术论文百余篇。

《明实录》是明代历朝官修编年体史书，由明人依据档案材料编修成册。全书自明太祖朱元璋至明熹宗朱由校，共13朝，3045卷，1600余万字。其中有大量关于西域、中亚史地的记载，真实记录了所能收集到的当时所有关于西域政治、经济、文化、生活、地理环境、民族等方面的情况。但因《明实录》部头大且无检索，查找资料很不方便。编者以台湾中央研究院历史语言研究所整理校勘的《明实录》为底本，从浩繁资料中辑出涉新疆、西域资料，编汇成《〈明实录〉新疆资料辑录》，以嘉惠读者。

该书前言说明，该书"西域"特指阳关、玉门关以西，葱岭以东，天山南北以及巴尔喀什湖以东以南的广大地域。资料收录的范围，举凡《明实录》中有关西域历史记载，如诏敕令旨、典章制度、政务活动和政治事件、人物、民族关系等均予以辑录。由于明代西域历史与中亚各地关系密切，有关撒马儿罕、哈烈（今阿富汗西北部）等地的资料亦皆抄录。明代瓦剌活动与西域历史密不可分，本应收入，只因相关资料集已经面世，因此只收录了直接与西域历史相关的瓦剌资料，其他从略。本资料在所录各条文之末还标明了原书的卷数和页码，以便读者核查。该资料集还根据原校勘记，校正了《明实录》中的错字、漏字，以及校勘文同正文相违等失误，并在校勘文后用括号（摘者注）说明。该书是研究明代新疆的基本资料，并可以与波斯文撰写的《拉失德史》有关记载相印证。

## 某氏族谱

《吐鲁番出土文书》所收两份族谱之一，1966年阿斯塔那第五〇号墓出土，见《吐鲁番出土文书》（录文本）第三册，定名为《某氏族谱》（179—184页），《吐鲁番出土文书》（图文本）壹承袭不改（382-384页）。此谱被剪作鞋样，残缺较甚，残存8片，不相连属。

复原件中，实线为原来即有，虚线为整理者拟补，均表示人物关系。一般由上往下分成数栏，一栏为一代，同胞兄弟姊妹，从右向左，依长幼顺序排列。本谱格式并不十分完整统一，应是抄件。

此谱似为十六国时期之物，谱主是敦煌人，本谱有可能是敦煌张氏族谱，为宋怀儿的配偶所有，是其从娘家带来的本家族的族谱。谱中所见地名和官号，有的仅存于秦汉，有的至十六国时期仍沿用，谱主的生活时代应在汉至十六国之间。本谱的年代较《某氏残族谱》更早，价值更大，尤为珍贵。

## 穆天子传

先秦佚名著作。西晋太康二年（281年），在河南汲县一座战国时期魏国墓葬中发现有大批简牍，其中有《穆天子传》《周穆王美人盛姬死事》，后将二者并为今《穆天子传》。由荀勖校订，全书6卷。历代内容多有散佚。以原简为基础，荀勖、束皙各自整理出一个版本，后郭璞以荀勖隶定本为基础作注释本，通行至今。有明天一阁藏本（广文书局据此本于1981年出版郭璞注释本的影印本），明杨氏万卷楼抄本，清光绪翁斌孙抄本，清李際期宛委山堂刻本，中华书局1985年版，上海古籍出版社2010年版，台湾商务印书馆2011版等。《说郛》、上海古籍出版社《诸子百家丛书》、商务印书馆及中华书局《丛书集成初编》等收录。收藏于国家图书馆。此外，在郭璞注本基础上还多有其他学人注释及译注本。如（清）翟云升《覆校穆天子传六卷补遗》清道光翟氏刻五经岁编斋校书三种本，全国图书馆文献缩微中心2001年版；顾实《穆天子传西征讲疏》，有商务印书馆民国二十三年（1934年）版，中国书店1990年版，全国图书馆文献缩微中心2003年版，上海科学技术文献出版社2015年版；王贻樑、陈建敏《穆天子传汇校集释》，华东师范大学出版社1994年版；王天海《穆天子传全译》，贵州人民出版社1997年版；等等。

《穆天子传》又名《周王传》《穆王传》《周穆王传》《周穆王游行记》等，

共6卷，前五卷记载周穆王西巡之事，其中涉及先秦新疆不少自然人文之内容。书中记载，周穆王行程九万里，从周都北渡黄河，一路西行出雁门，过贺兰山，至天山东麓巴里坤湖；又走天山南路，至新疆和田河、叶尔羌河一带；最后西行至今中亚地区。书中提到了当时新疆原生态的多样性动植物与氏族部落风土人情，尤其是昆仑玉的相关描述颇多。这些对于研究先秦新疆历史地理人文有着重要价值。

# N

## 南疆勘垦日记

（清）林则徐撰，《小方壶斋舆地丛钞》本；中央民族学院图书馆1983年油印本；全国图书馆文献缩微中心1985年版等。1册。中央民族学院图书馆1983年版与《东归日记》《荷戈纪程》合刊。《小方壶斋舆地丛钞》第二帙、中央民族学院图书馆《甘新游踪汇编》、全国图书馆文献缩微中心1985年版《丝绸之路资料汇钞·清代部分》收录。

林则徐于道光二十二年（1842年）被贬戍伊犁。他协助办理垦务，亲历南疆库车、阿克苏、叶尔羌等地勘察，行程三万里，所至之处倡导水利，开辟屯田。又绘制边疆地图，建议兵农合一，警惕沙俄威胁。《南疆勘垦日记》就是他在南疆勘垦田亩情况的日记。内容翔实，是研究清代中期新疆南部史地的重要文献。

## 内府舆图

[法]蒋友仁制。清乾隆二十五年（1760年）铜版；民国二十一年（1932年）故宫博物院重印本。清乾隆铜版有104片，每块铜版纵71厘米，横46.2厘米。故宫博物院重印本共有103幅。

蒋友仁（1715—1774），字德翊，生于法国欧坦，原名 P.Benoist Michel，法国耶稣会士、传教士，天文学、地理学、建筑学家。乾隆九年（1744年）抵达澳门，经钦天监监正戴进贤推荐奉召进京。曾参与圆明园的设计修建，并参与编制康熙《皇舆全览图》和《内府舆图》。

《内府舆图》即《乾隆内府舆图》，又称乾隆《十三排图》，是乾隆时期在康熙《皇舆全览图》和雍正《十排图》的基础上加绘的，其主要目的是将该时段统一新疆的事业在地图上表现出来，填补前两图的空白。从乾隆二十一年（1756年）始，乾隆便命何国宗偕侍卫努克三、哈清阿，率钦天监西洋人往伊犁，自巴里坤分南北两路，测天度绘图。此次测绘工作由于战事紧急而被迫停止。乾隆二十五年（1760年），又进行第二次测量。在综合两次测量的基础上，乾隆令蒋友仁镌为铜版，共一百零四片，至此完成了乾隆《内府舆图》。

《增订四库简明目录标注》称此图"南至琼海，北极俄罗斯北海，东至东海，西至地中海，西南至五印度南海，合为一图，纵横数丈，而剖分为十三排，合若干叶，每叶著明经纬度数，盖本康熙图，而制极其精，推极其广，从古地图未有能及也。"是当时世界上最早、最完整的亚洲大陆地图，也是我国的当时最完整的实测地图。

由于此图增绘的主要是新疆部分，因此一般认为《内府舆图》的主要价值是对西北地区的绘制，研究《内府舆图》以及对该图的利用也多集中在新疆地区。

## 内外蒙古汗王公扎萨克衔名表

见《中国边疆行纪调查记报告书等边务资料汇编》（初编）第12册，第1—28页。记载了盟名、旗分、王公扎萨克等衔名、现在袭爵名、何年袭爵、驻京与否、兼办盟务及备兵并其年号、民国加封等内容。共26页，字迹清晰，表格规整，略有涂改。

所记盟名有哲哩木盟（共十旗）、卓索图盟（共五旗）、昭乌达盟（共十一旗）、锡林郭勒盟（共十旗）、乌兰察布盟（共六旗）、伊克昭盟（共七旗）、（汗山门）喀尔喀图什业图汗部落（共十二旗）、（克鲁伦巴尔城盟）喀尔喀车臣汗部落（共二十三旗）、（扎克阿源毕都哩雅诺尔盟）喀尔喀扎萨克图汗部落（共十九旗）、（齐齐尔哩克盟）喀尔喀三音诺彦部落（共二十四旗）、（乌讷恩素珠克图部落）伊犁镇边使属图尔扈特等（共十三骑）、巴图塞特奇勒图部落（乌讷恩素珠克图部落）塔尔巴哈台参赞属图尔扈特等（共三旗）、（赛因济雅哈图部落）科布多参赞属杜尔伯特等（共十六旗）、（青塞特奇勒图部落）阿尔泰办事长官属新图尔特（共三旗）、青海办事长官属青海霍硕特等（共二十九旗）、甘肃都督属旧图尔扈特（共二旗）、西藏办事长官属唐古忒（共二旗）、黑龙江将军属察哈尔都统属乌梁海左右翼（共七旗）。

## 宁远县乡土志

（清）李方学修，又称《伊犁宁远县乡土志》，1卷。光绪三十四年（1908年）稿本。有湖北省图书馆藏《新疆乡土志稿二十九种》油印本、新疆自治区图书馆1976年重印本，日本人片冈一忠辑《新疆省乡土志三十种》（日本中国文献研究会，1986年）。点校本有马大正、华立主编《中国边疆史地资料丛刊·新疆卷》中的竖排版《新疆乡土志稿》（全国图书馆文献缩微复制中心，1990年），马大正、黄国政等编《新疆乡土志稿》（横排重印）（新疆人民出版社，2010年）。

李方学，籍贯、生卒年不详，清光绪二十八年（1902年）至三十四年（1908年）任宁远县知县，并纂《宁远县乡土志》，宣统元年（1909年）二月因兴学不力被劾革职。

《宁远县乡土志》成书于清光绪三十四年，系奉清廷敕令而编写的新疆乡土教材之一，约2000字。分历史、政绩录、兵事录、耆旧录、人类、户口、氏族、宗教、实业、地理、山、水、道路、物产、商务诸目。其中兵事录、耆旧录、氏族无实质性内容，仅人类、户口、商务目较为详细。户口目将在籍汉、缠、回、俄各族人口总数、男女人口数分列记载，有一定的参考价值。宗教目只记本境有回教、天主教，以及天主教堂数与入教人数。商务目记本境所产之牲畜、皮毛、土药各产销路、销量及与俄商的贸易往来，相对详细。

# P

## 帕米尔辑略

（清）胡祥铼辑，清代学者，光绪二十三年（1897年）写成《帕米尔辑略》。这是一套帕米尔资料汇编，图家图书馆藏。收录在清光绪二十五年（1899年）元和胡氏渐学庐石印《渐学庐丛书》中。文瑞楼主人辑《皇朝藩属舆地丛书（六集二十八种）》（清光绪二十九年（1903）石印），金匮浦氏静寄东轩。《中国西北文献丛书》二编《西北史地文献》（线装书局，2006年）影印。《中国边疆研究资料文库·边疆边务资料文献初编·西北边务》（中央编译出版社，2011年）影印。

《帕米尔辑略》辑入有关帕米尔边境情形奏折二份及《帕米尔及附近诸地考略》《帕米尔考略》《克什米尔考略》《印度喀楚特图说》《帕米尔边界私议》等内容。其中，薛福成所著《帕米尔及附近诸地考略》详细考证帕米尔及其附近鞑尔靼斯坦、洪扎、那噶尔和色勒库尔等几个地区的地理、历史、社会政治、宗教及种族等方面的情况，为研究该地区的基本概况提供了宝贵的资料。另一篇《印度喀楚特图说》，作者批判了把喀楚特划到中国界外的观点，指出喀楚特是中国的属地，英俄在该地区的活动意在侵占这些地区的险恶用心。这些内容为我们研究边疆史提供了坚实的史料支撑，具有一定的参考价值。

## 帕米尔历险记

[英]扬哈斯本著，任宜勇译。新疆人民出版社2001年版，1册，321页。

新疆人民出版社《亚洲探险之旅》收录。国家图书馆收藏。

弗朗西斯·爱德华·扬哈斯本是英国军人、探险家。本书内容反映的是扬哈斯本从1884—1894年的探险之旅。作者先是长白山之行，接着到了北京，之后是穿越沙漠戈壁，最后翻越喀喇昆仑山回到印度。总的来说，本书主要介绍了探险家扬哈斯本为揭开神秘的帕米尔高原而进行的探索，从中可以使世人了解到一百多年前西域风土人情的一个侧面，历史价值较高。

## 裴岑纪功碑

东汉永和二年（137年）立，古隶体。徐松《西域水道记》、王树枏《新疆访古录》、翁方纲《两汉金石记》、王昶《金石萃编》等均收录。拓本有上海艺苑真赏社所收影印原石拓珂罗版印本，《神州国光集》收原石拓本，《书记名品丛刊》收原石拓本等。原碑已碎成数块，现存于新疆博物馆。

《裴岑纪功碑》又名《裴岑碑》《汉敦煌太守裴岑纪功碑》《东汉永和二年碑》等，最早由清大将军岳锺琪于雍正七年（1729年）在巴尔库尔（今称巴里坤哈萨克自治县）屯田垦荒时发现。碑文共60字："惟汉永和二年八月，敦煌太守云中裴岑将郡兵三千人，诛呼衍王等（寿），斩馘部众，克敌全师，除西域之灾，蠲四郡之害。边境艾（义）安，振威到此，立海（德）祠以表万世。"记述了东汉敦煌太守裴岑率领三千郡兵出征匈奴呼衍王，克敌全师胜利的史事。呼衍王是北匈奴在西域的大王，所统部众游牧于蒲类海周围（今新疆巴里坤湖一带），曾被东汉大将班勇击败。东汉中期后实力日益强大，始终与东汉政府为敌。由于碑文所记史事《后汉书》等史籍阙载，因此备受学者珍视。清代以降，诸多学者对此进行研究，钱大昕《潜研堂金石文跋》、申兆定《汉碑文字跋》、王昶《金石萃编》均对此有所阐发；现代学者有马雍（《新疆巴里坤、哈密汉唐石碑丛考》）、朱玉麒（《汉唐西域纪功碑考述》）等对此研究。

由于该碑现世之初文字清晰，字体精美，文人墨客竞相传拓，有其收藏价值；就其所记史实而言，则可补史料之缺，填正史之白，所以也具有极高的史料价值。

## 裴行俭神道碑

（唐）永淳元年（682年）立。《张燕公集》《全唐文》《西域碑铭录》收录并录文。起初立于裴行俭墓（今山西省闻喜县郝庄乡）前，后于20世纪60年代被破坏。

《裴行俭神道碑》，全称《赠太尉裴公神道碑》，张说撰文。裴行俭，字守约，绛州闻喜（今山西省闻喜县）人，出身于河东裴氏，唐代名将，两唐书均有传。永徽五年（654年），因议论武昭仪事被贬为西州（今新疆吐鲁番地区）都督府长史；麟德二年（665年），升任安西都护，深得西域各国拥护，诸部慕义归附。朝廷召回，任司文少卿，改任吏部侍郎。创设长名榜、铨注等法规，选任官吏有章可循，为后来承袭。仪凤二年（677年），西突厥十姓首领阿史那都支、别师李遮匐意欲叛乱。裴行俭受命为安抚大使，以护送波斯王子泥涅师归国为名，途经西州，募得万骑，假为畋猎西行，一举平息叛乱，计擒二人。碑文记载："仪凤二年，十姓可汗匐延都支、李遮匐潜构犬戎，公……执都支于帐前……钳遮匐于麾下，"即此事。调露元年（679年），裴行俭又率兵北征，生擒叛唐的突厥首领阿史那伏念和阿史那温傅，并晋封为闻喜开国公。永淳元年（682年）因病去世于长安。

《裴行俭神道碑》所记裴行俭生平较两《唐书》《裴行俭传》详细许多，可以补充史料的不足，具有较高的研究价值。

## 皮山县乡土志

（清）佚名编，1卷。光绪三十四年（1908年）稿本。有湖北省图书馆藏《新疆乡土志稿二十九种》（油印本）、新疆自治区图书馆1976年重印本；日本人片冈一忠辑《新疆省乡土志三十种》（日本中国文献研究会，1986年）。点校本有马大正、华立主编《中国边疆史地资料丛刊·新疆卷》

中的竖排版《新疆乡土志稿》（全国图书馆文献缩微复制中心，1990年）；又有马大正、黄国政等编《新疆乡土志稿》（横排重印）（新疆人民出版社，2010年）。

《皮山县乡土志》成书于清光绪三十四年，共计4000余字，系奉清廷敕令编写的新疆乡土教材之一，是该县第一部县志。是志按清廷所颁《例目》编纂，分历史、政绩录、兵事、耆旧录、人类、户口、宗教、实业、地理、山、水、道路、物产、商务14目，缺氏族目，兵事目无文，其他各目记载较详。人类目分别记土著缠回、布鲁特、俄商民、英商民、汉人之来源、风俗、信仰等情况。实业记士、农、工、商人数，纂者将毛拉列为一类。地理、山、水、道路四目记载均很详细，其中提到破城孜、古墓等古迹。该志物产目记载详细，是其他乡土志中少有的。

## 平定准噶尔方略

（清）傅恒等奉敕撰，成书于清乾隆三十五年（1770年），172卷。收录于《四库全书》，有乾隆三十五年武英殿刻本，上海古籍出版社1987年影印。

傅恒（约1720—1770），富察氏，字春和，满洲镶黄旗人，清高宗孝贤纯皇后之弟，官至保和殿大学士兼军机大臣。《清史列传》（卷二十）有传。

全书分三编，主要记载清代康、雍、乾三朝平定准噶尔部之事。全书正文分前编54卷，正编85卷，续编33卷：前编纪事自康熙三十九年（1700年）七月至乾隆十七年（1752年）九月，主要记准噶尔问题的缘起及世祖、世宗、高宗三朝对准噶尔汗国的政策；正编纪事自乾隆十八年（1753年）十一月至二十五年（1760年）三月，记述平定阿睦尔撒纳叛乱及消灭大小和卓分裂叛乱势力；续编纪事自乾隆二十五年（1760年）三月至三十年（1765年）八月，记述平定准格尔部之后的善后措施。全书以档案资料为基础，内容丰富，对清政府与准噶尔部的和战关系有非常详尽的叙述，是研究清史、地方志、民族史的重要参考资料。

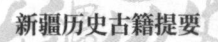

## 平番始末

（明）许进撰。一卷。嘉靖二十九至三十年（1550—1551）袁氏嘉趣堂《金声玉振》刻本（国家图书馆藏）。另有万历四十五年（1617年）陈于廷刻本、浙江范懋柱家天一阁藏本、《纪录汇编》本等。

许进（1437—1510），字季升，号东崖，河南灵宝人。天顺六年（1462年）中举，成化二年（1466年）进士，授监察御史。官至吏部尚书，因宦官刘瑾专权，编造口实，致许被免职。卒赠太子太保。嘉靖五年（1526年），追谥襄毅。嘉靖九年（1530年），其子诰将此书进献朝廷，诏付史馆。《明史》（卷一八六）有传。

该书与马文升《兴复哈密记》记载同一事件。许进致仕后检阅奏稿案牍，编为此书，详细记述用兵始末及西番情事。许进任陕西安察使时，土鲁番阿黑麻攻陷哈密城，将忠顺王绑架到陕西西乡，掠走许多妇女，占据哈密。兵部尚书马文升认为收复哈密城非许进不可，力荐他为右佥都御史，巡抚甘肃。许进到达甘肃边关后与总兵官刘宁商量，利用北部的小列秃与土鲁番阿黑麻世仇，联合小列秃攻城。联军杀敌数百人，战斗中小列秃中箭身亡。其子卜六阿歹为复仇再次与许进结交。联军断敌军道路，令其无法增援；又重赏哈密城周围的各族百姓，让他们出兵助战。副将彭清以精骑1500人出嘉峪关，刘宁与中官陆訚率2500名骑兵紧随其后。因遭遇大风扬沙，气温骤降，雨雪交加，士兵僵卧于地。经许进鼓舞，士气大振，军队冒雪前进，秘密偷袭。到哈密城下，敌军头领闻风先逃，只剩小卒把守。明军四面并进，收复哈密城。今《明史》中《土鲁番》《哈密》诸传皆参考沿袭了此书。

## 平回志

（清）杨毓秀编纂，现存有国家图书馆藏清光绪十五年（1889年）剑南红杏山房刻本，8卷4册。另有杨毓秀《平回志》8卷（北京出版社2000年）影印。断句本有中国史学会主编《回民起义》（上海人民出版社2000年）。

杨毓秀，字子坚，师从龚九曾、王螺州，龚、王与左宗棠过从甚密，三人有书信往来。杨毓秀遂据三人往来书牍，访求事实，撰为《平定陕西回匪志》2卷、《平定甘肃回匪志》4卷、《平定新疆回匪志》2卷。合为《平回志》8卷。卷首有邹永煌序及自序各一篇。

该书所录以上谕、奏折为主，尤以左宗棠奏折为多。此书记述同治元年（1862年）到光绪十三年（1887年）陕西、甘肃、新疆回民暴动的有关史事，对记述甘肃回民暴动尤为详细。但记述陕西回民暴动时，第一卷还稍有条理，第二卷比较零碎。在记新疆回民暴动时，着重于白彦虎和清在新疆建省及伊犁交涉等事，对新疆屯田记之尤详，对研究新疆屯田史有重要史料价值。

## 蒲犁厅乡土志

（清）江文波修，有首都图书馆藏本、辑录《首都图书馆藏稀见方志丛刊》（国家图书馆出版社，2011年）影印本。又有湖北省图书馆藏《新疆乡土志稿二十九种》（油印本）、新疆自治区图书馆1976年重印本，1986年片冈一忠辑《新疆省乡土志三十种》（中国文献研究会，1986年）。点校本有马大正、华立主编《中国边疆史地资料丛刊·新疆卷》中的竖排版《新疆乡土志稿》（全国图书馆文献缩微复制中心，1990年），马大正、黄国政等编《新疆乡土志稿》（横排重印）（新疆人民出版社，2010年）。

江文波，湖南湘阴人，曾任巴楚州照磨（掌照刷卷宗之官）、蒲犁厅通判，光绪三十三年（1907年）编纂《蒲犁厅乡土志》，宣统元年（1909年）任职巴楚州牧。

《蒲犁厅乡土志》是奉清廷饬令而编写的新疆乡土教材之一，计1500余字。是志按《例目》编纂，记事至光绪三十三年（1907年）。分历史、政绩录、兵事录、耆旧录、人类、户口、氏族、宗教、实业、地理、山、水、道路、物产、商务15目，其中政绩、耆旧等目有目无文，实仅13目。历史、兵事、人类、宗教、氏族等目记载十分简略，均两三句话。户口分记各民族人口数量。地理、山、水、道路各目记载较为详细，记本境地理

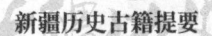

方位、四至八界、辖境庄乡、祠庙，其中提到由俄罗斯流入本境的哈喇扎克河及与俄、阿富汗等交界位置，有一定的参考价值。物产中只略记名称。商务目记载对外贸易数量种类，内容详细。

# Q

## 祁氏世谱

《山西寿阳祁氏世谱不分卷》，（清）祁文汪原编，祁韵士述，祁隽藻、祁友直重修。清乾隆四十九年（1784年）修，清咸丰二年（1852年）祁寯藻刻印木刻活字印本。现藏于中国国家图书馆、北京大学图书馆、河北大学图书馆、辽宁省大连市图书馆、黑龙江省绥化市档案馆、美国犹他州家谱学会。

祁文汪，寿阳平舒人。清雍正十年（1732年）优贡生，历阳城、凤台、朔州训导、长治教谕。

是谱创修于乾隆年间。祁韵士序。后祁朝鸾、祁隽藻、祁友直重修。是谱上承祁氏始祖祁旺，元末由洪洞迁来寿阳县平舒村，共记21世。

## 祁韵士新疆诗文

修仲一、周轩编注，新疆大学出版社2006年版。1册，278页，28万字。

收录了祁韵士的《万里行程记》《濛池行稿》《西陲竹枝词》，并对所选诗文进行了详细注释。

## 奇台县乡土志

（清）杨方炽编，方朝连校订，1卷。光绪三十三年（1907年）稿本、抄本。日本人片冈一忠辑有《新疆省乡土志三十种》（日本中国文献研究会，1986年）。又有首都图书馆藏本，后辑入《首都图书馆藏稀见方志丛刊》（国家图书馆出版社影印本，2011年）。点校本有马大正、华立主编《中国边疆史地资料丛刊·新疆卷》中的竖排版《新疆乡土志稿》（全国图书馆文献缩微复制中心，1990年），马大正、黄国政等编《新疆乡土志稿》（横排重印）（新疆人民出版社，2010年）。

杨方炽，湖南湘阴人，监生，光绪三十二年（1906年）署新疆奇台县知县，宣统二年（1910年）因其"兴学不力"被革职。

《奇台县乡土志》成书于光绪三十四年（1908年）仲夏，系奉清廷敕令而编写的新疆乡土教材，全志约14800余字，按字数可为全州之首。系参考历史资料，访问野老遗民，采集零篇散轶而编成。首设自序，有历史、政绩录、兵事录、耆旧录、人类、户口、民族、宗教、实业、地理、古迹、山水、道路、物产、商务15目。其历史及兵事录根据松筠《钦定新疆识略》和李光廷《汉西域图考》节录，着重记载了雍正年间岳锺琪驻兵巴里坤、奇台县属，乾隆四十一年（1776年）建县治、修城垣，同治年间回民攻陷满城等史实。此志对道路、河流、寺庙的记载十分详尽。人类目中记所知回、缠两族源流、职业、婚丧礼俗、服饰、食物、妇女俗礼等。户口目中除分别记载了男大、小，女大、小人数外，还列有满城官弁兵丁及妇女人数、内佐领、防御、骁骑校、笔帖式、云骑尉、告休、前锋领催、马甲、步甲、炮手、幼丁、官弁兵丁之妇女、孀妇孤女等人口数。各目内容均详尽、规范。此书由于手抄，虽几经校对，但错字、别字还屡有发现。

## 乾隆朝满文寄信档译编

中国第一历史档案馆编译《乾隆朝满文寄信档译编》，岳麓书社，2011年。

寄信档是寄信上谕档的简称，是清代军机处专门抄载寄信上谕的重要档簿。满文寄信档是以满文记载事关这些领域各种事件之密寄上谕专档。本书收录了乾隆十五年（1750年）至二十一年（1756年），二十六年的满文寄信上谕档 4289 件，加上附件 22 件，共计 4311 件，并将其全部翻译为汉文，译文部分约 200 万字。

寄信档史料价值珍贵，大部分档案从未公布于世。其内容涉及乾隆朝的政治、民族、宗教、军事、经济、对外关系诸方面，以边疆事务、军务、民族宗教事务及外交事务等居多。其中对一些乾隆朝重要史事有更为详细的记录，为《清高宗实录》《乾隆朝上谕档》等所不载。

寄信档中大部分内容，是发与东北、西北、西南地区军政长官（如盛京将军、黑龙江将军、吉林将军、定边左副将军、乌里雅苏台将军、伊犁将军、乌鲁木齐都统、西宁办事大臣、驻藏办事大臣等）以及少数民族王公贵族、宗教首领（如喀尔喀亲王、吐鲁番郡王、章嘉呼图克图、新疆各城伯克等）的廷寄，有重要的价值。边疆、民族事务方面，寄信档内容涉及新疆地区的屯田与牧厂事务、刑案情况、遣犯问题、各民族关系，东北地区的私垦、参务问题，西藏地区的班禅入觐及其转世灵童确认问题，等等。对外关系方面，寄信档涉及清朝与俄罗斯、中亚的哈萨克、巴达克山、爱乌罕、霍罕、布鲁特、安集延等，朝鲜、缅甸、安南、南掌、廓尔喀的关系。其中，反映与俄罗斯的边界交涉、恰克图贸易、逃人问题以及中亚各国使者入觐的内容颇多。

此外，寄信档亦涉及一些乾隆朝的重大事件，如乌什事变、明瑞征缅、土尔扈特部回归、王伦起义、六世班禅入觐、苏四十三起义、林爽文起义等，特别是乌什事变、明瑞征缅两事，寄信档有着系统、详细的记录，可反映事件的基本过程，更可补实录、方略等之阙误。

## 乾隆御笔平定西域战图十六咏并图

［意］郎世宁、［波西米亚］艾启蒙、安德义、［法］王致诚等绘。清乾隆年间内务府铜版组画 16 幅，每幅纵 55.4 厘米，横 90.8 厘米。

郎世宁（1688—1766），生于意大利米兰，原名 Giuseppe Castiglione，清康熙五十四年（1715 年）作为天主教耶稣会的传教士来中国传教，随即进入清宫，成为宫廷画家。参加圆明园西洋楼的设计工作，历经康、雍、乾三朝，在中国从事绘画 50 多年，极大地影响了康熙之后的清代宫廷绘画和审美趣味。主要作品有《十骏犬图》《百骏图》《乾隆大阅图》等。

艾启蒙（1708—1780），生于波西米亚，原名 Jgnatius Sickeltart，天主教耶稣会传教士，乾隆十年（1745 年）来中国，师从郎世宁学画，西法中用，很快受到清廷重视，召入清内廷供奉。工人物、走兽、翎毛，与郎世宁、王致诚、安德义合称四洋画家，传世作品有乾隆三十八年（1773 年）作《宝吉骝图》。

安德义（？—1781 年），生于意大利，原名 Joannes Damascenus Salusti，天主教传教士，乾隆二十七年（1762 年）来中国，供奉内廷，善画人物，构图严密，笔法精细，多纪实之作，代表作品有《库陇癸之战》《伊西洱库尔淖原之战》等。

王致诚（1702—1768），生于法国波尔城，原名 Jean Denis Attiret，幼年学画于里昂，后留学罗马，擅长油画静物、肖像。清乾隆三年（1738 年）受法国耶稣会派遣来中国，献《三王来朝耶稣图》，乾隆时以绘画受召供奉内廷。现存传世作品《十骏图》等。

《乾隆御笔平定西域战图十六咏并图》又称《御题平定伊犁回部全图》《平定伊犁受降图》《御题平定西征全图》等，实为同一组战图。表现了乾隆平定准噶尔部和大小和叛乱等事宜。共有十六幅图，分别为《平定伊犁受降》《御题格登鄂拉斫营》《鄂垒札拉图之战》《和落霍澌之捷》《库陇癸之战》《乌什酋长献城降》《黑水围解》《呼尔满大捷》《通古思鲁克之战》《霍斯库鲁克之战》《阿尔楚尔之战》《伊西洱库尔淖尔之战》《拔达山汗纳欸》《平定回部献俘》《郊劳回部成功诸将士》《凯宴战功诸将士》。每幅图上方均配以乾隆御笔诗文。从内容来看，十六幅《战图》可分为三类：一是受降场面，二是战争场面，三是庆功场面。就战争内容而言，前五幅为平定准噶尔之战，后八幅为平定回部大小和卓战，最后三幅为献俘、郊劳和庆宴。这些画面和诗文，十分准确生动地反映了乾隆二十年（1755 年）至二十四年（1759 年）平定西域准噶尔、回部大小和卓叛乱的史实。

乾隆平定西域准噶尔部达瓦齐、阿睦尔撒纳和回部大小卓的叛乱，是清朝维护国家统一的重要事件，具有重大的意义，是乾隆本人引以为傲的十大武功之一，这也是他下令制《战图》的原因。就《战图》的价值而言，首先，它以图文并茂的形式真实详细地记录了清朝前期平定新疆地区准噶尔、回部大小和卓叛乱，统一天山南北，建立和巩固多民族统一国家的重大事件，其中对多次战役的时间、地点、人物、情节及结果的详细记述，是实籍所罕见的，尤其是画面上交战双方的军事布阵、武器装备、服装和受降场景的直观效果，也是其他文献难以具备的；其次，《战图》由宫廷传教士画家所绘、法国高级工匠雕刻铜版印制，本身就是清朝前期中外文化交流的最好物证。

整体而言，《乾隆西域战图》为了解和研究清朝前期新疆的风土人情、自然环境、军事战略，乃至诗文书画等艺术方面都提供了独一无二的材料，价值极大。

## 遣戍伊犁日记

（清）洪亮吉撰，有清光绪三年（1877年）阳湖洪用懃授经堂刻《洪北江全集》本；清光绪十五年（1889年）湖北官书处刻本；全国图书馆文献缩微中1985年版等，1册。又名《伊犁日记》，《续刻北江遗书七种》第十六卷、全国图书馆文献缩微中心《丝绸之路资料汇钞·清代部分》有收录。近年又作为西北史地资料，收入《古西行记选注》（宁夏人民出版社1987年出版）。国家图书馆有收藏。

洪亮吉，清代经学家、文学家。嘉庆四年（1799年），上书军机大臣言事批评时弊被贬戍伊犁。释还后居家十年而卒。《伊犁日记》是洪亮吉嘉庆四年谪戍西行的日记，逐日记录沿途山川、行程道里、名胜古迹、风土人情及与官员酬酢往还，是研究西北，特别是新疆史的重要参考资料。

## 钦定大清会典则例

（清）乾隆二十九年（1764年）程嘉谟等奉敕纂修，180卷，又名《钦定大清会典事例》，清乾隆内府抄本，台湾商务印书馆1983年版，收藏于国家图书馆。

程嘉谟，清人，生平无考，清乾隆时翰林院编修，《钦定日下旧闻考》总校官，《四库全书》覆勘官，《清朝通典》《钦定续通志》纂修兼校对官，纂修《钦定大清会典则例》等。

《钦定大清会典则例》与《大清会典》同时告成。《四库提要》载："《会典》原本，以则例散附各条下，盖沿历代之旧体。至是乃各为编录，使一具政令之大纲，一备沿革之细目，互相经纬，条理益明。"其中存理藩院5卷（卷一百四十至一百四十四），"理藩院"部分，详尽记述了清代藩部地区，特别是蒙藏地区的疆理、封爵、喇嘛封号、户丁、耕牧、设官、仪制，以及它们在清代的演变过程。

## 钦定河源纪略

（清）纪昀等撰，36卷。有国家图书馆藏清乾隆武英殿刻本8册；安徽师范大学图书馆藏清乾隆武英殿刻本4册；湖南图书馆藏清法仪室钞本1册，存4卷。另有（清）纪昀等撰《钦定河源纪略》（全二册）（中华书局2016年）。

纪昀（1724—1805），字晓岚，又字春帆，晚号石云。乾隆进士，累迁侍读学士。坐事戍乌鲁木齐，寻释还，复授编修。嘉庆间官至协办大学士，加太子太保，卒文达。纪昀贯通经史，旁通百家，乾隆三十八年（1773年）曾任四库全书馆总纂。

《钦定河源纪略》卷首一卷为御制诗文。其下分七，一曰图说，为三卷，有河源全图、葱岭河源图、和关河源图、北山河源图、罗布淖尔图、东境北路诸泉图、罗布淖尔东南方浮流沙图、阿勒坦郭勒重源图、河流积石山南会三昆都伦河图、河流绕积石山三面至贵德图、库库淖尔图，又附汉书水经注河源图，及唐刘元鼎出使所穷河源图；二曰列表，为五卷，有河源分合复见表、河源星度表、河源流行方向表、河源古今地名表；三曰质实，为五卷，大旨谓河水发源葱岭，西源为喀什噶尔河，西南源为叶尔羌河，又一源为河关河，三源既合，行经戈壁之北，为塔里木河，东行至罗布淖尔,而伏潜流千五百里,南至阿勒坦噶达素斋老流出,是为河水伏流重出之真源;四曰证古,为六卷,分别为昆仑、葱岭河源、于阗河源、北山枝河、青海重源;五曰辨讹,为六卷,所辨为《山海经》《史记》《汉书》《水经》《郡国志》《隋书》等著作中错讹之处;六曰纪事,为六卷,首载平定回部告成太学碑文,末载《平定青海告成太庙碑》文,余则叙述河水所经各地;七曰杂录,为四卷,凡河流所经,风俗土宜,物产气候,名山胜迹,石刻神象,轶闻琐事,悉附载焉。此书图表明晰,辨说翔实,博引旁征,折衷贵当,展卷了然。

《钦定河源纪略》是奉乾隆敕命编纂的一部水利"官书",紧扣"河源"主题,收集自汉迄清有关黄河源头的论述,资料搜采全备、编排得法,不仅反映了时人对河源问题的认识水平,而且有汇编河源资料上的价值,是研究黄河源区水文、地理、风物等课题的重要资料。

## 钦定皇舆西域图志

(清)傅恒等修,褚廷璋等纂,英廉等增纂。简称《西域图志》,52卷。

有《四库全书》本,国家图书馆藏清抄本10册、清光绪铅印本24册、清光绪十九年(1893年)杭州便益书局石印本12册,重庆图书馆藏清活字印本24册,兰州大学图书馆藏清光绪铅印大字本24册,湖南图书馆藏清乾隆四十七年(1782年)武英殿聚珍本24册,辽宁省图书馆藏清乾隆四十七年(1782年)武英殿刻本28册,内蒙古自治区图书馆藏清末排印本24册。点校本有钟兴麒、王豪、韩慧校注《〈西域图志〉校注》新疆人民出版社,2002年、2014年。

乾隆二十七年(1762年),傅恒等纂辑《西域图志》,谕旨"书留览"。乾隆四十二年(1777年)先后令刘墉、于敏中、英廉、钱汝诚等为《西域图志》总裁,组织人力加以增纂。乾隆四十七年增纂《西域图志》完成,谕令送交武英殿刊刻,并录入《四库全书》。《钦定皇舆西域图志》首四卷为天章,汇录有关论述西域全局的御制诗文,后为48卷,分为图考3卷,列表2卷,晷度2卷,疆域12卷,山4卷,水5卷,官制2卷,兵防1卷,屯政2卷,贡赋、钱法、学校各1卷，封爵2卷，风俗、音乐各1卷，服物2卷，土产1卷，藩属3卷，杂录2卷。计有总图、分图21幅，历代西域图12幅。《四库全书总目提要》称，该书"记流沙以外者，自《史记·大宛列传》《汉书·西域列传》始详。而异域传闻，讹谬亦复不少。至法显、玄奘之所记，附会佛典，更多属子虚。盖龙沙、葱雪，道里迢遥，非前代兵力所能至。即或偶涉其地，而终弗能有。故记载者依稀影响，无由核其实也。"

要之，《钦定皇舆西域图志》是关于西域的第一部方志，全书内容丰富，涉及政治、经济、军事、边防、民族、宗教、文化、风俗、物产、外事、地理、地貌等诸多方面，是研究清代前期新疆历史文化重要参考资料。

## 钦定回疆则例

清嘉庆十九年（1814年）托津等奉敕编纂，道光二十二年（1842年）赛尚阿等奉敕续修。有满、蒙、汉文3种文本。修订后的《回疆则例》共8卷，134条。其中原例26条、修改65条、续纂38条、增纂5条。国家图书馆藏有咸丰年间内府抄本，著录的名称作《理藩院修改回疆则例》，四卷。中央民族大学图书馆藏有光绪三十四年（1908年）排印本。1988年中国社会科学院中国边疆史地研究中心编、全国图书馆文献缩微中心发行的《蒙古律例·回疆则例》收录该书。1990年兰州古籍书店刊行《中国西北文献丛书续编·西北史地文献卷》第5册有该书影印本。

嘉庆十六年（1811年）理藩院奏称，该院回疆事件内钦奉谕旨及臣工条奏积案繁多，不便纂入《蒙古则例》，请求选派本院通晓审议熟悉例案之主事尼克通阿、岳禧二员承办，将回疆应纂入则例的事件详查档案，编辑条款，先行纂写清单进呈。嘉庆帝批准。嘉庆十九年（1814年），《回疆则例》初次编纂告成。嘉庆二十年（1815年）完成刊刻。道光六年（1826年）在平定和卓木后裔张格尔叛乱后，需要对《回疆则例》原存旧例进行删改，并编入两次善后章程。于是道光十三年（1833年）再次开馆纂修，至道光十七年（1837年）纂成汉文稿，"统计修改归并续纂蒙古回疆则例共四百六十七条"。道光二十二年（1842年）完成修订重新颁行。

《回疆则例》是清政府治理南疆维吾尔族地区各种条规汇编，主要根据皇帝颁发的谕旨和皇帝批准的大臣所上奏的臣工条奏。内容包括维族地区职官的设置、职掌、品级、承袭及对维族上层的晋封、年班、赏赐、度量衡使用、货币、赋役、贸易、驻军管理等各项制度，对维族地区的宗教管理和刑案也作了具体规定。《回疆则例》体现清朝"因俗而治"的同时，亦带有民族隔离特点。

### 钦定平定回疆剿捦逆裔方略

（清）曹振镛、赵盛奎等奉敕撰，80卷，卷首6卷，道光内府刻本。另有1968年台湾文海出版社《中国方略丛书》、2006年北京图书馆出版社《清代方略全书》、2007年兰州古籍书店《中国西北文献丛书》（二编）均收录。

曹振镛（1755—1835），字俪笙，一字怿嘉，安徽歙县人。尚书曹文埴子。官至军机大臣、武英殿大学士。《清史稿》（卷三六三）有传．

《钦定平定回疆剿擒逆裔方略》又称《平定回疆剿擒逆裔方略》，是嘉庆二十五年（1820年）至道光九年（1829年）清朝政府平定新疆张格尔动乱始末记录。

道光六年（1826年），原维吾尔族和卓后裔张格尔在南疆发动了叛乱，清廷急命伊犁将军长龄调集三万大军进剿，于道光七年（1827年）击溃叛军，生擒张格尔。依常例，清廷于道光八年（1828年）命曹振镛等编纂《平定回疆剿擒逆裔方略》。道光十年（1830年）七月全书告成。全面记述这次平叛战争过程。是书收集了在平定回部张格尔叛乱过程中皇帝的谕旨、奏疏、公牍等原稿，按照平定张格尔叛乱的时间顺序编辑成书。

### 钦定平定陕甘新疆回匪方略

（清）奕訢等奉敕撰。320卷，卷首2卷。稿本藏故宫博物院。光绪年间内府武英殿排印线装本。另有内府抄本。1968年台湾文海出版社"中国方略丛书"、2008年兰州古籍出版社刊行《中国西北文献丛书》第三辑均收录此书。

此书记述了咸丰五年（1855年）至光绪十四年（1888年）清军镇压陕西、甘肃、新疆回民起义以及击溃阿古柏的全过程。主要汇编了咸丰五年（1855年）至光绪十四年（1888年）间的有关的奏报和上谕，并且全面记述了战事的始末。此书纂修始于光绪十四年十二月，直至光绪二十年（1894年）五月正式奏报全书告成。以"卷帙繁多"被光绪帝评为"详悉赅备"。全书总字数约270万，共收皇帝谕奏和臣僚奏议约6000篇，内容包括地方官吏对回民情形的报告、将帅督抚陈述战功的奏折、有关官吏的升降调迁、兵士的哗变溃散、军队的调动组合、后勤给养的筹拨运输、官员间的攻讦弹劾、回族的宗教信仰及教派门宦之争、起义军的兴起、各支义军的相互声援与联络、清军的镇压与分化瓦解、双方攻守进退、起义军首领的求抚或牺牲等等。

清朝官修方略，多是在某一次战争结束后，皇帝下诏组织编撰班子，搜集的有关上谕档案、人员奏折、报告等，按编年体分年逐月记录事件的全部过程，据以编纂。咸同年间的西北回民起义一方的原始文献几乎没有留存，利用《方略》所辑当时军机处、前线将领、各级地方官员对事件的报告、处理与指令等，再参照其他资料，可以勾稽出咸同西北回民起义的进程，探究真相。

## 钦定外藩蒙古回部王公表传

（清）祁韵士等编纂。又称《钦定外藩蒙古回部王公绩表传》《蒙古回部王公表传》《蒙古王公表传》。是书版本较多，主要有《四库全书》本、许氏抄本、武英殿刻本、内府刊本（毛装）、《国朝耆献类征初编》本（残本）、国学图书馆红格抄本（南京图书馆藏）等。今有以乾隆六十年（1795年）武英殿刻本为底本，包文汉、奇·朝克图整理点校本《蒙古回部王公表传》第一辑（内蒙古大学出版社，1998年）。

是书有汉、满、蒙三种文本。所依据的主要史料是内阁大库的满汉文档案和理藩院所存蒙古各部落呈送朝廷的蒙文报告，以及世谱档册与其他有关资料。祁氏发挥其兼通汉文的特长，另简任懂蒙古文字的助手等协力，将各种满蒙资料随阅随译，辨别分析，择要录出，反复核查，归类立传。

是书始纂于乾隆四十四年（1779年），成书于乾隆五十四年（1789年），120卷。卷一至卷十六为表，记载了内外蒙古、卫拉特、西藏、回部王公的封爵与承袭。卷十七至卷一百二十为传，由各部总传与王公的列传组成。《表传》主要记述了清代外藩蒙古、回部、西藏等少数民族王公们的源流、升迁调补、恩赏予夺、功过事迹、承袭次数等，包括清朝前期之漠南、漠北、漠西蒙古诸部，回疆诸部、西藏的重要人物近300人。其中卷十三有土尔扈特部表、和硕特部表，卷十四有哈密回部表、吐鲁番回部表，卷十六有居新疆之回爵表，卷七十九至卷九十五有相关列传。对研究清代新疆维吾尔族、蒙古族王公贵族具有重要参考价值。

## 钦定西域同文志

（清）傅恒等纂，24卷。乾隆二十八年（1763年）成书，武英殿刻印，刻本流传极少。1961年日本用东洋文库所藏刻本影印。有天津图书馆藏清刻本，辽宁省图书馆藏清乾隆二十八年（1763年）内府刻本，《四库全书》本。1984年中国中央民族学院少数民族古籍整理出版规划领导小组编印《民族古籍丛书》中收录了吴丰培整理的新刻本。

富察·傅恒（？—1770），满洲镶黄旗人，富察氏，字春和，察哈尔总管李荣保第九子，清高宗孝贤纯皇后之弟，镶黄旗人。乾隆十九年（1754年）力主清军攻伊犁，平息准噶尔部叛乱。后任《平定准噶尔方略正编》《平定准噶尔方略前编》《平定准噶尔方略续编》正总裁，撰写《钦定旗务则例》《西域图志》《御批历代通鉴辑览》等书。傅恒在乾隆时期历任侍卫、总管内务府大臣、户部尚书等职，授一等忠勇公、领班军机大臣加太子太保、保和殿大学士、平叛伊犁统帅。乾隆三十五年（1770年）病卒，谥文忠。

乾隆二十年（1755年）清廷勘定伊犁，继又削平诸回部后，为加强对新获领土的了解和掌控，乾隆命傅恒等人考校诸番文字，编成是书包括新疆、青海和西藏等地区的地名、山水名及准噶尔部、回部等各部上层人物名的解释。此书按照部族之别，分天山北路、天山南路、青海、西番，同时按照天、地、山、水、人的顺序，先以满语标注名称，次以汉语详注其语源、含义、转音、地方、沿革、地理位置、人物世系和简历等内容，次以三合切音字标注读音，次列蒙古字、西番字、托忒字、回字，排比连缀，各注其译语、对音，使全书纲举目张，丝连珠贯。

《钦定西域同文志》是一部属于地名、人名辞典性质的工具书，是清代西北官书编纂中所记地理名词的标准。它包含有历史、地理、语言等方面的内容，是一部宝贵的综合性文献资料。此书从当地一些民族语言的角度出发，对当时中亚、新疆的一些地名进行考证，对中亚地名学的研究有重要参考价值。

## 钦定新疆识略

（清）松筠修，汪廷楷原辑、祁韵士增纂、徐松重纂。12卷，另有卷首1卷。有道光元年（1821年）武英殿刊本，光绪八年（1882年）同文馆铅印本，光绪二十年（1894年）上海积山书局石印本。台北文海出版社收入《中国边疆丛书》第1辑刊行。

松筠（1752—1835），玛拉特氏，字湘浦，蒙古正蓝旗人，曾两任伊犁将军，清代重要边疆大吏。《清史稿》（卷三四二）有传。

徐松（1781—1848），字星伯，河北大兴人，嘉庆十年（1805年）进士，十五年因事遣戍新疆。嘉庆十九年（1814年）受伊犁将军松筠委托重修《伊犁总统事略》，书成，赐内阁中书职。事迹见《清史稿·文苑传》及缪荃孙编《徐星伯先生事辑》。

卷首《圣藻》为清帝关于平定准噶尔、大小和卓木之乱的诗文。卷目为新疆总图、北路舆图、南路舆图、伊犁舆图、官制兵额、屯务、营务、库储、财赋、厂务、边卫、外裔。道光帝称该书详载"山河之襟带，城郭之控制，兵食财富之储备，田野畜牧之繁滋"。

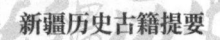

## 钦定续纂外藩蒙古回部王公表传

（清）佚名辑，刻本，2册。继《蒙古回部王公表传》之后，嘉庆、道光、咸丰等朝又相继续纂了五部《表传》，第一次是武英殿刊本，乾隆末年始修，截止年代是乾隆六十年（1795年），120卷；第二次是嘉庆续纂本，截止嘉庆十六年（1811年），24卷。第三次是道光十九年（1839年）续纂本，截止道光二十五年（1845年），24卷；第四次是道光二十九年（1849年）续纂本，截止道光二十五年，24卷。以上五次续修均以满汉蒙三种文字颁行。有《续修四库全书》本；包文汉、陶继波整理《蒙古回部王公表传》第二辑（内蒙古大学出版社，2008年）。点校本《钦定续纂外藩蒙古回部王公表传》（中华书局，2015年）。

是书史料来源包括王公台吉塔布囊家谱档册，王公台吉源流、升迁、袭替、调补、恩赏予夺、功过事迹、承袭次数、事故年月，某年受过何等恩赏，翎枝、职衔、紫缰、黄缰，还有关于户口、田赋、贡输、疆理、过继、承嗣、封赠、赐恤、致祭、议叙、议处、赈济、捐输、核奖、驿站、请安、进贡、王公的奉银、俸缎、俸米、蒙古命盗案，颁发《表传》和时宪书等。除理藩院所藏满文档案之外，还有宫中或内阁大库收藏的满汉文档案，以及历朝《实录》《会典》等。

续《表传》的主要内容可分为两部分，一是《表》，二是《传》。每部《表传》的《表》之前均有各朝皇帝关于续纂《表传》的谕旨，将《表传》的续纂原则加以说明。续修各表传因成书匆促，大都只有承传继袭，而鲜有事迹，故其实用价值和影响都远不如原《表传》。

其中嘉庆朝，道光十六年（1836年），道光、咸丰朝之卷十一、卷十二，传卷十一、卷十二，分别有土尔扈特部、和硕特部、哈密回部、吐鲁番回部、居新疆之回部等相关内容。

## 亲征平定朔漠方略

（清）温达等撰，48卷，纪略1卷，50册，约66万字。有康熙内府刻本、

《四库全书》本。另有中国书店1986年影印版；1990年兰州古籍书店《中国西北文献丛书》收录。1994年中国藏学出版社影印，上下册。

温达（？—1715），费莫氏，满洲镶黄旗人，谥文简。《清史列传》（卷十一《大臣画一传档正编八》）有传。

"方略"是清代创设的有关军功大政的纪事本末体史书，通常由史臣根据有关战事的皇帝诏谕和群臣的奏章以及相关的文书档案汇编而成。《亲征平定朔漠方略》主要记述的是康熙帝三次亲征噶尔丹的战争始末。康熙二十九年（1690年）六月，噶尔丹以追击仇人举兵进入喀尔喀。康熙帝以保护喀尔喀蒙古出兵干预。于康熙二十九年（1690年）、三十四年、三十六年三次亲征噶尔丹。为总结战争经验教训，康熙帝于康熙三十五年（1696年）七月命"内阁、翰林院修《平定朔漠方略》"。康熙四十七年（1708年）五月全书告成，"自康熙三十六年（1697年）六月至三十七年（1698年）十月，系日记事"，完整记述了康熙帝三次征噶尔丹的始末原委。书中载录大量谕旨和群臣奏章，具有很高的史料价值。

## 青楼集

（元）夏庭芝撰，清道光刻《古今说海》本；清光绪郋园刻本；台北世界书局1959年版影印本，1册。

夏庭芝，字伯和，一作百和，号雪蓑，别署雪蓑钓隐、雪蓑渔隐，元末华亭（今上海松江）人。其生平主要见于友人张择所作的《青楼集序》中。夏庭芝生于富贵之家，书香门第。少时曾受业于著名文学家杨维桢。

《青楼集》内容一是追忆当年与友人招伎演戏的情景，二是有感于当时所结识的那些色艺俱绝的艺人，"虽详其人，未暇纪录"（《青楼集志》），故夏庭芝据自己的经历与见闻著成此书。记载演员生平和表演技艺，与锺嗣成所著的记载元代戏曲作家与作品的《录鬼簿》合称为元代戏曲论著双璧，是研究元代戏曲表演艺术的重要文献。其中收录有西域人全普庵撒里的《双调·清江引》等诗词曲。

## 青箱堂诗集

（清）王廷楷撰。稿本共六卷，中央民族大学图书馆藏；《清箱阁诗集》不分卷，清道光二年（1822 年）刻本，山西大学图书馆藏；《清箱阁诗集》一卷，清咸丰九年（1859 年）木活字本，南开大学图书馆藏；民国八年（1919 年）王元覿跋木活字本，上海图书馆、南京图书馆藏。

王廷楷（1788—？），字心泉，号艺园，别号霞樵生，晚号茚浦诗农，江苏常熟人。工诗善画，兼擅书法。所撰《清香阁集》稿本，诗歌多至三千余首。今存集数种，内有《咏西域诸回疆诗》1 卷。作者本人并未至新疆，这些诗作均系资书以为诗。

## 清代军机处满文熬茶档

中国第一历史档案馆编《清代军机处满文熬茶》，上海古籍出版社，2010 年。

本书收辑汇钞乾隆五年（1740 年）至乾隆十三年（1748 年）间，准噶尔部首领噶尔丹策零及策妄多尔济那木扎勒经奏请乾隆帝，获准派使赴藏熬茶过程中形成的各类往来文书而成的专档，其内容反映了清廷对待准噶尔蒙古派使赴藏熬茶一事所持态度，以及安排熬茶的全部过程等。

《清代军机处满文熬茶档》，是军机处汇抄办理准噶尔蒙古赴藏熬茶事宜过程中移行往来文书而形成的薄册，也是有关准噶尔问题的专档之一。由于准噶尔蒙古派使赴藏熬茶一事涉及边疆和民族，其派往办理防务、接应及护送等事务的官员又系满蒙官员，因而所形成的档案全部用满文写成。文书种类包括皇帝颁发的谕旨，办事大臣呈递的奏折及其相互间所行咨文，办事大臣译递准噶尔首领噶尔丹策零等致达赖喇嘛、班禅额尔德尼及西藏各大寺庙住持的信函，及达赖喇嘛、班禅额尔德尼、西藏各大寺庙住持等回复噶尔丹策零等人的信函，准噶尔熬茶使在藏各大寺庙熬茶布施所用银两及噶尔丹策零与达赖喇嘛、班禅额尔德尼间的互赠礼品清单等。

《熬茶档》共 232 件，记述了厄鲁特蒙古三次派使熬茶的全部经过。

第一次在乾隆五年（1740年）到乾隆六年（1741年），第二次在乾隆八年（1743年）到乾隆九年（1744年），第三次在乾隆十二年（1947年）到乾隆十三年（1748年）。厄鲁特蒙古熬茶使在三次熬茶过程中，第一次是半道至西宁返回，只有后两次深入西藏腹地，完成了熬茶使命。其反映的内容大致可分为六个方面：第一，获准熬茶，共为三次；第二，拓展边卡，加强防务；第三，委派官员，分工负责；第四，筹措牲畜，接济粮草；第五，招商贸易，伴送熬茶；第六，结算经费，嘉奖抚恤。为研究清乾隆年间厄鲁特蒙古与清朝中央政府的关系、西北民族关系史具有重要的价值。

## 清代西迁新疆察哈尔蒙古满文档案译编

中国第一历史档案馆、中国社会科学院中国边疆史地研究中心、新疆博尔塔拉蒙古自治州地方志编纂委员会联合译编《清代西迁新疆察哈尔蒙古满文档案译编》（全国图书馆文献缩微复制中心出版，1994年）。2004年新疆人民出版社改名《清代西迁新疆察哈尔蒙古满文档案全译》出版。

该书是清代西迁新疆察哈尔蒙古满文档案汉译文，收录了乾隆朝档案462件，其中正件333件，附157件。选自中国第一历史档案馆馆藏满文录附奏折，月折档、寄信档和议复档等。始于乾隆二十五年（1760年）十二月十七日，迄于六十年（1795年）十月二十六日。其内容主要包括：第一，清政府将察哈尔蒙古部分兵丁西迁新疆的决策过程；第二，清政府为保证察哈尔蒙古西迁顺利进行所采取的政策措施；第三，察哈尔蒙古西迁新疆历程与安置情况；第四，察哈尔蒙古西迁新疆后的行政管理体制，以及生产、生活状况；第五，察哈尔蒙古西迁新疆后与周邻诸族的关系；第六，察哈尔蒙古为开发新疆、保卫新疆做出的贡献；第七，历任察哈尔营官员履历。

## 清代新疆稀见史料汇辑

中国社会科学院中国边疆史地研究中心编，303 页，全国图书馆文献缩微复制中心 1990 年版。

《清代新疆稀见史料汇辑》系《中国边疆史地资料丛刊·新疆卷》，此书共收入稀见史料五种，即《伊江汇览》《伊江集载》《总统伊犁事宜》《伊犁略志》《清故伊犁将军文贞行状》。这些史料多出自地方文吏之手，以手抄本传世，内容具体且充实，具有较高研究价值。

《伊江汇览》，格琫额撰，吴丰培整理。该书内容包括疆域、山川（古迹附）、风俗、土产、文献、城堡、坛庙（祠祭附）、衙署、仓储、官制、营伍、兵额、户籍、学校、军械（操演附）、赋税、差徭、屯政、马政、牲畜、水利、船运、贸易、钱法、台卡、外藩等。其中"城堡"部分详尽记载了伊犁建城过程。在"文献篇"中保存了以下重要文献：《平定准噶尔勒铭伊犁之碑》《平定准噶尔后勒铭伊犁之碑》《土尔扈特全部归顺记》《优恤土尔扈特部众记》以及《惠宁城关帝庙碑》《建兴教寺碑记》《敕建伊犁普化寺碑记》等。

《伊江集载》，（清）佚名纂，吴丰培整理。内容包括舆地、城池、山川、坛庙祠宇、军台、河渡、堤堰、官制兵额、屯务、派防、营务、库储、粮入数、粮出数、饷入数、饷出数、红白赏恤、借办军装货物、内地代买纸札农具、封储钱两、实存银两、绿营采买、绸缎、回布、棉花、茶叶、铜厂、铸钱、铅厂、铁厂、煤窑、木税、房租、杂税、厂务孳生牲畜、外裔、现办事宜等，当是汇录档案文书编就。

《总统伊犁事宜》，永保纂，马大正、牛平汉整理。内容包括北路总说、南路总说、吐鲁番、哈密、北路道里、南路道里、惠远城满营档房应办事宜、惠宁城满营档房应办事宜、锡伯营应办事宜、索伦营应办事宜、察哈尔营应办事宜、厄鲁特营应办事宜、绿营应办事宜、印房折房应办事宜、册房应办事宜、管理军台领队大臣办事档房应办事宜、喇嘛处应办事宜、回务处应办事宜、营务处应办事宜、抚民同知应办事宜、理事同知应办事宜、粮饷处应办事宜、驼马处应办事宜、功过处应办事宜、督催处应办事宜、铜厂应办事宜、铅厂应办事宜、船工应办事宜,附有马大正跋。值得重视的是,该书对伊犁将军内部管理体系记载详细,有参考佐证价值。

《伊犁略志》,(清)佚名纂,原书为锡伯文抄本。管兴才译,纪大椿整理,马大正跋。该书对于卡伦的建置,巡逻制度,兵丁配置,诸卡伦、哨所的建置、裁废、换防情况,记载详尽。此外,详记从南路阿克苏迁伊犁落户六千户维吾尔农民的种地、纳粮情况,可借印证他书。

《清故伊犁将军文贞公行状》,题为(清)佚名著,稿本。李仲光、钱伯泉整理。据整理者跋文所述,本书系新疆社会科学院民族研究所图书馆独家珍藏。文贞公即志锐,是清末伊犁将军。他主张"弭边患,御外侮",政治上是保皇派,反对辛亥革命。《清史稿·志锐传》中仅680字,而《行状》却多达1855字,其中有十余件事为《清史稿》失载,可补正史的不足。

## 清代准噶尔史料初编

庄吉发校注,223页,台北文史哲出版社1977年初版,1978年版,1983年版,2012年再版。

庄吉发,1936年生,台北故宫博物院满文文献专家。《清代准噶尔史料初编》是一部有关准噶尔部等地区的资料汇编。台北故宫博物院出版的《宫中档康熙朝奏折》第八、九两辑,系康熙年间之满文谕旨、奏折、咨文、供词及清单等,其中有关清朝征讨准噶尔之文书,件数甚多,史料价值极高。清廷纂修《圣祖实录》《平定朔漠方略》及《起居注册》等,即据当时谕折等文书摘译而成。唯润饰删略甚多,间有部分谕折,实录馆、方略馆等未经译汉。该书即选译部分谕折,并参考《起居注册》,略作补充,对研究有关清代准噶尔部等有重要参考价值。

## 清季外交史料

(清)王彦威辑;王亮编《清季外交史料》全5册,书目文献出版社,1987年。

王彦威（1842—1904），原名禹堂，字弢夫，号黎庵，浙江黄岩人。同治九年（1870年）举人。历任工部衡司主事，营缮司员外郎，军机章京，江南道监察御史，太常少卿。光绪十二年（1886年），为军机处汉官领班章京。

是光绪元年（1875年）至宣统二年（1910年）的外交史料汇编。第一至三册为光绪朝外交史料，第四册为宣统朝外交史料，第五册为史料索引。其中光绪元年（1875年）至光绪三十年（1904年）四月的史料为王彦威任职枢垣时搜罗军机处档案辑录成稿，凡条约交涉备著于篇，而政务、军防、交通、教育、实业有关外交者附之。中历戊戌、庚子两大变，将书稿穴地深藏，幸保无恙。光绪三十年五月至三十四年（1904—1908）的资料为王亮所补编。宣统三年（1911年）的资料，由王亮采集前外务部档案及当日驻外各使存稿并各项重要出版品赓续编辑，凡所引据均分别著录档名。书中有关于阿古柏对新疆的入侵及其覆灭的记载。

### 《清实录》新疆资料辑录丛书

新疆社会科学院历史研究所编，12册，新疆大学出版社2009年版。

清代历朝《实录》卷帙浩繁，查找相关资料实属不易。将新疆资料一一辑出，按朝代分册汇编，颇便于读者利用。《清实录新疆资料辑录丛书》内容包括有清一代新疆地区的政治措施、民族关系、社会经济、文化教育等方面，是研究清代新疆史重要的基础资料。

分册目录如下：

第1册，《顺治朝卷 康熙朝卷》，486页。

第2册，《雍正朝卷 乾隆朝卷一》，620页。

第3册，《乾隆朝卷二》，592页。

第4册，《乾隆朝卷三》，510页。

第5册，《乾隆朝卷四》，460页。

第6册，《乾隆朝卷五》，650页。

第7册，《嘉庆朝卷》，308页。

第 8 册，《道光朝卷一》，460 页。

第 9 册，《道光朝卷二》（全三册），461~866 页。

第 10 册，《道光朝卷三、咸丰朝卷》（全三册），867~1272 页。

第 11 册，《同治朝卷》，573 页。

第 12 册，《光绪朝 宣统朝卷》，548 页。

## 清实录中俄关系资料汇编

中国科学院地理研究所历史地理组编，1974 年内部油印本刊行，670 页。

历朝《清实录》内容庞杂浩繁，有关俄罗斯资料分散于各朝各卷，查找困难，难免遗漏。《〈清实录〉中俄关系资料汇编》将《清实录》中有关中俄外交关系等相关信息资料汇编，颇便于研究者利用。

## 清实录准噶尔史料摘编

新疆社会科学院民族研究所《准噶尔史略》编写组编，650 页，约 40 万字，新疆人民出版社 1987 年版。

《〈清实录〉准噶尔史料摘编》是历朝《清实录》中有关准噶尔部等地区的资料汇编，包括清代准噶尔部等地区的政治措施、民族关系、社会经济、文化教育等方面的历史资料，实际上书中所包括的内容，除了准噶尔部外，尚有土尔扈特、杜尔伯特、和硕特等厄鲁特部及其他有关内容。

## 清史稿

赵尔巽主编，通行版为中华书局 1977 年点校本。《清史稿》其他版本有关外本、关内本、金梁重印本、上海联合书店影印本、日本印本、吉林人民出版社 1995 年版、天津古籍出版社 2012 年版。

赵尔巽（1844—1927），又名次山，字公镶，号次珊，又号无补，清末汉军正蓝旗人，奉天铁岭人（今属辽宁），祖籍山东蓬莱。清代同治年间进士，授翰林院编修。历任安徽、陕西各省按察使，又任甘肃、新疆、山西布政使，后任湖南巡抚、户部尚书、盛京将军、湖广总督、四川总督等职。宣统三年（1911年）任东三省总督。1914年任清史馆总裁，主编《清史稿》。

《清史稿》中有关新疆史地的记载主要见于以下几个部分。首先是《清史稿·地理志·新疆》，对新疆迪化府、镇西直隶厅、吐鲁番直隶厅、哈密直隶厅、库尔喀喇乌苏直隶厅、伊犁府、塔尔巴哈一直隶厅、温宿府、焉耆府、库车直隶府、乌什直隶府、疏勒府、莎车府、和阗直隶州、英吉沙尔直隶厅总计六府、八直隶厅、二直隶州、一厅、一州的行政设置变迁、地理面积、地理环境做了描述，对研究新疆历史和地区地理有重要价值。其二是《清史稿·兵志·边防》对新疆边防的记载。清末，中国在帝国主义的侵略下面临着民族危机、国家危机、边疆危机，救亡图存成为这一时期的主流思想，新疆作为重要的边防前线，无论是清代前期、中期还是后期，一直备受关注。《清史稿·兵志·边防》体现了清末士人的边防忧患意识与保边救国思想。其三是《清史稿·表·疆臣年表一》至《清史稿·表·疆臣年表十二》关于历位新疆巡抚、将军对新疆政治管理、戍防情况的记载。其四是《清史稿·表·藩部世表》记载清王朝对新疆少数民族首领册封事宜，及清王朝与新疆少数民族首领间的关系。其五是《清史稿·志·职官》（卷二一五）理藩院、《清史稿·志·职官》（卷四一七）回回各官、藩属各官等的记载。理藩院是清王朝管理边疆少数民族地区事务的机构，统治蒙古、回部及西藏等少数民族地方，回部、回回皆指今新疆。其六有关新疆的史料亦散见于诸帝纪、列传中。

## 全后汉文

（清）严可均辑，许振生审订。清刻本13册，藏于湖南省图书馆。

严可均（1762—1843），清文献学家、藏书家。字景文，号铁桥。乌程（今浙江吴兴）人。嘉庆五年（1800年）举人，官建德教谕，以疾辞归，精考据学。

《全后汉文》首次汇集了东汉所有文章，集中了除史传、诸子、诗赋、专书以外的所有文字，举凡硕学鸿儒、大师巨匠、佛道鬼神乃至名媛淑女的长篇巨制、片言只字，无不穷搜毕讨，加以见存。《全后汉文》所辑文字，均注明出处，有利于重检、核校，也是清代辑佚学的一种反映。其中有不少文章记录西域风情内容。

# R

## 日本宁乐美术馆藏吐鲁番文书

陈国灿，刘永增编，北京文物出版社1997年版，16开，1册。

陈国灿简介见《斯坦因所获吐鲁番文书研究》。

刘永增，1972年至敦煌研究院参加工作，历任敦煌研究院资料中心副主任，考古研究所所长。长期从事敦煌佛教美术特别是敦煌密教美术研究，1995年以来在《敦煌研究》等学术刊物以及国内外学术会议上发表论文近百篇，出版和编辑著作十余部。

宁乐美术馆是日本著名的古代艺术博物馆之一，坐落在古都奈良市的伊水园中。宁乐美术馆的创立者是中村準策先生，他收藏中国古代的陶瓷、铜器和印章，1940年，又收进一批吐鲁番出土的唐代文书，丰富了该馆的内容。宁乐美术馆藏吐鲁番文书在很长一段时间里不为人所知，直至1963年日比野丈夫于《东方学报》卷三三上发表了《唐代蒲昌府文书的研究》，对文书做了较为全面的拼接，并对拼接录文的五十二件文书进行考释后，学术界才得知宁乐美术馆藏有一批唐代蒲昌府官府案卷。20世纪90年代，宁乐美术馆馆长中村準佑先生将这批文书托付藤枝晃进行整理，然因种种原因，未能进行。1990年，在藤枝晃的介绍下，由中国敦煌研究院赴日本东京艺术大学美术学部进修的刘永增联络，陈国灿先生与敦煌研究院文献研究所所长施萍婷女士一道访问宁乐美术馆，受到宁乐美术馆馆长中村準佑的热情接待，并将宁乐美术馆藏吐鲁番文书托付他们进行整理，以期充分发挥这批文书的价值，加深中日两国文化交流。该书基于日比野丈夫在20世纪60年代对宁乐美术馆藏吐鲁番文书所作的研究，在释文上有所订正、增加，在图版上有所拼接。该书按上图下文的形式收录唐西州都督府蒲昌府文书。每件文书均给予拟题，以月日先后为序，无纪年但内容与有纪年文书相近者，排于有纪年文书之后，无纪年文书排在最后。该书将宁乐美术馆原藏110片缀合成82件文书，并作了录文，每件均标有原宁乐序号。剩余46件残片仅收图版。陈国灿所作序言——《关于宁乐美术馆藏吐鲁番文书》，对这批文书的基本情况和日本学界研究状况做了详细说明，书末附有文书目录对照表。

## 戎旃遣兴草

（清）晋昌撰。有清嘉庆二十五年（1820年）刻本；清道光五年（1825年）安素堂刊本2卷，2册。清嘉庆刻本藏于国家图书馆，清道安素堂刊本藏于辽宁省图书馆。

晋昌（1759—1828），爱新觉罗氏，字戬斋，后改字晋斋，号红梨主人，满洲正蓝旗人。清世祖五子恭亲王常宁五世孙，固山贝子明韶的长子。乾隆五十三年（1788年）袭镇国公爵，授散秩大臣。后历任正红旗蒙古副都统、镶白旗护军统领、镶兰旗满洲副都统、镶白旗满洲副都统、镶红旗满洲副都统、宗人府右宗人、内大臣、宗人府左宗人、宗人府右宗正等职。嘉庆五年（1800年），担任盛京将军，八年革职。十年，以头等侍卫衔出任乌什办事大臣，次年授喀什噶尔参赞大臣。十四年，调伊犁将军。十八年革职。十九年，第二次任盛京将军。二十二年，二度出任伊犁将军，二十五年回京。道光二年（1822年），三任盛京将军，七年任绥远城将军，八年免职。

晋昌工诗善画。在盛京将军任上，与幕僚叶耕畲和程伟元等人往还吟咏，留有诗集《且住草堂诗稿》。伊犁将军任上，也多有唱咏，汇为《西域虫鸣集》。嘉庆二十五年（1826年），晋昌将二者合为《戎旃遣兴草》付梓刊行。诗集反映了晋昌任职伊犁将军期间，以他为主导的伊犁将军府文人间的交集和群体活动，如集中有《九日登庆宜楼与周听云、赵菊人、高心兰、傅啸山联句》。《西域虫鸣草》共 81 篇，除作于伊犁的诗作外，还包括任职乌什、乌里雅苏台期间往来西域各地的诗作，以及部分离开伊犁赴任盛京将军期间的诗作。内容上多吟玩情性，以公余题画赏花、宴饮唱酬、送别寄远、思亲怀友及衙斋闲吟之作为主，表现身处极边的诗酒逍遥和天涯漂泊之感。其人其诗，都有助于今人了解彼时伊犁地区的文化与文学创作环境。

### 瑞芍轩诗钞

（清）许乃榖撰。有《瑞芍轩诗钞》4 卷附《词稿》1 卷，同治七年（1868年）刻；《瑞芍轩诗钞》2 卷，附《词钞》4 卷，清抄本；《瑞芍轩诗钞》不分卷，抄本；《瑞芍轩诗钞》2 卷，附《词稿》1 卷。其中以同治七年刻本 2 册最为完备。已经收入《清代诗文集汇编》（上海古籍出版社，2010 年）。其中有关西北边地作品都收录在《诗钞》中，《词钞》多为早年作品。

许乃榖（1785—1835），字玉年，号玉子，又号南涧山人，浙江仁和人。道光元年（1821 年）举人，历官甘肃环县、皋兰、山丹、抚彝、敦煌知县。道光八年（1828 年），谒选环县知县，从此至道光十五年（1835 年）卒于安西直隶州任上，整整七年都在西北边地度过。生平事迹主要见于萨迎阿所作《署安西牧敦煌令许君传》。许氏乃杭州望族。许乃榖的父亲许学范为乾隆三十七年（1772 年）进士。兄弟八人中，兄许乃济是嘉庆十四年（1809年）年进士，为翰林院编修；弟许乃普是嘉庆二十五年（1820 年）一甲二名进士，曾任江西学政、吏部尚书等职；弟许乃钊系道光十五年（1835 年）年进士，授编修，曾任广东学政、江苏巡抚；兄长许乃来、许乃大均系举人出身。当时就被赞为"七子登科，海内所未有"。玉年本人颇具家学渊源，早年与名士陈文述、汪远孙等人日相过从，受到杭州浓厚文化氛围的熏陶，工诗善画。

《瑞芍轩诗钞》中的西北边地之作，主要具有三方面内容。第一是在甘肃任内的作品，如《七里沟建桥歌》，详细记载了自己在七里沟建桥的前因后果，为许乃榖环县知县任上政绩提供了具体的事例。在抚彝任上所作《抚彝沙》一诗，乃以诗歌的形式，记录了解决民事问题，《临泽县志》

中为此也赞扬他"道光十年调署抚彝通判,学问渊雅,培养人材,剔除奸弊,片言折狱,律己以廉,惠政卓著,士民怀之"。

第二是在道光十年(1830年)八月,浩罕国夹持张格尔之兄玉素普入寇南疆,许乃毂随军参谋军事赴喀什噶尔军营;道光十一年(1831年)秋,还至安西,历时近一年,在西域期间的作品。有的反映了与主帅壁昌之间的交往,有的记载了亲历战事时所见到的人物。如《辽东健儿歌为壁星泉参赞纪纲戴存义作》,诗歌所述为围城期间,壁昌仆人戴崇义单骑突围求援之事。此外,他的《哈密回城九龙树行》《西域咏物诗二十首》是对西域风物的描写。诗题长达百言的《喀什噶尔回童,夷语曰"巴郎子"。有工针黹者,如内地之拉锁子。以绢素绷架上,亦如内地;惟其针尾镶以木,如锥;针尖有倒锋似钩,与内地殊。右手下针,针斜落,其钩乘隙而上;左手绕线于钩,随指起落,捷若风雨。授以人物、花鸟、篆隶真行,顷刻而就。女红二月,渠一日二日可成,真绝迹也。纪之以诗》,则记载了新疆南疆的手工艺匠人,为现存西域诗中所仅见。第三是在任敦煌县令期间的作品,"在清代历任敦煌知县中,他留下的诗文最为丰富,水平也较高"。此期诗作涉及到敦煌的月牙泉、莫高窟等自然人文景观等,笔触也较为别致。

从杭州的湖光山色走进边塞的大漠孤烟,不仅促使其诗歌风格的转变,也成为许乃毂个人行实与所历相关史事的实录,具有文史相兼的双重价值。

## 婼羌县乡土志图

(清)瑞山修,不分卷,1册。宣统元年(1909年)抄本。有湖北省图书馆藏《新疆乡土志稿二十九种》(油印本)、新疆自治区图书馆1976年重印本,日本人片冈一忠辑《新疆省乡土志三十种》(中国文献研究会,1986年)。点校本有马大正、华立主编《中国边疆史地资料丛刊·新疆卷》中的竖排版《新疆乡土志稿》(全国图书馆文献缩微复制中心,1990年),马大正、黄国政等编《新疆乡土志稿》(横排重印)(新疆人民出版社,2010年)。

瑞山,生卒年不详,清末曾任职婼羌县,宣统元年编纂《婼羌县乡土志图》。

《婼羌县乡土志图》成书于宣统元年，系奉清廷敕令编写的新疆乡土教材之一。是志按《乡土志例目》列13目，约2000字，是该县第一部县志。卷首有《婼羌县地舆图》一幅。记事至光绪三十四年（1908年）。封面及每页均钤"婼羌县印"朱文印。是志为新疆各志中篇幅最少、内容最简的两种之一。

## 婼羌县乡土志

（清）唐光祎修，宣统二年（1910年）抄本。有湖北省图书馆藏《新疆乡土志稿二十九种》（油印本）、新疆自治区图书馆1976年重印本，日本人片冈一忠辑《新疆省乡土志三十种》（日本中国文献研究会，1986年）。点校本有马大正、华立主编《中国边疆史地资料丛刊·新疆卷》中的竖排版《新疆乡土志稿》（全国图书馆文献缩微复制中心，1990年），马大正、黄国政等编《新疆乡土志稿》（横排重印）（新疆人民出版社，2010年）。

唐光祎，宣统二年任婼羌县知县，编纂《婼羌县乡土志》。

是志与瑞山修《婼羌县乡土志图》内容基本相同，唯文字稍异，舆图阙如。记事至宣统二年，计1500余字。按清学部所颁《例目》列有沿革、政绩、兵事、耆旧、人类、户口、氏族、宗教、实业、地理、山、水、道路、物产15目，是新疆乡土志中内容最简、篇幅最少的一种。沿革目记本境历史、建制沿革，较前书更简。政绩在前书基础上增录宣统二年两任知县到任、卸任时间，并对所列各任县丞、知县政绩作了简评。兵事仅寥寥数句带过。耆旧、人类、户口、氏族、宗教、实业与前书一致。地理目记载较前书详细，并增载了宣统二年所建学堂、宣讲所等事。山、水、道路记本境山川道里情况，与前书基本一致。物产中植物种类较前书有所增加，矿物也有所记载。商务则无大宗贸易，基本无商贸往来。

# S

## 萨恪僖公诗集

（清）萨迎阿撰。有道光十三年（1833年）刻本，11卷，国家图书馆藏。另有《心太平室诗》辑于《萨恪僖公诗集》之中，有清道光十四年（1834年）刻本；清朱格抄本4卷，1册，藏于国家图书馆；2006年甘肃省古籍文献整理编译中心编《西北文学文献》第6卷收录。

萨迎阿（1779—1857），字湘林，钮祜禄氏，满洲镶黄旗人。嘉庆十三年（1808年）举人，由兵部笔帖式擢礼部主事，洊升郎中。道光三年（1823年），出为湖南永州知府。四年，调长沙。后任山东兖沂曹道、甘肃兰州道。七年，迁甘肃按察使。九年，擢河南布政使，行至平凉，又奉旨以副都统衔为哈密办事大臣，是年八月抵哈密。未及一月，复命为喀喇沙尔办事大臣。十年十一月，授盛京工部侍郎兼管奉天府尹事。十一年，留京，署镶白旗汉军副都统。本年十月授乌什办事大臣。十二年九月，调哈密办事大臣，十三年五月抵任。十五年十月，为盛京礼部侍郎兼管府尹事。二十年，召授礼部侍郎。二十三年，授热河都统。二十五年十一月，授伊犁将军，次年春到任。在任五年，兴修水利，守土抗侵，为维吾尔平民平反冤狱，颇有政声。道光三十年（1850年）十一月召回，历任正白旗满洲都统，镶蓝旗、正红旗蒙古都统。咸丰六年（1856年）出署西安将军。七年，卒，谥恪僖。

《萨恪僖公诗集》包括：《梦花斋诗集》6卷，《心太平室诗钞》4卷，《心太平室补钞》1卷。《心太平室诗钞》是作者将其在新疆任职期间的诗词汇集而成，为诗人政务之暇即兴所作。其西域诗主要集中在《心太平室诗钞》的卷一《再出玉门草》中，主要为其在道光十一年（1831年）至道光十三年（1833年）在乌什、喀喇沙尔、哈密等地任职期间所作。凡41首，题材多样，有写景诗、怀亲诗、军旅诗、城市诗等，内容涉及塞外自然风光、经行之地的地理位置、驻防八旗兵的军旅生活等。

## 塞北纪程

（清）马思哈撰，也称《塞北纪闻》。《小方壶斋舆地丛钞》本1册。《小方壶斋舆地丛钞》收录。国家图书馆有收藏。

马思哈，即马思喀。康熙内大臣。《塞北纪程》纪录康熙首次西征的相关事件。马思哈是康熙身边的亲信，首次西征时因为康熙身染时疾，所以中军无功而返。但在二次西征时，马思哈身在康熙中军，随驾转战克鲁伦等地，并在拖纳阿林与康熙分兵追击溃败的噶尔丹夫妇。《塞北纪程》在文字中有许多关于近支皇族与中军移动的纪录，是康熙首次西征的贴身记载。

## 塞程别纪

（清）余寀撰。有国家图书馆藏《昭代丛书乙集第四帙》，乾隆年间刻本重印，后被《四库全书存目丛书·史部》（齐鲁书社，1996年）影印，全国图书馆文献缩微复制中心编《中国边疆史志集成新疆史志》第一部（全国图书馆文献缩微复制中心，2003年）影印，《边疆史地文献初编东北边疆》第二辑（中央编译出版社，2011年）影印，《丝绸之路西域文献史料辑要》第一辑（新疆美术摄影出版社、新疆电子音像出版社，2016年）影印。

余寀，字同野，生卒年不详，山阴人。康熙三十五年（1696年），清军出征准噶尔部，随总督于成龙督运军粮送塞外，以其一路见闻成此书。

该书记载了作者从京师东直门出发，经密云，上冀辽大道，过漳水，经张家口、蒙古到新疆的沿途所见所闻。书里介绍了一路上的风土人情、自然风光、物产古迹、山川河流等情况，也抒发了一路上的奇难险峻之情。在书中，作者提到了"骚壶营""铁匠营""小官营""大官营""二道营""头道营""郭家屯""罗北营""三道营""崆峒山""小伯颜沟""大伯颜沟""夹河沟""牙带它罗海""额仑山脉"等一系列具有地域特色的沿途经过的地名。该书行文流畅，逻辑清晰，内容丰富，是研究当时从京师入疆通道沿途历史地理的宝贵资料。

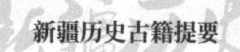

## 塞外纪程

（清）陈法撰，1卷，有清抄本；咸丰年间刊本；民国二十二年（1933年）铅印本；香港蝠池书院出版有限公司2010年版，1册，收录于《中国边疆行纪调查记报告书等边务资料丛编（初编）》。清抄本藏于内蒙古自治区图书馆；中国民族图书馆、国家图书馆。

陈法（1692—1766），字世垂，贵州安平（今平坝县）人。清代知名学者和治水专家。乾隆十年（1745年），河道总督白锺山被弹劾，陈法为之辩解，被革职发配新疆。到新疆后，他见当地无水井，乃亲自探勘，掘地得泉，人民感其恩，取名"陈公井"。后遇赦归里，潜心治学。《塞外纪程》正是乾隆十年他被革职发配新疆，据路程所见而成。

## 塞外纪闻

（清）洪亮吉撰，1卷，清咸丰四年（1854年）刻本；北江杂著本；中华书局2001年版等。中华书局《洪亮吉集》收录。国家图书馆有收藏。

《塞外纪闻》与上述洪亮吉两部作品撰述背景相似，都是他谪戍西行的见闻。对研究当时新疆社会人文有重要参考价值。

## 塞外见闻录

（清）佚名撰，1卷。清抄本1册；影印本1册，106页；四川民族出版社2003年版；学苑出版社2010出版。四川民族出版社2003年版《中国少数民族古籍集成》（汉文版）收录；学苑出版社2010出版《中国稀见地方史料集成》（第一辑）收录。清抄本藏于内蒙古自治区图书馆；影印本藏于国家图书馆。

本书涉及西北风土人情等内容，也包含部分新疆内容。

## 塞外录

（清）洪亮吉撰，1卷，有读书斋三录本；清光绪三年（1877年）阳湖洪用懃授经堂刻《洪北江全集》本；中华书局2001年版等。中华书局《洪亮吉集》收录。清光绪阳湖洪用懃授经堂刻《洪北江全集》本，藏于国家图书馆。

《塞外录》是洪亮吉嘉庆四年（1799年）谪戍西行的所见所闻，为研究新疆史提供了重要参考资料。

## 塞垣吟草

（清）陈庭学撰，有清嘉庆十年（1805年）刻本，4卷。

陈庭学（1739—1803），宇景鱼，号莼涘，晚号莲东逸叟，直隶宛平人。乾隆三十一年（1766年）进士。三十四年，补殿试，授刑部主事。三十六年，充云南乡试副考官。后擢奉天司郎中。四十年，选授山西潞安府知府。四十三年，署蒲州府。同年，擢甘州驿传道按察使司。四十五年，调陕西汉兴道。四十六年，以甘肃灾赈案，为"属吏所累"，夺职。次年，谪戍伊犁。五十二年，补管粮主事，掌惠宁城仓务。六十年，归京。嘉庆八年（1803年）卒于宛平。有《塞垣吟草》《东归途吟》及蒙学书籍《蛾述集》16卷行世。

《塞垣吟草》作于陈庭学谪戍伊犁的14年间，附赐归经哈密、玉门等地所作《东归途咏》1卷。凡523首，作于西域境内者约500首。前有仁和余集序。《塞垣吟草》中的西域诗作就内容而言，可划分为三个部分：吟咏自然风光之作、歌咏屯田之作和酬唱赠答之作。其诗歌体现两个特点：一是在戍的心态平和，意境宽舒；一是屯垦戍边的诗作较多，亦较佳。《塞垣吟草》中，绝大部分是步韵唱酬之作，多表现意志的激扬和生活的闲适。和其他戍客诗人相比，较少凄苦之音。正如余集在《塞垣吟草》序中谓陈庭学："豪迈伉爽，诗坛酒座，恒以意气倾其侪偶。迁谪后啸歌饮酒，益放于诗，傲睨忧患，漠不动心。戍所固多文人朝士，罔不衰苶抑塞若不胜者，一时连情发藻,多凄咽悲凉之作,视公之诗,皆相顾以为不如。"诗人通过诗歌将生命体验和对西域的认识记录下来,展现在中原文人面前,带有西域特色的诗歌渐渐被主流文化关注。借助西域诗这种个人的"地域叙事"方式,更广泛细致地记录西域的历史、地理和社会文化,让西域文化元素进入到中原文化中,为丰富中国古典诗歌做出了贡献。

## 三州辑略

（清）和瑛撰,9卷。有国家图书馆藏清抄本4册、清抄本9册、清抄本16册、清道光刻本8册、清末松古斋朱格抄本1册,天津图书馆藏清嘉庆十年（1805年）和氏刻本,辽宁省图书馆清抄本9册等。又有《中国西北文献丛书》第五卷《西北稀见方志文献》（兰州古籍书店,1990年）据嘉庆乙丑刻本影印。

《三州辑略》是和瑛任乌鲁木齐都统期间所编纂,历时二年成书。因乌鲁木齐、吐鲁番、哈密三地当唐代伊州、西州、庭州三州,嘉庆初年归镇迪道管理,故名。

该书分9卷21门类。卷一为沿革、疆域、山川三门,分叙伊、西、庭三州重大历史事件,三地的疆域划分及各地的山川地形;卷二为官制、建置二门,详细记载了当地官吏设置及各城衙司建置情况;卷三为库藏、仓储、户口、赋税四门,对清中期伊、西、庭三地的社会、经济等方面记载较详;卷四为营伍、马政、台站三门,对此三地的军事建置、组织及军事地理有非常翔实的记载;卷六为礼仪、旌典、学校、流寓四门,主要反映有清以来乌鲁木齐地区的祭祀、为国捐躯的将士、烈女、教育及新疆流人情况;卷七、卷八、卷九上为艺文门,大量收录履新官员及贬谪文人的诗文碑刻等文;卷九下为物产门。

《三州辑略》中详细辑录了乌鲁木齐都统辖区内的政治、经济、军事、文化,尤其是关于乾嘉时期这三地的郡县制度的建立与完善,城市的兴起与建筑,农业屯田及其管理,传统儒家文化教育发展,乌鲁木齐都统辖区的军事部署等方面的史料。

## 沙哈鲁遣使中国记

[波斯]火者·盖耶速丁·纳哈昔著。1934年波斯文本被译成英文刊出，中译本据英文翻译，1981年出版，何高济译。与《海屯行纪》《鄂多立克东游录》合刊。中华书局《中外关系史名著译丛》收录。国家图书馆有收藏。

火者·盖耶速丁·纳哈昔，帖木儿王朝宫廷画家。1419年国王沙哈鲁派遣使团访问明朝。1422年，作者作为帖木儿王朝米儿咱·沙哈鲁王子贝孙忽儿的代表，随使团前来明朝朝贡，遵其主嘱，将东使经历记录详尽。历史学家哈菲兹·阿卡鲁根据其日记撰写成《沙哈鲁遣使中国记》，记述了使团去中国沿途所见及明朝的政治、经济、人物、民俗、物产等情况。本书对于当时明朝烽燧、边境、乃至北京诸地的经济、贸易、法律、朝贡制度、帖木儿王朝与明朝间的交往多有记载，于天山北部及吐鲁番、哈密诸地之地理、民族和风俗习惯的记述也独具特色。

## 沙埋和阗废墟记

[英]斯坦因著，殷晴等译，新疆美术摄影出版社1994年出版。国家图书馆有收藏。

《沙埋和阗废墟记》是斯坦因第一次中亚探险（1900—1901）后所著。在此次探险中，斯坦因发掘和田地区、尼雅遗址，写出《沙埋和阗废墟记》。

## 沙雅县乡土志

（清）张绍伯修。光绪三十四年（1908年）抄本。有湖北省图书馆藏《新疆乡土志稿二十九种》油印本、新疆自治区图书馆1976年重印本，日本人片冈一忠辑《新疆省乡土志三十种》（日本中国文献研究会，1986年）。点校本有马大正、华立主编《中国边疆史地资料丛刊·新疆卷》中的竖排版《新疆乡土志稿》（全国图书馆文献缩微复制中心，1990年），马大正、黄国政等编《新疆乡土志稿》（横排重印）（新疆人民出版社，2010年）。

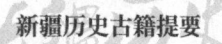

张绍伯，字述侯，辽宁沈阳人。清末曾任蒲犁县同知、沙雅县知县、迪化知府兼外交局提调、外交部特派新疆交涉员、新疆外交公署长等职。1936年在喀什病故。

《沙雅县乡土志》成书于清光绪三十四年。是志按清学部所颁《例目》要求编写，记载简略，计2000余字。政绩录记沙雅未设治以前各级伯克名称，对了解伯克制有一定参考价值，并记载了光绪年间沙雅设立义塾学堂，兹兴文教之事。兵事录简记乾隆二十三年（1758年）雅尔哈善平乱一事。耆旧录、人类、户口、氏族、宗教、实业等目均记载简略。地理、水、道路记本境方位、四至八界、辖境庄乡、八栅、礼拜寺、底驿、学堂、山川道里、卡伦、台站等情况，均较他目详细。商务记本境市镇八栅集市盛况，输出、输入货物数量、价值，对研究市镇商贸、社会生活有一定参考价值。

## 沙州伊州地志

出自敦煌莫高窟藏经洞，原件今存英国伦敦图书馆东方部，编号S.367，首残，尾全，现存86行。唐耕耦等《敦煌社会经济文献真迹释录》收录（书目文献出版社，1998年）。

该志先述州之沿革与现状，次及治下各县，与《元和郡县志》体例相同，是敦煌卷子中一个重要的地理残卷。前28行为沙州寿昌县（今敦煌市南湖乡）地志后半部分，第29行至79行为伊州及其所属伊吾、纳职、柔远三县及伊吾军地志，第80行至84行为河西及庭州、西州地志，第85、86行为抄写者题记，反映了沙州、伊州的地域、沿革、城镇、交通、烽燧及河流、湖泊、物产等自然环境和民族、风俗习惯等方面内容。例如所记贞观中康国大首领康艳典率众移居罗布泊西南，以及所修筑的典合城、石城镇、新城、蒲桃城、萨毗城等资料，可与《沙州都督府图经》相补证；伊州部分所载伊吾祆庙及祆主翟槃陀事迹为研究祆教的重要资料，补充了《唐书·地理志》及《元和郡县图志》的不足。

## 沙洲都督府图经（残卷）

出自敦煌莫高窟藏经洞，原件今存法国巴黎国家图书馆东方写本部，编号 P.2005，存 513 行。编号 P.2695 是其另一抄本，末有"沙州都督府图经卷三"。因之，有研究者将此定名为《沙州都督府图经卷三》。另有编号 P.5034 号，残存 181 行，被定名为《沙州都督府图经卷第五》。收入唐耕耦等《敦煌社会经济文献真迹释录》（书目文献出版社，1998 年）、罗振玉辑《鸣沙石室佚书正续编》（影印，北京图书馆出版社，2004 年）等书中。

敦煌莫高窟藏经洞出土的《沙州都督府图经》（以下简称《图经》）是我国现存最早的唐代图经之一。《沙洲都督府图经（残卷）》保存了有关中古时代敦煌历史、社会、地理、文学、宗教、自然资源、中西交通等方面内容，如河流、水渠、泊泽、池堰、古城、学校、殿堂、祥瑞、驿站、歌谣；也保存了北凉、西凉史事等方面的资料。对独利河、兴湖泊、三泽（东泉泽、大井泽、四十里泽）、二堰（长城堰、马圈口堰）这些水沟、渠道、池堰的发源、方位、流向、面积、深度以及名称来历等，记载较详。

## 莎车府乡土志

（清）甘曜湘修。有湖北省图书馆藏《新疆乡土志稿二十九种》油印本、新疆自治区图书馆 1976 年重印本。点校本有马大正、华立主编《中国边疆史地资料丛刊·新疆卷》中的竖排版《新疆乡土志稿》（全国图书馆文献缩微复制中心，1990 年）；马大正、黄国政等编《新疆乡土志稿》（横排重印），新疆人民出版社，2010 年。

甘曜湘，湖南湘阴人，光绪二十七年（1901 年）任新疆布政司，三十二年任莎车府知府。

清光绪三十四年（1908 年）成书，2000 余字。分历史、政绩、兵事、人类、户口、氏族、宗教、实业、地理、山、河、道路、物产、商务诸目。兵事目叙及本境大小和卓叛乱始末；同光年间布鲁特叛酋思的克、逆回金

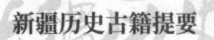

相印等叛乱之事。所载民族、户口、物产、商务等，对研究新疆民族史、经济史，提供了一些有价值的资料。

## 莎车府志

（清）佚名纂，不分卷。有首都图书馆藏清宣统元年（1909年）抄本1册。收录于北京图书馆藏《地方志人物传记资料丛刊·西北类》（北京图书馆出版社，2001年）。

《莎车府志》篇幅简短，对莎车的各种人生业、乡贤、忠烈等进行了大概的介绍，内容包含有莎车本地的户数、重要事件、名人等。对了解新疆莎车地区的历史沿革有参考价值。

## 莎车纪行

（清）倭仁撰。《倭文瑞公遗书》本；《古今游记丛钞》本；《小方壶斋舆地丛钞》本；甘肃人民出版社2002年李正宇点校本；全国图书馆文献缩微中心1985年版。1册。李正宇《莎车纪行》点校本，收入《西征续录》之中（第63~88页）。《小方壶斋舆地丛钞》第二帙、全国图书馆文献缩微中心《丝绸之路资料汇钞·清代部分》收录。国家图书馆有收藏。上海图书馆藏有一本《叶尔羌纪程稿》不分卷的倭仁手稿，章炳麟、汪东手跋，盖福裕藏印。除此还有清抄本，东洋文化所藏抄本。

倭仁，晚清大臣，理学家。《莎车纪行》主要记载倭仁挈眷赴叶尔羌帮办之任时，沿途的见闻和所感。从内容看，《莎车纪行》与《叶尔羌纪程稿》基本一致，可以说是后者是初名，前者是后人重新命名的。此稿倭仁兼记新疆境内地名及阿克苏、伊犁、瀚海等情况。它的价值，正如手稿之章炳麟跋云："满洲某帮办事，记自燕都至叶尔羌程途颇详，亦能考证地望，佣中佼佼者也。今为蒲圻但植之所得。"汪东跋略云："赴叶尔羌帮办任纪程之作，付其少子福裕者，殉庚子难。此册流厂肆，为植之所得，足资留心边疆地理者之参证。"

# 山海经

（战国）佚名编著，（晋）郭璞注。古代地理著作。《山海经》流传久远，版本复杂。有明成化元年（1465年）吴宽抄本，18卷；明成化四年（1468年）北京国子监刻本，18卷；明嘉靖十五年（1536年）潘侃前山书屋刻本，18卷；明万历吴管刻山海经水经合刻本，18卷；清康熙五十三年（1714年）项氏群玉书堂刻本，18卷；上海古籍出版社1989年版。晋郭璞注本最为通行。

古人认为该书杂取《穆王传》《庄子》《周书》等编著而成，约成书于战国中后期至西汉初中期。注者郭璞（276—324），字景纯，两晋时期著名文学家、训诂学家，精通天文、历算、卜筮，擅诗赋。曾与王隐共撰《晋史》，为《尔雅》《方言》《山海经》《穆天子传》《葬经》作注，传于世，明人有辑本《郭弘农集》。

《山海经》以山海为纲，记载了上古至周的历史、民族、宗教、神话、山川、道里、物产、草木、鸟兽、祭祀、医药、风俗等。该书也是最早记载新疆的古籍之一。其中《西山经》的《西次三经》载有"不周山"，即指新疆昆仑山系的雪山。传说此山形有缺不周，乃共工与颛顼争帝位发怒触撞造成的。此经又有"玉山"，系西王母所居。而《北山经》的《北山一经》载："敦薨之山，其上多棕、楠，其下多茈草。敦薨之水出焉，而西流注于泑泽。出于昆仑之东北隅，实惟河源。"据研究敦薨山乃天山，敦薨水乃孔雀河，泑泽系罗布泊，而河是黄河。姑且不论黄河是否以此为发源地，但所记为远古新疆的山川、河流、物产、民族等等却是不误的。有学者研究，西域的昆仑山、阿尔金山及甘肃的祁连山、陕西秦岭在书中统一称为南山（见《西山一经》《海外西经》）。山地和河流可以作为交通路线上判别方向、确定位置的目标。可以认为，先秦时期，经河西走廊、罗布泊地区和塔里木盆地南缘到和阗地区，是黄河流域与新疆地区交往的主要通道。交往的主要目的是进行玉石交换。此外，阿尔泰山地区也是古代新疆与黄河流域有较多交往的地区。总之，根据此书可知古代新疆与内地有较广泛的人文交往和接触。

## 陕甘总督奏稿

（清）布彦泰、林则徐著。清抄本，不分卷，共7册，今藏国家图书馆。

布彦泰（1791—1880），颜扎氏，满洲正黄旗人，由荫生授蓝翎侍卫，袭世职。嘉庆二十三年（1818年），充伊犁领队大臣。先后历喀什噶尔参赞大臣、办事大臣、乌什办事大臣、喀什噶尔总兵、哈密办事大臣、西宁办事大臣、伊犁参赞大臣、塔尔巴哈台参赞大臣、察哈尔都统、伊犁将军、陕甘总督。政绩以新疆开垦、西宁平番为著。《清史稿》（卷三八二）有传。

林则徐（1785—1850），福建侯官（今福州）人，字元抚，又字少穆、石麟，晚号俟村老人、俟村退叟、七十二峰退叟、瓶泉居士、栎社散人等。曾任湖广总督、陕甘总督和云贵总督。两次受命钦差大臣，以严禁鸦片而著称。谪戍新疆期间，适逢兴治屯田，将军布彦泰请林则徐综其事。林则徐受命周历南八城，濬水源，辟沟渠，垦田三万七千余顷，请给回民耕种，改屯兵为操防，被采纳。《清史稿》（卷三六九）有传。林则徐另有《陕甘奏稿》一卷，载《林文忠公政书》。

《陕甘总督奏稿》是布彦泰于道光二十六年（1846年）至二十七年任陕甘总督时的奏疏稿。布彦泰到任之前由林则徐署理总督，到任后林氏任陕西巡抚，因各疏大都署名布、林，作者可视为二人。林则徐被流放到伊犁后，曾得到时任伊犁将军布彦泰的关照。布彦泰力荐林则徐，林则徐得以被重新起用，任三品顶带署理陕甘总督。二十六年三月十一日，布彦泰正式接任陕甘总督，同月授林则徐为陕西巡抚，仍留西宁，会办"番务"。当年六月，扫平黑错寺和果岔两处叛乱。这部奏稿包含大量西北地区政治、军事、经济、农业和少数民族地区史料，可补充布彦泰、林则徐的传记、年谱等。

## 鄯善县乡土志

（清）陈光炜修。光绪三十四年（1908年）稿本。有湖北省图书馆藏

《新疆乡土志稿二十九种》油印本、新疆自治区图书馆1976年重印本，日本人片冈一忠辑《新疆省乡土志三十种》（中国文献研究会，1986年），首都图书馆藏本，后辑入《首都图书馆藏稀见方志丛刊》（国家图书馆出版社影印本，2011年），此本附有舆图。点校本有马大正、华立主编《中国边疆史地资料丛刊·新疆卷》中的竖排版《新疆乡土志稿》（全国图书馆文献缩微复制中心，1990年），马大正、黄国政等编《新疆乡土志稿》（横排重印）（新疆人民出版社，2010年）。

陈光炜，湖南省新化县人，光绪三十三年至三十四年（1907—1908）任鄯善县知县。

《鄯善县乡土志》修于光绪三十三年（1907年），系光绪三十一年（1905年）新政期间新疆奉清廷敕令而编写的新疆乡土教材之一，3000余字。列历史、政绩录、兵事录、耆旧、人类、户口、氏族、宗教、实业、地理、山、水、道路、物产、商务14目，记鄯善县军政史地人文之梗概，有一定参考价值。

首图藏本内附有舆图，其他各本均无图，故首图本可称乡土志中的舆图孤本，价值颇高。是图虽较为简单，但亦对折三页，图右角钤盖"鄯善县印"满汉扁方印。

## 上海博物馆藏敦煌吐鲁番文献

上海博物馆与上海古籍出版社共同编纂，上海古籍出版社1993年版，共2册。

上海博物馆藏品主要来自上海市文物保管委员会的捐赠和历年的收购，除《上海博物馆藏敦煌吐鲁番文献外》，上海博物馆曾与香港中文大学文物馆合作编纂《敦煌吐鲁番文物》。

该书影印刊布了上海博物馆藏全部敦煌吐鲁番文献图版共80号，另附该馆所藏传世唐人、宋人写经共11号，其中有时代最早的敦煌写卷，历代《大藏经》失收的孤本，多种失传文献的五代丛抄册，不少写卷还迭经鉴藏，留有大量题跋藏印。编者还从中挑出60幅保存状况良好，有彩绘佛画、印有朱墨印章的遗书制成彩版，作为插页置于各册之首，其原件全貌的黑白版仍予以保留，收入正文部分。该书所收全部影印图版均是为编撰该书而直接依据原件拍摄并电子分色上版，所以图版上的文字、图像大多清晰可辨。从内容上看，上海博物馆藏敦煌吐鲁番文献以佛经文献为主，各类佛经占63号，佛教图像占8号。世俗文书与儒家经典仅有5号，但佛教文书背面还保留了一些世俗文书。其中即有唐代西域文书开元十六年（728年）三月《请纸牒》。

除影印图版之外，该书还编制了四种附录附于书后，一为叙录，按全书编排顺序对所收文献的外貌和内容做了简要说明，包括编号、题名、著译者、文种、装式、残况、首末行、卷长、卷高、纸书、纸长、纸色、纸质、字心高、天地高、每页行数、每行字数、墨色、字体、栏框、题记、批校、印章、序跋藏印、断代等。二为年表，将文献中有确切年代的原题记按公元纪年排列。三为分类目录，将所有文献按佛、道、世俗的顺序分类排列。四为索引，摘出黑白图版、彩色图版、叙录、年表、分类目录中的遗书题名、抄经人名、藏经寺名等，按四角号码顺序排列，注出其在该书的位置。这四个附录为读者了解文物情况、文物价值提供更多的信息，是研究者需要的重要检索工具。

## 尚书

佚名著，约成书于前五世纪。上古文献汇编，有岳麓书社2001年版、中华书局2004年版等。

该书最早名为《书》，"尚"即"上"，"尚书"即上古之书，是上古文化《三坟》《五典》遗留著作，是儒家重要的经典著作之一，也是中国现存最早的官方史料集，保存了许多上古部落历史文件和政史论文。《尚书》的流变较为复杂。秦始皇统一中国后禁止民间收藏图书，颁布《焚书令》，《尚书》抄本几乎全被焚毁。汉代重新重视儒学，有今文、古文两种不同的《尚书》传本，一种是秦博士伏生口授、用汉代通行文字隶书写的《尚书》，即《今文尚书》，共28篇；一种是在孔子故宅墙壁里发现的《尚书》，用先秦六国时的字体书写，即《古文尚书》，经过孔子后人孔安国的整理，篇目比《今文尚书》多 16 篇。西晋永嘉年间战乱中，今、古文《尚书》全部散失。东晋初年，豫章内史梅赜献上朝廷一部《尚书》，包括今文《尚书》33 篇（梅赜从原先的 28 篇中析出 5 篇）、古文《尚书》25 篇。清人孙星衍作《尚书今古文注疏》，广泛汲取前人考订成果，细致考订，将《尚书》篇目重新厘定为 29 卷，大抵恢复汉代《尚书》传本的面貌，为今通行本。

《尚书》所记基本上是誓、命、训、诰一类言辞。其中《禹贡》是中国最古老、最系统的地理文献，并包含着古人有关国家治理方案的思想。全篇分为四个部分：九州、导山、导水、五服，共计 1193 字。举凡地貌、山川、地形、土壤、物产、民人、贡赋、交通等等都有记载。其中也涉及西域。如《禹贡》中的昆仑、析支、渠搜，据考证都是当时西域的衣皮之民，他们以毛织物为贡品。《禹贡》记载的黑水及其附近的古昆仑山区，则被视为华夏民族的发祥地。这些观点虽然也有不同意见，但仍可备一说。可见《禹贡》篇保留了新疆非常远古的地理资料及其它诸多信息。《禹贡》对古代自然地理与经济状况的记述，使之成为研究中国地理沿革的出发点。而《禹贡》分服处理内地与边疆关系思想的提出，对于古代国家治理思想体系的形成，以及中国边疆与内地关系模式的构成，乃至于中国边疆学术研究，都有着十分重要的意义。

## 神策军碑

（唐）会昌三年（843 年）立。《金石录》收录。原石已毁，有宋拓孤本传世，曾流于海外，后于 1965 年购归国内，现藏于北京国家图书馆。

《神策军碑》，全称《皇帝巡幸左神策军纪圣德碑》，又称为《柳公权神策军纪圣德碑》。崔铉撰文，柳公权书丹。神策军于唐天宝十三载（754 年）始置，原在临洮，初为守边军队。后由于该军效忠于皇帝个人，故改编为禁军。自德宗以后，神策军由宦官掌管，专权局面逐渐形成，武宗由宦官仇士良所立，继位后亲自巡幸了由宦官指挥的担任宫城守卫职责的左神策军，并建碑记载。该碑即记录了唐武宗即位后祭祀天地、告祭祖先宗庙及巡幸左神策军军营等事。

该碑在记录安辑南归唐朝的回鹘首领嗢没斯部分具有重要史料价值。回鹘自贞观二十年（646年）起即接受唐朝管辖，始终与唐朝保持友好关系，并帮助唐平定"安史之乱"。武宗继位前后，蒙古高原发生重大灾荒，回鹘汗国灭亡，会昌二年（842年），首领嗢没斯部归附唐朝。《神策军碑》碑文中"复其故庐""颁赐粟帛"等即记此事。除史料价值以外，该碑由柳公权书丹，体现了柳体楷书骨骼开张、平稳匀称的特点，也具有极高的艺术价值。

## 圣武记

（清）魏源撰，14卷。是书有道光二十二年（1842年）苏州古微堂刻本。后经两次修订，一为道光二十四年（1844年）修订刊本，另一为道光二十六年（1846年）二度修订刊本。以道光二十六年刊本为佳。此外，还有《四部备要》本等。1984年，韩锡铎、孙文良据道光二十六年修订本为底本点校由中华书局出版。湖湘文库《魏源集》第三册收有《圣武记》（岳麓书社，2011年）。

魏源辑有《海国图志》，著有《古微堂集》《古微堂诗集》《书古微》《元史新编》等是近代中国"睁眼看世界"的首批知识分子的代表，主张"师夷长技以制夷"。

该书为纪事本末体，多取材于经书、正史、实录、方略、公文、杂志，兼及实地踏勘。前10卷记述清廷建国、统一东北、征服明朝、平定三藩、绥平蒙古、勘定回疆、抚绥西藏、勘定金川等事，于事件起因、过程、结果叙述简明清晰，意在总结治国经验。末4卷记述清代军事制度，如练兵之方、整军之策、筹饷之法、应敌之略及各朝掌故。

## 识小录

（清）姚莹撰。《识小录》有中复堂全集本，黄山书社2013年排印出版，与《寸阴丛录》合刊，收入《安徽古籍丛书萃编》。

姚莹（1785—1853），字石甫，号明叔，晚号展和、幸翁。安徽桐城人。姚莹的父亲姚骙，字襄纬，在姚莹七岁时，开始了在广西、江苏、浙江、山西、江西、广东等地长达30年的游幕生涯。其母张氏出身桐城望族，是清康熙时期大学士张英之后，少时受到良好的教育，博通经史。在姚莹父亲长期出外游幕的情况下，张氏对姚莹少年时期的教育及其性格塑造有着重要影响。嘉庆十三年（1808年），姚莹中进士，此后历任福建平和县知县、台湾县兼理海防同知、武进知县、元和知县、台湾道、蓬州知州、湖北盐法道、广西按察使等职。

《识小录》成书于鸦片战争之前，全书共8卷，是姚莹平时所作读书札记和随笔的汇编。此书内容丰富，包含人物品评、学术源流、儒道释探讨、文章辞赋、训诂考证等。其中本书卷四以论西北史地为主，共计《新疆两路形势》《喀尔喀内附始末》《土尔扈特》《俄罗斯通市始末》《内旗外旗之别》《库伦》《卡伦形势》《廓尔喀》《西藏》9篇。内容多是关于西北史地，如新疆、蒙古，另外少数涉及西藏的情况。书中记述了三地的历史、文化风俗、地理、宗教以及行政划分、建制沿革和地方军政情况。

此外姚莹还著有《东溟文后集》14卷，有清刻本；台北文海出版社1974年影印，姚莹《中复堂全集》收录。此书为姚莹史地作品的汇编，与《识小录》相似，都具有明确的经世之意。

## 适斋居士集

（清）爱新觉罗·舒敏撰，道光二十二年（1842年）刻本，4卷。

爱新觉罗·舒敏（1777—1803），字叔夜，号时亭，别号石舫，自称适斋居士，满洲正红旗人。系出清兴祖（努尔哈赤曾祖）第三子索长阿之六世孙。伍拉纳子，崇恩父。舒敏自幼聪慧，十余岁便开始作诗。年十五，九经悉熟，暇则学习满语和骑射，各达精纯。童年时代随侍其父游宦江南各省。年十八循例进京当差。乾隆六十年（1795年），其父伍拉纳以侵吞库银，索贿受贿，被处斩，舒敏及诸兄弟被遣戍伊犁。嘉庆元年（1796

年）抵戍。在戍期间，舒敏惟闭户读书，并编成古书注释4册，题曰《适斋字课》。暇时，则与二三知己为道义交，间及文字，积诗数百篇，题其集为《秋笳吟》。嘉庆四年（1799年）始赦还。嘉庆八年（1803年）冬病卒。后因其子崇恩官吏部员外郎，得追封为奉政大夫。生平事迹见《国朝诗人征略二编》卷五八、《晚晴簃诗汇》卷一二三。

《适斋居士集》共4卷，卷首有舒其绍于道光元年（1821年）、文孚于道光十七年（1837年）、汤金钊于道光十九年（1839年）序。另有德新所绘小像一幅，并王尊泽题词一首、崇恩亲撰舒敏行述一篇。书后又有崇恩所撰的一篇跋。诗集前三卷舒敏自题为《秋笳吟》。崇恩出生七个月，其父见背。18岁时，其母以《秋笳吟》相授，令其珍藏相传。崇恩亲自缮录，并蒐集其父遇赦归里后作的诗，编为《课花轩遗草》，附于《秋笳吟》之后。道光二十二年（1842年），时任江苏按察使的崇恩于吴门臬署付梓刊刻，刻本仿宋字，甚为精美。

《秋笳吟》为遣戍伊犁时所作，有107题127首诗。这些诗基本按照时间顺序排列，大多记载了舒敏流放西域期间的生活、感怀、交游等，从中可以较为清晰地把握舒敏流戍伊犁的行踪、活动及心路历程。由于其特殊的身世经历，所为诗多苦语，苍凉沉郁。在戍期间，舒敏从未间断过对家乡、亲人的思念，一切见闻经历，都可以触发乡思。在崇恩为其父所写的行状中述及："府君虽肆意于诗歌，然于无人处辄自饮泣。或同舒丈及诸父郊游，往往临风恸哭，人目为狂，而不知府君之哀慕者深矣。"除了充满凄哀悲凉情调的离愁思乡之作，也有激昂的感怀言志之作，显示了舒敏在西域心路历程的转变。舒敏的西域诗中，记载他与"二三知己"特别是与舒其绍的交游之作占了很大的比重，《适斋居士集》中明确标有舒其绍名字的就有19题57首诗。舒敏与舒其绍的深厚交谊由此可见一斑。还有以同题共咏、步韵唱和的形式记载雅集、唱酬、立诗社等文化活动的诗，是对舒氏兄弟在西域诗坛与文人创立诗社的记录和反映。

舒敏是清代西域诗人中最年轻的一位，也是最短寿的一位。舒其绍在序中评舒敏诗曰："君门第与长吉（唐宗室后裔李贺）同，而诗则昌明博大，秀骨天成。假使得永其年，以之鼓吹休明，造诣当出长吉上。"文孚评曰：

"余细读诸作，典雅清新，自抒胸臆，不寄他人篱下。倘天假以年，乌容量其所到。"对舒敏诗评价较高，也表达了对舒敏早夭的深切惋惜。其《适斋居士集》特别是《秋笳吟》，集中展现了舒敏流放伊犁的心路历程和文化交游活动，为清代西域诗歌的繁荣增添了色彩，在清代满族作家之林中，也不失为上乘之作。

## 释迦方志

（唐）释道宣著，两卷，意为"释迦牟尼所居国之地志"。有天津图书馆藏明刻本二册。另有《碛砂藏经》本、《思溪藏经》本、《洪武南藏》本、1924年支那内学院校刊本、1935年影印宋《碛砂藏经》本、各大藏经所收本等。点校本有范祥雍点校《释迦方志》（中华书局，1983年；上海古籍出版社，2011年）。

道宣（596—667），唐代僧人，润州丹徒人（今江苏丹徒），一说湖州长城人（今浙江长兴），俗姓钱。道宣是佛教史学家，南山宗创始人，因常住终南山研究戒律，弘传佛学，世称"南山律师"。

《释迦方志》通行本大多分为上下两卷，共8篇，是一部记述释迦牟尼诞生地和教说流布地佛教史迹的著作，包括西域（尤其是印度）的地理环境、中印交通路线、经行国的情况、西行求法的人物、佛教入华的传说、经像灵异、佛教往世的时数、历代帝王的奉佛事迹和寺院、僧尼的基本情况等内容。第一，封疆篇；第二，统摄篇；第三，中边篇；第四，遗迹篇；第五，游履篇；第六，通局篇；第七，时住篇；第八，教相篇。其中，上卷的遗迹篇记西域地理之内容约占全书四分之三；下卷的游履、通局篇记中途西行或求法人物之事。

道宣撰写此书，是基于玄奘《大唐西域记》的影响，遗迹篇可以看作是《大唐西域记》的节本，其他各篇又出自当时释传或对地理著作的节录，为后人研究唐代及以前各朝的佛教发展以及中西交通情况提供了一定的参考价值。

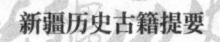

## 首都图书馆藏稀见方志丛刊（30）

首都图书馆编《首都图书馆藏稀见方志丛刊》全 30 册（影印），国家图书馆出版社，2011 年。

该《丛刊》第 30 册是首都图书馆选取有关新疆地区相对少见的志书编辑而成，包括《新疆吐鲁番厅乡土志》《蒲犁厅乡土志》《英吉沙尔厅乡土志》《创修镇西乡土志（4 卷）》《昌吉县乡土志》《奇台县乡土志》《拜城县乡土志》《鄯善乡土志》《焉耆府乡土志》《和阗直隶州乡土志》《库车直隶州乡土志》《沙车府志》《婼羌县乡土志》《哈密直隶厅乡土志》等 14 部志书。

## 殊翁合编

（清）齐培元撰。4 卷，为雁字诗 120 首，乃弟培禄从所著《西戍日记诗草》《齐东野人新语》二书选出，同治六年（1867 年）刻，《续修四库提要》著录，山东省图书馆、青岛市图书馆藏 2 卷本。4 卷本每卷各 30 首，卷一题下注："丙午在潍年六十一作。"卷三题下注："丙辰在莒年七十一作。"卷四题下注："丙寅在家年八十一作。"《西戍日记诗草》8 卷，乃其戍乌鲁木齐时所作，同邑黄耀堂录出，黄氏钞本，《续修四库提要》著录。《齐东野人新语》8 卷，乃归里后与友朋唱酬之诗。二书未刊，今皆不可得。

齐培元（1786—？），字养和，号东野，山东潍县人。嘉庆二十二年（1817 年）进士，授广东平远知县。以狱不慎于火，获罪戍乌鲁木齐，后遇赦归。享年八十一以上。

## 疏勒府乡土志

（清）蒋光升修，光绪三十四年（1908 年）抄本，有湖北省图书馆藏《新疆乡土志稿二十九种》油印本、新疆自治区图书馆 1976 年重印本，日本人片冈一忠辑《新疆省乡土志三十种》（日本中国文献研究会，1986 年）。

点校本有马大正、华立主编《中国边疆史地资料丛刊·新疆卷》中的竖排版《新疆乡土志稿》（全国图书馆文献缩微复制中心，1990年），马大正、黄国政等编《新疆乡土志稿》（横排重印）（新疆人民出版社，2010年）。

蒋光升，湖南湘阴人，光绪二十九年（1903年）任迪化县知县，三十三年任疏勒县知县，后任库车直隶厅抚民同知。

《疏勒府乡土志》成书于光绪三十四年，是志系奉敕令采辑乡土志以充小学教材而纂，约5000字。分历史沿革、政绩录、兵事录、耆旧录、人类（附户口、氏族、宗教）、实业、地理、山、水、道路、物产、商务诸目。历史沿革征引史籍记述本境历史建置。政绩录中记州牧筑旧城、建置新署等事迹。兵事录述清军平定大小和卓、张格尔之乱及驱逐阿古柏入侵者的过程。人类目记载本境民族来源，光绪三十二年（1906年）查报户口大小男女丁数，回教教俗、礼拜寺、麻扎、婚丧礼俗、衣食风俗等民情民俗，是了解清末疏勒社会民生的重要史料。实业分士农工商编著，并针对当时本境的情况提出士者之振兴工务的方法。地理目记本境之疆域、方位、四界、祠庙、衙署、市镇、学堂、兵营。商务目记本境与各地的交易情况，记载详细。

## 双溪醉隐集

（元）耶律铸撰。主要版本有清乾隆翰林院抄本2册；清乾隆四十九年（1784年）吴长元家抄本6册；清光绪十八年（1892年）顺德龙氏刻知服斋丛书朱印本5册；民国辽海书社《辽海丛书》刊本等6卷，国家图书馆藏。

耶律铸（1221—1285），字成仲，号双溪，义州弘政人，耶律楚材次子，元初文学家、政治家。1988年在北京颐和园出土的耶律铸夫妇墓志，据知他生于耶律楚材随蒙古西征的途中，一生经历了太祖、太宗、定宗、宪宗和世祖五朝。耶律铸自小在漠北长大，"能通诸国语，精敏绝伦"，曾做过皇储的侍读。早年师从当时的文学大家赵著、吕鲲，文学修养非常深厚，被誉为"元代契丹族诗童"。又善骑射，曾随宪宗征蜀，助太宗平叛，屡出奇计。后入中书省，官至右丞。有关耶律铸生平资料相对较少，《元史·耶律楚材传》后附有《耶律铸传》，后世记载也多录自《元史》。

《双溪醉隐集》系四库馆臣从《永乐大典》中辑出，6卷。收诗832首，词4首，文28篇。今人栾贵明《四库辑本别集拾遗》，补馆臣漏辑之诗22首，词5首，文2篇。《双溪醉隐集》内容颇为丰富，吊古、咏物、写景、咏史、征战等无不涉及。因为耶律铸曾随宪宗、世祖征战，辗转朔方、西蜀、漠北，亲身经历了许多战役，所作征战诗文献价值极高。他集中还有不少对西北地区风俗风貌的描写，为研究西北地区的历史地理提供了绝好的材料。

## 双砚斋诗钞

（清）邓廷桢撰。主要版本有清咸丰刻本，16卷5册，收录于《双砚斋丛书》；江苏广陵古籍刻印社1986年影印本，4册；又收录于上海古籍出版社《清代诗文集汇编》，2010年。

邓廷桢（1775—1846），字维周，又字嶰筠，晚号妙吉祥室老人、刚木老人。江苏江宁（今南京市）人，嘉庆六年（1801年）考中进士，由翰林院编修外任，历任宁波、延安、榆林、西安等地知府。后超擢湖北、江西、陕西等省按察使、布政使。道光六年（1826年）四月升安徽巡抚。他在安徽任官十年，整顿吏治，赈济灾民，修复安丰塘、芍陂水门，浚疏凤阳沫河等水利工程，因干练务实、办事老成、政绩突出而名重当时。时人称他"机神高朗，外容异量，而制行内严，遇事不求奇功，而深虑宿祸"。

道光二十年（1840年）九月，邓廷桢在两广总督任上，因协助林则徐禁烟，于道光二十一年（1841年）五月革职发配伊犁效力赎罪。邓廷桢遣戍新疆时期的诗作均保存在《双砚斋诗钞》卷十六中。主要内容有和友人林则徐等人的砥砺唱和之作，如《少穆尚书将出玉关，先以诗二章见寄，次韵奉和》；有对朝廷收复新疆稳定西域的战争的高度评价，如《回疆凯歌十首》；有对自然与人文的描绘，如《立春前一日雪》《人日复雪》《伊江中秋》等。这些诗作不仅展现出邓廷桢本人的独特人生经历与感受，也是西域文化与文学的重要组成。

## 水经注

（北魏）郦道元撰，40卷。版本有明嘉靖十三年（1534年）黄省曾刻本12册；明万历十三年（1585年）吴管刻合刻山海经水经本，清乾隆十八年（1753年）黄晟槐荫草堂刻本，清同治二年（1863年）长沙余氏明辨斋修本，均为16册；商务印书馆（上海）民国二十三年（1934年）版，6册，收录于《国学基本丛书》；华夏出版社2006年版，2册，收录于《中国古代闲情丛书》等。注本有（明）朱谋㙔《水经注笺》，40卷，版本有明万历四十三年（1615年）李长庚刻本，10册；清乾隆五十一年（1786年）赵氏小山堂刻本，20册，等。

郦道元，北魏官员、地理学家。他通过考察河道沟渠，搜集有关的风土民情、历史故事、神话传说，撰《水经注》。此书在写作体例上，以水道为纲，详细记述各地的地理概况，开创了古代综合地理著作的一种新形式。本书涉及的范围十分广泛，也包括西部新疆不少河流的描述。书中不仅详述了每条河流的水文情况，而且把每条河流流域内的其他自然现象如地质、地貌、土壤、气候、物产民俗、城邑兴衰、历史古迹以及神话传说等综合起来，作了全面描述。这些对包括当时新疆在内的一些河流区域自然人文研究有着不小的文献价值。

## 朔方备乘

（清）何秋涛辑。有清同治二年（1863年）广州刊本；清光绪七年（1881年）畿辅通志局刻本；台北文海出版社1972年影印本等。64卷，首12卷。清光绪畿通志局刻本24册；台北文海出版社1972年影印本2册，1200页。清光绪畿辅通志局刻本、台北文海出版社1972年影印本藏于国家图书馆。（清）翰林院编修李文田为此书作注，名为《〈朔方备乘〉札记》。收入《烟画东堂小品》及《灵鹣阁丛书》。版本有清光绪二十三年（1897年）会稽施世杰刻《鄦郑学庐地理丛刊》本；商务印书馆（上海）民国二十五年（1936年）版。1册。商务印书馆民国版与《异域录》合刊，《丛书集成》收录。

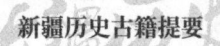

国家图书馆有藏本。

何秋涛，清代地理学家。他长期究心北疆形势，始著《北徼汇编》6 卷。后复详订图说，鸠集蒙古、新疆、东北及早期中俄关系史料，起汉晋，迄道光，增为 80 卷，咸丰帝阅后赐名《朔方备乘》，学术价值甚高。

## 丝绸之路

[瑞典] 斯文·赫定著，江红、李佩娟译。有新疆人民出版社 1996、2010、2013 年版。《西域探险考察大系》收录。国家图书馆有收藏。

本书描述了沿古丝绸之路进行的探险考察，涉及新疆内容颇多。

## 丝绸之路上的外国魔鬼

[英] 彼得·霍普科克著，杨汉章译。甘肃人民出版社 1983 年版。1 册，229 页。甘肃人民出版社《敦煌研究译丛》收录。国家图书馆有收藏。

彼得·霍普科克，英国学者。《丝绸之路上的外国魔鬼》详细记述了 19 世纪末、20 世纪初德国的范莱考克，英国的斯坦因，瑞典的斯文·赫定，法国的伯希和，日本的大谷光瑞、橘瑞超、吉川小一郎，美国的华尔纳等人，借着探险、考察、游历的名义，对中国古丝绸之路西域地段（新疆地区，包括敦煌在内）地下文物和石窟壁画尤其是对敦煌藏经洞文物劫掠的历史事实。

## 丝绸之路资料汇钞·清代部分

吴丰培辑，中国图书馆文献缩微复制中心，1996 年，收入《中国文献珍本丛书》。

吴丰培（1909—1996），现代藏学家，版本目录学、文献学专家。祖籍江苏省吴江县，生于北京市。汉族。民国十九年（1930 年）被北京大学研究所国学门招收为研究生，先后师从朱希祖、孟森研习明史，于民国二十四年（1935年）以《〈明驭倭录〉校补》16卷毕业。次年，任职于北平研究院史学研究会，专注对边疆史地的研究。他广事搜罗此类书籍资料。凡各大图书馆及私人藏书，涉及此范围的罕见之作，多设法传抄复制，数量不大的均亲手抄存。新中国成立后，在中央民族学院图书馆任职，主要从事整理边事文牍的工作。撰写了500多篇题跋和评述，辑为《吴丰培边事题跋集》，新疆人民出版社，1998年。

本书收录了清代260余年赴新纪程38种，都为亲历者撰写。所选取资料由以下几种人员所撰，一为赴新履任官员所记；二为查勘边界，记山川险要；三为文人墨客，因被罪而遣戍新疆，名为赴军台效力。其中遣戍人员知识渊博，考古论今，并记述了当时的政治、经济、文化及考古等方面的情况。有很高的史料价值。

## 丝路探险记

[日]大谷光瑞著；章莹译。新疆人民出版社1998、2001年版。1册，314页。新疆人民出版社《亚洲探险之旅》收录。国家图书馆有收藏。

大谷光瑞，日本明治时代至昭和时代僧侣、宗教家、探险家、历史学家、考古学家、华族（僧侣华族）。本书对日本大谷探险队三次、前后长达12年的探险活动的资料加以整理，精选了与丝绸之路有关的部分，能比较全面地了解大谷探险队的全貌。全书共分9个内容：《帕米尔纪行》《在中亚古道上》《塔里木之行》《克孜尔踏查记》《蒙古、新疆之行》《新疆探险记》《中亚探险》《敦煌见闻》《天山纪行》。

## 斯坦因第三次中亚考古所获汉文文献（非佛经部分）

沙知，吴芳思编著，2册，上海辞书出版社，2005年版。

沙知（1926—2017），长期执教于中国人民大学历史系，主要从事隋唐五代史和敦煌学研究，是《敦煌学大词典》《英藏敦煌文献》的主编之一，代表作有《敦煌契约文书辑校》。

吴芳思，1948年生，原名Frances·Wood，著名汉学家、历史学家。吴芳思曾在剑桥大学学习中文，1975年至1976年在北京大学学习，1977年进入伦敦大英图书馆工作，负责管理中国典藏。她在敦煌学研究方面成果丰硕，是国际敦煌项目指导委员会成员，其著作《马可·波罗到过中国吗？》被翻译为中文出版，在国内反响强烈。

该书收录了斯坦因1913年至1916年第三次中亚考察，在新疆、甘肃境内通过发掘搜集到的除佛经外的汉文文献。全书公布了1500余幅图版，采用图文对照的方式作了释文。该书编写以斯坦因第三次中亚考察的行程为序，依次收录这次考察从各遗址中发掘出的汉文文书。汉文文献在这批文献中占比约五分之四，剩下五分之一语种涉及梵文、藏文、粟特文、于阗文、回鹘文、突厥文、西夏文、波斯文等。这批汉文文献年代上起魏晋，下迄西夏、元，以晋、唐居多，内容涉及政治、经济、文化、民族、中西交通诸多方面，有诏敕、书信、户籍、田簿、古籍、医书、童蒙读物、符咒等。

## 斯坦因第三次中亚探险所获甘肃新疆出土汉文文书：未经马斯伯乐刊布的部分

郭锋编，甘肃人民出版社1993年版，240页。

郭锋，90年代任教于兰州大学敦煌学研究所。

斯坦因第三次中亚探险，即指1913—1915年期间他在中亚、甘肃和东部伊朗的探险考察，这次考察的正式考古报告于1928年在牛津出版，即《亚洲腹地》，共5卷（含地图1卷），而斯坦因所收获的文书却没有公布。这批古文书最终入藏大英图书馆东方写本与印本部，共计1946个编号，大英博物馆将其编号为Or.8212/1—1946（Or是大英图书馆东方部Oriental Collection的缩写代号）。马伯乐将其中部分简牍文书（607件）整理为《斯坦因第三次中亚探险所获汉文文书》（Or.8212/1—195为民族文字，196—199为空号，马伯乐刊布的是200—855之中的607件，其中60余枚木简417—477号因残碎，未刊）。Or.8212/856—1946为马伯乐未刊布部分。

郭锋于1989年3月至10月间受兰州大学敦煌研究室委派，前往英国伦敦大英图书馆东方写本与印本部参与中、英合作整理出版《英国斯坦因敦煌文献图录》的工作。期间，郭锋获得东方部的允许，对斯坦因第三次中亚探险未刊汉文文书做了全面调查，回国后作该书。本书分为上卷和下卷两部分，上卷为《斯坦因第三次中亚探险及所获甘肃、新疆出土汉文文书概介》，简要说明该书整理刊布的情况：Or.8212/856—1946千余个编号下每号或一件，或三五件，或十余件文书不等，汉文文书残片约占864个号，千余件以上，其中佛经占半数以上，社会内容的文书，有297个号，420余件残片。该书整理刊布的就是这420余件社会内容文书。约吐鲁番文书86件，麻札塔格文书69件，和田多摩克文书14件，楼兰30个编号、101件纸残片，敦煌若干件，居延黑城子文书112件。下卷为《斯坦因第三次中亚探险所获甘肃新疆出土汉文文书（未经马斯伯乐刊布部分）释文》，以斯坦因第三次行程为序，分麻札塔格、和田多摩克、楼兰、敦煌、居延黑城子和吐鲁番六节。每节首先有一说明，简要介绍该遗址历史沿革、发掘情况及文书出土、编号、收藏与数量概况，然后是各遗址所出汉文文书的释文，但未附图版。另有五篇附录：一、《郝雷恩收集整理并刊布的和田出土汉文文书》，二、《未刊之斯坦因二探所获敦煌汉晋汉文木简调查附记》，三、《斯坦因三探所获吐鲁番墓葬碑铭、庸调布马斯伯乐、翟理斯释文19种》，四、《大英图书馆斯坦因三探所获甘肃新疆出土文书记注目录（初稿）》，以作补充，另外还有附录五《主要参考书目》。该书录文均从馆藏原件迻录，每件文书下皆对该文书的原出土编号及与馆藏号的对应关系、文书外观、纸质、尺寸、残损程度及书法等加以著录。其中，凡内容重要所涉史事可考者，均做了必要注释。

### 斯坦因第四次新疆探险档案史料

中国新疆维吾尔自治区档案馆，日本佛教大学尼雅遗址学术研究机构编，新疆美术摄影出版社2007年版，1册，含1光盘，被收入《新疆文献辑要丛书（卷二）》。

这本书的出版有赖于日本友人、新疆维吾尔自治区人民政府文化顾问小岛康誉先生的积极倡导和大力资助。2001年，自治区档案馆与日本佛教大学尼雅遗址学术研究机构合作出版了《近代外国探险家新疆考古档案史料》，2005年，两单位又再次合作出版了《中瑞西北科学考察档案史料》。双方第三次合作，共同编辑出版了这部《斯坦因第四次新疆探险档案史料》。

斯坦因曾于1900—1901年、1906—1908年、1913—1915年三次在新疆从事探险和考古活动，盗掘和非法携带了大量文物出境。1930年，斯坦因在国外有关机构的赞助下第四次进入新疆。由于诸多中国学术机构和社会各界有识之士的反对，国民政府决定将其驱逐出境，所有通过不正当手段获得的古物均予以没收。对这一事件，斯坦因讳莫如深，从未在公开场合及其著述中提及第四次新疆探险。本书则以档案特有的真实性、权威性，揭示了这段鲜为人知的历史。本书反映了1930年至1932年斯坦因第四次新疆考古的基本情况，收集有108件有关斯坦因第四次新疆考古的档案史料，其中82件来自新疆维吾尔自治区档案馆，26件来自其他档案馆。内容涉及这斯坦因第四次赴新疆考古的前因后果、行进过程，以及当时中国各级政府对此行径的态度和处理结果，真实、客观地再现了斯坦因在新疆盗掘古物这一不争的史实。

## 斯坦因第四次中国考古日记考释：英国牛津大学藏斯坦因第四次中亚考察旅行日记手稿整理研究报告

王冀青著，甘肃教育出版社2004年版，为《国际敦煌学丛书》系列之一。

王冀青，1961年生，现任教于兰州大学历史系，主要研究方向为历史文献学、敦煌学、斯坦因研究，研究专著有《中外敦煌学家评传》《斯坦因与日本敦煌学》等。

所谓"斯坦因第四次中国考古日记"，是指英国探险家斯坦因于1930年至1931年在中国新疆进行的第四次中亚考察中所记录的旅行日记。斯坦因的第四次中亚考察因为中国学术机构和社会各界有识之士的反对被国民政府强制停止，斯坦因也被驱逐出境。斯坦因在结束第四次中亚考察之后，出于种种考量，没有撰写、出版任何有关此次考察的报告书。1989年，王冀青应英国国家图书馆东方部的邀请，赴伦敦从事研究工作。当年，王冀青即在大英博物馆档案部的地下室里发现一批有关斯坦因第四次中亚考察的官方档案。1995年王冀青以"奥莱尔·斯坦因爵士的第四次中亚考察研究"为研究课题再次赴英，于牛津大学包德利图书馆首次发现斯坦因1930年至1931年间赴中国新疆进行考古的日记手稿，王先生十余年间对该手稿进行补充、整理、翻译、考释，最终形成《斯坦因第四次中国考古日记考释》一书。全书涉及斯坦因1930年8月11日至1931年7月2日的日记，根据斯坦因的行程分为从斯利那加到吉尔吉特、在吉尔吉特和罕萨等待进入中国、从罕萨到丕伊克卡、在喀什噶尔等待考察、从喀什噶尔到和阗、在和阗逗留、从和阗到于阗、从于阗到伊玛目·贾法尔·萨迪克麻札、在尼雅遗址考察、从伊玛目·贾法尔·萨迪克麻札到且末、在且末逗留、从且末到若羌、从若羌到库尔勒、从库尔勒到库车、从库车到阿克苏、从阿克苏到喀什噶尔、在喀什噶尔等待回国、从喀什噶尔到丕伊克卡、从丕伊克卡到吉尔吉特、从吉尔吉特到斯利那加二十部分，每一部分都由译本和考释两节构成，公布了斯坦因日记的中文翻译稿。由于斯坦因本人从来没有发表过1930年至1931年间探险的任何报告，因此学界对斯坦因的第四次考古一无所知，可以说，该书的撰写使斯坦因的手稿第一次以中文本的形式刊布于世，填补了中亚考古史研究的一个空白，是国际敦煌学研究的新成果。

## 斯坦因所获吐鲁番文书研究

陈国灿著，武汉大学出版社1995年出版。

陈国灿（1933—2018），湖北鄂州人，师从唐长孺，参与国家文物局"吐鲁番文书整理小组"的工作，参与编纂出版了《吐鲁番出土文书》释文本1—10册。陈先生精深于敦煌吐鲁番文书研究，曾任中国敦煌吐鲁番学会常务理事兼副会长。著作有《斯坦因所获吐鲁番文书研究》《〈全唐文〉职官丛考》《日本宁乐美术馆藏吐鲁番文书》《唐代的经济社会》《敦煌学史事新证》《吐鲁番出土唐代文献编年》等，撰写论文百余篇。

清末，英国人斯坦因曾多次来华掠取敦煌和吐鲁番等地发现的古籍、文书和艺术品，他第三次来华所获吐鲁番出土文书，藏在伦敦博物馆半个世纪后，由法国人马伯乐整理、出版。然而，由于马伯乐未到过吐鲁番，不了解斯坦因文书标号，这就使得大量无纪年的文书无法断代。同时，仍有不少断片未能拼接，文书定名亦有不少错误。陈国灿先生1990年赴日本，与日本学者池田温、小田义久先生共同整理研究日本东洋文库与龙谷大学所藏吐鲁番文书，回国时获赠全套伦敦博物馆所藏斯坦因第三次来华所获吐鲁番文书图片，包括马伯乐初步整理的这批文书的图片复制件全部。通过细致地研究，陈国灿先生发现了文书编号与墓葬间的关系，明确了这些文书的墓葬归类，拼接了文书残片，纠正了马伯乐的许多错误，补充了部分马伯乐未收文书，并对若干组文书做了前人未涉及的研究，终成此书。该书开篇有唐长孺先生所写序言及作者自序，其下分为三个部分，第一部分是"斯坦因所获吐鲁番文书的研究"，共有六篇论文，内容包含斯坦因对吐鲁番古文书的搜寻、马伯乐对吐鲁番古文书的整理、重新整理斯坦因所获吐鲁番文书的意义、对文书部分内容的探讨四个方面。第二部分是"文书录文整理"，是该书的重点，其中又分正文和附录两个部分，正文是斯坦因所获吐鲁番文书，陈国灿先生分甲乙丙丁戊己六个部分对此进行了整理和释文。甲为阿斯塔那墓葬区所出文书，乙为高昌古城遗址所出文书，丙为丫头沟遗址所出文书，丁为吐峪沟遗址所出文书，戊为交河古城遗址所出文书。附录是除吐鲁番文书之外的斯坦因在新疆所获文书，分为己庚辛壬癸五个部分，己为营盘遗址所出文书，庚为巴拉瓦斯特遗址所出文书，辛为麻扎塔格遗址所出文书，壬为丹丹威里克遗址所出文书，癸为安德悦遗址所出文书。最后第三部分是全书的附录：一、参考文献列目，二、本书收文书编号对照表，三、吐鲁番阿斯塔那墓葬分布图。从数量上看，斯坦因所获吐鲁番文书以阿斯塔那墓葬区所出为主体；从时代上看，唐代居多，十六国、高昌国时期较少；从内容上看，马政文书数量最多。总之，该书是一部极具学术水平的著作，是吐鲁番文书研究、隋唐史研究不可或缺的资料集。

## 斯坦因中国探险手记

[英] 斯坦因著，即《沙埋契丹废墟记》；巫新华、伏霄汉译。春风文艺出版社 2004 年版。4 册。国家图书馆有收藏。

本书是斯坦因第二次考察后笔记。内容涉及到世界屋脊帕米尔高原上阿姆河的发源地与塔里木河流域自然景观。记述了在远离现代和田绿洲的沙漠里的一系列探险活动。这些有助于了解古代遗迹，也有助于了解塔克拉玛干沙漠环境之恶劣恶劣。本书对新疆天山以南史地研究有着重要参考价值。

## 松筠新疆奏稿

（清）松筠撰，旧有抄本传世，无书名，不著作者。1980 年中央民族学院图书馆吴丰培整理旧抄本，题名《松筠新疆奏稿》，编入《中国民族史地资料丛刊》（二十一），附人名索引，油印刊行。《西北史地文献》据此收录。

松筠（1752—1835），玛拉特氏，字湘浦，蒙古正蓝旗人，历任西藏、蒙古边疆大吏。《清史稿》《清史列传》均有传。

嘉庆二十年（1812 年）八月，喀什噶尔塔什密克回庄阿浑以家事与阿奇木伯克等发生冲突，引发动乱。时任伊犁将军松筠奉旨从伊犁前往南疆查办孜牙敦案件。此事《新疆国志》失载，《清仁宗实录》虽有上谕三则，但对事件原委语焉不详。《松筠新疆奏稿》收录奏稿 19 件，约 1.5 万字，详述查办事件始末。

## 宋会要辑稿

（清）徐松纂，16 册，366 卷，清嘉庆年间成书，现收藏于四川大学古籍整理研究所，有该所电子版点校本、2009 年增订精校本，经过四川大学古籍整理研究所学人校点，由上海古籍出版社出版。

徐松（1781—1848），字星伯，原籍浙江上虞（今绍兴市上虞区）人，后迁直隶大兴（今属北京），清代著名地理学家。以博学多才，尤长于地理之学，名重当时。嘉庆十三年（1808年）以进士任翰林院编修，道光年间任礼部主事、江西道监察御史等。徐松利用编纂《全唐文》之便，从《永乐大典》中辑出《宋会要辑稿》（500卷）、《河南志》《中兴礼书》，又撰写《唐两京城坊考》《登科记考》。嘉庆十五年（1810年）被降职至新疆，得机会考察新疆各地，撰写了《西域水道记》（5卷）、《汉书西域传补注》（2卷）、《新疆识略》（12卷）等。嘉庆二十四年（1819年）回京。1821年成书的《西域水道记》以西域水道为纲，记述沿岸的城市、聚落、山岭、某些地点的经纬度、历史、物产、民族、水利、驻军等，所附地图计里画方，是我国古代舆地著作中对新疆水道湖泊研究最称详实、完备的一部，也是研究西北史地的重要文献。

　　《宋会要辑稿》是宋代各类史料分类纂集，内容包括政治、军事、经济、制度、礼乐、教育、选举、科技以及其他历史文化信息。此书是《巴蜀全书》中规模最大、质量最高的现有成果之一，由徐松从《永乐大典》中收录的宋代官修"会要"中辑录而成，是宋代三大资料宝库之一。全书366卷，分为帝系、后妃、乐、礼、舆服、仪制、瑞异、运历、崇儒、职官、选举、食货、刑法、兵、方域、蕃夷、道释等17门。其内容丰富、卷帙浩大，堪称宋代史料之渊薮；但是，由于辑录稿文字错误繁多，向来难读。

## 宋云行纪

　　（北魏）宋云、惠生撰写。魏明帝神龟元年至正光三年（518—522）间成书。宋云、惠生、道荣出使西域后撰有《宋云家纪》《惠生行纪》《道荣传》。这些书均佚。同时代杨衒之《洛阳伽蓝记》依据上述各种记述，以宋云为主线，记述了他们这次西行的情况。有明嘉靖如隐堂本、明王明盛手校本、毛氏汲古阁刻《津逮秘书》本、《四部备要》本。清末民初，丁谦对《洛阳伽蓝记》中关于宋云西行这一部分所记地理、路程加以考证，名为《宋云西域求经记地理考证》，别为一册，收入《浙江图书馆丛书》（也称《蓬莱轩舆地学丛书》）第二集。19世纪末法国学者沙畹对《洛阳伽蓝记》这段文字作了笺证，我国学者冯承钧将其译为汉文，并标以《〈宋云行记〉笺证》，从此这段文字就被称为《宋云行纪》。除此，还有范祥雍《洛阳伽蓝记》点校本（1978年上海古籍出版社）；《古西行记选注》本（杨建新主编，宁夏人民出版社1987年版）。今收入《中国西北文献丛书》，见第106册。

宋云，北魏时僧统。《宋云行记》又名《使西域记》，北魏明帝神龟元年（518年）十一月，宋云受胡太后之命，与崇立寺沙门惠生等出访天竺。宋云一行从京师洛阳出发，经行西域南道西行，历吐谷浑辖地，途经今若羌、且末、于阗、叶城和塔什库尔干等地，逾帕米尔高原，入佛教发源地天竺国巡礼取经。沿途赐赉各地，宣示朝廷德政，显示了其同之前的法显及而后玄奘取经目的和方式的不同。该书记载了所经国家和地区的地理、山川、物产、风俗等，是研究上述地区古代历史的重要史料。《宋云行纪》详录北魏时期我国西北诸多地区，以及今天阿富汗、巴基斯坦等地政治经济和社会文化情况，特别是对我国新疆南部地区的社会变化、佛教文化和民俗风情有着不少记述。

## 绥定县乡土志

（清）萧然奎撰修。光绪三十四年（1908年）抄本。有台湾《中国方志丛书》（影印本，台湾成文出版社，1968年收录），日本人片冈一忠辑《新疆省乡土志三十种》（中国文献研究会，1986年）收录。点校本有马大正、华立主编《中国边疆史地资料丛刊·新疆卷》中的竖排版《新疆乡土志稿》（全国图书馆文献缩微复制中心，1990年），马大正、黄国政等编《新疆乡土志稿》（横排重印）（新疆人民出版社，2010年）。

萧然奎，在标点本中误署为肖然奎，湖南长沙人，光绪三十四年（1908年）任绥定县知县。

该志于清光绪三十四年成书，系奉命纂辑之小学教材，约7千字。分历史、政绩、兵事录、耆旧、人类、户口、氏族、宗教、实业、地理、山水、道路、物产、商务诸目。该志前有萧然奎叙,经由作者博访周咨,索集诸家;历史、兵事目最为详细,历史部分自汉追溯,历述汉、元魏、隋唐、西辽、宋元明时该地所属、地名所称及沿革情况;对清廷统一西域、同光平定回乱、中俄伊犁交涉记载尤为详细;户口记城关及其东、西、南、北乡、天主教民男女口数,惠远城、广仁城、瞻德城、霍尔果斯城各城男女口数。数据详细。该目还记载了西方宗教在新疆的传播和发展。山水、道路记载简略。其他物产只记动物、植物种类,商务目空论而少事实。是志"丰富而合体裁",尤详历史、军事及中俄关系,但对于当地人文风俗的描述比较简单。

## 绥来县乡土志

杨存蔚纂,严国桢葺校。光绪三十四年(1908年)纂,成书于光绪末年。原存日本,1986年由日本人片冈一忠辑入《新疆省乡土志三十种》(中国文献研究会,1986年),1987年由片冈一忠先生委托日本学者梅村坦访问我国时赠送给新疆社会科学院中亚研究所。另有《中国西北文献丛书》二编《西北稀见方志文献》(线装书局,2006年)影印本,严国桢校刊收入《中国地方志集成·新疆府县志辑》(凤凰出版社,2012年)影印本。点校本有马大正、华立主编《中国边疆史地资料丛刊·新疆卷》中的竖排版《新疆乡土志稿》(全国图书馆文献缩微复制中心,1990年);马大正、黄国政等编《新疆乡土志稿》(横排重印)(新疆人民出版社,2010年)。

杨存蔚,籍贯不详,光绪三十二年至三十四年(1906—1908)任绥来县知县。

此志为奉京师编书局令,辑乡土志以充小学课本而纂辑。列15门25目,约1万字。为昌吉州三大乡土志之一,该县历史、政治、经济、地理、民族等悉具之,尤以新疆建省后事迹叙述较详。该志历史门所记靖远关的兴废,元代阳巴噶勒城、唐代乌宰守捉城的具体位置,为它史所缺。政绩录分别记甘承谟、欧阳振先、高敬昌、黄廷珍这四位知县的为官之功。兵事录、耆旧录详细地记述了同治三年(1864年)绥来南北两城被攻陷的经过,及北五岔户民赵兴休率领团练户民保家卫国坚持抗敌的事迹，为《清高宗实录》《清史稿》等正史所不载。本镇古迹、门达及汉代叶宏城即今之安集海释（现属沙湾县安集海乡）、绥来城西北240余里之唐朝庙宇古迹，均系首次见于文献，弥补了他史不足。

此志不足之处在于户口目中，只记人口而缺户数，并囿于封建道德观的影响，节妇、烈女等仍充满字行，错字颇多。

## 隋唐五代墓志汇编·新疆卷

穆舜英、王炳华编。天津古籍出版社1991年出版。

穆舜英（1932—2008），上海人，新疆文物考古研究所名誉所长，研究员。1960年8月于北京大学历史系考古专业毕业。先后在新疆科学分院考古研究所、新疆博物馆考古队、新疆社会科学院考古研究所和新疆文物考古研究所工作，在新疆从事考古工作39年，曾参加帕米尔地区塔吉克族社会历史调查，伊犁昭苏地区马孙古墓调查，塔克拉玛干沙漠南缘若羌米兰地区唐朝古戍堡发掘，1979—1980年曾两次主持和参加了罗布泊地区楼兰古城和古丝道的探险考察活动，编著《神秘的古城——楼兰》，参与编撰《中国新疆古代艺术》《新疆彩陶》，参加整理《吐鲁番出土文书》等学术著作。

王炳华，1935年生，江苏南通人，1960年毕业于北京大学历史系考古专业。同年到新疆从事考古，历时40年。发现、发掘了罗布淖尔古墓沟、哈密五堡、天山阿拉沟、呼图壁生殖崇拜岩画，开拓了考古研究的许多新空间、新概念。曾5次进入楼兰，连续7年主持中日合作沙漠古址——尼雅的调查、发掘。曾任新疆文物考古研究所所长、研究员，两次获新疆有突出贡献优秀专家称号。2000年起任中国人民大学国学院西域语言研究所特聘教授、博士生导师。主要著作有《丝绸之路考古研究》《天山生殖崇拜岩画》《访古吐鲁番》《吐鲁番的古代文明》等；合著有《新疆历史文物》《乌孙研究》；主要论文有《塞人历史文化钩沉》《罗布淖尔古墓发掘及其研究》《唐安西拓撅关考》等近百篇；主编《法国西域敦煌名著译丛》《新疆文物考古新收获》。

《隋唐五代墓志汇编·新疆卷》共刊布了199方墓志的图片资料，以图版为主，志文清晰，附有说明文字，对墓志的出土时间、撰人、书丹人、收藏等情况进行了介绍。收录墓志从高昌章和七年（537年）到唐开元二十六年（738年），时间跨度200多年。本书虽名为《新疆卷》，但实际上汇集收录的都是吐鲁番出土的墓志资料，这是由于新疆这个时期的墓志大多集中出土于吐鲁番这个客观事实造成的。

《隋唐五代墓志汇编·新疆卷》集中公布了80余方解放后出土的吐鲁番墓志材料，以及解放前出土的、但之前并未公布的新材料，如《画城墓表》（高昌章和十六年）、《麹惇墓表》（高昌建昌六年）、《张簸箕夫人杜氏墓表》（延昌十六年）、《张忠宣墓表》（延昌廿七年）、《张师儿王氏墓表》（延和十八年）、《氾武欢墓志》（唐龙朔二年）等均是首次公布，对于解放前出土的墓志，《新疆卷》也尽可能地收录其中，比如将黄文弼在吐鲁番发掘的100余方墓志的图版翻拍重印，有益于后学。

《隋唐五代墓志汇编·新疆卷》为新疆历史和吐鲁番学研究提供了翔实的资料，有助于推进相关领域的研究。但本书也有缺憾，例如大约有几十方解放后出土的新疆墓志材料，《新疆卷》未能刊布图版，如《唐永泰二年高耀墓志铭》等；又如有些墓志有录文，如翻拍黄文弼原图版时保留了19方墓志的录文，但其余如《朱阿定墓表》《朱阿定妻杨氏墓表》《张武忠妻高氏墓表》《赵荣宗夫人韩氏墓表》《田绍贤墓表》《张氏墓表》等一批墓志材料只有介绍，无录文，造成了体例的不统一。

## 随园诗话

（清）袁枚撰。主要版本有：清乾隆五十五年（1790年）刻本10册；清道光四年（1824年）刻本12册；清同治八年（1869年）刻本8册；清光绪三十四年（1908年）铅印本6册；吉林大学出版社2009年版，及人民文学出版社"中国古典文学理论批评专著选辑"本。国家图书馆藏。

袁枚（1716—1797），字子才，小字瑞官，号简斋、存斋，因晚年隐居小仓山随园,故又称随园老人、仓山居士、仓山叟。袁枚出自书香门第,自谓:"先祖旦釜公有诗一册,皆蝇头草书。……先祖慈溪籍,前明槐眉侍御之孙。槐眉与其父茂英方伯,有《竹江诗集》行世。"他从小就显示出过人的才气和禀赋。20岁以前,袁枚一直在杭州读书求学。乾隆元年(1736年),21岁的袁枚赴广西,省视做幕僚的叔父袁鸿。乾隆元年、三年、四年,他相继通过乡试、殿试,考取进士,授庶吉士,入庶常馆学习。后任溧水县知县,后来又连续调任江浦、沭阳、江宁知县。政绩不俗,深得百姓爱戴。乾隆十四年(1749年),34岁的袁枚以养病为由入住此前所购的小仓山随园,自此开始了悠闲的归隐生活。从34岁至82岁去世近50年的时间里,除了初隐三年后因经济原因短暂出仕,大部分时间市隐于随园,读书、创作、会友、授业、漫游。为一代名士。

《随园诗话》是阐述袁枚诗歌理论的一部重要著作。计26卷(《随园诗话》16卷,《补遗》10卷),约57万字。篇幅宏大,内容丰富。《随园诗话》形式上分卷编排,每卷数量不等,大约一百条,且每卷、每条之间没有逻辑联系,形式灵活随意,这也是大多数诗话的编排体例;内容上,《随园诗话》"以话论诗",兼谈叙事,内容异常丰富。除了收录大量诗作、阐述袁枚的诗学观点"性灵说"以外,对历代诗人作品、流派演变及清代诗坛多有评述。《随园诗话》对清代西域诗人诗作也有所评论,主要集中在卷十一中。如评论首任伊犁将军明瑞的作品:"忠烈公(明瑞)工于吟诗,《雨过石中门》云:'自怜马上橐鞬客,独立溪边问渡船。'《元夜归省》云:'陌上晚霞飞素练,渡头残雪踏银沙。'《送弟瑶圃使乌斯藏》云:'寒分百战袍,渴共一刀血。'皆名句也。"伊犁领队大臣惠龄的诗作《果子沟》《过哈密》也见载于《随园诗话》。不仅有诗歌鉴赏评论的价值,还具有文献征存的意义。

# T

## 塔城二十五年司牙仔中俄属互控已结案件清册

（清）总理各国事务衙门辑。抄本，3册。收录在《中国边疆研究资料文库·边疆史地文献初编·西北边疆》第二辑，中央编译出版社，2011年；《中国边疆研究资料文库·边疆边务资料初编·西北边务》，中央编译出版社，2011年。

该书收录了清光绪二十五年（1899年）八月十三日至十一月初五日塔城司牙仔中俄属互控案件清册。共3册，包括《会同俄官办理本属人等控告俄属哈萨克各项积案清册》1295件，《会同俄官办理俄属人等控告本属千户长达米坚所管哈萨克各项积案》478件，《会同俄官办理俄属人等控告本属哈萨克各项积案》327件，附《喀什噶尔司牙孜会宣统二年（1910年）办结乌什中民具控俄民各案件数表》。清册按案件条目记载，每条记载原被告、状告原因、办案过程、结案等内容。

## 塔城直隶厅乡土志

（清）佚名修。是志成书后未及付梓，即被林出贤次郎携至日本，日本人片冈一忠辑为《新疆省乡土志三十种》（日本中国文献研究会，1986年）。点校本有马大正、华立主编《中国边疆史地资料丛刊·新疆卷》中的竖排版《新疆乡土志稿》（全国图书馆文献缩微复制中心，1990年），马大正、黄国政等编《新疆乡土志稿》（横排重印）（新疆人民出版社，2010年）。

《塔城直隶厅乡土志》成书于光绪末年，列14目，系奉清廷敕令而编的新疆乡土教材，约两万字。是志按清学部颁《例目》列历史、政绩录、兵事录、耆旧录、人类、户口、氏族、宗教、实业、地理、山、水、道路、物产、商务等15目。凡历史、政治、经济、军事、外交、地理和民族等悉备之。叙事详明，考据确凿，为新疆诸乡土志中上乘之作。其中政绩录、氏族二目有目无文。耆旧录附昭忠祠入列人员职务名单。历史、兵事、人类、地理、山、水等目篇幅较大。人类目征引《新疆总统事略》《蒙古游牧记》等文献的记载，记本境所属额鲁特、哈萨克、察哈尔、旧土尔扈特等部情况，内容详细，数据明晰。商务目分本境所产之物和所制之用记本境所产牲畜、牲畜皮毛、木材、清油、烧酒等物销于他境及俄商的情况，并详细记载了自内地、俄国等地分别运销本境之货物情况。物产目分列动物、矿物、植物种类，记其分布、数量、质地等情况，其中矿物类记有金矿、煤矿、盐池方位、开采历史、程度、质量等，内容详细，描述生动。

## 塔尔巴哈台事宜

（清）永保纂，兴肇增纂。全书约38000字，分4卷，有抄本、刻本。《塔尔巴哈台事宜》成书后刻本、抄本比较多，现有嘉庆十年（1805年）刻本，有《边疆丛书续编》油印本。另有台湾成文出版社1968年影印本。中央民族学院图书馆编、吴丰培整理的《中国民族史地资料丛刊》（中央民族学院图书馆，1982年）本。

兴肇（？—1820），清宗室，满洲镶蓝旗人。嘉庆四年（1799年），荆州将军任内，因剿捕白莲教起义不力，遭革职，发排乌鲁木齐效力赎罪。五年，任塔尔巴哈台参赞大臣。二十二年，正蓝旗汉军都统任内，因病休致。三年后卒。

是书为永保首创，后经参赞大臣贡楚克扎布兴肇补撰而成。

现今流传下来的兴肇本，卷首有贡楚克扎布、兴肇两次增修的"叙"及兴肇定的"凡例"。卷一为疆理、城垣、宫殿、坛庙、叙官、户口、田赋、钱法、关税。卷二为杂赋、库藏仓庾积贮、添设俸饷、开设新疆建立州县、改设营制兵防、历次蠲恤。卷三记议处议叙议恤、军政荐举、添建营房、船只、公廨、仓廒、军器、水利、薪炭、匠役、贡马、卡伦。卷四述军台、贸易、屯田、官厂牲畜、煤窑、柔远、荒服。整体来说，兴肇对体例的调整并不成功，有些目次没有必要设立，如"开设新疆建立州县"，在塔参赞大臣辖境，只有驻军、哈萨克、厄鲁特游牧，根本没有州县的设立，"钱法"目中，

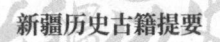

因无鼓铸局，便牵强附会记军旅、商人往来钱数。屯田的规模、奖惩办法、各屯田点的具体位置、水源、绿营官兵受奖名单、缘由，一一罗列。另水磨、水碾的数量、安设位置、器具来源等也一一道明。

### 塔尔巴哈台沿革考

（清）李光廷撰，1页，收于王锡祺辑《小方壶斋舆地丛钞》续编第二帙铅印本，上海著易堂，光绪二十年（1894年），《中国边疆行纪调查记报告书等边务资料丛编》二编第十五册（香港蝠池书院出版有限公司，2010年）影印此本。又收录于《边疆史地文献初编·西北边疆》第二辑（中央编译出版社，2011年）。

李光廷（1812—1880），字著道，号宛湄、宛湄轩、止庵。番禺化龙山门村人。清咸丰元年（1851年）举人，次年进士，任吏部封验司主事，曾主讲禺山书院。同治二年（1863年）补学海堂学长，嗣执掌端溪书院以终。晚年以抄书自娱，凡63种，各系以跋，成《守约篇丛书》160卷。另著有《汉西域图考》《广元遗山年谱》《北程考实》《宛湄轩诗外集》《宛湄书屋文钞》等。

是文记录了当时塔尔巴哈台的辖境范围，对塔尔巴哈台自汉唐至元及清乾隆时期的历史事件进行了简要的梳理，记述了乾隆年间塔尔巴哈台的官员设置与驻军情况。

### 塔尔巴哈台志略

（清）佚名撰，未著名编者及编写时间，约1.8万字。清抄本。1982年，吴丰培先生据旧抄本整理此书，将其辑入《中国民族史地资料丛刊》（中央民族学院图书馆，1982年）；《中国西北文献丛书》二编第一辑（线装书局，2006年）影印。

《塔尔巴哈台志略》原名《塔尔巴哈台图说》，原图已佚。叙事起于乾隆二十年（1755年），终于光绪十二年（1886年），有疆域、城郭、屯务、金厂、铁厂、煤窑、贸易、部落、卡伦、名山、河源、军台、边境等篇目。"疆域"中着重记述了中俄划界原委及具体地段，并逐一列出界牌位置、距离、号码及经纬度。记述最多的当为"名山""河源"两项，几乎占据全书的二分之一，除记述山川形势之外，书中也体现作者忧国之思，认为边疆"重岗迭巘，千里云遥，一旦外夷来侵，有鞭长莫及之势"。

## 塔里木河考

（清）锺镛著，收入民国十年（1921年）湖滨补读庐丛刻本《逊盦文集》中，1册。国家图书馆藏。《中国西北文献丛书》二编第一辑（线装书局，2006年）影印。

此书据《汉书·西域传》《西域图志》《河源记略》等，稽考塔里木河源头，详考支流，并对塔里木河流域的风土、农产等多项内容略有记述。

## 踏勘尼雅遗址

[英]斯坦因著，刘文锁，肖小勇，胡锦州译，广西师范大学出版2000年版，1册，307页。收录于"西域游历"丛书。国家图书馆有收藏。

本书内容主要是1906年斯坦因向东继续他的考古探险。第一个目标是在达玛沟一带被沙子湮没的遗址，发掘、搜集到了大量唐末以后的文物。之后在尼雅遗址意外地发掘了一些用佉卢文书写的木质简牍。再向东到达了安迪尔河尾闾地带，发现了古代聚落遗址，最后是漫长的沙漠之旅——经且末和瓦石峡直至若羌，对史料中的有关罗布、鄯善和楼兰的历史记载作了考证。对当今人们认识和研究当时的社会生活等具有参考价值。

## 太平寰宇记

（宋）乐史撰，北宋著名地理总志。200卷。有清乾隆五十八年（1793年）崇仁乐氏祠堂本，嘉庆八年（1803年）南昌万廷兰刻本，清光绪八年（1882

年）金陵书局刻本36册，清袁氏贞节堂抄本，《丛书集成初编》本，1980年台北文海出版社影印本，中华书局2000年、2007年版。

乐史（930—1007），字子正，北宋抚州宜黄（今属江西）人。地理学家、文学家。曾两次"中举"，五代十国"杨吴国"时曾一举高中"状元"，后做南唐秘书郎。入宋后，于太平兴国五年（980年）再次"中举"。仕宦60余年，曾任三馆编修、著作郎、太常博士、水部员外郎，曾知舒州、黄州、商州。乐史学识渊博，从政之余，勤于著述，前后著书20余种，共1018卷。所撰《杨太真外传》《绿珠传》小说，鲁迅先生评为"首创传奇垂戒类"，历经千年流传至今。此外，还著有《总记传》《坐知天下记》《广卓异及》等。

《太平寰宇记》始撰于宋太宗太平兴国四年（979年），大约成书于雍熙四年（987年）前。该书按北宋初行政区划分卷叙述，前为十三道建置，后为四裔地理概况。十三道为河南、关西、河东、河北、剑南西、剑南东、江南东、江南西、淮南、山南西、山南东、陇右、岭南，以171卷分别叙之；四裔为东夷、南蛮、西戎、北狄，以29卷分别叙之。是继《元和郡县志》后又一部现存较早较完整的地理总志。体例仿《元和郡县志》，以州府为单位，叙其沿革、领县、四至、土俗、山川、湖泽、城邑、乡聚、关塞、亭障、古迹、祠庙、陵墓、人物、户口，并分主户、客户，与唐元和时期户口进行比较，内容详赡。所采材料也颇为广泛，包括史书、文集、碑刻等约200种，是为唐宋史地研究的重要资料。

卷一八〇至一八八共九卷记载西戎，其中大部分是有关西域诸国的内容。如"西戎一"（卷一八〇）"西戎总述"之后即为"车师国"；西戎二（卷一八一）为葱嗒羌、楼兰、且末、扜弥、龟兹、焉耆、于阗、疏勒等西域十国；西戎三（卷一八二）为乌孙、姑墨、温宿、大宛、莎车等西域八国；西戎四（卷一八三）为康居、曹国、米国、何国等西域十二国；西戎五、六、七（卷一八四、一八五、一八六）虽有吐蕃、大羊同国等，但仍以西域诸国为主；西戎八、九（卷一八七、一八八）才是有关河西走廊、青海等地少数民族的记载（如塞内六国、羌无弋、湟中月氏、吐谷浑）。该书记叙西戎历史沿革及其与中原王朝的关系，方法同前叙十三道，尽可能叙其四至（包括与京城或都护治所的距离）、土俗物产、人种（如记载乌孙有塞种、大月氏种）、语言、户口、制度、风俗习尚等等，对研究西域历史、地理以及人口分布、经济面貌，都有很高的参考价值。

## 太平御览

（宋）李昉等编。明万历元年（1573年）倪炳刻本，104册；日本安政二年（1855年）喜多邨氏学训堂铜活字印本，153册；明万历二年（1574年）周堂铜活字印本，118册；中华书局2011年版，4册。

李昉（925—996），字明远，深州饶阳（今属河北）人。五代至北宋初年名相、文学家。后汉时期，李昉登进士第。后周时任集贤殿直学士、翰林学士。宋初为中书舍人。宋太宗时任参知政事、平章事。曾参与编写宋代四大类书中的三部（《太平御览》《文苑英华》《太平广记》）。李昉长期在朝廷任文职，读书颇多，"所藏既富，而且辟学馆以延学士大夫"（《容斋随笔》卷十五）。可见李昉学术涵养深厚富有真才实学，这也是他被选为三大类书主编的一个重要原因。

《太平御览》是一部综合性类书，由李昉、李穆、徐铉等学者奉敕编纂，始于太平兴国二年（977年），成书于太平兴国八年（1983年），初命为《太平总类》，书成之后，宋太宗日览三卷，一岁而读周，所以又更名为《太平御览》。全书以天、地、人、事、物为序，分成55部，1000卷，包罗古今万象，门类繁多，征引赅博。

边疆方面，《太平御览·四夷部》记载了东夷、南蛮、西戎、北狄等的史事，自卷七百九十二《四夷部十三·西戎一》，至卷七百九十八《四夷部十九·西戎七》，提供了大量与西域有关的史料，如"鄯善。《汉书》：鄯善国，本名楼兰，王治扜泥城"；"于阗。《汉书》曰：于阗国王治西域，去长安九千六百七十里。于阗之西，水皆西流注海，其东流注盐泽，河源出焉。多玉石"；"龟兹。……又曰：其国北大山中，有如膏者流出成川，行数里入地，状如醍醐。服之，发齿已落者，能令更生；疹人服之皆愈"；等等。其他篇目亦有涉及西域物产、人物、地理等内容，如卷九百七十四

《果部十一》载"《扶南传》曰：安息国出甘蔗"，卷九百八十一《香部一》载"《后周书》曰：波斯国，大月氏植叼种也。地出氍毹、玄獐皮，及薰陆、郁金、苏合、青木香等，胡椒、毕拨、石蜜、千年枣、香附子、诃黎勒、无食子盐、绿雌黄等物"。由于《太平御览》保留了大量宋以前的文献资料，且其中部分已经亡佚，因此很有学术价值。

### 谭文勤公奏稿

（清）谭钟麟撰。有宣统二年（1910年）谭氏刻本，宣统三年（1911年）刻本，20卷，并收录于《清末民初史料丛书》《近代史料丛刊》。

谭钟麟（1822—1905），字文卿，谥文勤，晚清政治人物。湖南茶陵人，咸丰进士。历任江南道监察御史、杭州知府、杭嘉湖道、河南按察使、陕西布政使、护理巡抚，实授巡抚，官至陕甘总督。1899年告归。他政绩卓著，反对侵略，但同时也反对变法，是因循守旧的顽固派。该奏稿为谭钟麟任陕甘总督和两广总督任内上奏。据奏稿，咸丰末，陕甘汉回结怨，钟麟处置得宜，使得该地免于动荡。他在陕甘总督任内民俗吏治整顿尤多，解除不许回民出城的禁令，整顿关中书院，使之重新振兴。他注重实业，督修水利，鼓励百姓种桑养蚕，使陕甘地区丝织业大兴。发生大旱，谭钟麟奏请朝廷缓征厅州县本年未征和旧欠钱粮，并急调各州县社仓库粮赈济灾民，通过奏请朝廷向闽、粤海关借银，解决购粮、运粮所需经费，使灾年平稳渡过。新疆建省前，曾于光绪八年（1882年）奏请在新疆南路设置丞倅牧令道员；新疆正式建省后，为改变每年向新疆调运粮饷征用大批民车的做法，又专设官车局，减轻百姓负担。为解决盐贩哄抬盐价问题，他制定就场征课法，使食盐价格下降。他还在兰州创建求古书院，在甘州（今甘肃张掖）创建河西精舍，选拔文人学者著书讲学。该奏稿有助于人们了解清末清朝在新疆的施政。

## 唐大诏令集

（北宋）宋敏求编，该书是唐代皇帝诏令的汇集本。1959 年，商务印书馆以铁琴铜剑楼旧藏顾广圻校旧抄本为底本，参校文津阁四库全书本、北京图书馆藏翁同龢校本与适园丛书本排印，并新编总目，以便查阅。台湾鼎文书局于 1978 年翻印此本。1992 年，学林出版社点校本。中华书局 2008 年复据商务印书馆排印本影印。

宋敏求（1019—1079），字次道，北宋文学家、文献学家、藏书家。赵州平棘（今河北赵县）人。

唐代诏令，《新唐书》大抵未收，《旧唐书》《通典》《唐会要》《册府元龟》等所收亦多缺漏或讹误。唐《实录》除顺宗一朝外，其余已散佚。故唐代"诏诰命令之得以考见者，实籍有是书"。《唐大诏令集》收集诏令 13 类，包括：帝王、妃嫔、追谥、册谥文、哀册文、皇太子、诸王、公主、郡县主、大臣、典礼、政事、蕃夷，总计 130 卷。特别是八十三卷至一百二十七卷政事类中的礼乐、刑法、恩宥、官制、举荐、按察、制举、贡举、田农、赋敛、财利各门，关涉唐代的政治、经济、法律、选举、行政管理等，是研究唐代法制史的重要资料。该书卷一百三十"蕃夷"有《讨高昌王麴文泰诏》，是唐太宗灭高昌的讨伐诏令，是唐初经营西域的重要史料。

## 唐会要

（宋）王溥撰。有清乾隆武英殿活字印聚珍版丛书本，100 卷；商务印书馆 1936 年版；江苏书局本；上海古籍出版社 1991 年，2006 年版；中华书局 1955 年版。

王溥（922—982），字齐物，北宋初并州祁县人。出生于官宦世家，后汉乾祐进士、秘书郎。后周广顺三年（953 年），官至宰相。宋太祖乾德二年（964 年）正月，罢相，任太子少保。王溥任丞相十年，三次迁升一品。太平兴国初年（976 年）封祁国公，太平兴国七年（982 年）八月去世，

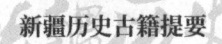

赠侍中，谥文献。历任后周太祖、周世宗、周恭帝、宋太祖两代四朝宰相。又为著名史学家，编撰《世宗实录》《唐会要》《五代会要》三部史籍，共170卷。

《唐会要》是记述唐代典章制度沿革变迁的史书，始称《新编唐会要》，现简称《唐会要》，是中国历史上第一部《会要》专著。此书乃唐人苏冕、苏弁《会要》40卷（叙高祖至德宗九朝沿革损益之制），崔铉《续会要》40卷（叙德宗至宣宗大中六年之事），加上王溥所补20卷（采宣宗以后事）而成，共一百卷。史家称，因《通典》《会要》的问世，史学史才有了专门记载典章制度的著作。《会要》虽然不如《通典》精审，但经苏冕、崔铉、王溥一续再续，涉及唐史的时间范围比《通典》长且广泛，而且，急剧变化的中晚唐制度得以保存下来，弥足珍贵。

《会要》中有不少有关西域的记载。如卷三十三有"西戎五国乐"；卷七十三有"安西都护府"，记载贞观十四年（640年）九月二十二日侯君集平高昌国设立安西都护府，抚宁西域，统龟兹、焉耆、于阗、疏勒等国，又设安西节度使，直至贞元七年（792年）吐蕃陷北庭都护府的史事；卷九十四"西突厥""沙陀突厥"，记载西突厥、沙陀突厥的历史及其与唐朝的关系；卷九十五有"高昌"，记载高昌为汉车师前王之廷的历史及其沿革，贞观年间的覆亡和西州的成立；卷九十八有"回纥"，记载唐王朝与回纥之间的征服、朝贡、和亲等一系列事件和政策；卷九十九有"吐火罗国""康国""石国""朱俱婆国""罽宾国""史国""拂林国""乌苌国"等，卷一百还有"波斯国""大食国""天竺国""葛逻禄国"等等唐代葱岭以西广义西域诸国的诸多史实，及其与唐朝的关系。《唐会要》有关西域诸国的记载，为研究西域诸国的历史及唐朝与西域诸国的关系、唐朝的西域政策和制度等等提供了详实的史料。

## 唐书·西域传注

（清）沈惟贤注。有光绪二十四年（1898年）刻本，1册；《二十四史订补》第9册第581—607页影印本。

沈惟贤（1866—1940），字思齐，一字师徐，晚号逥翁、逥居士。松江府华亭县人。光绪十七年（1891 年）中举人。历任嘉兴、钱塘、仁和、新城、石门知县。闻武昌起义，弃官回松，剪去发辫，佐钮永建成立松江军政分府，出任副司令兼司法部长。民国元年（1912 年）被选为江苏省议员，后又被选为省议会议长、国会参议院议员。民国十二年（1923 年）曹锟贿选总统，拒贿南归，与姚文枬等倡组"全社"，以示保全人格。早年对历史、舆地等颇有研究。抗战爆发，避居朱家角。后又迁沪，疾终沪寓。著作有《两汉匈奴表》《晋五胡表》《〈唐书·西域传〉注》《〈宗境录〉纲要》《逥居士集》等。

该书对《新唐书》列传第一百四十六所载西域之党项、东女、高昌、吐谷浑、焉耆、龟兹、疏勒、于阗、宁远、吐火罗、大勃律、苏毗、佛菻等国，以及《旧唐书》列传第一百四十八所载西戎之泥婆罗、党项羌、高昌、吐谷浑、焉耆、龟兹、疏勒、于阗、天竺、罽宾、康国、婆斯、拂菻、大食等国的历史以及二书中所载西域诸国的风土人情、物产地貌进行了注解。

## 唐写本《论语郑氏注》及其研究

王素编著，文物出版社 1991 年版，1 册，分上下编。北京大学 2007 年《儒藏》"精华编"第 281 册"出土文献类"收录该书，题为《唐写本〈论语郑氏注〉》。

王素，1953 年生，湖北人，1981 年毕业于武汉大学，曾任职于国家文物局（现名中国文化遗产研究院）古文献研究室，参加《吐鲁番出土文书》全 10 卷本的整理及《吐鲁番出土文书》图文本全四册的整理编纂工作，现为故宫博物院研究员、故宫研究院古文献研究所所长、博士后合作导师、北京师范大学特聘教授、博士生导师，国家级有突出贡献专家、中组部代中央联系专家，中国敦煌吐鲁番学会常务理事。撰有《三省制略论》《隋代卷：大河滚滚》《吐鲁番出土高昌文献编年》《高昌史稿》《汉唐职官制度研究》（与陈仲安先生合著）等专著，点校《陆贽集》（上下两册），发表敦煌吐鲁番学论文百余篇。

《论语郑氏注》自南宋亡佚,明清以来不断有辑佚本出现,但数量皆不足原书十分之一。20世纪以来敦煌吐鲁番写本的出土,大大丰富了《论语郑氏注》的内容。《唐写本论语郑氏注及其研究》收入出土《论语郑氏注》全部唐抄本图版,其中新出吐鲁番写本图版大多是首次公布。该书分为上、下两编,上编从吐鲁番藏经洞、吐鲁番古代遗址、阿斯塔那墓地出土的31件唐写本《论语郑氏注》中挑出9件作为底本,以其他22件作为校本,同时以敦煌吐鲁番出土《论语集解》《白文论语》《论语郑氏注对策》,刊本何晏《集解》、皇侃《义疏》、邢昺《义疏》,各种《论语郑氏注》辑本作为参校本对《论语郑氏注》进行校录,除录文外还附有详细的校勘记。下卷收录作者三篇论语郑氏注研究论文及罗振玉、王国维、王重民、陈铁凡的研究成果,并翻译日本学者月洞让的《关于〈论语郑氏注〉》和金谷治的《郑玄与〈论语〉》两篇长文。书中上卷还附有两篇附录《日本武田长兵卫藏吐鲁番写本(残片)》与《俗体异体字表》;下卷附有一篇附录《唐写本〈论语郑氏注〉研究论著简目》。该书是20世纪敦煌吐鲁番学的重要研究成果,也为经学、经学史研究提供了新材料。

## 陶庐文集

(清)王树枏撰,版本有清光绪二十八年(1902年)刻本1册;民国四年(1915年)陶庐丛刻本;兰州古籍书店《中国西北文献丛书》1990年版2卷1册。

王树枏(1851—1936),字晋卿,晚号陶庐老人。直隶新城县人,光绪丙子(1876年)科举人,光绪十二年(1886年)进士,历任四川青神县知县、彭山县知县、资阳县知县、富顺县知县、铜梁县知县、甘肃省中卫县知县、新疆布政使。其书法行书风格凝重、潇洒清致。生逢清朝末年、民国初期,为人始终关心国家安危,民族命运,是中国近代一位有影响的历史人物。主政新疆期间,对中国西部开发,稳定社会,抵御外侮,繁荣经济,引进推广先进技术机器设备,推进西部近代化进程,多有建树。他治学涉足广泛,参与编撰《清史稿》《新疆图志》等巨著,成为中国史籍和边疆史地学的经典之作，是后世治学修史必备的文献，也以名人名家丰富了清代学界和诗坛，产生较大影响。

王树枏以善为古文辞名于时。少喜骈偶之作，及交武昌张裕钊、桐城吴汝伦，始悔弃其少作。文集中文字，以碑志、墓表、寿序为最多。皆有所取义，有阳刚之气，异于世俗之作。柯绍忞序称：是集"气锐识敏，学足以周其用，才足以用其学，为唐荆川以后一人。"

王树枏还著有《陶庐笺牍》，主要版本有清光绪二十六年（1900年）刻本4卷；清光绪三十四年（1908年）新城王氏复印本4卷2册。《陶庐诗续集》，主要版本有新城王氏民国六年（1917年）刻本；文听阁图书有限公司2009年版《民国诗集丛刊》收录。后者收录王树枏西域诗作，其中包括与日本人野村荣三郎、日野强等人唱和的作品，有一定史料价值。

## 天山客话

（清）洪亮吉撰，1卷，清光绪三年（1877年）阳湖洪用勲授经堂刻《洪北江全集》本；《小方壶斋舆地丛钞》本；国学扶轮社民国四年（1915年）铅印本等。1卷。《古今说部丛书》、《小方壶斋舆地丛钞》第十帙、《洪北江全集》收录。又作为西北史地资料，收入《古西行记选注》（宁夏人民出版社1987年出版）。国家图书馆有收藏。

《天山客话》是他从新疆伊犁返回内地时，追述伊犁事迹及边塞风光、鸟兽物产、人情世事，上至伊犁将军府衙，下至土屋、土炕、蚊蚋、麦饼，叙述生动逼真，对于研究塞外地理人文、社会经济有重要价值。

## 天山南北路考略

（清）龚柴撰。版本有清光绪十八年（1892年）刻本；《小方壶斋舆地丛钞》本；天津古籍出版社1987年版，1册。《小方壶斋舆地丛钞》收录。天津古籍出版社1987年版藏于国家图书馆。

龚柴（？—1914），字古愚，我国近代著名的地理学家。《天山南北路考略》是他对新疆各地史地、风土、人文等多方面的考证著述,对研究清代新疆史地价值颇大。

## 天山游记

[俄]彼·波·谢苗诺夫著,李步月译。新疆人民出版社1989、2001年版,各1册。新疆人民出版社《西北史地资料译丛》与《西域探险考察大系》收录。国家图书馆有收藏。

彼·波·谢苗诺夫,俄国地理学家、植物学家和昆虫学家。1856—1857年,他到当时属于中国领土的伊塞克湖地区及其附近的天山进行考察。他根据天山考察日记撰写了《天山游记》。此书为研究19世纪中期新疆西部地区政治、经济、民族及研究中俄关系史的重要资料。

## 帖木儿帝国

[法]布哇(L.Bouvat)著,冯承钧译。上海商务印书馆1935年版。中国国际广播出版社2013年再版,凡1册。收录于《冯承钧西北史地著译集》。

冯承钧(1887—1946),字子衡,湖北夏口(今汉口)人。历史学家、中外交通史家。曾留学比利时,后转赴法兰西共和国索邦大学(la Sorbonne,今巴黎大学),1911年获索邦大学法学士学位。后入法兰西学院,师从汉学家伯希和。冯承钧通晓法文、英文、梵文、蒙古文和吐火罗文。辛亥革命后回国,担任湖北都督府秘书等,同时任教于北京大学、中国大学、政法大学、北京高等师范学校。1929年因患风瘫,遂弃职居家撰述。

《帖木儿帝国》分两篇对帖木儿及其后裔诸派系的活动情况进行了梳理,并附带言及中国艺术输入西域之事,叙述简明,可补《明史》中对这一帝国历史记述之缺漏。第一篇名为"帖木儿",分11章叙述帖木儿史料、政制、经济生活等;第二篇名为"帖木儿系(1405—1502)",又分上下两编,上编"始帖木儿之死迄沙哈鲁之死(1405—1447)",下编"始兀鲁伯之即位迄叔鲁儿之战（1447—1502）"，共分 19 章，按时间顺序叙述帖木儿系史事。冯氏翻译过程中，还对原书的讹误进行了校正，提高了本书的史料参考价值。

## 铁画楼诗续钞

（清）张荫桓撰，又名《荷戈集》，有清光绪二十八年（1902 年）观复斋刻本 2 卷。1 册，国家图书馆收藏，

张荫桓（1837—1900），字皓峦，号樵野，广东南海县佛山镇人，出身于一个破败的商人家庭。张氏早年放弃科举，投身洋务活动，由捐班进入仕途。光绪十二年（1886 年）任清政府特派美国、西班牙（当时称日斯巴弥亚）、秘鲁公使。光绪十六年（1890 年）回国，以太仆寺卿担任总理衙门大臣。光绪十八年（1892 年）官至户部左侍郎。光绪二十年（1894 年）底奉命与湖南巡抚邵友濂一起前往广岛议和。在戊戌变法中，张氏支持仿效西方进行改革，并向光绪帝举荐康有为，政变发生后，被革职发配新疆。光绪二十六年（1900 年）义和团运动期间，慈禧重修旧怨，下令将张荫桓处死。生平事迹见《清史稿》卷四四二、《清画家诗史》壬上、张祖廉《张公神道碑铭》。

《铁画楼诗续钞》为张荫桓在新疆被杀后，其门人将他流放途中和反映戍所生活的诗文编辑而成。记录的是诗人谪戍新疆途中，所见所闻所感。《铁画楼诗续钞》分为上下两卷，收诗起自戊戌年八月二十八日，即赴戍上路两个星期之后；止于庚子年五月三日，即被杀前两个月，共收各体诗 237 首，书后有金匮许珏跋语。作于新疆境内的诗联有 80 余首。《铁画楼诗续钞》按其诗作内容，大体可以分为感念时事、追思怀古、交往酬和、戍途纪行这四个方面。其诗多用比兴手法，甚至通篇比兴，不深思其中含义，难得其要领。他的诗作中，感念实事的诗作最为突出，体现出诗人浓厚的家国责任。张荫桓的戍途纪行诗在《铁画楼诗续钞》中所占比重较大，诗笔清苍深重，歌行浑浩流转，浓墨重彩地描绘了一幅西行图画长卷，对新疆的地理、景物、风俗具有研究意义。《铁画楼诗续钞》还是研究戊戌变法，

特别是张荫桓流放期间的思想和生活的极其珍贵的历史资料。从张荫桓的诗句中,可以触摸到他积极参与维新变法的思想脉搏,感受到他独特的人生经历和丰富的内心世界。

《铁画楼诗续钞》以其名人名家之作,丰富了清代西域诗坛,在新疆历史上写下浓重的一笔。

## 听雪集

（清）舒其绍撰。清抄本 4 卷,中山大学图书馆藏;广东人民出版社 2007 年出版的《清代稿抄本》收录。又有《舒其纪著书三种》本,北京大学图书馆藏。上海古籍出版社 2010 年出版的《清代诗文集汇编》收录。

舒其绍（1742—1821）,字衣堂,号春林,又号味禅,直隶任丘（今属河北）人。舒道武第十世孙。舒其绍于乾隆三十年（1765 年）考取贡生,四十四年中进士,举长兴知县。嘉庆二年（1797 年）因事遣戍至伊犁八年,此后再未见其从政记录。舒其绍一生官位不高,又无甚显著政绩,所以没能在历史上留下重笔,所幸他热心诗文创作,从而为后世保存下了珍贵的印记。

《听雪集》是舒其绍贬戍伊犁期间所作,去世后,由其子整理成册,但其因校对"一时未遑",没能刊印成书,只以手写本的形式流传至今。近年国家进行大型文献整理项目,舒其绍的作品才得以影印成书。《听雪集》卷首有汪廷楷于嘉庆十年（1805 年）中秋所作的序。从汪廷楷的序中,我们知道:《听雪集》全四卷,由舒其绍于遣戍期内完成;在离开伊犁时,他特请汪廷楷为其诗集作序。

《听雪集》除了汪廷楷序、觉罗崇恩所作跋外,还有张之万于同治十三年（1874 年）四月、祝德全于嘉庆十五年（1810 年）所书序;四卷共保存诗作 369 首。其中卷一存诗 181 首,卷二诗 176 首,卷三诗 191 首,卷四诗 91 首。该集全部诗作均作于其伊犁流放期间,是舒其绍贬戍生活的记录和感悟。《听雪集》中前三卷为主体部分,所存诗作是按照时间顺序排列的,到戍期结束为止;第四卷《伊江杂咏》单成一卷,其作品全为西域竹枝词。该集中诗作形式多种多样，其中以五七言绝句和律诗为主体，二者数量大致相当。诗集中也不乏古体诗，例如五言古体诗，有《归方伯饷佛手柑以报之》《哀韩兰》等；七言古体诗，如《戏赠薛鲁直大尹》《送盛侍卫明保入关》等。此外，该集中含有多首形式鲜明的杂言诗。舒氏的杂言诗一般为三、五、七言相杂，而以七言为主。

舒其绍还著有《归鹤集》2卷、《东归日程记》1卷，均为抄本。前者为赐还东归时途中所作，后者记赐还途中闻见。

## 听园西疆杂述诗

（清）萧雄著。今可见最早的版本为江标所刻《灵鹣阁丛书》本4卷，此本在萧雄殁后不到三年，以萧雄的稿本为底本传刻于湖南提学署。此外还有陕西通志馆民国23年由宋联奎、王健、林朝元等校印的《关中丛书》本，民国《时用斋丛刻》石印本，以及1935年上海商务印书馆的《丛书集成初编》本。这几种版本又先后收入到台北《丛书集成新编》《中国西北文献丛书》《中国少数民族古籍集成》等丛书中。

萧雄，字皋谟，号听园山人，湖南益阳人。生平主要见于《听园西疆杂述诗自序》《灵鹣阁丛书》本黄运藩《叙》中。同治年间甘肃、新疆发生民变，战火绵延十余年，清政府出兵平定战乱，久困科场的萧雄投笔从戎，同治三年（1864年）离家从戎，北上加入西征幕府，在西北生活十余年。曾入西征军将领金顺、张曜及哈密办事大臣文麟、明春幕府。战事结束之后，被委以花翎直隶州之虚职，仍然数奇不遇，后客居长沙典衣代爨，潜心著述，作《听园西疆杂述诗》，书成不久就落魄而亡。

《听园西疆杂述诗》4卷存诗110题150首，其中《开边》《设省》《歌功》《鸣盛》四首有目无辞。其中的部分作品，或许当诗人在新疆幕府或客居长沙前的其他时间已经写成，只是未成系统，晚年诗人对新诗旧作统一编订。《杂述诗》全部采用七言绝句的体式，类似"竹枝体"，每首诗歌下均自作注语，洋洋八万余言，"于新疆地理风俗人事各项，叙述綦详"。四卷诗歌每一部分的内容都各有侧重，逻辑清晰，自成体系。

卷一是对西域形势的整体描述,由《出塞》2首、《新疆四界》4首、《总述全势》1首组成。卷二以天山南北路为界,用35首诗分咏26座重镇。于南路,作者以18首诗分咏哈密、辟展、鲁克沁、吐鲁番、罗卜淖尔、哈喇沙尔、库车、拜城、阿克苏、乌什、玛拉巴什、喀什噶尔、英吉沙尔、叶尔羌、和阗。北路以17首诗描写巴里坤、奇台、济木萨、阜康、乌鲁木齐、昌吉、绥来、库尔哈喇乌苏、晶河、伊犁、塔尔巴哈台。每首诗后的注语采用相同的体例,先考证城市历史沿革,继而在时代背景之下考察每座城市的独特风貌。卷三咏吟民俗风情,对歌舞、宗教、饮食等都有描写,同时不少诗作反映了当时不同民族之间文化交往的情况。卷四描写自然景观、记述名胜古迹,所写与前贤时人多有不同,视角颇为独特。

诗集内容含量巨大,萧雄通过诗歌记载自己的闻见与经历,以细致的描述,展现出清代末年一幅广阔的西域城市建制史、社会生活史和民俗风情画卷。故宋联奎等人在《关中丛书》本跋语中评价此书:"于新疆全省疆域山川、风俗民情、气候物产、古迹名胜,与夫道里广袤,蒙回方言,无不备载,洵西北筹边必需之书,非独可备诗史也。"所谓"欲求其包括无遗,补前人所未及,且适合于当代情势,则此编较唐、元两作尤为有裨实用,洪、林无论矣",绝非溢美之词。无论是诗歌内容或表达方式,《听园西疆杂述诗》都具有重要价值,且开创了清代西域诗写作的全新体例,展现出超越叙事组诗的体大思精。这是清代、包括前代边塞诗中从未出现的气象,代表了清代西域边塞诗作在独特形成环境下的一种独特风格。

## 通典

(唐)杜佑撰,中国历史上第一部体例完备的政书。有明弘治八年(1495年)刻公文纸印本,20册;明嘉靖十八年(1539年)王德溢、吴鹏刻本,40册;商务印书馆万有文库十通本等。

杜佑(735—812),字君卿,京兆万年(今陕西长安)人,中唐著名政治家、理财家。《旧唐书》(卷一四七)、《新唐书》(卷一六六)均有传。佑十分丰富的仕宦经历,对该书的形成影响至巨。佑历代宗、德宗、顺宗、宪宗四朝，从地方官（郡参军、县丞、刺史等），到封疆大吏（徐泗节度使、岭南节度使、淮南节度使等），再到中央官（检校主客员外郎、工部郎中、金部郎中、度支郎中、户部侍郎判度支、尚书左丞、刑部尚书、检校左、右仆射、同中书门下平章事），并位至宰辅；又数任经济理财大使（水陆转运使，和籴使，度支盐铁使等），这种特殊的政治阅历和实践经验，使之洞悉朝政得失与社会利弊，加上嗜学手不释卷，对历代典章制度了然于胸，"该涉古今"，因而从大历元年（766年）开始编纂此书，花费36年，于贞元十七年（801年）撰成并献书，使《通典》成为一部从千年"礼法刑政"的演变轨迹中探寻施政之道的历史名著，不仅开创了认识社会结构的新体系，而且开创了史书编纂的新体例。

《通典》编纂的新体例不仅体现在以体制沿革演变为论述的主体，不同于纪传体以人物为主体，编年体以政事为主体的模式，而且也体现在叙事编排的次序上。卷首语载："以食货为之首（十二卷），选举次之（六卷），职官又次之（二十二卷），礼又次之（百卷），乐又次之（七卷），刑又次之（大刑用甲兵，十五卷；其次五刑，八卷），州郡又次之（十四卷），边防末之（十六卷）"。即以食货为首，下按选举、职官、礼、乐、兵、刑（兵、刑在卷首合二为一，在目录中则分为两门）、州郡、边防共九门排序，考察各门的历史沿革及相互关联，总结社会变革的原因和规律。清朝乾隆皇帝《〈御制重刻通典〉序》载："观其分门起例，由食货以讫边防，先养而后教，先礼而后刑，设官以治民，安内以驭外，本末次第，具有条理，亦恢恢乎经国之良模矣。"可谓盛赞这种编排次序。

《边防典》编排在最后，但分量不轻。共有16卷，按东夷、南蛮、西戎、北狄分别记述。西戎共有5卷（卷一八九至卷一九三），其中后3卷，即卷一九一至卷一九三为西域部分，由"西戎总序"（实为"西域序"）和六十个西域国家小传组成；前两卷亦涉西域，如卷一八九"葱茈羌"，卷一九〇"吐谷浑"皆事涉西域。事实上，北狄7卷每一卷也有涉西域的内容，如卷中所载匈奴、鲜卑、柔然、高车、突厥、回纥等族，皆曾在不同时期统治或局部统治过西域地区。

《通典》有关唐以前西域史的取材，主要源于正史《西域传》、正史

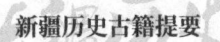

人物传记，及其他有关西域诸国的游记、行记、地志；唐代部分则主要取材于当时官府档案和时人史地著作。因此，保存了一批珍贵的有关西域的佚文史料，如隋代《西域图记》，唐代杜环《经行记》，屈璆《道里记》《外国图》《广志》《突厥本末记》，等等。《通典》边防典的次序编排，则以通中国的先后为排序原则，并兼顾地理等特点。

《通典》记录汉唐西域诸国的风土概况，反映了汉唐之间西域经营的历史，古代西域史的记载由此完成了以地理风俗为重点，向文治武功为核心的转变。

## 通鉴本末纪要

（清）蔡毓荣撰，41册，清康熙间刻本，《中国古籍善本书目》著录，现仅收藏于北京大学图书馆、哈佛大学图书馆等七家图书馆。

蔡毓荣（？—1699），字仁庵，籍汉军正白旗人，兵部尚书蔡士英次子。康熙初，任刑部侍郎。先后出任湖广四川总督、湖广总督加兵部尚书、云贵总督。多次上疏言四川招民垦荒事宜。康熙十四年（1675年）率绿旗兵征讨"三藩之乱"，后领衔绥远将军，总统绿营。先后败吴三桂部于岳州、长沙、衡州、辰州、贵阳、云南。次年，累上疏论云南善后事宜，言及蠲荒、理财、弭盗、军制等十数事。后因纳吴三桂孙女为妾，遣戍黑龙江，康熙三十八年（1699年）卒。

《通鉴本末纪要》仿袁枢《通鉴纪事本末》而作，刊刻甚精，纪事自三皇至元朝灭亡，"详于分裂，而略于一统"。其卷八载武帝通西域。

## 通鉴纪事本末

（南宋）袁枢撰，共四十二卷。南宋淳熙三年（1176年）初刊于严州郡学，宝祐五年（1257年）再刊于湖州，《四部丛刊》为宝祐本影印本。1955年中华书局重印《国学基本丛书》，辽海出版社2011版，延边人民出版1999年版，中华书局2015版。

袁枢（1131—1205），字机仲，建宁建安（今福建建瓯）人。南宋孝宗隆兴元年（1163年）进士，初任温州判官、兴化军教授。乾道七年（1171年）为礼部试官。后历任太府丞、兼国史院编修官、权工部郎官兼吏部郎官、吏部员外郎、大理少卿、工部侍郎兼国子监祭酒、右文殿修撰、江陵知府等职。

袁枢喜读《资治通鉴》，然有感于编年体叙事分散，乃编此书，约于淳熙元年（1174年）成书。是书抄录司马光《资治通鉴》的原文，但编排方式不同，即以事类为中心，前拟标题，每事详书其始末，使人一目了然，方便阅读。弥补了传统纪传体（二十四史）、编年体（《资治通鉴》）二者的缺陷，开创了纪事本末体史学新体例，成为中国第一部纪事本末体史书。

《通鉴纪事本末》所叙自战国时期的三家分晋（周威烈王二十三年，公元前403年），至五代末周世宗之征淮南（显德六年，959年），共1362年，分为战国至秦、两汉、魏晋南北朝和隋唐五代四部分，凡记239事，另附录66事。内容以政治、军事为主，诸如政权嬗代、内外战争、农民起义、民族斗争等等都记录在案。

关于西域，有卷三记载西汉武帝时张骞通西域之事。张骞为实现汉武帝联合大月氏共击匈奴的战略目标，于建元三年（前138年）出使西域，前后两次被匈奴所俘，元朔三年（前126年）趁匈奴内乱始得逃回，向汉武帝报告西域情况，由此凿通西域，中原文明也通过"丝绸之路"向四周传播。又卷六记载西域归附。东汉初年，光武帝刘秀忙于国内战事，无暇顾及西域，西域局势混乱，南道诸国相互攻伐，争战不休。匈奴乘机征服西域北道诸国和南道大国于阗，并不断袭扰东汉边境。明帝永平十六年（73年），东汉始派军出征西域，联络西域各国，孤立匈奴，终使西域南北道诸国先后归附。卷二十六记载突厥朝贡隋朝，卷二十八载唐太宗平西突厥、龟兹及高昌，卷二十九载突厥叛唐，等等。

《通鉴纪事本末》全书230万字，不及《资治通鉴》的一半，一些大事未能设专题记录，如土地制度等等；一些零散材料更无法编入书中，是其不足。

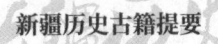

### 突厥世系

阿布尔·哈齐尔·把秃儿汗著。长期以来，《突厥世系》只有抄本传世，主要有答赫勒抄本、莱尔赤抄本、柏林抄本、哥廷根抄本等。译本有德文、法文本，法国东方学家贝特尔·戴美桑1874年在圣彼得堡出版的法文本《阿布尔尔·哈齐尔·把秃儿汗所著蒙古、鞑靼史》是目前最好最全的译本。罗贤佑根据戴美桑法译本翻译，由中华书局2005年出版。

阿布尔尔·哈齐尔·把秃儿汗是希瓦汗国的君主，他是成吉思汗之子术赤汗的直系后裔，阿剌伯尔·穆罕默德汗之子。作为君主阿布尔尔·哈齐战功赫赫，才能卓著。他曾击败入侵柯提地区的和硕特部卡尔梅克人，与布哈剌汗阿布哈兹多次交战，对布哈剌发动掠夺性的远征。作为学者，他撰写了由突厥察合台文撰写的《突厥世系》，行文风格朴实无华，通俗易懂。

《突厥世系》这部历史著作内容相当丰富。本书系统记述蒙古人史略，始于成吉思汗的祖先，终于作者在世之17世纪中叶。全书分九章，前三章主要依据拉施特《史集》节取而成，较为简略；后面部分则较详尽地记述了成吉思汗后裔的历史，尤其是1506至1664年间花拉子模诸汗的历史，其大部分为作者亲闻亲见，是极有价值的原始资料。此书虽有时表现出教派成见，但仍不失为一部极有价值的历史文献，对于我们了解和研究蒙古史、西域史，尤其是14至17世纪的中亚史、希瓦汗国史具有重要的参考意义。

### 突厥稀见史料辑成：正史外突厥文献集萃

薛宗正辑，1册，新疆人民出版社2005年出版。

薛宗正，1935年生，山东济南人，毕业于北京大学历史系，新疆社会科学院历史研究所研究员、古代史研究室主任、新疆师范大学兼职教授。主要研究领域为隋唐时期的西北边疆史、民族史（突厥史、吐蕃史和回纥史）等。代表作有《中国新疆古代社会生活史》《安西与北庭：唐代西陲边政研究》等。

该书是作者遍检《册府元龟》《唐会要》《通典》《全唐文》《唐大诏令集》《文馆词林》《文苑英华》等史书（二十五史除外）中有关突厥的原始史料，形成的一部史料汇编。全书分为两编12卷，上编"史料系年"，以《资治通鉴》作为系年的时间参考，共9卷：卷一西魏北周时期，卷二隋文帝时期，卷三隋炀帝时期，卷四唐高祖时期，卷五唐太宗时期，卷六唐高宗时期，卷七武太后、武周时期，卷八唐中宗、唐睿宗时期，卷九为唐玄宗时期；下编"文献集萃"则以语言文字分类，收录了七种文字的文献：卷十汉文资料，卷十一粟特文、突厥儒尼文、古藏文史料，卷十二古希腊、波斯文、阿拉伯文史料。该书在突厥史研究上有重要地位，为研究者提供了大量难以搜集的资料。

### 吐鲁番出土高昌文献编年

王素著，为饶宗颐先生主编"补资治通鉴史料长编稿系列"之一，"泰国华侨崇圣大学中华文化研究院、香港敦煌吐鲁番研究中心合作研究丛刊"之一，台北新文丰出版公司1997年出版。

王素简介见《唐写本论语郑氏注及其研究》。

《吐鲁番出土高昌文献编年》为编年体史料集，收录吐鲁番出土的全部高昌文献（非佛教部分）总计1071件。该书首先对每件文献进行编年，然后按文献时间先后排列。所收文献最早为西晋武帝泰始九年（273年），最晚为高昌麴文泰延寿十七年（640年）。其次对每件文献的质地、现状、墨色、特点及出土时间、地点、编号进行介绍。再次对每件文献的收藏单位、图版与释文的刊载论著、国内外相关研究成果进行登记。本书对吐鲁番出土高昌文献进行了全面介绍和总结，可以说是一部检索高昌文献的必备工具书，也是一部研究高昌历史的重要参考著作。

### 吐鲁番出土唐代文献编年

饶宗颐主编，陈国灿著，为"补资治通鉴史料长编稿系列"之一册，亦为香港敦煌吐鲁番研究中心研究丛刊之一册，台北新文丰出版社2002年版，1册。

饶宗颐（1917—2018），广东潮安人，字固庵、伯濂、伯子，号选堂，在传统经史研究、考古、宗教、哲学、文献学等领域颇有建树。其与钱锺书并称为"北钱南饶"，与季羡林并称为"北季南饶"。

20世纪以来，吐鲁番出土了大量唐代汉文文献。唐贞观十四年（640年）八月唐灭高昌国至唐德宗贞元八年（792年）西州陷于吐蕃的百余年间，留下了以公私文书为主，数量巨大，涉及经济、文化、军事、民族等方面的文献。该书作为"补资治通鉴史料长编稿系列"之一册对这些文献加以选编，以为《资治通鉴》史料之补充。首先编选了有一定史事内容有纪年的文书，其次编选了有史事而缺纪年的文书，考其年月，姑系于某年月之下，或据出土墓葬，编入某一时段，并做出说明。再次，该书亦收入有一定社会史事内容的墓表与墓志。最后，对于署年月而缺史实的文书，如牒尾、辞头该书则不收，个别无法确定其时代或纪年者亦暂未收入。在体例、编排上，本书按编年体将有纪年的文书逐年逐月逐日加以排列拟题，注明文献名目、藏地、文献编号。其下有"释""图""文""参"四栏。"释"说明文书残缺情况、行数、印记、及主要内容，对缺纪年者进行考订，说明寄列在此年月之下的缘由并摘记关键性的内容，"图""文"则标明该件文献的图版、录文的来源，"参"提供对于此文献可供参考的部分论著。在时间上，该书收录的最早的文书为唐武德（618—626）以后《某人状自书》，最晚的为唐大中六年（852年）《敦煌畀福道残卷》。对于数片、数十片出于同一年，且内容、性质相近的文书则归为一件，列在某年月之下，并在主题后标明了各片藏地和标号。该书另附有出土文献研究论著参考部分作者的索引，分中国、日本、其他三部分，按姓氏笔画排列，实际上是二十世纪以来主要相关研究成果的索引。因此，该书是研究唐代历史必备的工具书，亦是研究唐西州政治、经济、社会状况可依据的重要文献资料。

## 吐鲁番出土文书

由唐长孺主持整理，国家文物局古文献研究室，新疆维吾尔自治区博物馆、武汉大学历史系合编。释文本全 10 册，文物出版社 1981 至 1991 年陆续出版。其中，1981 年出版第一、二、三册，1983 年出版第四、五册，1985 年出版第六册，1986 年出版第七册，1987 年出版第八册，1990 年出版第九册，1991 年出版第十册。

另有《吐鲁番出土文书》图文对照本，全 4 册，自 1988 年立项，文物出版社 1992 年至 1996 年间陆续出版。除图版外，增收《吐鲁番出土文书》释文本少量未收文书及大量文书残片，对释文本的漏误做了订正，编排与简编释文本十册本略有不同。

唐长孺（1911—1994），江苏吴江人。著名历史学家，曾任武汉大学历史系教授、武汉大学中国三至九世纪研究所所长、国家文物局古文献研究室主任、中国科学院历史研究所研究员。早年从事中国辽、金、元史研究，后专注魏晋南北朝史、隋唐史研究，并从事敦煌吐鲁番出土文书的整理和研究。除整理编纂《吐鲁番出土文书》10 册外，唐长孺先生还与陈仲安先生合作点校《魏书》《北齐书》及《周书》。著作有《魏晋南北朝史论丛》《魏晋南北朝史论丛续编》《魏晋南北朝史论拾遗》《魏晋南北朝隋唐史三论》《敦煌吐鲁番文书初探》《敦煌吐鲁番文书初探二编》等，发表论文百余篇。

1959 年至 1975 年，新疆博物馆文物考古队先后在吐鲁番火焰山阿斯塔那和哈拉和卓进行了 13 次考古发掘，在此期间，吐鲁番文物保管所亦进行过多次发掘。考古队发掘清理了从西晋至唐的 400 余座墓葬，整理出大量高昌郡至唐西州时期文书。这批文书除有一部分以衣物疏、地券、功德录、告身及契约等文书形式直接随葬外，大部分被当做废纸被用来制作死者服饰，如鞋靴、冠带、枕衾等，故而大多残缺。这批文书出土后，新疆博物馆进行了初步清理、折揭和修复。1975 年底，国家文物局组织吐鲁番出土文书整理小组对这批文书进行进一步核对、缀合、标点和定名。成果即为《吐鲁番出土文书》释文本 10 册。这批文书大多为汉文文书，还有一些突厥文文书、回鹘文文书、吐蕃文文书。《吐鲁番出土文书》收录的是汉文文书，共约 2700 余件（图版本中的碎片未计）。其中，两晋南北朝时期文书 100 余件，高昌王朝时期文书 700 余件，唐朝文书约 1700 余件。该书所收文书，以墓葬为单位，按墓葬年代先后编排。第一册收前凉、前秦、西凉、北凉文书；第二册、第三册收麴氏高昌时期文书；第四册、第五册收麴氏高昌时期文书与少量唐前期西州高昌县文书；第六册至第十册收唐西州文书。文书内容涉及公文书、私文书、古籍、经卷四大类。公文书有朝廷诏敕、律文、地方官府文牒等；私文书有功德书、契券、质凭、信牍、借贷等民间及寺院的文书；古籍有儒家经典、诗文、集等；经卷有佛家经卷、道家符箓、袄教、摩尼教、景教之经文。该书系我国对 1959 年至 1975 年间吐鲁番进行大型考古活动所得文书整理的总结性成果，是研究高昌郡至唐西州时期吐鲁番地区政治变动，西晋至唐时期文书制度、经济制度、官制、兵制、社会生活等方面必不可少的资料书。

## 吐鲁番出土砖志集注

侯灿、吴美琳编著，上下两册，中国成都巴蜀书社 2003 年出版。

侯灿简介见《楼兰新发现木简纸文书考释》。

吐鲁番砖志，指今新疆维吾尔自治区东部吐鲁番地区近百年来陆续出土的记录死者身世及其有关情况的墓葬文字资料。吐鲁番地区古称高昌，是汉代高昌壁，前凉、前秦、后凉、北凉、西凉的高昌郡、阚张马麴高昌王国的所在地，因此，有些学者把这些砖志称为"高昌墓砖"或者"高昌墓志"，此书则统称为"吐鲁番砖志"。这些砖志就其质地而言，并不限于砖，亦有石质的、木质的和泥质的。从 1910 年第一方有纪年的吐鲁番砖志出土以来，至 1996 年中日合作发掘雅儿湖古墓为止，20 世纪间共出土墓志 328 方，其中被确认为大凉政权的 4 方，麴氏高昌王朝的 206 方，唐西州时期的 118 方。这些砖志的年代，上起大凉承平十三年（455 年），下迄唐建中三年（782 年），前后长达 320 余年。该书搜集 20 世纪间出土和公布的吐鲁番砖志，有图版的收图版，有释文的收释文，图版有不同版本者，收其中最为清晰者，共计收录有图版的砖志 270 方，因各种原因有录文而无图版的58方。本书按砖志主人入葬时间先后编排，不以埋葬地为限，分为大凉政权出土砖志、高昌王国出土砖志、唐西州出土砖志三个部分。除图版与释文外，每一方砖志皆配有正文注释、注明与说明及征引文献论著题录。该书前附有《吐鲁番出土砖志及其研究综述》，书后附有《吐鲁番出土砖志检索表》《吐鲁番晋——唐古墓出土随葬衣物疏》和《吐鲁番出土砖志文献论著要目》供读者检索与参考。

## 吐鲁番考古记

黄文弼著，作为《考古学特刊》第三号，由中国科学院考古所编辑，中国科学院1954年出版。

《吐鲁番考古记》一书，分为《考察经过》《遗物说明》《文物图版》三大部分。第一部分《考察经过》叙述了西北科学考察团1928年及1930年两次吐鲁番考察的经过，对古城、遗址、废寺庙等都做了较为全面的叙述，墓葬亦简略论及，并附有路线图及古城图作为参考。第二部分《遗物说明》是对吐鲁番地区发现的考古材料的说明，主要涉及汉文典籍与佛典题记残片、古文书写本、古维吾尔文文献三个部分，其中大部分为唐人所写残卷释文。汉文典籍及佛典题记残片有《毛诗》《尚书》《孝经》《文选序》《佛书音译》《首楞严三昧经并题记》等，与之对校，可知现行刻本之错漏。古文书写本多为7世纪后半期及8世纪唐人统治西州时期的遗物，有缴纳地租、户籍、军屯、诉讼等内容，是研究西州时期政治经济的重要材料。其中《麴斌造寺碑》及《张怀寂墓志》拓本更是不可多得的西域史料。古维吾尔文写本及印本、拓本皆产生于9世纪后半期，有关于宗教、典籍等内容，是研究维族历史的重要参考。绘画及泥塑亦附于遗物说明中，展现了当地宗教及艺术。第三部分《文物图版》收集各种文物图版110张。该书图版与释文分开，释文见遗物说明部分，图版目录单独成章，亦可两相对照参考。

## 吐鲁番文书总目（欧美收藏卷）

荣新江编，武汉大学出版社 2007 年版，1 册。

荣新江简介见《海外敦煌吐鲁番文献见知录》。

《吐鲁番文书总目（欧美收藏卷）》是《吐鲁番文书总目》中的一册，是一部记录欧美所藏吐鲁番文书的目录书，主要对德国国家图书馆、俄罗斯圣彼得堡东方学研究所、土耳其伊斯坦布尔大学图书馆、美国普林斯顿大学葛斯德图书馆藏汉文、回鹘文、藏文、蒙文吐鲁番出土文书进行了编目工作。其中以德国国家图书馆藏吐鲁番文献最为丰富，包括 Ch 编号部分、Ch/U 编号部分、U 编号部分、原藏于 Mainz 科学院部分、Tu 与 Tib 编号部分、MongHT 编号部分及德国印度艺术博物馆藏吐鲁番文献（MIK III 编号），并附有"现不知所在的德藏吐鲁番文献"目录。该书著录项目有文书新旧编号、题名、语言、尺寸、行数、残缺情况、年代、有关内容的提示和说明，最后用缩略语的方式登录前人有关该文书的著录、文字考订或图版所在。该书末尾附《吐鲁番文献研究中日文参考论著目录》与《吐鲁番文献研究西文参考论著目录》，对正文缩略语展开说明。可以说，该书对外流吐鲁番文书欧美部分作了一个总体描述，是一部不可多得的具有很高学术价值的目录索引，是研究工作的重要工具书。

## 吐鲁番文书总目（日本收藏卷）

陈国灿，刘安志主编，武汉大学出版社 2005 年版，1 册。

陈国灿简介见《斯坦因所获吐鲁番文书研究》。

刘安志，1966 年生，贵州织金人，彝族，现任武汉大学历史学院院长，中国敦煌吐鲁番学会常务理事、中国唐史学会理事、新疆吐鲁番学研究院专家委员会委员，专著有《吐鲁番文书总目（日本收藏卷）》《敦煌吐鲁番文书与唐代西域史研究》，发表学术论文数十篇。

本书是《吐鲁番文书总目》中的一册，是一部记录日本所藏吐鲁番文书的目录书。吐鲁番出土文书在 20 世纪流散到世界各地，日本是收藏吐鲁番出土文书数量最多的国家。本书作者对流散到日本的吐鲁番出土文书进行了搜集和整理，并拟题编目。对于已有过全面拟题的编目，在充分尊重日本学者成果的基础上加以登录和补充，对于没有编目的馆藏，则依据图版做了新的定题编目。本书收入日本公、私博物馆及个人收藏之吐鲁番文书目录，以京都、东京、奈良、大阪和其他各地所藏为序，以收藏单位为单元进行排列，登录项有文书尺寸、行数、书体、图版、释文状况及主要相关研究论著索引。京都部分登录有谷大学大宫图书馆藏大谷文书、龙谷大学藏橘瑞超文书、《流沙残阙》所收吐鲁番文书、《西域考古图谱》所刊未入大谷藏吐鲁番文书、京都国立博物馆藏吐鲁番文书、京都桥本关雪纪念馆藏吐鲁番文书及京都大学所藏出土文书。其中，京都大学所藏吐鲁番出土文书数量宏富，包括文学部藏吐鲁番文书、文学部羽田纪念馆藏吐鲁番文书照片、文学部藏题"中村不折氏旧藏"回鹘文文书照片、日比野丈夫新获见藏吐鲁番文书。东京部分登录东京国立博物馆藏吐鲁番文书、东京书道博物馆藏吐鲁番文书和东京静嘉堂文库藏吐鲁番文书。奈良部分登录奈良宁乐美术馆藏吐鲁番文书和奈良天理大学图书馆藏吐鲁番文书。另登录大阪四天王寺出口常顺藏吐鲁番文书、静冈县矶部武男藏吐鲁番文书、上野淳一藏吐鲁番文书、三井八郎右卫门藏吐鲁番文书和日本散见吐鲁番文书。该书还附录有京都藤井有邻馆藏文书和吐鲁番文书研究参考论著目录。

## 吐鲁番直隶厅乡土志

曾炳熿纂。有首都图书馆藏本，辑录《首都图书馆藏稀见方志丛刊》（国家图书馆出版社，2011年）影印本。另有吴丰培家藏本，1986年片冈一忠辑《新疆省乡土志三十种》（中国文献研究会，1986年），《中国西北文献丛书二编》（线装书局，2006年）影印本。点校本有马大正、华立主编《中国边疆史地资料丛刊·新疆卷》中的竖排版《新疆乡土志稿》（全国图书馆文献缩微复制中心，1990年），马大正、黄国政等编《新疆乡土志稿》（横排重印）（新疆人民出版社，2010年）。

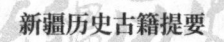

曾炳熿，湖南湘乡人，光绪末年曾任吐鲁番直隶厅同知。

是志光绪三十三年（1907年）成书，分14目，共8000余字。卷首有彩色手绘新疆吐鲁番厅舆地图一幅。该志内容完备，在新疆乡土志中质量较高，有一定的史料价值。前有吐鲁番厅同知曾炳熿序。政绩目记林则徐修坎儿井及黄晃兴水利之事。耆旧、人类、氏族、实业四目简略。户口目则分别统计城、乡各区户男女口数，尤以城关四乡户口记载甚详。

是志的山、水为一目，记本境山川道里、源委。商务目记本境与省城、内地、由伊犁入俄境销行的贸易往来，要之，《吐鲁番直隶厅乡土志》是清末新疆乡土志中一部质量上乘之作。

## 柝游闻见录

（清）易炳熿著。版本有清刻本；全国图书馆文献缩微复制中心1996年版，1册。全国图书馆文献缩微复制中心《丝绸之路资料汇钞·清代部分》收录。国家图书馆有收藏。

《柝游闻见录》记载作者在清光绪三十四年（1908年）七月至八月从乌鲁木齐至乌什行程。书中记载了沿途所见民族、民俗、民情，也涉及历史与现状，对于研究19世纪至20世纪初的新疆社会实为有用。

# W

## 晚晴簃诗汇

（清）徐世昌编，1929年退耕堂刑本。又有中国书店1989年影印本4册；中华书局1990年影印本10册。

《晚晴簃诗汇》一名《清诗汇》，是民国总统徐世昌集其门人幕客之力编纂的，全书计收诗人除御制以外6159家，得诗27000余首，就得人之众、收诗之多两方面而言，均称得上是现存所有单种清诗总集之翘楚。其丰富的清诗资料、详细的诗人小传和独到的诗话评价都为后人阅读和研究清诗提供了很大的帮助，文史价值并存。其中收录有和瑛、阿桂、奎林等所作《叶尔羌城》《和阗吟》《奉调乌鲁木齐》等与新疆有关的诗歌，为今人研究清代西域诗作保存了资料和线索。

## 万里行程记

（清）祁韵士著，道光刊本；清光绪《问影楼舆地丛书》本；山西省文献委员会民国二十三年（1934年）版；商务印书馆（上海）民国二十五年（1936年）版；中华书局1985年版等。1册。《问影楼舆地丛书》、山西省文献委员会《山右丛书初编》、商务印书馆及中华书局《丛书集成初编》收录，收藏于国家图书馆。

祁韵士，清代中期的史学家、文学家。嘉庆年间，祁韵士因事获罪，被谪贬伊犁。《万里行程记》即是作者从内地到伊犁的行记著述。他自京师起程，经170余日，计10700余里，到达伊江（今伊犁）。对沿途所见山川城堡、名胜古迹、人物风俗、少数民族情况等均一一作了记载。全书考察详明，记叙清晰，是清代有关陕西、甘肃、新疆等地山川地理、民情风俗等方面有重要参考价值的文献。

## 万里游草

（清）张广埏撰。道光二十三年（1843年）福建光泽同善社刻本。

张广埏（1795—1879），字锡均，号雪君，慈溪人，道光戊子举人。道光九年（1829年）科场失利后，适逢玉麟出任伊犁将军，遂随其同至惠远，道光十一年（1831年）东还。

《万里游草》上卷为往返伊犁期间的诗集。下卷别名《邮程琐录》，为张广埏的西域行记，记录起自道光九年七月自京城出发，至同年十一月抵伊犁，与卷上部分内容互相对应。《万里游草》详细记载了伊犁将军府的内部建制特点和道光年间伊犁军府幕僚的日常活动,并首次以诗歌的形式完整记录了玉素普之乱的始末与相关细节,具有独特的价值。

## 王方翼神道碑

(唐)开元十八年(730年)立。《文苑英华》《西域碑铭录》收录并释文。

《王方翼神道碑》,全称《唐故夏州都督太原王公神道碑》,张说撰文,陆坚书丹。王方翼,唐朝名将,两《唐书》有传。调露元年(679年),曾随裴行俭参与平定西突厥叛乱之战,据《新唐书》记载,"兼检校安西都护,……方翼筑碎叶城,面三门,纡还多趣以诡出入,五旬毕。西域胡纵观,莫测其方略,悉献珍货。"可知其曾修筑碎叶城(今吉尔吉斯斯坦首都比什凯克以东,托克马克市附近)。永淳元年(682年),西突厥阿史那车薄反叛,王方翼于热海(今吉尔吉斯斯坦伊塞克湖)平叛,迁夏州都督,碑文亦载"公在碛西,献捷无虚岁,蹙车薄于弓月,陷咽麫于热海,剿叛徒三千于麾下,走乌鹘十万于域外"。武后临朝后,王方翼因王后亲属连坐流放崖州,途中病卒。

碑文详述了王方翼两败西突厥的经过,可补两《唐书》的不足;在其发配原因和卒地两个问题上,碑文也解决了史籍记载语焉不详的问题,具有很高的史料价值。

## 往五天竺国传

(唐)慧超撰,成书于唐玄宗时期。《往五天竺国传》亦称《往五天竺传》,原有3卷,汉文,后散失。近人从敦煌卷子中发现题名《周历五天竺行程》一书,经罗振玉《慧超往五天竺国残卷校录札记》(甘肃文化出版社1999年版)考证认定,此即《往五天竺传》三卷本的节录,所记拘尸那国以前及最后部分已缺,但残留部分与慧琳《一切经音义》所载音释对照,皆吻合。此残卷发现后,日本学者藤田丰八曾于1911年参照法显、玄奘等人的西行游记及历代正史,作考证和笺注,撰有《慧超往五天竺国传笺释》1卷,

1931年钱稻孙译成汉语，线装出版。另外，日本学者羽田亨影印出版残卷，高楠顺次郎编入《游方传丛书》。此后又收入《大日本佛教全书》和《大正新修大藏经》。中华书局据《往五天竺国传》敦煌残本，辑录并笺注成《〈往五天竺国传〉笺释》，共45篇，记45国事，2000年4月初版，张毅笺释。32开，262页，2006年4月再版，收录于《中外交通史籍丛刊》。

慧超，唐代高僧。于唐开元年间赴印度求法，从海路至印度，后从陆路经西域返回大唐，开元十五年（727年）至安西（今新疆库车）。《往五天竺国传记》述其途经各地的见闻，重点记录了当时的政治情况。记载了西突厥征服犍陀罗的过程，描述了唐朝与吐蕃在西域地区的对峙等情况。本书是8世纪初西域、南亚地区政治形势巨变的见证者，也成为研究8世纪新疆、中亚、印度的重要文献资料。

## 惟清斋全集

（清）铁保撰。清道光二年（1822年）长白铁保石经室刻本，6册，国家图书馆藏。

铁保（1752—1825），字冶亭，一字梅庵，栋鄂氏，满洲正黄旗人。十岁入学，十六岁国子监肄业。十九岁中顺天乡试举人，二十一岁中进士，授吏部文选司额外主事。乾隆五十年（1785年）任吏部郎中，侍讲学士。五十二年任礼部侍郎。五十四年管理咸安宫学务、充会试副考官。从这一年至嘉庆三年（1798年），他九次充任乡、会试考官。在乾隆五十九年（1794年）时还曾任《八旗通志》总裁。嘉庆四年（1799年）调盛京兵部侍郎兼奉天府府尹，迁漕运总督。八年调山东巡抚。九年加太子少保衔。十年擢两江总督。十二年因审狱失当，革退宫保衔，降职留任。十四年因运河决口，山阳县知县浮冒赈银等事，革职发往乌鲁木齐。十五年充叶尔羌办事大臣，喀什噶尔参赞大臣。十六年任浙江巡抚。十七年擢礼部尚书。十八年调吏部尚书。十九年被弹劾，革职发往吉林。二十三年释回，授司经局洗马。道光元年（1821年）以病乞休，赏三品卿衔。四年卒于家，年七十二。

《惟清斋全集》是铁保晚年自订的一部诗文集，于道光二年（1822年）

成书,"惟清斋"是其书室名。《惟清斋全集》包括梅庵年谱 2 卷、奏疏 2 卷、梅庵文钞 6 卷、梅庵诗钞 5 卷、应制诗 1 卷、玉门诗钞 2 卷及附诗余 1 卷,萃取了铁保诗文的精华编辑而成。其西域诗载《玉门诗钞》,约 80 余首。主要记述了铁保在新疆时的所见所感,主要描写新疆风情。

### 维吾尔族史料简编(上、下)

冯家升、程溯洛、穆广文编著。1958 年,民族出版社仅出上册。1981 年,民族出版社补全,出上下册。

冯家升,字伯平,中国科学院民族研究所研究员。程溯洛,字孟津。中央民族学院历史系教授。穆广文,安徽省阜阳市人,中央民族学院民族研究所研究员。

《维吾尔族史料简编》辑录历朝有关新疆维吾尔族的史料,是研究维吾尔族历史的基本史料。此书以资料汇编的形式,历述维吾尔族历史变迁、社会政治、经济文化及与中原历代王朝的密切关系。此书共 26 章,以纲目体编成,每章有提要,略述本章内容,再附以中外维吾尔族史料及前人论著,引用文献 179 种。该书所收材料基本上是汉文文献。

总体来说,这部《简编》以翔实可信的资料为依据,探究了维吾尔族历史上一些重大问题,至今对研究维吾尔族史乃至新疆地区史仍具有重要的参考价值。

### 味道轩集

(清)周先檀著。有稿本传世,线装,1 函 8 册,12 卷。中国科学院新疆分院所藏孤本。

周先檀(?—1876),字尧珊,湖南衡阳县人,官户部主事,晚清诗人。咸丰十年(1860 年)入左宗棠幕,在江西、安徽、福建等地与太平军作战,后又参与镇压陕甘回民起义。同治末随军入新疆,任帮办新疆军务、乌鲁木齐都统金顺军营的幕僚。曾率兵击败浩罕汗国军事头目阿古柏叛军。

光绪二年（1876年）卒于乌鲁木齐。连克六城，以军功奏保加知府衔。

《味道轩集》分为《味道轩文集》《湖海吟》《西征草》三部分。《味道轩文钞》中有部分西域游幕期间的文作，《西征草》全部为新疆军营期间的作品。这些诗文具有实录性质，对研究左宗棠收复新疆颇有参考价值。

## 味根山房诗钞

（清）史善长撰。清道光刻本；清光绪刻本；清山阴史澄刻本，9 卷，国家图书馆藏。

史善长（1768—1830），字春林，浙江山阴（今绍兴）人，《清代碑传集三编》卷二五有传。其父史德恢游幕到粤，为粤海关吏，遂居广东。史善长生十月而孤，家贫，母王氏苦节养育成人。史善长初应童子试不中，以教授学童为业，继而为吏，吏满经洋商，不得意，捐纳为知县，选任江西余干县。鄱阳湖滨有袁氏、朱氏二村械斗，史善长施以诚信，使二村和解，村民为之建生祠。嘉庆二十一年（1816年）因捕"妖贼"不获，谪戍乌鲁木齐。二十四年（1819年）赦归。

《味根山房诗钞》收录西域诗 112 首。其中沿途纪行诗约占三分之一，分别记叙了过瀚海、苦水、哈密、梧桐窝、雪海、三间房、火焰山、吐鲁番、达坂，最后抵达乌鲁木齐；赐环后从乌鲁木齐出发，经古牧地、阜康、三台、古木兰、古城、奇台、木垒、三个泉、一碗泉、大石头、蒲类海、巴里坤、奎素、松树塘、南山口、哈密、长流水、格子烟墩、小红柳园、星星峡，有诗写沿途风物，共计 32 首。中间夹杂着史善长与友人酬唱反映其在疆生活的感怀诗，以及赐环后与友人间的赠别诗作。史善长敏锐的诗眼、独特的感受使得他的纪行诗充满了生机与灵性。32 首纪行诗作，又可以以乌鲁木齐为界，分为前后两个部分，前 10 首记叙的南路风物，后 22 首记叙自北路而返的沿途见闻。前后虽然都是记录沿途经历，但流露的感情还是略有不同的。前者因为发配边疆，饱受羁旅之苦，加上史善长体弱多病，偶有抱怨和愁苦显露。然而史善长在戍期间，情绪低落时期是极为短暂的，主要集中在进疆途中和抵达乌鲁木齐初期。抵达乌鲁木齐后，随着身体的日渐康复以及交际圈子逐渐展开，史善长在疆的生活变得越来越滋润；赐环后，心情更是极为愉悦。故而后续的22首沿途纪行诗中几乎没有流露出情绪低落的诗作，多以表现北路和谐的田园农家风光为主，如"市散未开门，羊羔酒满樽。笙歌归别院，灯火出前村""稻草高于屋，泥垣白板扉。鸡豚过社少，牛马入秋肥"即是鲜明的体现。

史善长在疆生活的诗作主要呈现在他的交游唱和诗作以及咏物感怀诗中。史善长无端被遣戍边，到戍时又恶疾缠身，身体康复后，史善长的情绪迅速得到了调整，他以"露霜皆帝泽，小草忘荣枯"的良好心态，过起了每日谈事论画、养花种蔬的闲居生活。史善长本商人出身，相比于大多数遣员，他的家境殷实，这从他《轮台杂记》记载的大量资助事迹中也可得到印证。初到戍的史善长不必和其他遣员一样忙着到戍后的生计问题，余干任上的无端被贬，史善长到戍后心有余悸，不愿再出来为官。戍边赋闲期间，正好成为自己静下心来参悟妙境的良机。史善长西域诗通俗写实、情感真挚，诗风深受袁枚"性灵"说影响。

## 温宿府乡土志

（清）佚名撰。又称《新疆省温宿府乡土志》，1卷。清光绪三十三年（1907年）抄本。有中国民族图书馆、国家图书馆古籍馆藏民国抄本，《中国方志丛刊》（影印本）（台北成文出版社，1968年），徐家汇天主堂藏书楼抄本，吴丰培藏本（辑入《中国民族史地资料丛刊》，中央民族学院图书馆，1978年油印本）。点校本有马大正、华立主编《中国边疆史地资料丛刊·新疆卷》中的竖排版《新疆乡土志稿》（全国图书馆文献缩微复制中心，1990年），马大正、黄国政等编《新疆乡土志稿》（横排重印）（新疆人民出版社，2010年）。

是志分历史政绩录、兵事录、耆旧录、人类/户口、氏族、宗教、实业、地理、山、水、道路、物产、商务十五目。仅3000余字，约成书于光绪末年，系奉清廷敕令编写的新疆乡土教材之一。其中耆旧录、氏族、宗教三目无内容。人类目记本地维吾尔、客民陕回的来源、风俗、葬法、纪年等情况，对维吾尔族宗教礼仪、生活习惯记述较详。地理目略记本境方位、四界，详记本境所分东、西、南三乡中之各庄方位、四界，另记本境内祠庙、桥梁、市镇、学堂。商务记载本境与喀什、内地贸易往来之简况。

## 温宿县乡土志

（清）潘宗岳编。有湖北省图书馆藏《新疆乡土志稿二十九种》油印本、新疆自治区图书馆1976年重印本。点校本有马大正、华立主编《中国边疆史地资料丛刊·新疆卷》中的竖排版《新疆乡土志稿》（全国图书馆文献缩微复制中心，1990年）；马大正、黄国政等编《新疆乡土志稿》（横排重印）（新疆人民出版社，2010年）。

潘宗岳，湖南宁乡人，曾任新疆温宿县分防柯坪县丞，纂有《温宿县乡土志》《柯坪分县乡土志》。

该志于光绪三十四年（1908年）成书，约3800余字，分沿革、政绩录、兵事录、耆旧、人类、户口、实业、氏族、宗教、地理、山水、道路、物产、商务诸目。沿革详于清代建置。政绩录记应属地理目的祠庙、古迹、学堂、巡警房、税务局所等的方位与人员情况。兵事载平定大小和卓之乱、阿剌布图叛乱、张格尔之乱、同治三年（1864年）库车土回马泷谋叛等。耆旧录记本县回部郡王世系。人类目只记有汉、回、缠寄籍或土籍。户口分别记汉、回、缠男女人口数。实业分别记士、农、工、商人口数，其中工匠分类较细，数据明晰。宗教记回教之由来、经典、教俗、分类、纪年情况。商务目则对商品品种、货源、输出地、输入地、销量等方面记载尤为详细，分门别类，绘成表格。

## 文献通考

（元）马端临著。明正德十一至十四年（1516—1519）刘洪慎独斋刻本，120册；元泰定元年（1324年）西湖书院刻本，82册；明嘉靖冯天驭刻本，100册；中华书局2011年版，14册。

马端临（约1254—1323），字贵与，号竹洲，饶州乐平（今属江西）人。宋元之际著名的历史学家，他为谋求治国安民之术，探讨"会通因仍之道"，讲究"变通张驰之故"，以杜佑《通典》为蓝本，完成明备精审之作《文献通考》。马端临家学渊源深厚，其父马廷鸾《宋史》有传，咸淳五年（1269年），擢参知政事兼同知枢密院事，进右丞相兼枢密使。廷鸾立朝正直，卓树风猷，文天祥《贺马右相廷鸾启》谓其"知廊庙之有人，为国家而增气"。马端临在父亲的督促下努力读书，为编写《文献通考》打下了良好的基础。马端临著述颇丰，除了《文献通考》外，还有《大学集注》《多识录》等。

《文献通考》是中国古代典章制度方面的集大成之作，体例别致，史料丰富，内容充实，评论精辟。它记载了从上古到宋朝宁宗时期的典章制度史，计有田赋考、钱币考、户口考、职役考、征榷考、市籴考、土贡考、国用考、选举考、学校考、职官考、郊社考、宗庙考、王礼考、乐考、兵考、刑考、经籍考、帝系考、封建考、象纬考、物异考、舆地考、四裔考二十四门，其中经籍考历来受人重视，是著名辑录体提要目录。除因袭《通典》外，兼采经史、会要、传记、奏疏、论及其他文献等，资料较《通典》丰富，于宋代典章制度尤称详备。是继《通典》《通志》之后，规模最大的一部记述历代典章制度的著作，和《通典》《通志》合称"三通"，为后世所重。

西域方面，书中卷三一五至三二三《舆地考》、卷三二四至卷三四八《四裔考》多有涉及，如卷三三八《四裔考·大月氏》载"大月氏，汉时通焉，治蓝氏城，在大宛西，可二三千里，居妫水北。其南则大夏，西接安息四十九日行，北则康居，去长安万一千六百里。不属都护"；《四裔考·康居》载"康居，汉时通焉，在大宛西北，可二千里，与粟弋、伊列邻接"；卷三三四《四裔考·吐谷浑》载"吐谷浑，本辽东鲜卑也。西晋时，酋帅徒何涉归有二子，长曰吐谷浑，少曰若洛廆……吐谷浑自晋永嘉时有国，至龙朔三年吐蕃取其地，凡三百五十年，及此封嗣绝矣"；卷三四七《四裔考·回纥》载"回纥，其先匈奴也，俗多乘高轮车。元魏时亦号高车部，或曰敕勒，讹为铁勒"；等等。

## 我的探险生涯

[瑞典]斯文·赫定著。版本有北平西北科学考察团民国二十二年（1933年）铅印本，2册；兰州古籍书店1990年影印本，1册；人民文学出版社2016年李宛蓉译本；新疆人民出版社1997、2010、2013年版孙仲宽译本，1册。兰州古籍书店《中国西北文献丛书》、新疆人民出版社《百卷文史知识丛书》与《西域探险考察大系》收录。兰州古籍书店1990年影印本、新疆人民出版社2010年版，国家图书馆有收藏。此书还名为《亚洲腹地旅行记》，李述礼译。版本有上海开明书店民国二十三年（1934年）版1册，633页；民国三十七年（1948年）李述礼译本；台北开明书店1976年版；上海书店1984年影印本，1册，604页等。台北开明书店《开明青年丛书》收录。国家图书馆有收藏。

斯文·赫定，世界著名探险家。本书从作者幼年立志探险讲起，讲述了他从1885年开始了亚洲之旅，1890年、1893年多次到中国西域探险，试图登上"冰山之父"，挑战"死亡之海"，获得了重要的探险成果：发现楼兰古城，界定罗布泊。总之，该书讲述了作者发现楼兰古城、征服死亡之海、翻越世界屋脊、深入雪域高原的经历，对于相关研究有重要价值。

## 乌鲁木齐事宜

（清）永保修，达林、龙铎合纂。不分卷，约32000余字。有山西图书馆藏清乾隆间刻本，嘉庆间刻本。另有1950年吴丰培辑《边疆丛书续编》油印本。点校本有王希隆《新疆文献四种辑注考述》（甘肃文化出版社，1995年）。

是书具体编纂者为司曹官达林、龙铎。乾隆六十年（1795年）永保调任乌鲁木齐都统之初即编《乌鲁木齐事宜》，是年十二月离任赴京，命达林、龙铎二人将天山南北两路之建置、政令、山川、道路仿《塔尔巴哈台事宜》之例加以纂集，并未参加具体工作。二人着手编纂，于嘉庆元年（1796年）完稿，历时5个月。

是书有疆域（附山川）、城池、官制、文职、绿营官制兵额、满营官制兵额、满营马匹军械、绿营马匹军械、民户户口、民户地亩纳粮数、屯田、仓贮粮石、口袋、库贮银两、金厂、铁厂、孳生马厂、孳生驼厂、满营官铺、满营水磨，共二十门。

此书可贵之处，在于"城池"一目中对满城建筑规模、建筑物方位及其用途记载较详，是今人研究清代乌鲁木齐建城史不可多求的资料。又对都统辖区的人口及其建置有独到记述。此外，不讳前任也是其特色。再有，此书记事截至乾隆六十年（1795年），可补《乌鲁木齐政略》成书后18年中当地制度发展变化、军政机构变更，人口增长等情况，将两书中相同门目对照阅读，可知乾隆一朝对乌鲁木齐地区各方面建设之情况。

### 乌鲁木齐守城纪略

（清）长庚撰，约成书于光绪年间。原书为旧钞本，不署撰人。吴丰培据《新疆图志·兵事志》有长庚《乌垣城守纪略》，断定长庚是作者。有清末铅印本传世。中央民族学院图书馆1982年版《叶尔羌守城纪略·乌鲁木齐守城纪略》收录该书。

长庚（1843—1915），字少白，伊尔根觉罗氏，满洲正黄旗人。以县丞保知县。后为乌鲁木齐都统平瑞帐下幕僚。同治十一年（1872年），应当时新疆署伊犁将军荣全之邀前往塔尔巴哈台任职翼长。同治十二年（1873年），白彦虎集西宁回众进攻乌鲁木齐，进围哈密。安集延帕夏并马明众，携乌鲁木齐、古牧地、昌吉、玛纳斯、呼图壁等地汉回，进攻沙山子，与白彦虎遥相呼应。长庚奉荣全檄，领练勇赴援乌鲁木齐。此后历任巴彦岱领队大臣、伊犁副都统、驻藏大臣、伊犁将军，官至陕甘总督。《清史稿》（卷四五三）有传。

1864年，新疆爆发农民大起义。乌鲁木齐南山回民起义军围困乌鲁木齐，长庚正在平瑞麾下任职，亲历守城之役。其在《乌鲁木齐守城纪略》中，详细描述了平瑞"三月扼守孤城"、在乌鲁木齐城陷后自尽身亡等事宜。所记有一定参考价值。

## 乌鲁木齐杂诗

（清）纪昀撰。流传后世的《乌鲁木齐杂诗》主要有两个版本系统：一为《借月山房汇钞》本系统：嘉庆十三年（1808年）收录于张海鹏编刻《借月山房汇钞》第16辑此系统有民国九年（1920年），上海博古斋影印的"景嘉庆本"、商务印书馆《丛书集成》本。一为《纪文达公遗集》本系统：嘉庆十七年（1812年）收录于纪树馨编刻的《纪文达公遗集》第14卷，藏于湖北省图书馆等地，此系统有嘉庆十七年纪树馥重刊本、嘉庆二十一年（1816年）刻本、道光三十年（1850年）重刻本、宣统二年（1910年）上海保粹楼石印本、清刻本、《纪晓岚文集》本。1991年新疆人民出版社出版了郝浚《乌鲁木齐杂诗注》。

《乌鲁木齐杂诗》收诗160多首，每首诗均为4句，并加以简要自注，厘定为风土（24首）、典制（11首）、民俗（38首）、物产（67首）、游览（17首）、神异（5首）六个部分。这些诗和注记载了纪昀来乌鲁木齐后的所见、所闻、所思，较为详细地反映了当时乌鲁木齐的政治、军事、经济、文化等情况，读者从中可了解新疆的风土人情，具有很高的史地学价值和民俗学价值。

另有《乌鲁木齐杂记》，收录于王锡祺《小方壶斋舆地丛钞》第十二帙，藏于国家图书馆，收录的是《乌鲁木齐杂诗》中的作者自注部分，错讹之处不少，使用时需要对照其他版本。

## 乌鲁木齐政略

（清）佚名撰，4卷。有清抄本，4册，藏于国家图书馆。又收录于《中国西北文献丛书二编》，线装书局，2006年；《中国边疆研究资料文库·边疆行政建制初编·西北及西南》，知识产权出版社，2011年；《清朝治理新疆方略汇编》，学苑出版社，2006年。

全书两万余字，记载了清乾隆三十七年至四十三年间（1772—1778）乌鲁木齐所属巴里坤、古城、昌吉、玛纳斯等地区政治军事经济情况。

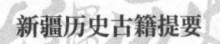

具体内容有：满营驻防、换防、印房、总理汉房事务、书吏、纸札笔墨、文员、武职、学校、祀典、文庙、刑名、废员、遣犯、眷营、换防官兵、军台、驿站、卡伦、硝厂、军械、屯田、户民、采员、库贮银两、坚粮、药材、茶封、农具、口袋、城堡、疆界、铁厂、金厂、房租园地租牲畜租、牲畜。

## 乌什事宜

（清）保恒、达绶等纂，咸丰七年（1857年）修，又名《孚化志略》，有咸丰七年抄本。《中国方志丛书》（台湾成文出版社，1968年）影印。后吴丰培据清抄本加以整理，题名《乌什事宜》，由中央民族学院图书馆编、吴丰培整理《中国民族史地资料丛刊》（中央民族学院图书馆，1982年）影印。

保恒，生卒年不详，字艾峰，博尔济吉特氏，满洲正蓝旗人，曾经乌鲁木齐领队大臣、哈密办事大臣等。咸丰四年（1854年）至九年（1859年）为乌什办事大臣。

该书修于咸丰四年（1854年），原题为《清钦宪保达汇编》，目次分官制、城垣、界址、舆图、印房衙门所管、粮饷局所管、营务处所管、城守营衙门所管、杂录。又以印房衙门所管、粮饷局所管、营务处所管、城守营所管和杂录为纲，下设子目，印房衙门所管下设清印房、汉印房、回夷处、卡伦处、贡献、经牧、升转七目。杂录下设回俗、土产、古迹三目，收录题联甚多，该书是研究当地道光至咸丰年间政治、经济、民族等重要史料。

## 乌什直隶厅乡土志

佚名纂。清光绪三十四年（1908年）抄本。有湖北省图书馆藏《新疆乡土志稿二十九种》油印本、新疆自治区图书馆1976年重印本、日本人片冈一忠辑《新疆省乡土志三十种》（日本中国文献研究会，1986年）。点校本有马大正、华立主编《中国边疆史地资料丛刊·新疆卷》中的竖排版《新疆乡土志稿》（全国图书馆文献缩微复制中心，1990年）；马大正、黄国政等编《新疆乡土志稿》（横排重印）（新疆人民出版社，2010年）。

《乌什直隶厅乡土志》光绪三十四年修，系奉清廷敕令编写的新疆乡土教材之一，计3000余字。是志按清学部所颁《例目》要求编纂，分历史、政绩录、兵事录、耆旧录、人类、户口、氏族、宗教、实业、地理、山、河、道路、物产、商务诸目。历史、政绩录记载简略。兵事录记乾隆、同治、光绪年间乌什三乱、王复之事。耆旧录记乌什望族霍集斯事迹。人类，记本境现居缠民之来源，布鲁特两部落名称、聚居地、游牧风俗，记载详细，对本境民族史研究有一定参考价值。户口仅记本境总户数、大小男女总人数。氏族、宗教、实业各目均记载简略。地理、山、水、道路各目记载详尽，分别记本境地理方位、中俄界牌、边境卡伦、辖境庄乡、祠庙，以及山川之名称、源委、道路情况。由于本境地理位置特殊，是志有关与沙俄交界的齐恰尔大坂、库喀尔塔、别叠里大坂、贡古鲁山、乌鲁山处界碑以及十三处卡伦的名称和方位的记载，对研究卡伦的分布、界碑设立有一定价值。

## 悟空入竺记

（唐）圆照撰，此书成于贞元年间。该书见于《大藏经·史传部》《大藏经续正藏·佛说十力经》。杨建新选编《古西行记选注》收录该行记，由宁夏人民出版社出版，1987年6月版，32开，共10页。

释悟空，俗名车奉朝。原为唐玄宗时期派往天竺的使臣，在天竺因病出家皈依佛门。此后游历北、中天竺，访师问道，觐礼佛迹。后来思乡归国。回国途中，在龟兹停留一年多。此间，请龟兹莲花寺高僧莲花精进将《十力经》翻成汉文。后又到北庭（今吉木萨尔）请于阗僧人尸罗达摩将《十地经》和《回向轮经》翻成汉文。贞元六年（790年）车奉朝回到长安，被安置在章敬寺，并正式赐法号为悟空。贞元十六年（800年）高僧圆照编撰《贞元释教录》，收入《十力经》，不久圆照亲访天竺求法归来的悟空，以游记的形式概述了悟空在天竺与西域的见闻，是为《悟空入竺记》。该书虽篇幅不大，但内容丰富，史料性强，是研究8世纪中期印度、新疆等地历史和佛教史的重要资料。

# X

## 西北边域考

（清）魏源撰，有《小方壶斋舆地丛钞》本，1册。《小方壶斋舆地丛钞》第十二帙收录。国家图书馆有收藏。

魏源，清代著名学者，中国近代启蒙思想家。《西北边域考》是对西北边疆史地的考证，其中包括新疆部分。作者在此书中阐明了新疆建省的主张，说明建省利于新疆的政治稳固与经济发展。

## 西北界俄国逃人案目录

（清）总理衙门清档，魏晋桢督修、朱有基承修、沈曾植校对。清光绪抄本，1册，藏于国家图书馆。收录在《中国边疆研究资料文库·边疆边务资料初编·西北边务》，中央编译出版社，2011年。

光绪十一年（1885年）、光绪十八年（1892年）、光绪二十年（1894年）总理衙门清档存《西北界俄（国逃人案目录》，收录了光绪十一年二月初十日发伊犁将军金顺信一件、二月初十日发俄国公使博白博照会一件；光绪十八年九月十一日收俄国公使喀希呢信一件、九月十四日发陕甘总督杨昌濬信一件、九月十四日发俄国公使喀希呢信一件；光绪十八年十一月二十九日收陕甘总督杨昌濬文一件、十二月初四日发俄国公使喀希呢信一件；光绪二十年三月十四日收伊犁将军长庚文四件；光绪二十年六月初九日收伊犁将军长庚文一件；光绪二十年十月初十日收新疆巡抚陶模文一件。

## 西北域记

（清）谢济世撰，1卷，成书于清雍正至乾隆年间。有清道光五年（1825年）刻本，藏于国家图书馆；清光绪二十二年（1896年）世德堂聚珍本，藏于内蒙古自治区图书馆；清光绪三十四年（1908年）铅印本，藏于首都图书馆；1985，内蒙古地方志编纂委员会编的《内蒙古史志资料选编——第三辑》收录由该书，32开。四川民族出版社2002年版，1册，收录于徐丽华主编的《中国少数民族古籍集成（汉文版）·汉以后西北各民族·古代综述》第65册（第9—15页，共7页），16开。

谢济世（1689—1755），字石霖，号梅庄。广西全州人。康熙五十一年（1712年）进士。改庶吉士，授检讨。雍正四年（1726年）因文字狱被发往阿尔泰军前效力。《西北域记》记述了谢济世获罪后，被贬从军，流放9年间的所见所闻。谢济世凭踪迹所至，搜集见闻奇胜，有笔记55则。多记新疆地区蒙藏等族奇风异俗和西北高原动植物怪异生态习性，每则故实简短，于结尾借题多发议论。该书是清中期少有的一部由贬谪戍边之士所作的有关西北史地的文献，对研究当时新疆诸地自然人文有着特殊的文献意义。

## 西伯利亚日记·突厥草原游牧民族

[俄]B.B.拉德洛夫撰，B.E.奇斯托娃亚、K.D.斯维娜译为俄文；佟玉泉译。苏联科学院出版社1989年版。1册。

拉德洛夫·瓦西利叶维奇，俄国探险家。作者在1860—1870年，一到夏季，他就从当时任教的巴尔瑙尔出发，对南西伯利亚的不同地区进行考察，前后进行了10次考察。《西伯利亚日记》就是他的考察日记。其中也记述了他去伊犁河流域调查的情况。涉及伊犁锡伯、达斡尔和索伦等民族的语言及其生活习俗。这些民俗方面的资料都归入了其大部头著作《西伯利亚日记》中。此书对于研究当时伊犁区域自然人文价值颇高。

## 西陲纪略

（清）黄文炜、沈青崖纂修，系（乾隆）《重修肃州新志》中一卷。该书有乾隆二年（1737年）初刻本，乾隆二十七年（1762年）补刻本，收入《哈佛燕京图书馆藏稀见方志丛刊》。乾隆二年刻本由北京、甘肃图书馆、甘肃博物馆等22个单位收藏，乾隆二十七年补刻本由上海、天津图书馆存，抄本由甘肃、山西图书馆存。

黄文炜，字德华，江西南城人，乾隆二年肃州分巡道。沈青崖，字良思，浙江秀水人，雍正癸卯举人，官河南，乾隆二年军需观察。乾隆元年（1736年），因甘肃地贫，调拨陕西仓粮协济，肃州巡抚刘于义负责此事。在刘于义的包庇下，肃州道黄文炜、军需道沈青崖等人侵帑。乾隆三年（1738年），川陕总督查阿郎上奏弹劾黄、沈等人，治罪如律。

乾隆二年，肃州分巡道黄文炜、军需观察沈青崖纂修《重修肃州新志》，全志共计30卷，约33万字，分装为12册，包括《河西总叙》1卷、《肃州志》15卷、《高台县志》6卷、《安西卫志》2卷、《沙州卫志》2卷、《柳沟卫志》1卷、《靖逆卫志》1卷、《赤金所志》1卷、《西陲纪略》1卷。其中州县卫所分志又分星野、建置、疆域、形胜、城池、乡堡、山川、古迹、景致、户口、田赋、经费、杂税、水利、屯田、驿传、桥梁、公署、学校、祠庙、坛壝、风俗、物产、蠲恤、祥异、职官、名宦、军政、边防、人物、选举、烈女、流寓、仙释、诗文、属夷等目。根据各自的不同情况，细目有所增删。《西陲纪略》内分关西路程、哈密、巴里坤、吐鲁番、准葛尔、西域诸国。民国元年（1912年），临洮张维先生路过酒泉，写《校读记》，叙述修志的缘起及此志所载内容和编纂体例，并指出存在的错误。1983年夏，酒泉县博物馆刘兴义、李兆平、冯明义、陈能智、田晓等点校，1984年12月铅印内部发行。

## 西陲纪游

（清）唐道著，后附《伊犁纪事诗》，共2卷，1册，嘉庆间刻本，中国科学院图书馆藏。

唐道，字秋渚，江苏华亭人，约生活于乾嘉时期，嘉庆十八年（1813年）尚在世。今人有关他西域经历的了解，均出自《西陲纪游》的几篇序言及文中自述。《西陲纪游》自序称："岁丙午，予师福喜纳谪赴伊犁，鲜从往者。谓予曰：'子能从我游乎？'予应曰：'可。'于三月十一日，自都中出平门，亲朋送者，至万明寺而返。予则慷慨登途矣。"他在伊犁居三年而返，因著《西陲纪游》等。《西陲纪游》记述了唐道自乾隆五十一年（1786年）由京城出发，同年八月底至伊犁惠远城的路途经历闻见，分为上、中、下篇。上篇写京师至嘉峪关行程，中篇载出关之后至伊犁的经历，下篇叙伊犁杂记。卷首有乾隆五十五年（1790年）秋朱钧序言、嘉庆七年（1802年）七月唐晟序言、及嘉庆十八年胞弟唐集刻印此集的题识，卷末有同乡刘斯裕跋语一通，都对此著给予美誉。《伊犁纪事诗》是以竹枝体的组诗形式描绘伊犁风物。

然而遗憾的是，这些让唐道留名后世的著述，却并非他本人原创，而是抄袭同期另外两位遣戍文人——王大枢《西征录·纪程》与庄肇奎《胥园诗钞》相关内容而成。《西征录》作者王大枢（1731—1816），字澹明，号白沙，安徽太湖人。乾隆五十三年（1788年）三月因事获遣，同年十月到伊犁，嘉庆四年始由伊犁释回。王大枢乾隆五十三年年底到伊犁时，唐道已经在此生活两年。他于五十四年东归，完全有机会见到王大枢的《西征录》。《西陲纪游》略去了《西征录·纪程》中的考证与诗作，仅单纯借用了对行程闻见的叙述。唐道与王大枢在伊犁生活的时间稍有偏差，但是他们出发与抵达目的地的时节、及路途经历颇为接近，因此《西征录·纪程》恰好为《西陲纪游》提供了可资借鉴的范本。唐道的《伊犁纪事诗》内容上基本与庄肇奎的《伊犁纪事二十首》相同。除了《伊犁纪事诗》组诗，《西陲纪游》所附最后一首压卷之作《归自伊犁，喜述四十五韵》，也系化用庄肇奎五言古诗《伊犁纪事》而来。

唐道胞弟唐集《西陲纪游序》称唐道"才本不羁，鞭丝指一万二千余里，归仍作客，萍迹又十有三年。……天涯兄弟忆相逢，在燕市酒楼，风景河山，出示一编于阳平客舍。展小说于虞初，驰大观于域外，斯游壮矣。相对惨然。"道出了一生落魄的唐道，抄袭他人著作的原因，即以文章换得一时之名。尽管词集系抄袭化用他人著作，但为今人了解《西征录》与《胥园诗钞》定稿之前的初始风貌，也具有一定的价值。

## 西陲事略

（清）李云麟撰，3卷，有光绪年间抄本，共66页。西南师范学院藏有钞本。1968年台湾成文出版社《中国方志丛书》收录在西部地方第36号。

李云麟（1834—1897），字雨苍，汉军正白旗人。《清史稿》（卷四八六）有传。曾随曾国藩剿粤匪，累功至副都统。同治五年（1866年），李云麟任布伦托海办事大臣，兼署伊犁将军，治边有著绩。光绪五年（1879年），李云麟因病回到家乡，光绪二十三年（1897年），病逝于北京。李云麟善古文及经世之学，遍历五岳，著有《旷游偶笔》一卷，有诗集《西陲纪行》。

该书系光绪四年（1878年）李云麟在卸任伊犁将军回京后写成。书中融合了他治军、治疆的总结和反思，分为《论往七则》《述今十二则》《察来六则》三卷。李云麟纵论晚清新疆史事、人物功过、新疆局势，有"防患缓急""建置失机""设省不行""伊犁难守""乌垣涂炭""营伍空虚""部众散失""边防损坏""善后方略""湘军骄横""楚军虚惰""金军饥疲""淮军杀掠"24篇论述。

## 西陲竹枝词

（清）祁韵士撰。又名《西陲百咏》，收诗100首。现有清寿阳祁氏刊本；嘉庆十六年（1811年）《西陲总统事略》附录本1卷，藏于国家图书馆。

《西陲竹枝词》前《小引》中起因：诗人见西域地大物博，风物迥异于内地风情，于是模山涉水，涉笔为韵语，并有感于现存方志存在诸多不足，许多西域风物变化没有及时加以记录，所以以诗存史，补存方志的缺漏之处。《西陲竹枝词》的内容可分为五类：其一为西陲各城16首，"十六城"指：哈密、吐鲁番、喀喇沙尔、库车、阿克苏、乌什、叶尔羌、和阗、英吉沙儿、喀什噶儿、巴里坤、古城、乌鲁木齐、库尔喀喇乌苏、塔尔巴哈台、伊犁；其二为"鸟兽虫鱼"20首；其三为"草木果蓏"16首；

其四为"服食器用"18首；最后为"边防夷落"8首。其中西陲各城诗歌中又有讲述西域地理风貌的内容。《西陲竹枝词》采用现实主义手法，正如祁韵士自云："词之工拙有所不计，惟记实云。"反映西域的民俗、物象、生活，可与史实互证。

### 西陲总统事略

（清）汪廷楷原辑，松筠续修，祁韵士重编。又名《伊犁总志》《伊犁总统事略》，12卷。有国家图书馆藏清嘉庆刻本8册，清道光十九年（1839年）年刻后印本6册，首都图书馆藏清嘉庆十四年（1809年）程振甲刻本8册。又有2010年中国书店出版社影印本。

汪廷楷，字武庵，曾入伊犁将军松筠幕，协修史志。松筠，字湘浦，姓玛拉特氏，蒙古正蓝旗人。曾官伊犁将军。祁韵士（1751—1815），初名庶翘，字谐庭，一字鹤皋，别号筠禄，晚年又号访山，山西寿阳平舒村人。

《西陲总统事略》由伊犁将军松筠主持，嘉庆七年（1802年）由汪廷楷始编，名为《伊犁总志》，是本书之底稿，但此次编书的提议受到皇帝的驳斥，因而嘉庆十一年（1806年）由祁韵士补充改订时更名为《伊犁总统事略》，嘉庆十三年（1808年）成书。《西陲总统事略》一说是嘉庆十六年（1811年）程振甲校刻时改订的。嘉庆末期，徐松在《西陲总统事略》的基础上进行增补续修，仍沿用旧称，道光皇帝赐名《钦定新疆识略》。

这是一部反映清代乾隆、嘉庆时期新疆地区，特别是伊犁地区情况的官修志书。全书内容丰富，涉及新疆自然地理、政治制度、经济、军事、民族、风俗、物产等诸多方面。本书主要内容有：一是清军统一新疆地区的战争始末以及清军在新疆的驻兵设防和官制兵额情况；二是详细叙述了天山南北两路疆域道里和山川分布；三是详细记述了伊犁地区城池建置、坛庙祠宇的分布，以及伊犁驻军的军政要务；四是记载了伊犁地区的屯田水利情况；五是对新疆地区少数民族的民族源流及其多姿多彩的风物人情的记述。是研究清代西北史地不可或缺的重要资料。

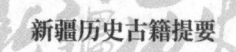

## 西陲要略

（清）祁韵士撰，又名《新疆要略》，4 卷。有国家图书馆藏稿本 1 册，清道光十七年（1837 年）寿阳祁氏筠渌山房刻本 1 册，清光绪四年（1878 年）同文馆铅印本 2 册。首都图书馆藏清光绪四年刻本 2 册。北京师范大学图书馆藏清咸丰南海伍氏刻《粤雅堂丛书》本 2 册。《丛书集成初编》本据《粤雅堂丛书》本排印。点校本有刘长海整理《祁韵士集》（三晋出版社，2014 年）本。

祁韵士（1751—1815），初名庶翘，字谐庭，一字鹤皋，别号筠禄，晚年又号访山，山西寿阳平舒村人。二十七岁中举，次年以进士，授翰林院编修，对满文颇有造诣，充国史馆纂修官。

嘉庆十年（1805 年），祁韵士因宝泉局亏铜案被陷入狱，发配伊犁，奉伊犁将军松筠之命纂辑《西陲总统事略》12 卷，嘉庆十二年（1807 年），祁氏删节《事略》以成《要略》，分述新疆疆域形势、山脉河流、卡伦军台、驿站城堡、军制官职、屯田牧场、图尔扈特、哈萨克、布鲁特源流及蒙、回习俗等，内容涵盖地理形势、军事、经济、民族等各个方面的社会状况。

## 西番事迹

（明）王琼撰。嘉靖二十九至三十年（1550—1551）袁氏嘉趣堂刻《金声玉振》本。此书《四库全书总目》入"兵家类存目"。《四库全书存目丛书》子部第 31 册收录。单锦珩《王琼集》（山西人民出版社，1991 年），点校收录。

王琼（1459—1532），字德华，山西太原人。成化二十年（1484 年）进士，历事成化、弘治、正德和嘉靖四朝，由六品工部主事仕至户部、兵部和吏部尚书。史称其才高，善钩校，善结纳，以敏练称，宠遇冠诸尚书。死后谥"恭襄"。《明史》（卷一九八）有传。

此书记载王琼总督三边时，出兵征讨吐鲁番，平定各部叛乱事。当时，吐鲁番占领了哈密，朝廷闭关绝贡已有四年。吐鲁番的将领牙木兰因为受到速檀满速儿猜疑，率二千人请求内附。沙州番人帖木哥、土巴等，一向受吐鲁番奴役，也率领五千多人入关内附。吐鲁番人来犯，接连被打败。后又引诱瓦剌侵犯肃州，也以失败告终。吐鲁番失去援助，又在几次战争中失利，于是归还哈密，请求上贡，并请归还被扣押在明朝的使臣。王琼上书请求对他们予以安抚，被世宗采纳。王琼又上书请求遣还吐鲁番的使臣，复准其来贡，自此西域告靖。书中还历考汉"先零"、宋"岷洮"诸羌与中原王朝的关系。书中肯定王安石遣王韶西征一事，认为是强宋室的措施，而斥史臣以王安石为开边生事之非。这是有鉴于明世不修边备而发。书末附当时用兵始末，也可作为珍贵的史料，补正史之不足。

《西番事迹》篇幅较短，但内容丰富，对研究明代西北兵事等具有重要价值。

## 西蕃记

（隋）韦节撰，已佚。隋朝侍御史韦节于隋大业元年（605年）出使西域，归后著有《西蕃记》一书。名《诸蕃国记》，《隋书·经籍志二》（卷三三）即云："《诸蕃国记》十七卷。"全书已佚，仅《通典·边防九·西戎五》收有若干断简残句。《隋书·西域传》首序言："炀帝时，遣侍御史韦节、司隶从事杜行满使于西蕃诸国。至罽宾，得码瑙杯；王舍城，得佛经；史国，得十舞女、师子皮、火鼠毛而还。"因此，韦节进《西蕃记》的年代最早应在大业五年（609年）。他被派与杜行满同使西域，到达西域诸地和罽宾（今阿富汗加兹尼一带）、王舍城（今阿富汗瓦齐拉巴德）、史国（今乌兹别克斯坦东南部沙赫里夏勃兹一带）等地，为隋唐之人扩大了对西域的认识。

## 西汉会要

（南宋）徐天麟撰，书成于嘉定四年（1211年），刊于嘉定八年（1215年），70卷。清光绪二十五年（1899年）广雅书局刻武英殿聚珍版丛本70卷；清光绪十年（1884年）江苏书局刻本70卷；上海人民出版社1977年版；《国学基本丛书》本，1955年中华书局据此版重印；中华书局1985年、2007年版。

徐天麟（生卒年不详），字仲祥，临江军清江（今江西省樟树市）人。为《三朝北盟会编》作者徐梦莘之侄。开禧元年（1205年）进士，曾任抚州、临安府教授，通判惠、潭二州，广西转运判官等，其生平事迹附见于《宋史》卷四百三十八《徐梦莘传》，称其"所至兴学明教，有政惠"。著有《西汉会要》《东汉会要》《汉兵本末》《西汉地理疏》《山经》。

《西汉会要》主要依照王溥《唐会要》的体例，选取《史记》《汉书》所载西汉典章制度、文物故实，以类相从，分门编载，分帝系、礼、乐、舆服、学校、运历、祥异、职官、选举、民政、食货、兵、刑法、方域、蕃夷等十五门。每门之下又分若干事，共367事。无可隶属者，则以杂录附见。检索比较方便，是研治西汉历史的必备工具书。惟仅取材于《史记》《汉书》，故史实材料未能详尽。

《西汉会要》有许多关于西域的记载。如卷三十二《职官二》"西域都护""戊己校尉"两条，记载了西汉王朝在西域设置的统治机构及其官吏。卷三十四《职官四》"王四夷君长"条，记载了西汉王朝在西域诸国的封立，如立楼兰王弟尉屠耆为王，更其国名为鄯善，为刻印章。"西域凡国五十，自译长、城长、君、监……将、相至王侯、王皆佩汉印绶，凡三百七十六人。"卷三十四《职官五》"加官"条，记载了西域都护加官。卷三十八《职官八》"使外国"条，记载了汉武帝遣张骞出使西域联合月氏抵御匈奴事，以及冯奉世送大宛诸国客、甘延寿和陈汤矫诏发戊己校尉兵及西域胡兵攻匈奴郅支单于之事。此二事在"奉使矫制上"中有详细记叙。卷五十八《兵三》"军功"条亦记载了冯奉世事。卷五十七《兵二》"发谪徒"，记载了李广利发郡国恶少取贰师城马事，以及太初元年（公元前104年）西征大宛事。卷五十九《兵四》"屯田"及"杂录"条，记载了西域屯田事。卷六十五《方域三》"亭障"条，记载了西域亭障军事设施。卷六十八《番夷上》"匈奴"条有匈奴与西汉争夺西域的记载。卷七十《番夷下》"西域"条，详细记载了西汉经营西域的历史，以及西域诸国与匈奴和西汉的关系，西域的自然地理人文历史状况。总之，该书是了解西域历史的重要史料。

## 西行草

（清）汪廷楷著，清道光刻本。另有《节安堂遗诗》一书〔清同治元年（1862年）定州官廨刻本，6卷，天津图书馆藏〕作者亦名汪廷楷，多为后人混为一谈，二者实非一人。

《西行草》著者汪廷楷，丹徒人，约生于乾隆时期，卒于道光年间。乾隆丁酉举人。在山东金乡知县任上以童试罢考案谪戍伊犁。《光绪丹徒县志》卷二八："汪廷楷，字式庵，号仰亭，乾隆丁酉举人。以知县分发山东。……授山东金乡知县，以童试罢考事谪戍伊犁，如将军松筠幕府，主奏稿，协修地志，教习官学。戍满归，著《西行诗草》。"

《西行草》是汪廷楷于遣戍西域期间所作，其子汪元煇（霁园）于道光十九年（1839年）刊刻，安徽省图书馆和山西省图书馆均有收藏。《西行草》有道光十九年阮元序，嘉庆十一年（1806年）自序。书后有其侄汪燡和其子汪元煇道光十九年的跋文。诗集记述了作者的流放经历和见闻，吟咏了边疆地区民情风物，反映了朝廷治理西域的决心，材料极为丰富。

## 西行纪程

（清）王大枢撰。成书于清乾隆嘉庆年间，6卷、8卷本均有。《西行纪程》成书复杂，王大枢离开伊犁时，该书后两卷未成，伊犁地区流传6卷传抄本，卷七《跫音》、卷八《东旋草》后成。因此该书有两个版本；6卷本（作者误题为王元枢）；8卷本，此为定本。刘家平、周继鸣主编、国家图书馆分馆编，线装书局2003年版《古籍珍本游记丛刊》（全16册），第13—14册收录的《西征录》（附《东旋草》）8卷本。

王大枢，清代诗人。乾隆五十三年（1788年）57岁时，被谪贬伊犁。同年三月十八日，偕同事从安庆出发，历秦陇，出关塞，十月十一日到达伊犁，行程5050公里。沿途考察，随得随记，撰《纪行》2卷，5万字，

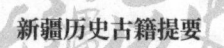

并赋诗 46 首，作《天山赋》1 篇。《纪行》资料丰富，考察翔实。既至伊犁，总统义烈公倡修伊犁志，大枢进分野说，遂派入局，与同事蔡世恪共纂。次年志稿中辍，大枢不忍弃所撰，遂合前《纪行》二卷，删辑成册，名《西征录》（又名《西行纪程》）。嘉庆五年（1800 年）被赦回太湖。在伊犁 13 年，回来时年逾七十。嘉庆十九年（1814 年）九月十五日，亲自为刻印此书撰写识言。该书对当时新疆地区的山川地理、民俗风情多有记述，有着重要文献价值。

## 西行日记

（清）冯焌光著。有清光绪七年（1881 年）南海冯瑞光刻本；中央民族学院图书馆 1983 年油印本；全国图书馆文献缩微复制中心 1985 版；甘肃人民出版社 2002 年版。1 册。甘肃人民出版社晶波点校《宁海纪行》（第 85~144 页）、中央民族学院图书馆《甘新游踪汇编》收录。全国图书馆文献缩微复制中心《丝绸之路资料汇钞·清代部分》收录。国家图书馆有收藏。

冯焌光，咸丰八年（1858 年）与弟随侍生父戍居伊犁。后单独返籍，而父弟均客死伊犁。光绪三年（1877 年），冯焌光告假出塞伊犁，继叔沛卿之后赴甘肃安西与伊犁寻父遗骨，带父弟灵柩东归。《西行日记》即记述冯焌光此次从上海西行至伊犁及回来经过，并多处详摘沛卿发自新疆的书信，资料颇为珍贵。该书对了解光绪初年清军收复新疆和俄军侵占下的伊犁状况，有一定参考价值。

## 西行日记

（清）赵钧彤撰，3 卷，成书于清乾隆末年。有民国三十二年（1943 年）铅印本；全国图书馆文献缩微复制中心 1985 版；学苑出版社 2006 年版等。学苑出版社《历代日记丛钞》第 32 册、全国图书馆文献缩微复制中心《丝绸之路资料汇钞·清代部分》收录。学苑出版社 2006 年版、全国图书馆文献缩微复制中心 1985 版，藏于国家图书馆。

赵钧彤，清代诗人。《西行日记》主要记载赵钧彤谪戍伊犁的路途见闻。赵钧彤于乾隆四十八年（1783年）以"贪赃"遭人诬陷入狱，次年谪戍伊犁。在前往伊犁的路上他笔耕不辍，记录路途所见所闻。该书文采飞扬，对沿途山川地貌、城市、民俗风情等记录非常真实详细，是研究丝绸之路和新疆地理、历史的重要历史资料。

## 西行琐录

[德]福克撰，不分卷，有《小方壶斋舆地丛钞》本。《小方壶斋舆地丛钞》十二帙/王锡祺辑，铅印本：上海著易堂，清光绪十七年（1891年），第38册。

福克，德国旅行家。光绪五年（1879年）十二月初三日，作者与奥地利人满德、江苏通事席某由上海出发，经汉口溯汉江而上，又陆路经西安、兰州出嘉峪关至哈密。《西行琐录》即记述此行的沿途见闻。书中对税卡驿站、物产贸易、风俗民情、城镇古迹、山川道路、关防员弁等记载无不悉备。另外，书中还涉及左宗棠对西北的经营与中俄伊犁问题。该书这些记录对研究晚清西北地理人文与政治管理有一定的参考价值。

## 西疆交涉志要

（清）锺镛撰，6卷，也称《西疆交涉志略》，即《新疆图志》卷五十三至五十八《交涉志》之单行本。有清宣统三年（1911年）铅印本，另民国十九年（1930年）《湖滨补读庐丛刻》收此志刻本；另有民国三年（1914年）铅印本，该本以锺镛为校订者，著者记为吴棣棻，书前有李寄麟序言，称吴有新疆之行，与其他版本相较，内容相同，实系一书。

锺镛，字广生，号楚叔，一作笙叔。生卒年不详。浙江钱塘人，光绪十九年（1893年）中举，官至内阁中书等职。光绪三十四年（1908年）因"以他人案犯嫌疑，被缇下狱"，遣戍新疆。在新疆谪居的三年里，锺镛与裴景福、王树枏等共同致力于《新疆图志》的编纂工作。锺镛深受时任新疆布政使兼新疆通志馆总纂王树枏赏识，称"笙叔以事戍新疆，余初见之未奇也。既得所为文，狂喜抃舞"。锺镛所纂的《实业志》也被王树枏"览而称善"。后来锺镛将其在新疆的著作包括《实业志》以及《新疆职官表序》《新疆人物志序》等序文合辑为《新疆志稿》。本书是《新疆图志》53—58卷《交涉志》单行本。初由裴景福撰写。宣统元年（1909年）裴景福被赦入关，其未完稿由锺镛完稿并刊单行本。

《西疆交涉志要》重点记述清代中俄边界交涉，其目的是"资筹边之借镜"。分订约、设领、通商、会献、传教、游历六类，主要记述中俄两国关于新疆所订条约内容及交涉过程。主要记述中俄两国关于新疆所订条约内容及交涉过程。如：伊塔通商章程、勘分西北界约记、中俄改订条约、伊犁界约、科布多界约、塔尔巴哈台界约、喀什噶尔东北境界约、喀什噶尔西北境界约等。书中并附有俄领事馆员暨附属营业表、外国居留商民户口表、俄商贸易岁计表、俄国进口货值比较表、中国出口货值比较表、以及各属教堂调查表等。文辞简约，内容丰富，是研究中俄西北关系的重要参考资料。是书由金梁校订并序，称此书"文约而事详，思深而虑远，尤注意边防国界"。此书对清初至道光朝中俄边务仅述概略，而对咸丰、同治之后所订条约、界志、章程撰述尤详，如伊塔通商章程、勘分西北界约记、乌里雅苏台界志、中俄改订条约、伊犁界约、科布多界约等。记交涉虽及界约，实于边界地理未暇考证。卷五、卷六内容主要为表，如俄领事馆暨附属营业表、外国居留商民户口表、俄商贸易岁计表、俄商贸易总额比较表、俄国进口货值比较表、中国出口货值比较表、各属教堂调查表。锺氏自言"采访遗闻，录之于篇"，征引材料较详。

## 西路防剿（光绪四年）

（清）冯芳辑、李国琇等修校。清光绪四年（1878年）总理各国事务衙门清档写本，3册一函。半叶9行17字，无板框栏格，白口，无鱼尾，无页码。今藏美国国会图书馆。

冯芳缉，同治七年（1868年）戊辰科进士，清代书法家，江苏吴县（今苏州）人，书法家冯桂芬之子。是书未见刊印，书写较工整，但字迹不一，非一人所书。

此书蓝布函套，白纸签题"总理各国事务衙门清档"，每册封面签题"总理各国事务衙门清档"。开卷即目录，题："钦命总理各国事务衙门清档，西路防剿，目录。"册一始自光绪四年正月初七军机处交出左宗棠抄折，止于同年三月二十九日发俄国公使凯阳德信，共54件。册二始自光绪四年四月初一收俄国凯署使信，止于同年九月二十三日收伊犁将军金顺信，共39件，另有夹纸2页。册三始自光绪四年十月初一奉上谕一道，止于同年十二月二十七日收伊犁将军金顺文，共72件，另有夹纸4页。为左宗棠收复新疆的文件汇编。

## 西路防剿（光绪二年）

（清）继良、忠斌修。清光绪二年（1876年）总理各国事务衙门清档写本，二册一函。半叶九行十七字，无板框栏阁，白口，无鱼尾，无页码。是书未见刊印，书写较工整，但字迹不一，非一人所书。今藏美国国会图书馆。

继良，系镶蓝旗蒙古麟昌佐领下廪膳生，以内阁贴写中书于同治十年（1871年）充当神机营文案处委员，同治十三年（1874年）十一月补授实缺中书，光绪元年（1875年）三月充当惠陵工程处委员，四月补总理各国事务衙门章京。

此书原无函套，每册封面签题："总理各国事务衙门清档。"开卷即目录，题："钦命总理各国事务衙门清档，西路防剿，目录。"始自光绪二年正月初九日致陕甘总督左宗棠信，止于同年六月二十八日收户部文，共34件。下册始自光绪二年七月初四日收塔尔巴哈台文，止于同年十二月二十五日收定边将军额勒和布信，共28件。二册有些标红圈者，其中有注"详见密启"而未录全文。此为左宗棠西征讨伐新疆阿古柏叛乱，驱逐沙俄势力之重要文件，为左宗棠收复新疆的文件汇编。

## 西使记

(元)刘郁撰。1卷,成书于元世祖时期。原书无传本,后自明刻《秋涧大全集》卷九十四《玉堂嘉话》中录出,始有传本。《西使记》成书后版本很多,有明嘉靖二十三年(1544年)陆楫俨山书院、云山书院刻本;明末虞山毛氏汲古阁刻本;清嘉庆十年(1805年)张氏照旷阁刻本;清道光元年(1821年)邵氏酉山堂刻本;清道光十一年(1831年)安晁氏木活字本影印本;上海古籍书店1983年版,收录于《王国维遗书》;中华书局1985年版等。元王恽《秋涧大全集》及《玉堂嘉话》均有收录,近代有王国维校录的丁谦《元刘郁西使记地理考证》,收入《古行记四种校录》。商务印书馆1936年版《西使记·庚申外史·招捕总录·元朝征缅录——丛书集成初编》收录该书。

刘郁,元代游记作家。《西使记》又称《常德西使记》,记述蒙古旭烈兀西征,元宪宗派使节常德西去觐见旭烈兀的情况。1259年使臣常德奉命西觐旭烈兀,其从和林出发,经天山北麓西往至今撒马尔罕等地,后又达今伊拉克、印度等地。常德于中统四年(1263年)归国,由常德口授,刘郁将其途见闻,整理编撰成书,对常德所经过的新疆、中亚、西亚诸地地理山川、湖泊、气候、城镇、关隘、动植物、矿产、土特产、货币、医药、建筑、民族、风土人情等均有记载。这些是研究蒙古时期新疆等地以及东西交通史的重要资料。

## 西天路竟

(五代)道圆、法成等撰,敦煌写本,1残卷,即伦敦博物馆藏敦煌写本(S0383号)。首尾完整,计19行。无撰人名,书题下有"一本"二字,疑此写本实《西天路竟》一书的"提要"或"略出"。所举自中国至印度所经地名,大都可考。就所记地名而观,原作者当为五代或宋初人,或者说五代或宋初成书,为宋初西行取经之名僧道圆、法成等人于东归敦煌时写成的行记提纲。记述往西天求法取经路程,与《宋史·天竺国传》及范成大《吴船录·王继业西域行程》所载路线基本相同。此本行记,对于了解从五代至宋年,由中国内地至新疆再到印度完整路线图有着重要意义。

## 西突厥史料

《西突厥史料》,[法]沙畹著,冯承钧译。1册,中华书局2014年版。

沙畹(1865—1918,本名爱德华·埃玛纽埃尔·沙瓦讷,法语:Édouard Émmannuel Chavannes,中文名"沙畹"),19世纪末20世纪初世界上最有成就的汉学大师之一,有"欧洲汉学泰斗"之誉。沙畹是世界上最早开始整理研究敦煌与新疆文物的学者之一,法国敦煌学研究的先驱。此后的法国汉学家伯希和与马伯乐都出自其门下。

冯承钧(1887—1946),字子衡,湖北夏口(今汉口)人。近代杰出的历史学家、翻译家,早年留学比利时,1906年入法国巴黎大学学习,曾师从法国汉学家伯希和,1911年毕业回国,历任北京新国会众议院一等秘书、教育司佥事,后任北京大学历史系教授。冯氏学识渊博,治学严谨,在蒙元史、中西交通史等方面著述宏富。他精通英、法、意、比、梵、蒙、拉丁诸文字,因而在编译书籍和翻译域外史料等工作上贡献良多。

《西突厥史料》是沙畹于1903年出版的一部突厥史研究专著。他利用西方汉学的观点和方法,将中国古代文献中的突厥史料与西方人中世纪著述中的相关记载进行参照对证和编纂考订,形成了一部"中史为体,西学为用"的研究著作。20世纪30年代,冯承钧着手将此书译为汉语。是时,新疆、甘肃等地新出土的资料甚多,其中可补西突厥者亦丰,因此冯氏在翻译的同时,进行了校勘史料、改错补漏、整合译名的工作,并以附注的形式标示疑误。冯承钧的中译本极大程度地提高了本书的史料价值和学术价值。

《西突厥史料》共有四篇,第一篇为《绪说》,阐明了西突厥诸可汗的世系及年代,并研究了西域的两大通道(西州至怛逻斯城一道、交河至碎叶城一道);第二篇为《西突厥列传》,转录《隋书》卷八十四、《旧唐书》卷一九四下、《新唐书》卷二一五下的内容,并加注释;第三篇为《关于西突厥之其他史料》，辑录除正史外典籍中有关西突厥的史料，分为"北方民族""西域诸国""其他列传""僧人行纪""《册府元龟》中之表册文"五部分；第四篇为《西突厥史略》，即西突厥的简史。从篇幅和内容来看，后两篇是全书的重点。第三篇通过记载曾臣服于西突厥的国家和民族、镇守西域的将军和游历西域的僧人以及西突厥与唐朝的关系，由国家到个人，多角度、多阶层地展现了西突厥汗国的社会、政治、军事、文化、经济和外交。第四篇作为西突厥的通史，主要描述了西突厥与柔然、东罗马、波斯以及唐朝等国家的关系，将西突厥放在当时的世界背景中，从世界史的观点出发分析西突厥的历史地位和作用，带有鲜明的西方史学家的特点。

《西突厥史料》以中国历史文献史料为基础，用西方史学方法进行编写，是一部中西结合、取长补短的史学著作，也是研究西突厥汗国和东西方经济文化交流极为重要的资料。

## 西游录

（元）耶律楚材著，约成书于1228年。《西游录》成书后散失，元人盛如梓《庶斋老学丛谈》节录了其地理部分。1927年，[日本]神田信畅依据日本宫内省图书寮发现的一部旧抄足本出版，为神田本。王国维据神田本抄录一本，今藏北京图书馆。除此，还有清光绪二十一年（1895年）陕西味经售书处刻本；日本昭和侒古书屋样印袖珍本；中华书局1981年版、2000年陆峻岭校注本等。中华书局出版有向达点校《西游录·异域志》，1981年10月版，32开，82页，收录于《中外交通史籍丛刊》。清代有名的校注本是李文田《〈西游录〉注》，1册，有清光绪二十三年（1897年）无邪学庐重刊本；顺德李氏遗书本；玉简斋丛书本；清光绪江氏湖南使院刻灵鹣阁丛书本；罗氏民国十六年（1927年）年校刊铅印本；中华书局1985年版等。对此，补注本有清代范受金《元耶律文正公西游录注略补》，1册，有清光绪二十九年（1903年）聚学轩刘氏刻本，收录于《聚学轩丛书》；上海书店1994年版本，《丛书集成续编》第四集收录。以上这些在国家图书馆均有收藏。近人校释本有（民国）张相文《西游录今释》，全称《耶律楚材西游录今释》，1卷，民国二十四年（1935年）南园丛稿本。

耶律楚材，蒙古汗国时期的政治家。成吉思汗十年（1215年），蒙古军攻占金朝燕京，成吉思汗收耶律楚材，任命其为辅臣。成吉思汗十四年（1219年），耶律楚材随成吉思汗西征。《西游录》是耶律楚材在西域见闻的游记。13世纪初叶，成吉思汗率军西征中亚花剌子模，耶律楚材应召前往。他自永安出发，过居庸关，经武川，最后到达天山北侧成吉思汗营地。随后其随军西行，越过阿尔泰山，经轮台至阿里马、虎司斡鲁朵、塔剌思等地，最后到达花剌子模国都今布哈拉，东归后写成《西游录》。该书共上、下两篇，涉及新疆的主要是上篇。上篇主要记载西行的路线，沿途所见地区的地理、物产、民俗等情况。该书对研究13世纪新疆及中亚地区自然与人文有重要的参考价值。

## 西域碑铭录

戴良佐编。新疆人民出版社2013年2月出版，1册998页。

戴良佐，1931年生，浙江平湖人，毕业于南京大学历史系，原任职于昌吉州党史地方志办公室，系新疆地方志学会会员。1984年起从事方志工作，并于1991年完成《昌吉州大事记》。专著有《庭州纵横》，合著有《中外友好史话》《方志理论与实践》《北丝路行旅》《在抗战的洪流中》《历史在诉说——昌吉历史遗址与文物》《瑶池风情》等。

《西域碑铭录》一书收录了汉文碑、铭210通（方），均为与西域（新疆）有关的人物或事件的金石材料。全书以立碑、铭时间先后为序，将所收录的碑、铭置于汉代、北魏、高昌国、唐代、宋代、元代、清代、民国、其他纲目下进行排列，每碑、铭注明树立时间、现存何处，编著者对所录碑文进行了转录、标点和注释。较为重要的有《刘平国石刻》《康磨伽墓志》《裴行俭神道碑》《王方翼神道碑》《杨和神道碑》《马璘神道碑铭》《刘昌纪功碑》等。另外，书中收录的20通元碑，集中反映了高昌畏吾儿人在内地的业绩。

到目前为止，本书是收录历代到过西域建功立业的文臣、武将的碑、铭最多者，其中有 20 多人原不见经传。本书所录碑、铭对于新疆古代、近代史的许多重大事件，如汉朝佛教传入、唐朝平定突厥、清代平定准噶尔、土尔扈特回归等，起到了补史之缺和与史书相印证的作用。但是本书也有一些失误，例如全书第一条为《周穆王陵碑》，实为 1956 年陕西省人民委员会所立，编者却将其划归入汉代石刻；第二条《张骞墓碑记》为光绪五年（1879 年）时任城固知县胡瀛涛立，编者也将其划归入汉代石刻，对使用者造成了一定的困扰。

## 西域地理图说

（清）佚名撰，现存写本，此写本现藏南充市四川师范学院，线装 8 册，既无书名、作者，也无序、跋。此书现由阮明道汉文笺注，刘景宪满文译释，于 1992 年由延边大学出版社出版。

此书主要用汉文书写，夹有满文，行文从左到右直行。其文句多有错漏，篇目亦有缺失。根据写本上的图记和批语可知，此书曾归缪荃孙所藏，经李文田批阅。李氏认为，"此书乃乾隆初定新疆之时旗人手笔"，并为之定名曰《西域地理图说》。全书现存 8 卷，依次为"城村户口""官制制度""征榷赋税""市籴钱币""土产时贡""外夷情形""衣冠服饰""垂古胜迹"，比较全面地记述了清朝统一西域初年的这一地区之政治、经济、地理、文化、风俗情况，并对准噶尔统治时期的情况有所反映，是关于清代前期西域的一手资料。

## 西域番国志

（明）陈诚著，有上海图书馆藏豫恕堂丛书《独寱园丛钞》本；《竹山文集》本、《学海类编》本、《丛书集成》本；民国二十六年（1937 年），《国立北平图书馆善本丛书》第一集据《独寱园丛钞》影印；《中国西北文献丛书》第四辑《西北民俗文献》（兰州古籍书店，1990 年）。又，《明实录·太宗实录》卷一六九节录了《西域番国志》的大段文字，周连宽校注的《陈诚西域资料校注·西域番国志》（1991年，中华书局），王继光整理《陈诚西域资料校注》（新疆人民出版社，2011年）收有《西域番国志》。

《西域番国志》是明永乐十三年（1415年），陈诚回国后送呈明成祖的西使报告，是对所历各处山川形势、风俗人情的考察。《西域番国志》分地记载，共录西域诸国十八处城镇，计六千余字。目次为哈烈、撒马儿罕、俺都淮、八剌黑、迭里迷、沙鹿海牙、塞蓝、渴石、养夷、别失八里、于阗、土尔番、崖儿城、盐泽、火州、鲁陈、哈密、达失干、卜花儿。依其地理方位，大体是由西向东，与其所著《西域行程记》洽成逆向排列，即行程道里取奉使西行的历程，山川风物则以归程次序记录。其中"哈烈"的内容最详，约占全书一半，3000余字，次则"土尔番"约500字，"撒马儿罕""鲁陈"约300字，余皆百余字或几十字。内容包括方位、山川形势、居民、隶属、历史沿革、得名之由、疆域、古迹、建筑、气候、物产、商品、集市、贸易等。

《西域行程记》和《西域番国志》两书一记山川道里，一叙山川风物，是明代唯一的亲历西域的实况记录。

## 西域风景诗一百首

星汉、栾睿、雪维选注，新疆人民出版社1992年版，1册，171页，15万字。

选录由唐至清末西域风景诗共计100首。包括唐人骆宾王《晚度天山有怀京邑》、岑参《题铁门关城楼》《白雪歌送武判官归京》，明人陈诚《火焰山》《流沙河》，清人纪昀、祁韵士、洪亮吉等43位诗人的作品。收录诗作虽然不多，但涉及诗人较广。

## 西域风土记

（东汉）班勇撰。已佚。《西域风土记》主要内容被《后汉书·西域传》收录。后人辑录出，版本有中华书局2007年版，1册。

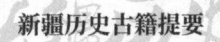

班勇，东汉名臣班超少子，名将。班勇自幼随父亲在西域生活，深通西域地理、风土和政治情况。汉安帝时，匈奴贵族攻扰西域，他任西域长史，将兵五百人前往西域，与龟兹合兵击走匈奴伊蠡王。顺帝永建元年（126年），领导西域各族大破北匈奴呼衍王，进一步巩固了汉朝在西域的统治。这为其撰写《西域风土记》打下了坚实的基础。

《西域风土记》又名《西域记》，内容是融合了班超、甘英和班勇在西域所见所闻。其中有一大部分是来自甘英出使大秦的见闻汇编。时人称之为新疆第一部地方志。姚振宗《补〈后汉书・艺文志〉》收录了本书目录，范晔《后汉书・西域传》说："班固记诸国风土人俗，皆已备载前书，今撰建武以后其事异于先者，以为《西域传》，皆安武末班勇所记云。"这说明其完整保存了班勇著作的原貌。《西域风土记》首先概述西域东西六千余里，南北千余里，及其四至，明确其地域范围；接着阐明西域主要通道，战略态势；最后分别记述各国都城、位置、人口、军队、交通、历史、物产、风俗等。它具有汉代方志的基本结构。该书纠正了《汉书・西域传》中的部分错误，对今博斯腾湖以东广大地区进行了更为翔实的记载。班勇的《西域风土记》至今对历史上的新疆和中亚的历史地理研究仍不失为重要的资料。

## 西域行程记

（明）陈诚著，又名《使西域记》。有国家图书馆藏清抄本3册，题《奉使西域行程记三卷》，上海图书馆藏豫恕堂丛书《独寤园丛钞》本，民国二十六年（1937年）《国立北平图书馆善本丛书》弟一集据《独寤园丛钞》影印，周连宽校注的《西域行程记・西域番国志》（1991年，中华书局）本。

陈诚（1365—？），字子鲁，号竹山，江西吉水县人。洪武甲戌进士，授行人，诏往北平求贤，擢翰林检讨、署院。永乐初，除吏部验封主事，不久升员外郎，扈从北征，升广东参议。

《西域行程记》是明永乐十三年（1415年），陈诚回国后送呈明成祖的西使报告，为西使的日程记录。《西域行程记》所录时间为永乐十二年

（1414年）正月十三日至当年闰九月初一日，凡二百五十余天。所录行程为肃州卫（今甘肃酒泉）至哈烈（今阿富汗赫拉特），凡一万一千余里。该书按日记程，兼及沿途风物、地貌、气候、住地，甚为详尽。此次西行使团离开吐鲁番崖儿城后，分南北两路继续西行，在伊犁河会合后，又继续分道西行，后又会合。《西域行程记》主要是南路使团的行程记录。《西域行程记》原有行程图，后佚。

## 西域回部图

（清）黄懋材译绘。清绘本，1册。

黄懋材（1843—1890），字豪伯，江西上高县人。16岁中秀才，后放弃科举，立志钻研科学，以图报效国家，尤致力于数学、天文学等，对地理测量更加谙熟。光绪四年（1878年），受朝廷特派前往印度查看当地情形。根据考察所得，回国后绘制了《五印度全图》、《西域回部图》等，并著成《西輶日记》《印度札记》《西徼水道》《游历刍言》等政箸，汇成《得一斋杂著四种》。

《西域回部图》依据孟加拉博物院藏《中亚细亚图》译绘，并参校《中亚舆图》及《西域闻见录》、《西陲要略》等书有所增补。所绘范围包括新疆、中亚至印度及波斯湾以北广大地区，详绘了通都、大邑、名山、巨川等。

## 西域考古录

（清）俞浩修撰，18卷。有中国民族图书馆藏清道光十七年（1837年）刻本，12册；清道光年间所刊"海月堂杂著"本；有道光二十七年（1847年）刻本8册，存10卷；道光二十八年（1848年）首朱锦琮序，俞浩自序刻本；道光二十八年首叶圭绶序，次朱锦琮序，末俞浩自序刻本。影印本有1966年台北文海出版社据道光二十八年首朱锦琮序与俞浩自序刻本影印；《中国西北文献丛书》二编《西北考古文献》（线装书局，2006年）据道光二十八年（首叶圭绶序，次朱锦琮序，末俞浩自序刻本）影印。

俞浩，字四香，号湛持居士，生卒年不详。浙江海盐人，后定居山东。日本著名史家内藤湖南曾称《西域考古录》的作者俞浩是"一位博览众书从事稳健研究的学者"。

《西域考古录》是一部研究自汉代至清道光朝西北史地的专著，全书涵盖了甘肃、新疆、青海、西藏诸地的地理沿革、山川形胜、物产民俗等内容。其中卷七至卷十五记新疆各地道里、沿革、物产等。该书作者对历代文献的相关记载进行了考订并订正谬误，为西北史地研究者提供了参考和借鉴。全书所占比例最大的就是地理方位的考辨。

## 西域考古图记

［英］斯坦因著，中国社科院考古研究所翻译，广西师范大学出版社1998年版。5册。广西师范大学出版社《海外遗珍·国外西域考古经典论著译丛》收录，国家图书馆有收藏。1921年以英文版出版时书名为《西域——中亚及中国西部地区探察之详尽报告》。中译本的译者、编者从维护我国主权的立场出发，将中译本定名为《西域考古图记》。

《西域考古图记》是一部学术价值极高的专著，又是一段被掠夺的屈辱历史，它真实而详尽地记录了本世纪初我国尼雅、米兰佛寺、楼兰、汉长城烽燧等遗址文物，如何被西方列强掠夺的经过。《西域考古图记》全书共五卷，卷一至卷三为文字部分，卷四为图版，共收图175幅。这部学术著作较之旅行记更为系统、详细，是研究敦煌学以及西域文物考古的最基本资料，其中的图片及地图更是珍贵的文献资料，保存了历史的原貌。《西域考古图记》一经出版后，便引起中国的历史研究学者、日本、法国等国的汉学家的高度关注，视为珍贵的历史研究资料，纷纷有《西域考古图记》的译本出现。

## 西域考古图谱

［日］香川默识编，日本国华社大正四年（1915年）版，通行版本为

柏林社1972年版，最新版本为新疆美术摄影出版社2017年版。

该书从大谷光瑞探险队三次中亚探险，即大谷光瑞率领的第一次探险（1902—1904），橘瑞超率领的第二次探险（1908—1909）、第三次探险（1910—1914）所获唐宋时期西域文物与文书图版中选出有代表性的六百余幅刊布。该书序、凡例之下分为上下两卷，上卷刊布绘画、雕刻、染织刺绣、古钱、杂品及印度雕刻六个部分的版图。下卷刊布佛典及佛典附录、经籍、史料、西域语文书、印本等部分的图版。该书依据图版的主要内容为图版定名，粗略地说明了文物出土地，但未公开编号，涉及出土文书的部分未作释文。柏林社1972年的版本对大部分图版采用了珂罗版印刷的方式，少部分绘画为木板印刷，该版本图版以黑白为主，亦有一些彩色图版。由于大谷光瑞探险队中有佛教徒，对佛教文物多有关注，因此，该书刊布的图版有很大一部分与佛教有关。此外，该书刊布的图版内容亦涉及唐宋时期新疆地区地理、农业、棉织物、青铜器、玉器、生殖崇拜岩画、塔克拉玛干沙漠城镇变化历史等方面。该书系日本大谷广瑞探险队三次西域探险所获遗物与文献的首席刊布，具有重要的意义，是敦煌学及中国佛教美术史等研究的珍贵资料。

## 西域南八城纪略

（清）王文锦撰，1卷，有清末铅刻本、光绪二十三年（1897年）《小方壶斋舆地丛钞再补编》（第二帙）本传世。

王文锦，生卒年不详，字云舫，直隶天津人，同治十年（1871年）进士。《西域南八城纪略》主要记载南八城书的地理、政治、社会生活、民俗风情、物产等方面的内容。南八城指喀喇沙尔、库车、阿克苏、乌什、喀什噶尔等。该书叙光绪二年（1876年）五月至三年（1877年）十月间清军消灭阿古柏侵略政权，收复新疆的过程。由于所记皆作者亲身经历，故有较高的史料价值。

## 西域三种

（清）徐松著，又称"徐星伯先生著书三种""大兴徐氏三种"，即《西域水道记》5卷、《〈汉书·西域传〉补注》2卷、《新疆识略》12卷。有北平琉璃厂宝森堂本、北平隆福寺文奎堂本（内题《西域水道记》五卷、《〈汉书·西域传〉补注》二卷、《新疆赋》一卷）、光绪十九年（1893年）上海宝善书局石印本、光绪二十九年（1903年）《皇朝藩属舆地丛书》石印本、上海鸿文书局石印本、上海文瑞楼石印本。首都图书馆藏清道光九年（1829年）刻徐星伯先生著书本5册，北京师范大学图书馆藏清道光文奎堂刻本100册。今流行的有台北文海出版社1965年影印文奎堂本。

徐松（1781—1848），字星伯，又字孟品，原籍浙江上海，因父辈官宦京师，幼年落籍顺天府大兴县（今属北京）。徐松在弱冠之年即中了举人，二十五岁又以殿试二甲第一名、朝考一等二名的成绩高中进士，改翰林庶吉士，不久授翰林编修，入职南书房。二十九岁入全唐文馆，不到一年被贬，嘉庆十七年（1812年）底到达新疆伊犁惠远城，直到嘉庆二十五年（1820年）春回到京师。

徐松被遣戍伊犁时，受当时第二次担任伊犁将军的松筠之委托，对汪廷楷、祁韵士二人纂修的《伊犁总统事略》进行重修。于是，徐松行程万里，遍历新疆天山南北，实地考察。经徐松第三次编修后的《伊犁总统事略》，于道光元年（1821年）被赐名《新疆识略》。此后，徐松又独撰《西域水道记》《〈汉书·西域传〉补注》二书。

## 西域僧锁喃嚷结传

（明）李日华撰。大正新修大藏经本，1册。

李日华（1565—1635），字君实，号竹懒，又号九疑，浙江嘉兴人。万历壬辰进士，崇祯元年官至太仆寺少卿，《明史·文苑传》附载《王维俭传》中。李日华著作宏富，有《恬致堂集》40卷，及《明史·艺文志》《官制备考》《姓氏谱纂》《槜李丛谈》《书画想像录》《紫桃轩杂缀》《竹懒画媵》

《六研斋笔记》《恬致堂诗话》等。

《西域僧锁喃嚷结传》记载天启四年（1624年）九月九日，李日华遇到梵僧锁喃嚷结，后者拿出一篇游记，李日华抄写下来。其中最主要的是西域高昌国和东天竺主活国之间的关系问题。该书开头写到："西域东天竺国有国名主活，近名高昌"，后面锁喃嚷结解释道："东行九万里余，始至大明"，又记述了沿路所见所闻，最后说"先高昌有妹，被主活国王取去，亦名高昌国"。该书还提到锁喃嚷结出家的寺庙与高昌国王麴文泰有关。可见该书对研究西域古高昌国有价值。

## 西域诗十二首

（清）褚廷璋撰。载于《三州辑略》卷八《艺文门》。《三州辑略》，和宁撰。成书于清嘉庆十三年（1808年）。全书150千字，内容主要写乌鲁木齐、吐鲁番、哈密的官制、建置、库藏、舱储、户口、赋税、屯田、俸廉、粮饷、营伍、马政、台站、礼仪、旌典、学校、流寓、艺文、物产等。为研究新疆史的重要史料。有嘉庆刻本，民国刻本等。

褚廷璋（？—1797），清朝官吏、诗人。字左莪，号筠心。长洲（今江苏苏州）人。敏慧绝伦，有"荀令""谢郎"之目。为沈德潜弟子。少与曹仁虎、赵文哲等结社，以诗名。乾隆二十八年（1763年）进士。改翰林院庶吉士，累官至侍讲学士。丁母忧归，未几卒。公以文章受上知，三典省试，四校礼闱。视湖南学政，绝供应，拔真才，文风大振。去任，咸尸祝之。其性梗直，不肯为权贵所屈。著有《筠心书屋诗钞》。

《西域诗十二首》诗前小序中说："璋备员史局，承修《西域图志》《同文志》诸书，考索印证，七年于兹。"其诗作旨在"志天山南北都会城郭之大略，以补史乘所未备，且藉以歌咏盛烈"。诗体皆用七律，遣词典雅，虽以地名为题，一地一诗，在历代西域边塞诗中别备一格。正如符葆森《寄心盦诗话》谓"其赋西域诗，为古人所未有，可补地志之缺"。语言晓畅自然，风格委婉曲折，但文义艰深，不加自注难以理解。

## 西域水道记

（清）徐松撰，5卷。有国家图书馆藏稿本4册，清刻本5册，有北平琉璃厂宝森堂本、北平隆福寺文奎堂本、光绪十九年（1893年）上海宝善书局石印本、光绪二十九年（1903年）《皇朝藩属舆地丛书》石印本、上海鸿文书局石印本、上海文瑞楼石印本。首都图书馆藏清道光九年（1829年）刻徐星伯先生著书本5册，北京师范大学图书馆藏清道光文奎堂刻本。清光绪八年（1882年）上海鸿文书局石印本8册，清光绪二十九年上海文瑞楼石印本12册。收入《边疆史地文献初编·西北边疆》第一辑（中央编译出版社，2011年）。点校本有朱玉麒整理《西域水道记》（外二种）本（中华书局，2005年）。

"西域三种"中，《西域水道记》最为著名。全书共5卷，是作者对《新疆识略》中有关新疆水道内容的进一步扩充，根据内陆河流归宗于湖泊的现象，创造性地将西域水道归为十一个水系，内容包括：卷一，罗布淖尔水系上；卷二，罗布淖尔水系下；卷三，哈喇淖尔水系、巴尔库勒淖尔水系、额琳格逊淖尔水系、喀喇塔拉额西柯淖尔水系；卷四，巴勒喀什淖尔水系；卷五，赛喇木淖尔水系、特穆尔图淖尔水系、阿拉克图古勒淖尔水系、噶勒扎尔巴什淖尔水系、宰桑淖尔水系。其中巴勒喀什淖尔、特穆尔图淖尔、阿拉克图古勒淖尔、宰桑淖尔原为清朝版图，现于哈萨克斯坦和吉尔吉斯坦境内。

在体例上模仿《水经注》的写作方式，自为注记。所包括的范围，是乾隆《皇舆西域图志》中天山南北路的广大西北地区。在详细记载各条河流情况的同时，对于流域内政区的建置沿革、重要史实、典章制度、民族变迁、城邑村庄、卡伦军台、厂矿牧场、日晷经纬、名胜古迹等，都有丰富的考证。

## 《西域水道记》校补残本

（清）钱振常辑。清姚氏咫进斋刻本，1卷，藏于国家图书馆。《咫进斋丛书》收录。

钱振常（1825—1898），清朝末年人，原籍浙江吴兴。曾官礼部主事，晚年为绍兴、扬州书院山长。著有《樊南文集补编笺注》十二卷、《示朴斋骈体文》六卷、《示朴斋制义》四卷、《制艺卮言》八卷、《鲍参军集注》、《示朴斋骈体文胜》。

《西域水道记》原作者徐松，刊布之后，徐松本人进行了校补。之后，钱振常在京师厂肆善成堂得到了这批校稿本，录成《〈西域水道记〉校补》1卷，后经由刊刻而与原《记》并行于世。《〈西域水道记〉校补》与原书相比多了钱振常手书的61签条，这些签条对原著有改动有删减有补充，但内容不变，仍是记载西域各条河流发源、流域、所入湖泊等详细地理资料，记载范围包括今嘉峪关以西直至巴尔喀什湖以东以南广大西北地区。在详细记载各条河流情况的同时，对流域内的政区建置沿革、典章制度、厂矿牧场、卡伦军台、名胜古迹、重要史实、民族变迁等都有详细的考证。对研究清朝中央在新疆的政策管理以及新疆风土人情和山川地貌都有重要意义。

## 西域土地人物略·西域土地人物图

（清）佚名撰。收录于（明）嘉靖《陕西通志》、嘉靖《边政考》（即《全陕边政考》）、（明）李应魁编《肃镇华夷志》，清初顾炎武收录在《天下郡国利病书》，为清代通行本；清初梁份《秦边纪略》（又名《西陲今略》）卷六也收录。诸本中以嘉靖《陕西通志》为佳。新疆人民出版社2012年出版李之勤编《西域史地三种资料校注》1册，是目前最全面的校注本。

《西域土地人物略》是明代综合记述西域中亚的国家、民族和城镇的文献。写作时间应在宣德十年（1435年）以后。全文约3000字，记载范围东起嘉峪关，西至今土耳其、地中海西岸及小亚细亚一带欧、亚交界处。记述了西域各地自然地理和人文地理。所记地名约300个（《明会典》仅有30多国，《明史·西域传》所记的西域国名及地名全部仅60处），内容包括各地山川河流、湖泊水泉、村庄关溢、民居寺院以及各族人民的生产生活、风俗习惯等，是明代有关西域中亚记述的重要典籍之一。

（明）嘉靖《陕西通志》还附有《西域土地人物图略》，图绘了嘉峪关以西180多个国家、城市或居民聚落附近的自然环境，如高山、大河、海子、涝地、火焰山、大草滩等。城形有方、圆、半圆、椭圆、刀把形，有依山设关，有临水通船，有外设瓮城，有两城、三城相连和三城鼎立。房屋建筑有汉式民居，有佛教藏式圆塔，有清真寺三层高楼。人物的衣冠服饰多种多样，有的在负重赶路，有的在席地坐谈，有的在策马疾驰，有的在挽驼而行，有的在饮酒歌舞，有的在跪拜礼神，有的在弯腰收割，有的举镢垦田，还有两人披髻挽袖，牵着一头雄狮东行，象征西域地区向明朝皇帝贡献地方特产的情况，生动逼真。

该文献是明代丝调之路路线的完整资料，在中西交通、民族研究上有重要意义。

## 西域闻见录

（清）七十一撰。版本有清乾隆四十二年（1777年）刻本；清咸丰三年（1853年）桐辉朝阳氏抄本，4册。又名《西域琐谈》《西域记》《西域总志》《异域琐谈》《新疆志略》《新疆外藩纪略》等，内容相同，目次略异。《异域琐谈》为名的，版本有清初锄月种梅馆抄本2册；清道光十一年（1831年）抄本4册；清福唐诏经堂抄本1册。《西域记》为名的，8卷。版本有清嘉庆十九年（1814年）武宁卢淅味经堂刻本4册；清光绪七年（1881年）聚英堂刻本2册。《西域总志》为名的，是（清）周宅仁编辑本，清嘉庆二十三年（1818年）刊本8卷。《异域琐谈》为名的，有清抄本。《西域纪要》为名的，是管贡三对《异域琐谈》的重订本，有清道光六年（1826年）唐家刻字铺本，8卷。门目凡五：《新疆纪略》《外藩列传》《西陲纪事本末》《回疆风土记》《军台道里表》。名为《西域纪要》的有民国间佚名手抄本8卷，4册。《西域闻见录》所含《回疆风土记》1卷，有稿本；《小方壶斋舆地丛钞》本。《小方壶斋舆地丛钞》第十帙收录。以上除《西域总志》本为美国国会图书馆有收藏，其他国家图书馆均有收藏。

七十一，曾在新疆长期任职。《西域闻见录》书前有七十一自序，卷首为舆图。卷一至卷二为《新疆纪略》，记新疆各地历史、地理及兵制、人口赋税等；卷三至卷四为《外藩列传》，记叙哈萨克、布鲁特等二十余部及浩罕、布哈拉等国；卷五至卷六《西陲纪事本末》，系数各部重大事宜；卷七为《回疆风土记》，记新疆南部的地理、风俗、物产等；卷八为《军台道里表》。该书为七十一在"库车办事时"所撰，因为"列史所载，证以目之所见"又多龃龉，自己"居其地最久，考究最详，于是不辞冗俚，作为是编"。该书为七十一亲历新疆所作，是研究当时新疆及其周边诸地自然地理、社会人文重要的文献资料。

## 西域舆图

（清）佚名绘。成图时间大约在 1811—1820 年间，为清嘉庆彩绘本。共 1 册，17 幅。纵 38 厘米，横 24 厘米。

《西域舆图》共十七幅，其中总图一幅，分图十六幅。总图名为《新疆总图》，范围涵盖东起嘉峪关，西达葱岭的地域，其间绘有天山南北路交通路线，以及沿途山川和城池。分图为《巴里坤图》《古城图》《乌鲁木齐图》《伊犁图》《喀什噶尔图》《英吉沙尔图》《库尔喀喇乌苏精河图》《塔尔巴哈台图》《叶尔羌图》《和阗图》《阿克苏图》《乌什图》《库车图》《喀喇沙尔图》《吐鲁番图》《哈密图》。总图与各分图均附有图说。

《西域舆图》有五个比较明显的特点，一是以交通路线为纲，用红点连线标示交通路线，并标示沿途山水、城、堡、台、塘、村、卡伦；二是以淖尔（湖泊）为点，绘出新疆水系分布的情况；三是标注边地和重要地区的卡伦，以及金厂、炮台、祠庙等等；四是详细介绍各地区疆域四至、城池建制、兵员军备等情况；五是标注地方、城池、淖尔古今不同名称，以及道路内涵的变化等等。比如，注明巴尔库淖尔即"古蒲类海"，罗布淖尔即"古蒲昌海"；乌鲁木齐即古车师后部、塔尔巴哈台即古北单于；谓《汉书》"南道北道皆在天山以南"，而"今南路在天山南，北路在天山北也"，等等，对后人了解该地区地理历史沿革颇有裨益。

《西域舆图》带有浓厚的清代嘉道间边疆史地学派的绘图风格，并体现了经世致用的治学思想。

## 西域志

（唐）王玄策撰，今佚。《法苑珠林》收其片段。

王玄策，唐初出使古天竺（今印度），贞观十七年（643年）随朝散大夫李义表护送摩揭陀国使者返天竺，受到天竺王尸罗逸多的热情接待。贞观二十二年（648年）再次出使天竺，助天竺国平定大臣阿罗那顺叛乱。唐高宗显庆二年至龙朔元年（657—661），玄策第三次出使天竺，曾访问泥婆罗，最后至罽宾国（在今喀布尔河中游）。

《西域志》又称《西国志》。据《新唐书·艺文志》记载，高宗遣使分往康国、吐火罗，访其风俗物产，谕令许敬宗整理所需资料，编纂成书。显庆三年（658年）书成，上呈高宗皇帝。嗣后，唐朝敕使王玄策带回印度诸国的新资料，再度辑入《西（域）国志》中，合成文稿60卷。麟德三年（666年）初春之时，唐高宗再度下诏书，命令诸学士补绘此书，使整个西域诸国全貌更加明晰。

## 西辕琐记

（清）宋伯鲁撰，2卷。版本有清末醴泉宋伯鲁海棠仙馆刻本，2册；清光绪三十三年（1907年）官报书局铅印本，1册；中央民族学院图书馆1983年油印本。中央民族学院图书馆《甘新游踪汇编》、全国图书馆文献缩微复制中心《丝绸之路资料汇钞·清代部分》收录。国家图书馆有收藏。

宋伯鲁于光绪三十一年（1905年）因罪获释后，伊犁将军长庚（少白）慕其名，请宋伯鲁赴新疆做幕僚，参与治理机宜。宋随长庚行至迪化（今乌鲁木齐），被藩司王树枬恳留，主持修纂新疆省志，统领新疆通志局。光绪三十四年（1908年）写成《新疆建置志》《新疆山脉志》。《西辕琐记》正为其丙午（1906年）随长庚赴新疆途中的所作诗文集萃，丁未（1907年）成书，由新疆官报书局排印刊行。其价值正如王树枏在序言中所赞："履其地而知其俗，观其风而知其化。今之为政者览其记中之事，与夫诗中之意，当必有取于是。"

### 西征纪略

（清）王万祥撰，清雍正十二年（1734年）王端采韵堂刻本，2卷，2册。

《西征纪略》主要记述的是清康熙十四年（1675年），宁夏、甘肃、新疆等地区叛乱，王万祥随军平叛的见闻录。

### 西征纪略

（清）张寅撰，成书于清康熙年间。北京图书馆有旧钞本。

1996年全国图书馆文献缩微复制中心出版《丝绸之路资料汇钞·清代部分》收录该书。

张寅，生卒年不详，字子畏，以进士官户部主事，历任郎中、巡视边防大臣等职。

该书为张寅作为巡视边防大臣于康熙五十四年（1715年）往哈密输送军马时所作。他记载去新疆途中，走到甘肃山丹地区，"路逢驿骑，进哈密瓜"。该书对哈密地区地理、农业、风俗民情和物产有着较为详细的记录。是研究新疆哈密地区的参考资料。

### 西征录

（清）方希孟撰，成书于清光绪年间。方希孟，光绪二年（1876年）随"卓胜军"将领金顺进疆，就职于金顺之幕府，五年中常常活动于迪化至哈密一带。光绪三十二年（1906年），做为长庚幕宾，又二次出关，于十月十五日自郑州启程，于次年四月十四日抵达迪化。《西征录》正是方希孟清光绪年间两次西游乌鲁木齐的见闻录。

## 西征录

（清）王大枢著，定本《西征录》8卷，民国间铅印本。首二卷为西行《纪程》，卷三《新疆》，卷四《杂撰》，卷五、卷六《存草》，卷七《蹬音》辑录友人诗作，卷八为赐还归程诗作《东旋草》。

《纪程》中保留了王大枢乾隆五十九年（1794年）作于伊犁的自序，谓"予谪戍伊犁，途路所经，证以素所综览，随得随记。既至，又辑伊犁南北两路诸见闻，共诠次之，得数卷，总名之曰《西征录》"。卷首还有戍友蔡世愙序，落款是乾隆五十六年（1791年），说明此书非成于一时。前四卷最先成书流布，之后王大枢又将遣戍时所著诗文陆续诠次，成为新的六卷本。而《蹬音》和《东旋草》则是在回乡后才编定加入的，待总辑著作时，仍旧沿用了最初《西征录》的名称。《西征录》总集中的部分内容，也曾单独刻印。存世者有《东旋草》，嘉庆抄本；《天山集》抄本2卷，是对卷五、卷六《存草》诗文的辑存。

王大枢（1731—1816），字澹明，因家乡有白沙河而自号"白沙"。至新疆"屏迹伊犁北山空谷中"，因以"空谷子"为号。晚年遇赦还乡后，又号"天山渔者""天山老人"。四十岁中举，正史无传，同治《太湖县志》载其"少孤力学，筑室司空山下。购书万卷，朝夕寝馈其中，熟读精思，贯穿今古"。因饱学多才而名闻乡梓，乾隆末年遣戍新疆。至于遣戍的缘由，一说是他反对以朝廷名义摊派杂税，得罪治事者遭贬。王大枢对此从未明言，其《痛饮大醉戏为试笔诗》曾谓"我行坐笔墨，几欲投之诟"，则知他或许由文字官司忤触官府而遭到贬谪。王大枢将西行途程及西域生活闻见著成《西征录》，取潘岳《西征赋》之意名之，可谓其遣戍生涯的见证与结晶。据《西征录·纪行》所载，乾隆五十三年（1788年）三月十八日，五十七岁的王大枢由安庆出发，踏上西行之途。王大枢在遣戍期间，文采广受重视。伊犁将军保宁"时宛辔必加存问，逢节必遗。下赐"，并聘修《伊犁志》。后在伊犁绥定城总兵聘皂君保家坐馆谋生，嘉庆四年（1799年），他始由伊犁释回，在伊犁度过了十一年。

王大枢以诗书为宿业，自谓"谈及诗书则目瞤"，其友人也说他"长尤在诗"。这是《西征录》最有价值的部分。《纪行》部分存诗54题73首，乃西行途中随行随咏，《存草》计诗95题255首，为伊犁所作，《东旋草》计46题48首。王大枢西域诗作的题材偏好主要集中在如下两方面。第一，酬唱赠答之什。集会赋诗、往来唱和、临别赠诗均属此类，占总数一半以上，可以作为他日常生活的真实写照。第二，吟咏史事古迹。王大枢创制了《边关览古六十四咏》七言组诗，记述上古传说至明代与西域相关的人物故事。诗序自谓"尝裁一寸纸条，每取一人节以一事，各吟二十八字……聚之得百馀纸，觉饶舌，乃删存六十四咏，已而嫌其晖僻，缀释文焉。"

此外他的作品中，最有名的是长篇大赋《天山赋》。《天山赋》在成篇伊始即广受赞誉，甚至还因此遭人冒名，成为西域文学中的一段公案。嘉庆十二年（1807年）和瑛辑纂的《三州辑略》最早收录《天山赋》，作者署名却作欧阳镒。此书嘉庆三年（1798年）刻本，亦题为欧阳镒撰。中央民族学院1982年油印本，则署名王大枢。由于欧阳镒《天山赋》单行本刊刻年代较早，加之《三州辑略》鼓吹，此赋作者问题遂产生分歧。实际王大枢在《西征录·东还草》中已经对此有所澄清："予至伊犁之三年，客有赠诗者云：'天教大笔赋昆仑。'予谢何敢，以为赋天山可也，因著《天山赋》，并注约数千馀言。诸人抄写有刻板于甘省，略改数句，据为己有者……拙作曾何足道，而亦有是为抑重可哂。巳今者行次皋兰，而刻板之人适在省，访之颇申款洽。窥此人殆非不能文者，即此一刻，亦不可谓非知己。惟是竟削贱名，并不假以注释评跋之目，无乃类齐丘之行，有伤雅道欤？"序中"刻板之人"即指欧阳镒，字梅坞，广西马平人，乾隆四十五年（1780年）庚子科举人，六十年任甘肃徽县县令。为王大枢伊犁成友杨廷理的内弟。他当从杨廷理处得到《天山赋》，并冒充己作。

《天山赋》乃"学步三都"，总述天山南北两路史地概况，并遵循着"博物知类"的原则，依次描写山中果木花卉、飞禽走兽、异域人物、仙灵传说，最后由包揽万物之势，挽结到对清朝疆宇之盛的赞颂。一方面秉承了左氏"征实传信"的辞赋观，有别于传统汉赋"虚而无征"；另一方面也不乏浪漫之思，以虚实结合之笔，极尽"铺采摛文"之能事。在诗歌与游记之外，以其所具有的历史、文化与文学等多重价值，突显出以赋作摹写西域风物的文体优势。

## 西征日记

（清）吴恢杰撰。民国抄本1册；中央民族学院图书馆1983年油印本。中央民族学院图书馆《甘新游踪汇编》、全国图书馆文献缩微复制中心《丝绸之路资料汇钞·清代部分》收录。民国抄本藏于上海图书馆；油印本藏于中央民族大学图书馆；全国图书馆文献缩微复制中心1985版藏于国家图书馆。

《西征日记》是记载作者应提督张曜征召，去新疆入其幕僚之见闻与事迹。

## 西征往返纪程

（清）杨炳堃撰，2卷，中央民族学院图书馆1983年油印本。中央民族学院图书馆《甘新游踪汇编》收录。也名《西征纪程》，民国抄本，3卷。全国图书馆文献缩微复制中心《丝绸之路资料汇钞·清代部分》收录。国家图书馆有收藏。

杨炳堃在嘉庆二十九年（1849年）十月，因军务之罪，流放新疆。咸丰元年（1851年）二月二十六日，他由湖南长沙启程前往乌鲁木齐，时任乌鲁木齐都统毓书派其在印房帮办汉文事件。七月，乐斌接任乌鲁木齐都统，委其总办汉文事件。咸丰三年（1853年），楚北军务未竣，军需浩繁，杨自愿捐银二千两，得旨加恩释回。《西征往返纪程》记述的正是作者在新疆任职期间的事迹，对当时新疆政治研究有重要价值。

## 西征续录

（清）方希孟撰。有抄本；抄本藏于天津社会科学院图书馆；甘肃人民出版社2002年李正宇、王志鹏点校本；中国国际广播出版社2016年版1册。

《西征续录》记述了新疆铁路建设、整顿盐政、禁种鸦片、开采铁矿等政要，对沿途见闻所记虽简略，但有独到之处，尤其是景物描写。内容涉及政治、经济、民族、军事、贸易、矿产、外交、边防、地方特产、风俗民情、古迹胜景、奇闻轶事等。因此，《西征续录》是研究清末新疆政治、军事、民情等方面的重要资料。

## 西州使程记

（北宋）王延德撰，成书于宋太宗年间，1卷。亦称《高昌行记》《使高昌记》《王延德使高昌记》。《西州使程记》在《宋史·王延德传》中称为《西州程记》，学界惯称《西州使程记》。该书全本已佚，散见于南宋李焘《续资治通鉴长编》、王明清《挥麈录·前录》、马端临《文献通考·四夷考》和《宋史·高昌传》等。辑录本有清顺治间周南李际期宛委山堂刻本，1卷，1册，59页；商务印书馆（重庆）民国二十九年（1940年）版，1卷，均收藏于国家图书馆。校注本有（民国）王国维《古行记四种校注》（第八卷，《海宁王静安先生遗书》收录本）和[日本]长泽和俊校本（收录于《丝绸之路史研究》一书），收藏于国家图书馆。宁夏人民出版社出版的《古西行记选注》（1987年6月版，32开，杨建新选编。）也收录该行记。

王延德，宋太宗时任供奉官，北宋前期的著名外交家。《西州使程记》主要记录北宋使臣王延德出使高昌回鹘王国（今吐鲁番盆地和吉木萨尔县一带）诸地沿途经历与见闻。宋太宗年间，西州回鹘狮子王遣使入宋朝贡，王延德以殿前承旨、供奉官名义奉命回访西域高昌回鹘王国。王延德等由夏州（今内蒙古乌审旗南白城子）涉沙碛西行，经达靼等部落至伊州（今哈密），再经纳职，六钟（柳中，今鲁克沁）到西州首府高昌城。王延德等应狮子王之邀，越过白山（博格达峰）至北庭。后又返回高昌，再循旧路而还，于雍熙元年（984年）四月回到京师开封。王延德东归后撰述是书。唐朝时将高昌设为西州，故王延德将其使高昌记名为《西州程记》。该书详细记录了沿途所经过的民族、地理情况，特别是有关高昌回鹘的各个方面，如疆域、风俗、物产、宗教文化、所统民族、北庭与高昌二城的关系与联接道路，以及契丹与高昌回鹘的关系等等，对该地佛教、摩尼教等多种宗教并存的相关记录尤为珍贵。是今天研究10世纪后半期高昌回鹘王国的最基本史料之一。

## 西州图经

出自敦煌莫高窟藏经洞，原件今存法国巴黎国家图书馆东方写本部，编号P.2009，现仅存中间56行。王重民《敦煌遗书总索引》、黄永武《敦煌遗书最新目录》都定名为《西州图经》。有甘肃图书馆藏清宣统元年（1909年）诵芬堂《敦煌石室遗书》（铅印本）一册，题《西州志残卷》，小字双行同黑口，梓州双边。收入唐耕耦等《敦煌社会经济文献真迹释录》（书目文献出版社，1998年）、罗振玉辑《鸣沙石室佚书正续编》（北京图书馆出版社，2004年）中。

唐西州设于贞观十四年（640年），此书记载唐西州都督府辖境，道路十一条，窟院二所，塔一座。罗振玉根据《西州图经》所记，认为是志作于乾元（758—760）以后、西州陷蕃以前。具有珍贵文献史料价值。

## 西陬牧唱词

（清）王芑孙撰。（清）仁和吴昌绶刻双照楼丛书本；清嘉庆刻本；《渊雅堂全集》稿本1卷。双照楼丛书本1册，藏于国家图书馆；《渊雅堂全集》稿本藏于上海图书馆，又称《西陬樵唱》。

王芑孙（1755—1867），清江苏长洲（今苏州）人，字念丰，号惕甫，又号铁夫。工诗善文，誉满京都，书法亦佳，模仿刘墉书法几可乱真。乾隆五十三年（1788年）举人，任国子监典籍、咸安宫教习、华亭县教谕。在京时，他经常出入朝中重臣深宅大院，诸如董浩、梁诗正、王杰、刘墉、彭元瑞等高官显宦，无不折节与之相交，为忘形友。他虽名不列朝班，而朝中每有大典，不论名义上是哪位高官负责撰文，而这些文章，大都转出其手。其性格耿直，从不阿谀奉承，简傲自赏，人以为狂。

《西陬牧唱词》是王芑孙乾隆五十三年跟随尚书董浩至热河时有所感悟，参考《西域图志》所写，以诗文互注的形式讴歌了清朝对新疆统一战争的光辉胜利，对于新疆的山川地理、民俗人文，进行了形象生动的描述，是新疆竹枝词的重要组成部分。《西陬牧唱词》共60首，在内容上，《西陬牧唱词》准回对举，自成体系。形式上，注详诗略，穿插回护，而注释之详细，则成为一篇篇介绍历史风土的散文，有时甚至长达上千字。风格上，不避俗语，气势宏大。

## 希腊史残卷

[东罗马]弥南德著。原书已佚，今仅存残编，辑录于亨利·裕尔《东域纪程录丛》一书中，云南人民出版社2002年版。另有中华书局2008年版。沙畹《西突厥史料》中也有辑录。

弥南德，东罗马历史学家。该书主要记载了突厥汗和拜占庭皇帝间的交往过程。如载："粟特首领马尼亚克趁机向西扎布鲁（室点密可汗）进言，建议他为突厥利益计而与罗马人建立友好关系，把生丝销售给他们，因为罗马人对生丝的消费多于他国。""西扎布鲁赞成这一建议，遣马尼亚克及其他一些人作为使者，携带珍贵生丝并国书前往罗马帝国，拜见罗马皇帝（查士丁二世），传达问候和致意。"《西突厥史料》第四篇《西突厥史略》也多处引用了《希腊史残卷》其他相关记载。如"二 突厥帝国之建立及蠕蠕嚈哒之破灭"，谓嚈哒初见于中国载籍之时，名曰滑国，元魏之居桑乾，犹为小国，属蠕蠕。5世纪中叶，居乌浒河流域，势渐强大，而为波斯之强敌。484年，其王大败波斯之众，波斯王战死。"嚈哒"之名即出此王。注明此乃参考《希腊史残卷》的记载（197页）。"三 西方载籍中之蠕蠕"又谓，"（隋末）欧洲之假阿哇尔族中，尚别其为乌罗族与浑族，亦合称之曰乌罗浑"，也注明得之于《希腊史残卷》的记载。还有"四 东罗马之遣使西突厥"有相关引用，不赘引。《希腊史残卷》保存了汉文以外的古代史料，弥足珍贵。

## 息园诗存

（清）方希孟撰，民国二十一年（1932年）刊本，8卷，2册，国家图书馆藏。

方希孟（1836—1914），字小泉，亦作筱泉，号峄民，晚号天山逸民，安徽寿县人。早岁入邑庠，同治五年（1866年），补廪膳生。连试于乡，均未中选，因以教职试用，历任太湖、霍山两县。时专阃疆帅以其博学，奉以重金延聘入幕。光绪二年（1876年），为平定阿古柏匪帮，"卓胜军"将领金运昌率军由包头出关，希孟由京入其幕。次年，抵乌鲁木齐，活动于乌鲁木齐至哈密一线。八年，回乡。后又入湖北提督程文炳幕。历经当道保荐，升用知府，分省补盐运同等职。均未赴任。三十二年，应伊犁将军长庚召，再入新疆。宣统元年（1909年），长庚迁为陕甘总督，希孟亦东归。辛亥革命起，希孟时寓武昌节署，仓卒东返。民国三年（1914年），客芜湖，病卒于旅舍。

《息园诗存》所录西域诗主要在卷二、卷三、卷八中，约有140首。诗作均有编年。《息园诗存》前有五序，序者都对方希孟其人其诗有很高的评价。

方希孟的西域诗除五绝外，各体均有，且水平颇高。五言古诗如《抵乌鲁木齐寄家人七首》组诗，诗人运用夸张、比喻、拟人等艺术手法，向家人讲述自己途中和到达目的地后的见闻和感受；七言古诗或两句一韵，或四句一韵，舒卷自如。形式接近乐府，但不用乐府古题而自立新题。如《朔月行》写秋天月朔时微弱月光下的景物和对同年西征军攻克达坂城的回忆。《达坂行》写天山夏季由傍晚到夜间的景物和对西征军攻克库尔勒的回忆；

五言律诗内容以沿途风景为多，较七言古诗要明快很多，多对仗风景佳句。如《巴里坤夜宿》写雨后之景，清新自然，又如入夜之湖，淡雅幽深。七律多是流露出诗人强烈的爱国情怀。如《塞上杂感十八首》中可以看出诗人报国心情的急切，以此来抒发爱国豪情。七言绝句较少，诗作较为清新明朗。如《南城凯歌十首》组诗，从中可以看出其关心国事、歌颂正义战争的高昂情绪，也能体现出"瑰艳奇伟，蹉踔悲宕"的风格。

方希孟两次来到西域，前后有七年的时间，他的西域诗内容前后也有所变化。前期主要描写边塞风光，幕府经历。后期主要抒发壮志难酬的感慨。

## 夏湘人出塞日记

（清）曹振镛撰，道光二十七年（1847年）抄本；学苑出版社2006年版；东方出版社2015年版，1册。学苑出版社《历代日记丛钞》、东方出版社《清代蒙古游记选辑三十四种》收录。国家图书馆有收藏。

曹振镛，清朝大臣。道光初年（1821年）以平定喀什噶尔功绩晋封太子太师。《夏湘人出塞日记》记载平定喀什噶尔事宜。

## 限制新疆俄人贩卖牲畜案

（清）总理各国事务衙门清档。清光绪抄本，1册，藏于国家图书馆。收录在《中国边疆研究资料文库·边疆边务资料初编·西北边务》，中央编译出版社，2011年。

是文记载光绪十四年（1888年），新疆巡抚针对俄人贩卖牲畜、践踏田苗行为索取赔偿一事，颁布不准俄人在新疆贩卖牲畜之令。内容包括中俄关于此事的外交照会，详细记载了俄商在新疆省内贩卖牲畜的行为，以及俄方违反约定的处罚规定，双方往来交涉的具体内容等。

## 向日堂诗集

（清）陈寅撰，道光二年（1822年）海宁陈氏刻本。

陈寅（1740—1814），字心田，浙江海宁人。乾隆三十六年（1771年）举人。曾五次进京会试，均未考中。后为广东英德知县。"以戆直忤上官"，于嘉庆四年（1799年）遣戍伊犁，嘉庆五年（1800年）秋由粤东起解，六年初冬到达戍地。在戍十余年，嘉庆十九年（1814年）卒于戍所。是清代西域诗人中唯一终老戍地的诗人，著有《向日堂诗集》。

《向日堂诗集》为其子陈崇礼整理付梓，共16卷，卷一一至卷一六为遣戍间诗，凡979首，数量为历代西域诗人之冠。其诗集前有刘星炜、吴树本、王宽、龚景瀚、盛复初、徐大容、王镶、王锡奎、吴熊光、郑光圻等人的题跋，有钱陈群于乾隆三十六年（1771年）、蒋攸铦于道光二年（1822年）、松筠于道光四年（1824年）、卢荫溥于道光五年（1825年）所作的四篇序。作序者地位高，题跋者多为当时名流，这在西域遣戍诗人中是绝无仅有的。陈寅的特别之处还表现在他不同于以往和同时的其他戍客对待遣戍的态度上，从获谴到死于边城，陈寅的诗作透露出来的都是淡然的心态和纯真的性情。蒋攸铦在为其所做序中说："尤为难者，塞外十五年，处境艰虞，所吐属皆中正和平，绝无牢骚抑郁之气。"卢荫溥也评价他"几无微郁冤侘傺之词"。陈寅的诗作中数量最多的是咏史诗，多达466首，几占其在西域所作诗的半数。这类诗多有同题，只能以首句以示区别，如《〈吴越春秋〉题辞》有七绝14首，《〈十国春秋〉题词》有七绝70首，《咏史》有七律292首。其《咏史》一题占《向日堂诗集》卷一四全卷，所咏人物由周至明，贯穿了清以前的各个朝代，但所咏人物无甚选择，重在逞才使气，炫耀学问，佳作不多。另也有大量与当时的戍友方受畴、舒其绍等的唱和步韵之作，如其《次舒春林〈伊江杂咏二十首〉》即是一例。但在某种意义上，这种步韵和诗也只是戍客文人间的一种消磨时光的文字游戏，佳作不多。陈寅西域诗中还有对在戍期间的三位伊犁将军松筠、保宁、晋昌的呈颂之作，以松筠为最多，达29首，而以礼节性的和诗居多，也多为步韵之作。这些呈献之作虽以歌颂为主，但同时也在一定程度上真实的反映了当时边疆的武备、屯田、水利和文化活动等情况。

## 辛亥定变纪略

（清）锺镛撰、张开枚辑，1卷。宣统三年（1911年）铅印本；收入《中国西北文献丛书》二编（线装出版社，2006年）。《中国边疆行纪调查记报告书等边务资料丛编》初编（香港蝠池书院出版有限公司，2009年）影印。

张开枚，桐城人，生卒年不详，曾任新疆巡抚袁大化幕僚。

该书记述了宣统三年冯超、贺家栋等发动反清起义之始末，以及袁大化镇压起义的经过。

## 辛亥抚新纪程

（清）袁大化撰，1卷，也称为《抚新纪程》。有清宣统三年（1911年）天津商务印书馆铅印本，2册；新疆官报局民国元年（1912年）版；甘肃人民出版社2002年版；全国图书馆文献缩微复制中心1985版。《新疆文库》所收录附袁大化《壬子归程记》（又名《壬子回程记》）。甘肃人民出版社出版《西北行记丛萃》、全国图书馆文献缩微复制中心《丝绸之路资料汇钞·清代部分》收录。清宣统天津商务印书馆铅印本藏于中国民族图书馆；甘肃人民出版社2002年版藏于国家图书馆。

袁大化在宣统二年（1910年）初冬，由山东巡抚调任新疆巡抚。新疆建省以来共有八位巡抚，他是最后一位。《抚新纪程》正是宣统三年（1911年）袁大化西去任职一路见闻的记录。书中对晚清新疆政治腐败与民生萧条多有反映。

## 辛卯侍行记

（清）陶葆廉著，6卷。清光绪二十三年（1897年）刻本；养树山房本6册；台北文海出版社有限公司1982年影印本；中央民族学院图书馆

1983年油印本。中央民族学院图书馆《甘新游踪汇编》、全国图书馆文献缩微复制中心《丝绸之路资料汇钞·清代部分》收录。刘满点校本，有甘肃人民出版社2002年版1册，436页；中国国际广播出版社2016年版1册，279页。甘肃人民出版社《西北行记丛萃》收录。国家图书馆均有收藏。

光绪十七年（1891年），陶葆廉随父新疆巡抚陶模出关，路经吐鲁番，后又由塞外随侍入关，途径陕西、甘肃、宁夏、新疆数省，见闻广识。《辛卯侍行记》正描述了陶葆廉在西北边疆尤其新疆的行程，反映了当时西北地区的生活生产状况，及诸多历史地理问题。该书共6卷，其中卷五、卷六为甘州经肃州至哈密，又自哈密经吐鲁番至新疆省城迪化之路程及经过。该书注重环境物产的描述、历史地理的考证、时局政事的分析以及民族问题的评说；对西北数省的地理、民族、宗教、土地、矿产、防务等方面都有详细记载。是一部极具史鉴价值的西北地理资料。

### 新出吐鲁番文书及其研究

柳洪亮著，新疆人民出版社，1997年。

柳洪亮，1954年生，山东梁山人，毕业于武汉大学，新疆吐鲁番地区文物局局长，中国敦煌吐鲁番学会理事，新疆吐鲁番学会副会长，副研究馆员。著作有《中国壁画全集（吐鲁番卷）》《吐鲁番相孜克里克石窟壁画艺术》《新出吐鲁番文书及其研究》，译著有《日里中亚探险》，先后在国内外的大型学术刊物中发表吐鲁番学研究论文60余篇。

1975年以前吐鲁番出土的文书，经新疆维吾尔族自治区博物馆、国家文物局古文献研究室、武汉大学历史系多年协作整理，唐长孺先生主编，辑成《吐鲁番出土文书》释文本共10册，后又出版图文对照本4册。而1975年以后在阿斯塔那等古墓葬清理出的文书，即所谓新出吐鲁番文书，则由柳洪亮辑为此书。本书分为三编，第一编为录文，以出土地点为单位，分为墓葬文书（11座墓葬，75件文书）、故城文书（1件）、石窟文书（6件）三部分，按时代先后公布了全部文书。二编为出土简报，收入了公布过的6篇清理简报，为这批文书提供了详实的出土背景材料。三编为专题研究，收录了柳洪亮围绕这批文书所作的9篇论文。书后附图版目录，以与第一编录文图文对照使用。该书墓葬文书占比最大，从时间上看，跨越北凉高昌郡、高昌国、唐西州时期。阿斯塔那382、383号墓文书及阿斯塔那未编号墓木契文书属于高昌郡时期遗物，阿斯塔那385、386、387、388号墓文书属于高昌国时期遗物，阿斯塔那389号墓文书属于高昌国至唐西州时期遗物，阿斯塔那360、384、391号墓文书属于唐西州时期遗物。新出吐鲁番文书虽然残损较为严重，但其中不乏具有重大历史价值的文书，如《北凉承平十六年（458年）武宣王沮渠蒙逊夫人彭氏随葬衣物疏》、382号墓所出《北凉高昌郡官府案》、阿斯塔那385号墓所出《高昌记亩承车牛役簿》、《大唐西域记》残卷等，可为北凉高昌郡、高昌国、唐西州时期的政治史、社会史、文化交流史、赋役制度、职官制度等的研究提供充实的资料，作者的专题论文也深化了西域史某些方面的研究。

## 新获吐鲁番出土文献

荣新江，李肖，孟宪实主编，中华书局2008年版，2册，收为《吐鲁番学研究丛书甲种之二》。

荣新江，见《海外敦煌吐鲁番文献见知录》作者简介。

李肖，中国人民大学国学院教授，长期从事新疆考古与研究，长于西域史前时期和历史时期的田野考古和室内综合研究。孟宪实，1962年生，中国人民大学国学院教授，主要从事隋唐史、敦煌吐鲁番学研究，著有《敦煌百年》《汉唐文化与高昌历史》等论著。

该书为北京大学中国古代史研究中心、新疆维吾尔自治区吐鲁番学研究院和中国人民大学国学院西域历史语言研究所三个单位的合作成果。《新获吐鲁番出土文献》指20世纪50至80年代中国对吐鲁番阿斯塔那、喀拉和卓墓地大规模发掘之后，从20世纪90年代至本世纪初陆续出土以及收集得来的文书、墓志、碑铭等文献资料。这批文献资料总数在500件以上，绝大多数为世俗文书，其时代始自高昌郡时期，中经阚氏高昌、麴氏高昌，直至唐西州晚期，许多内容为以前吐鲁番出土文献所未有。整理者对这批新出土文献资料进行了整理和释读，正文部分采用了上图下文的图文对照方式，全彩版印刷，收录有2004年、2006年阿斯塔那出土文献（附1965年阿斯塔那出土文献）、2004年巴达木出土文献、2004年木纳尔出土文献、1997年、2006年洋海出土文献、2002年交河故城出土文献、2005年征集台藏塔出土文书、2006年征集吐鲁番出土文献、2006年征集和田地区出土文书、2001年鄯善县征集文书，吐鲁番新出土墓表墓志。该书后附人名索引、地名索引、文献编号索引。该书收录有目前所见最早用纸本书写的户籍《前秦建元二十年三月高昌郡高宁县都乡安邑里籍》，首次发现的僧籍《唐龙朔二年西州高昌县思恩寺僧籍》等一些极具史料价值的文书。

## 新疆兵事志

（清）王树枏撰，二卷。即《新疆图志》卷一百十五至卷一百十六《兵事志》单行本。有民国元年（1912年）迪化新疆官书局铅印本，全二册，全称《宣统新疆兵事志》。后被收录进《丝绸之路西域文献史料辑要》第一辑（新疆美术摄影出版社、新疆电子音像出版社，2016年）影印。

《新疆兵事志》卷一，主要讲述新疆"恃险远阻，兵事屡见"，着重介绍了新疆历次的叛乱内乱。其中，以平定新疆准喀尔部的葛尔丹的描述最为详尽，记述了葛尔丹叛乱的背景、经过以及历次康熙皇帝御驾亲征的事迹。另外，对平叛过程中的一些具体事件，如乌兰布通大捷等事件做了较为详尽的描述。卷二主要讲述咸丰之后，陕甘回民大起义对新疆的影响和冲击，以及在疆驻军镇压起义的经过和结果，最后为有效管理新疆，谭钟麟、刘锦棠奏设新疆行省。这部方志内容丰富，文笔流畅，逻辑清楚，叙事具体，具有一定的史料价值。

## 新疆财政现在得数说明

（清）佚名著，抄本，1册。字迹缭乱，有涂改。收录在《中国边疆研究资料文库·边疆史地文献初编·西北边疆》第二辑，中央编译出版社，

2011 年；《中国边疆行纪调查记报告书等边务资料汇编》初编，香港蝠池书院出版有限公司，2009 年。

是书详细记载了宣统辛亥闰六月新疆财政现得数量，内容包括茶务说明、新疆土茶说明、孳生说明、皮毛说明、制革说明、棉花葡萄说明、盐务说明、钱粮说明、厘金说明、钱币说明、银行说明、关税说明、牙行说明、附请措资本说明。

## 新疆大记

（清）阚仲韩编，6 卷。清光绪三十三年（1907 年）合肥阚铎铅印本，光绪三十三年武昌存古学堂铅印本，清光绪三十三年阚铎铅印因是阁遗书本，清光绪三十四年（1908 年）铅印本。收录于《边疆方志文献续编·西北边疆》（线装书局，2012 年）。

阚仲韩，事迹不详。

《新疆大记》共分为道里记第一、道里记第二、城郭记第一、城郭记第二、别记第一、别记第二六部分。道里记第一记载天山南路部分的安西州、玉门县、敦煌县、哈密厅、哈喇沙尔、库车、阿克苏、喀什噶尔、和阗、赛邈木等地；道里记第二记载天山北路的镇西厅、迪化州、奇台县、阜康县、昌吉县、塔尔巴哈台、哲克得里克、额尔弃斯、伊犁东路、伊犁西路等地；城郭记第一记载天山南路的伊吾庐、哈密、东且弥、西车弥、郁立师、狐胡、车师前部、高昌、亦都护、哈喇和卓、焉耆、危须、尉犁、山国、乌垒城、轮台、温宿、姑墨、塔什罕、尉头等地；城郭记第二记载天山北路的车师后国、移支、乌孙、匈奴、鲜卑、高车、蠕蠕、悦般、铁勒等地及民族；别记第一记载回回事略、准噶尔事略、准噶尔旧疆考附；别记第二记载徽县略志，包括沿革、兵事、人物、杂记四个部分。

是书内容丰富，对新疆史研究有一定价值。

## 新疆俄领事会讯回民案

　　（清）总理各国事务衙门编，1册。光绪年间抄本，被辑入石光明主编《清代边疆史料抄稿本汇编》（影印），线装书局，2003年；《国家图书馆藏清代孤本外交档案续编》（影印），全国图书馆文献缩微复制中心，2005年；刘伯奎著《边疆边务资料初编·西北边务》（影印），中央编译出版社，2011年；杨镰、石永强主编《丝绸之路西域文献史料辑要》第一辑（影印），新疆美术摄影出版社、新疆电子音像出版社，2016年。

　　该档案记录了光绪十四年（1888年），新疆巡抚刘锦棠咨请照会俄使领事会讯凶殴情事，当即据此照请俄使转饬恪守约章。收录有该年正月初五刘锦棠《与俄国帮办领事会审买买提阿立普账债事件，该帮办竟有下堂凶殴等情，请照会俄使转饬守约章由》奏文一件，二十日发俄国公使库满《新疆领事会审买买提阿立普账债一事下堂凶殴有违约章由》照会一件，五月初二刘锦棠《和阗回民买买提阿立普与安回克然木占、牙合普占账债一案已结，其余各案未据据地方官申报汇饬详细查明再行申复由》奏文一件。该案大致情况如下：入籍回民买买提阿立普之前与俄商蓝满巴依合伙经营贸易，后蓝满巴依在俄病故，其子牙合普占来和阗与买买提阿立普清算账目，"业凭该处阿浑商民等算结清楚，经牙合普占凭众书立两无轇轕字据"。此事情况十分清楚，但蓝满巴依长子克然木占又向领事衙门控告与买买提阿立普有债务纠纷，将买买提解到大堂审讯。因中俄边民发生矛盾，我方通商委员署道库大使贺显良赴领事衙门与俄帮办赛格挑列会审此案。在大堂上，贺显良仔细查看了买买提呈交上来的字据，内容清楚，情况属实。在贺委员将字据交还给买买提的时候，赛格挑列辩称字据不应交还买买提阿立普、买买提不应该再拿回字据为由，下堂对其拳打脚踢；贺委员向俄领事提出抗议，俄领事竟然欲鞭打买买提。中国政府向俄国驻京公使提出了强烈抗议。此案是非曲直明了，俄商两子兄弟之争，本应由其二人自行解决，由于俄国官员的无理取闹，最终导致中俄两国的外交纠纷和斗争。

### 新疆俄人贩运牲茶案

（清）总理各国事务衙门编，1册。清光绪二十三年（1897年）抄本，后被辑入石光明主编《清代边疆史料抄稿本汇编》（影印），线装书局，2003年。《国家图书馆藏清代孤本外交档案续编》（影印），全国图书馆文献缩微复制中心，2005年。杨镰、石永强主编《丝绸之路西域文献史料辑要》第一辑（影印），新疆美术摄影出版社、新疆电子音像出版社，2016年。国家图书馆藏。

此案主要介绍了清光绪二十三年（1897年），新疆巡抚请本署妥商俄使就俄商在我国境内私卖茶叶及牲畜一事来往交涉的情况。事情起因是乌城俄国领事因俄国商人在塔城科城一带贩卖茶叶羊只的行为与镇迪道地方政府发生纠纷。清政府驳斥了俄国领事无理行径，重申在中国境内严禁俄商贩卖私茶和牲畜，一切需遵照中国法律办理的严正立场。该档案对研究中俄边境货物贸易流通具有重要价值。

### 新疆访古录

（清）王树枏撰，有清末聚珍仿宋印书局刻本，2卷，1册。美国国会图书馆、新疆昌吉回族自治州图书馆有收藏。

王树枏，曾任新疆布政使。1911年撰《新疆访古录》，特别注意并且著录了十余件私家收藏的吐鲁番出土文献，还作了考订。该书详述新疆各地汉唐以来的石刻、碑刻、佛经残卷、石壁古书等珍贵史料，研究价值极高。

### 新疆赋

（清）徐松撰，二卷。有国家图书馆藏清刻本1册、清光绪十九年（1893年）宝善书局石印本1册、清光绪八年至九年（1882—1883）华阳王秉思元尚居刻本3册、清末至民初影印本1册、清读有用书斋刻本1册、清道光刻大兴徐氏三种本1册。中国民族图书馆藏清道光刻本1册。点校本有朱玉麒整理《西域水道记》（外二种）本（中华书局，2005年）。

徐松（1771—1838），字星伯，顺天大兴人（今属北京），原籍浙江上虞。嘉庆十年（1805年）进士，嘉庆十三年（1808年）授翰林院编修，道光年间任礼部主事、江西道监察御史等，官至陕西榆林府知府。

徐松在遣戍期间仿班固《两都赋》、张衡《二京赋》之制，创作了文学作品《新疆赋》，成书于嘉庆二十年（1815年）。该赋正文一卷，前有赋序，后分《新疆南路赋》《新疆北路赋二章》，以葱岭大夫、乌孙使者相为问答，分咏天山南北二路地理之形势、乾隆以来平定西域之武功。与其他赋作的不同之处是，作者对新疆全面考察后的创作，因此对南北二路的山川形势进行了提纲挈领的描述，有特别重要的价值。正文之外，作者又句栉字梳，自为注解，从而丰富了赋体的叙事功能。是研究清代新疆史地、民族历史的有价值的参考文献。

### 新疆古佛寺：1905—1907年考察成果

[德]A.阿尔伯特·格伦威德尔著，赵崇民、巫新华译。中国人民大学出版社2007年版。1册，634页。中国人民大学出版社《文明的中介：汉译亚欧文化名著》收录。国家图书馆有收藏。

此书是作者于1905年至1907年在新疆古佛寺的考察成果。由于新疆古佛寺遗迹毁坏严重，且遗物被盗，该书成为研究新疆敦煌文化的珍贵读本。本书详细介绍了库车、克孜尔、柏孜克里克、亦力湖、七康湖、高昌故城等地各个洞窟的构造、壁画情况及其反映的文化。

### 新疆国界图志

（清）王树枏纂，16卷。又名《新疆国界志》，8卷。即《新疆图志》卷五至卷九《国界志》单行本。光绪三十四年（1908年）铅印本，宣统元年（1909年）《陶庐丛刻》铅印本，此时是作为《新疆图志》单行本而面世。后被辑入邓衍林编《中国边疆图籍录》（商务印书馆，1958年）影印。

《中国方志丛书·西部地方》（台北成文出版社，1968年）影印。《中国边疆研究资料文库·边疆史地文献初编·西北边疆》（中央编译出版社，2011年）影印。《丝绸之路西域文献史料辑要》第一辑（新疆美术摄影出版社、新疆电子音像出版社，2016年）影印。除此之外，北京图书馆统编部联合目录编辑组1974年编辑的《中俄关系图书联合目录》收录多种版本《新疆国界图志》，以及中国科学院北京天文台主编、中华书局1985年出版的《中国地方志联合目录》以《新疆国界志》为书名，著录其三种版本，即清光绪三十四年铅印本（《新疆图志》单行本，16卷；清宣统元年铅印本8卷；抄本。

《新疆图界图志》编辑体例采用古代史籍中编年史书的纲目体。开始一篇序论介绍清朝乾隆时期新疆地区国界的走向，以及由于俄英列强扩张、侵略，致使我国新疆地区国界不断内移的情况；接着正文对有关历史事件均按照其发生的年月顺序记述，对每一事件从发生、演变、结果、影响等关键要素的记述使该书内容详实、主次分明、达到了纲举目张的效果。该志不仅汇集了清廷和新疆地方政府大量的档案和实地调查资料，还收罗了当时一些西方人士有关专著和评论的论文，是研究中俄西段边界问题的较为系统而详尽的史籍资料。

## 新疆回部纪略

（清）慕暲纂，12卷，约11万字。此书有光绪十年（1884年）稿本，此稿原存陕甘总督衙门，底稿为其子少堂（慕寿祺）收藏，小字双行，周无边栏，后被慕寿祺赠与甘肃省图书馆。《中国西北文献丛书》二编第一辑（线装书局，2006年）影印。

慕暲，字霁堂，号雨溪，甘肃镇原人，咸丰十一年（1861年）中副榜举人，署西宁县学教谕。光绪八年（1883年）二月，作者奉命赴天山南北考察地理沿革及回部一切情形，纂辑是书。

该书卷首为总论，卷一至卷九记新疆各地之沿革、疆域、山川、建置、官制、营伍、粮饷、赋税、钱法、军台、回务、古迹等。卷十至十二为哈密回部总传、吐鲁番回部总传、回部其他郡王列传、土尔扈特传及各地物产等。此书由慕暲"调阅档案，踏勘地形，考以史书，参以舆论"写成，对研究当时新疆地区的政治、经济、军事、地理、民族等均有一定的史料价值。

## 新疆纪略

（清）珠克登纂。道光二十六年（1846年）修，又名《珠华亭新疆纪略》。有道光年间抄本4册。《边疆方志文献续编·西北边疆》（线装书局，2012年）影印。

是书记新疆南、北、西三路73座城池的历史沿革、官职营制、军台卡伦、古迹物产、风土人情、江河湖泊。其特点是详他志之略，略他志之详。是书为撰者亲历其地，因而所述较为准确。

## 新疆纪事诗

（清）曹麟开撰。《新疆纪事诗》与曹麟开所著的《八景诗》《塞上竹枝词》均收录于和瑛《三州辑略》。此外，《塞上竹枝词》还有有单行清抄本，首都师范大学图书馆藏，收入《中华竹枝词全编》。

曹麟开，生卒年不详，字黻我，号云澜，安徽贵池人。乾隆三十六年（1771年）举人，三十八年官湖北黄梅知县。乾隆四十六年（1781年），因黄梅县监生石卓槐《芥圃诗钞》"嫁名鉴定诗集"案牵连，与蒋业晋同时流放乌鲁木齐，在戍四年。

《新疆纪事诗》16首，以七言律诗形式，记述乾隆年间平定天山南北的史事。《八景诗》8首，分咏乌鲁木齐八处自然景观。《塞上竹枝词》30首，记录了新疆的风土民俗。三组诗作具有一定的历史文化价值。

## 新疆建置志

（清）宋伯鲁著，有光绪三十三年（1907年）刻本、民国二年（1913年）海棠仙馆铅印本、北京同和印字局本、民国二十三年（1934年）陕西通志馆铅印《关中丛书》本。各版本的《新疆建置志》内容相同，文字因刻印讹误偶有不同。

宋伯鲁，字子纯，号芝田，陕西礼泉人。

《新疆建置志》是《新疆图志》卷一至卷四建置志之单行本。内容与《新疆图志》中的《建置志》略有差别。光绪三十一年（1905年）宋伯鲁随长庚赴新疆，被王树枏聘入新疆通志局，参与《新疆图志》的纂修工作，总纂王树枏仿《汉书·地理志》的体例，亲自纂成第一卷，宋伯鲁照此体例续写其余三卷，形成了《新疆建置志》。宋伯鲁随后同长庚返回内地，将其所撰文稿带回关内刊行。该书记载新疆府厅州县、城郭乡村各级行政机构，继而依次叙述各府县历史沿革，列辖区区划及属庄布局，以镇迪道、伊塔道、阿克苏道、喀什噶尔道四道顺序，列出下属府厅州县的城池人口、地域范围、道里山川、村落名称、物产风俗、工商经济。对全疆各府各县的历史和现状都进行了全面的介绍。

## 新疆疆域总叙

（清）松筠纂修，载（清）王锡祺辑《小方壶斋舆地丛钞补编》第二帙，光绪甲午年（1894年）上海著易堂排印本。

松筠（1754—1835），玛拉特氏，字湘浦，蒙古正蓝旗人。以翻译生员任理藩院笔帖式，历任库伦办事大臣、驻藏大臣、陕甘总督、伊犁将军、武英殿大学士等职。松筠在任职期间，热心修纂地方史地，其著作有《卫藏通志》《新疆疆域总叙》（道光钦定）、《新疆识略》《绥服纪略》《西陲总统事略》《藏宁路程》《西藏巡边记》《西招图略》《西招纪行诗》《镇抚事宜》《百二老人语录》《古品节录》等。《清史稿》（卷三四二）、《清史列传》（卷三十二）有传。

《新疆疆域总叙》为松筠任伊犁将军时所作,记载新疆地理,篇幅短,字数少。该书画有新疆总图,兼叙新疆疆域、道路及各城距离。其中有记载以伊犁为中心,南下回疆的道路,即分别通往南路喀喇沙尔(焉耆)、阿克苏和喀什噶尔的通道。

## 新疆喀什噶尔中俄南段交界图

[清]金顺主绘。清光绪年间彩绘本。1幅,纵72.5厘米,横149.5厘米。

金顺(1831年—1886年),字和甫,满洲镶蓝旗人,伊尔根觉罗氏,清伊犁将军。少时从军,屡立战功,累功授镶黄旗汉军副都统,擢乌里雅苏台将军,并以新疆军务帮办之职率所部先行进军新疆。左宗棠任钦差大臣督办新疆军务时,金顺仍任军务督办,并以西征军第二长官的身份亲临战阵担任前敌指挥,为收复新疆建立了卓著战功。

《新疆喀什噶尔中俄南段交界图》是《伊犁将军金顺等奏勘分界务一切情形折》的附图。此段界务在光绪九年(1883年)五月开始勘测,由巴里坤领队大臣沙克都林扎布与俄国官员办理履勘,至同年八月完成。光绪十年(1884年)五月,双方签订《续喀什噶尔界约》。此图应是金顺依据当时双方履勘完成后的俄国所绘地图(即《喀什噶尔中俄交界图》)重绘后上奏朝廷,作为参考之用。

本图绘制精美,从图东北边的别选里达坂往西南方向划一红色边界线至乌斯(孜)别里、喀音噶里山止,并将边界附近山岭、河流、营区、城镇及清廷所设卡伦(即哨所)位置标示得十分清楚。

## 新疆勘界公牍汇钞

(清)徐崇立辑,1卷。本书为《西域舆地三种汇刻》之一,清光绪三十二年(1906年)刻本。有首都图书馆藏刻本1册,北京师范大学图书馆藏盍簪馆丛书本1册,中国科学院新疆分院文献信息中心藏长沙徐氏刻本1册。收录在《中国边疆研究资料文库·边疆边务资料初编·西北边务》,

中央编译出版社，2011年。

徐崇立（1872—1951），字健石，一字剑石，号兼民，一号瓶叟、瓶庐老人。湖南长沙人。

是书收录了关于新疆勘界的公牍奏稿，包括《谨将履勘各边界山川形势、道里远近、水草有无、要隘处所、理合详细缮具清折》《敬禀者窃某奉委查勘疏附、莎车、叶城各属边界》《禀察勘乌仔别里山势情形》《禀议中外界限》《敬禀者窃某于六月十七日由素盖提谨将查明卡拉胡鲁木达坂及八札塔拉大概情形》《禀覆查明塞图拉等处》等。

## 新疆礼俗志

（清）王树枏纂，即《新疆图志》卷四十八《礼俗志》单行本。有扬州大学图书馆藏清刻本，1卷1册。中国科学院新疆分院文献信息中心藏清末新疆官书局的铅印本。另有民国七年（1918年）《陶庐丛刻》铅印本；1968年台北成文出版社《中国方志丛书》影印本。

该书详叙新疆各部落礼节、习俗，如宗教信仰、"古尔邦"节、"开斋"节，又记载日常生活的礼仪规范，如待人接物、见面礼、座次。

## 新疆沙漠游记

[瑞典]斯文·赫定著。版本有绮纹译，商务印书馆（长沙）民国二十八年（1939年）铅印本。1册，189页。2016年上海人民出版社郑超麟译本。商务印书馆《汉译世界名著》与上海人民出版社《脉望丛书》收录。国家图书馆有收藏。

《新疆沙漠游记》是一部记述作者赴新疆沙漠探险的纪实文学作品，描绘了当地风土人情，具有较高的可读性与研究价值。

## 新疆山脉志

（清）王树枏撰，又名《新疆山脉图志》，6卷，即《新疆图志》卷五十九至卷六十四《山脉志》单行本。《新疆山脉志》有清宣统元年（1909年）陶庐丛刻本、新疆官书局铅印本。后辑入《中国边疆研究资料文库·边疆边务资料初编·西北边务》（中央编译出版社出版，2011年）影印。杨镰、石永强主编《丝绸之路西域文献史料辑要》第一辑（新疆美术摄影出版社，新疆电子音像出版社，2016年）影印。

该书第一卷（天山一）描述葱岭的山川走势，名称来源，文献记载等情况，视葱岭为欧亚东西之脊，中国万山都出自于这里。第二卷（天山二）介绍了新疆东北瑚木尔里克山，瑚玛拉克河由此起源。中俄边界即是由萨瓦巴齐卡伦取道瑚玛拉克河西北行百里至瑚木尔里克山口。第三卷（天山三）介绍了喀喇巴尔噶逊山，山中盛产金、铜、铁。书中提到《新疆图说》记载喀喇巴尔噶逊山原建有嘉德城，位在迪化城东南一百八十里，今谓之达坂城。第四卷（南山）提到"南山之首曰乌仔别里之山"，乌仔别里之山即是今日的帕米尔高原；并逐一辨驳"木子可尔""克子别里""乌赤别里"等名称的谬误之处。第五卷（北山一）主要讲到北山之首是哈喇古颜山，哈什河由此发源，最后流入伊犁河。第六卷（北山二）重点论述喀尔岭与周围中俄分界的基本情况和内容。是书记载了新疆主要山脉河流，地理交通、城池方位和边界走向的一些基本情况，为研究新疆地区的政区地理、历史地理与边界历史演变提供了宝贵资料。

## 新疆设行省议

（清）佚名撰，王锡祺辑。1册。收录在《中国边疆研究资料文库·边疆行政建制初编·西北及西南》第一册，知识产权出版社，2011年；《清朝治理新疆方略汇编》第22册，学苑出版社，2006年；《中国边疆行纪调查记报告书等边务资料汇编》初编，香港蝠池书院出版有限公司，2009年。

收录两篇《新疆设行省议》，其一为华亭朱逢甲著，述新疆地方广袤足立为行省，认为当以天山为界分为两省，设一总督二巡抚；其二著者阙名，提出了新疆应设行省的四条理由。

## 新疆省乡土志三十种

[日]片冈一忠编。日本京都市明文舍印刷株式社，1986年。

1905年，日本人林出贤次郎（1882—1970）第二次赴新疆调查时，因丰富的新学知识而受到新疆布政使王树枏的赏识，受聘担任新疆陆军士官学堂、法政学堂教习。此人后受日本外务省指示，密切注意新疆乡土志的编纂情况，他利用与王树枏的关系，请人抄写乡土志三十种携回日本，这三十种乡土志后来由日本新疆问题专家片冈一忠整理，题名为《林出贤次郎携来新疆省乡土志三十种》。1987年，日本学者梅村坦先生访问新疆时，片冈一忠先生特意将此书一册亲笔题词，委托梅村先生转赠新疆社会科学院。此书现存新疆社会科学院中亚研究所资料室。

该书竖版无标点，前附有《洛浦县乡土志》和《皮山县乡土志》抄本的书影，后附有片冈一忠的解说。此书弥补了国内所缺新疆乡土志中的八种，即迪化县乡土志、昌吉县乡土志、绥来县乡土志、库尔喀喇乌苏直隶厅乡土志、塔城直隶厅乡土志、哈密直隶厅乡土志、沙雅县乡土志、于阗县乡土志的缺佚本。三十种本中，四种有作者姓名，两种有著作时间，余均描抄，错字较多。

## 新疆诗文存志

新疆美术摄影出版社2014年出版，共计4册，《新疆文献辑要丛书》卷一。第一册为祁韵士《万里行程记》、洪亮吉《遣戍伊犁日记》《万里荷戈集》；第二册为《祁韵士新疆诗文》《林则徐新疆诗文》；第三册为《纪晓岚新疆诗文》，第四册为《林则徐壬寅日记》《癸卯日记》《乙巳日记》。

## 新疆收回伊犁八城中俄分界图

[清]崇厚主绘。清光绪年间彩绘本。1幅，纵28厘米，横36厘米。

崇厚（1826—1893），即完颜崇厚，字地山，满洲镶黄旗人。清末外交官员，完颜麟庆次子，完颜崇实之弟。道光二十九年（1849年）中举人。历任长芦盐运使、兵部左侍郎、大理寺卿、兵部侍郎、直隶总督等职。曾参与洋务运动，创办了天津机器制造局。后作为三口通商大臣参与外交事务，与英、法签订租界条约、与丹麦等订通商章程。同治九年（1870年）天津教案，崇厚作为专使出使法国；光绪四年（1878年），为收复伊犁又出使俄国，但次年与俄签订《交收伊犁条约》（《里瓦几亚条约》），许以俄有多处通商权、优惠征税权、西伯利亚至张家口修建铁路权，并在西北新疆、外蒙、甘肃7城（嘉峪关、科布多、哈密、吐鲁番、乌鲁木齐、库车）设领事馆，并许伊犁城一带俄所有土地及建筑物不归还等条件，遭到举国反对，最后因此入狱。

同治年间，新疆回民起事，伊犁、乌鲁木齐等大城相继失陷，俄国乘机在同治十年（1871年）派兵攻占伊犁，光绪二年（1876年）左宗棠平定新疆动乱，但伊犁并未收回，光绪五年（1879年）崇厚与俄国外长签订条约，俄国承诺交还伊犁，但附加多项条件。依据此事，崇厚命人绘制《新疆收回伊犁八城中俄分界图》。此条约清廷以丧权辱国而拒绝承认。

《新疆收回伊犁八城中俄分界图》之伊犁八城，在图中所绘是以伊犁（惠远城）为中心，以东有惠宁城、熙春城、宁远城，以西依序为广仁城、瞻德城、拱宸城、塔勒奇城、绥定城。此图中间还绘有红线，应是崇厚与俄国议定的边界线。左侧附有崇厚交予清廷的说明，写到"寄上之图，系按俄国兵部图照书，此即代收时所占之地东西七百余里，南北三百余里。今收回之地东西六百余里"云云。此图绘制虽不甚精确，且清廷后遣曾纪泽往俄更换条约，争回伊犁南路七百余里等等，但仍是研究崇厚订约后中俄伊犁段边境变化及当时新疆形势的重要参考资料。

## 新疆四道志

（清）佚名纂。清抄本。有中央民族大学图书馆藏抄本；1968 年台北成文出版社《中国方志丛书》影印抄本；李德龙据中央民族大学图书馆藏抄本（中央民族大学出版社，2010 年）影印；李德龙注《〈新疆四道志〉校注》（中央民族大学出版社，2014 年）。

《新疆四道志》成书于清光绪年间，将新疆的"四道"作为各卷标题，分别为《镇迪道属图说》《阿克苏道属图说》《伊塔道属图说》《喀什噶尔道属图说》。虽题"图说"，实则有"说"而无"图"。镇迪道道治迪化（今乌鲁木齐），下辖迪化县、昌吉县、阜康县、奇台县、绥来县、镇西厅、吐鲁番厅、哈密厅等五县三厅；阿克苏道道治温宿（今阿克苏市），下辖温宿州、拜城县、乌什厅、库车厅、喀什沙尔厅等一县一州三厅；伊塔道道治宁远（今伊宁市），下辖绥定县、宁远县、库尔喀喇乌苏厅、精河厅、塔尔巴哈厅等二县三厅；喀什噶尔道道治疏附（管辖范围相当于今天的喀什、和田地区），下辖疏勒州、疏附县、英吉沙尔厅、莎车州、叶城县、和阗州、玛喇巴什厅、于阗县等三州三县二厅。在《新疆四道志》中，作者分别以每一道下辖的州、县、厅为单位，从疆域、山川、卡伦、驿站、厂务、城郭、古迹、部落、界碑、贸易圈、军台等方面加以叙述。作为新疆建省后的第一部志书，对研究新疆建省后的政治、经济、民族与对外关系等有参考价值。

## 新疆四赋

吴丰培辑，中央民族学院少数民族古籍整理出版规划小组整理，中央民族学院 1982 年影印本，1 册。

此书包括徐松《天山南路赋》《天山北路赋》、纪昀《乌鲁木齐赋》、欧阳镒《天山赋》4 篇。四篇赋作的主要内容，都是描写了清代新疆自然、人文概况，极尽铺陈之能事。经后人考证，《乌鲁木齐赋》实为罗学旦所作，《天山赋》的作者为王大枢。

## 新疆条例说略

（清）吴翼先编；赵锦堂参订。又名《新疆则例说略》，2卷。有乾隆六十年（1795年）朱晋阶味馀书屋刊本。收录在《中国西北文献丛书二编》中，线装书局2006年出版。亦收录于《中国边疆研究资料文库·边疆史地文献初编·西北边疆》第二辑，中央编译出版社2011年出版。

吴翼先，生卒年不详。字衣谷，山东济宁人，游幕于浙西、粤东、秦、豫等地多年。

是书以乾隆朝充发新疆之律，时有损益，头绪繁多，辑《大清律例》中有关新疆的条例而成。卷上为停发新疆、应发新疆、酌定仍发新疆、新疆改遣内地条例，按条记载，条例内容有原律判定、时间、原因等，详细记录了不同情形下的处置方法。卷下为发遣新疆及改遣人犯的处分方法，包括发遣新疆及改遣人犯分别老疾、发遣新疆及改遣人犯分别刺字、发遣新疆及改遣人犯分别当差为奴、发遣新疆及改遣人犯隆冬盛暑分别停遣等内容。具体包括遣犯原犯罪名、发送安置的办法、防止逃脱的措施、出籍为民的期限、看管遣犯的士兵的奖惩等，依其因革兴废始末，以事类分条，并逐条加以按语，是研究清代新疆遣犯的重要资料。

## 新疆通商案

（清）佚名编，1册。抄本，《总理各国事务衙门清宫档案》内容之一，后被辑入《国家图书馆藏历史档案文献丛刊·清代孤本外交档案续编》（影印），全国图书馆文献缩微复制中心，2005年。国家图书馆藏。

该档案主要论述了中俄两国在商贸往来中的纠纷和冲突情形，其中以俄国商行经理人尼阔赖梯淤斯德被中国官员逮捕入狱为导火索，俄方强调"俄国人不归中国官照中国律办理，要求赔偿"，我方强调其人的犯罪事实属实，并严肃指出"俄国边界官屡次虐待华民之案"也为数很多。具体内容有新疆巡抚刘锦棠光绪十五年（1889年）正月十二日《咨称俄商来新疆等处贸易，稽查商名、货包件汉文俄文执照不符，请知照俄使转饬照章理由》奏文一件，以及正月十七日发俄国公使库满《哈密尼阔来一案业经完案不能议价由》照会一件，正月十八日伊犁将军《俄官扣留维民贩买洋药勒取税银，请照会俄使转饬如数退还由》奏文一件，二月十五日俄国公使库满《俄人尼阔赖梯淤斯德受亏各节仍请补偿由》照会一件，二月二十一日俄国公使库满《俄商在新疆境内买卖各种货物请转嘱该省官员勿阻由》照会一件，以及同日俄国公使库满《俄商在戈壁被焚茶叶一案日久未结，可否转属库伦大臣会同俄领事定案由》信一件，俄国公使库满《照覆尼阔赖梯淤斯德补偿一事断难办理由（二月二十八日）》《尼阔赖梯淤斯德一案仍请补偿由（三月初四）》《再辩俄人尼阔赖梯淤斯德一案由（三月十八日）》照会三件，三月二十四俄国公使库满《函论尼阔赖受亏各节应否补偿请示答核办并送还十五日照会由》信一件。该资料是研究光绪年间中俄商业贸易往来的重要档案史料。

## 新疆图说

[清] 佚名绘。清彩绘纸本，1 册，19 幅。

《新疆图说》，册页，共十九幅，每图一说，分别为《新疆总图说》、《北路总图说》《巴里坤图说》《古城图说》《乌鲁木齐图说》《库尔喀喇乌苏图说》《塔尔巴哈台图说》《南路总图说》《喀什噶尔图说》《英吉沙尔图说》《叶尔羌图说》《和阗图说》《阿克苏图说》《乌什图说》《库车图说》《喀喇沙尔图说》《吐鲁番图说》《哈密图说》《伊犁图说》。

《新疆总图说》作为全图总领，记载了新疆各城之间的距离，"自伊犁东至乌鲁木齐一千七百七十里。自伊犁东北至塔尔巴哈台一千九百五十里。自伊犁南至阿克苏一千二百二十里。自阿克苏西北至乌什二百四十里。自阿克苏西南至叶尔羌一千四百一十里。自叶尔羌西北至喀什噶尔五十七里。自叶尔羌南至和阗八百一十里。自阿克苏东至库车八百里。自库车东至喀喇沙尔一千六百八十里。自喀喇沙尔东至吐鲁番一千零二十里。自乌鲁木齐经吐鲁番至哈密一千七百三十里。自乌鲁木齐经巴里坤至哈密一千六百六十里。自哈密东至嘉峪关一千四百六十里。"

## 新疆图志

（清）王树枏等纂修，120卷。有国家图书馆藏清宣统三年（1911年）木活字印本，首都图书馆藏清宣统三年刻本，山西省图书馆藏清宣统三年刻本，中国民族图书馆藏清宣统三年活字印本，天津图书馆藏清宣统三年活字本、清宣统三年抄本，重庆市北碚图书馆藏清宣统三年新疆官书局铅印本。1923年东方学社出版了重校增补铅印本，1992年上海书店出版社据此缩拼影印。点校本有朱玉麒等整理《新疆图志》（上海古籍出版社，2017年），此本附有新疆全省舆地图。

王树枏（1851—1936），字晋卿，直隶新城县人，自幼迁居保定，号陶庐老人。他自幼天资聪颖，十五岁中秀才，同治十三年（1874年），被聘为保定畿辅通志馆修纂。光绪二年（1876年）中举。先后任四川青神及宁夏中卫知县、兰州道、新疆布政使。民国期间任《清史稿》四总纂之一。在新疆主持修纂《新疆图志》。

《新疆图志》是清末官修省志，全面反映了新疆地区的政治、经济、军事、外交、自然地理、物产风俗等各个方面的情况。本书的内容主要有以下几个方面：第一，记载了新疆地区的建置沿革、城镇兴废、山川水道、道里四至、土壤、气候等地理情况；第二，记载了自汉代迄清末新疆地区的官制、兵制的演变，以及清代几次用兵西北的始末原委；第三，全面阐述了清代新疆地区的中俄关系；第四，记载对新疆地区农、林、牧、渔、蚕、矿、商业经济发展状况，展示了自清初迄清末新疆经济开发的成就；第五，记载了新疆地区赋税制度、货币制度的演变，以及盐业和茶叶贸易的兴衰过程；第六，记载了新疆地区的古迹遗存和历代金石碑刻；第七，记载了新疆地区少数民族的民族源流及其多姿多彩的风物人情；第八，记述了清代新疆地区文教事业的发展状况。

《新疆图志》还包括《奏议志》16卷、《民政志》8卷，这些都为《新疆图志》所首创。《奏议志》集中了历代关于新疆问题的名臣奏议189篇，反映了历代统治者对新疆统治的行政措施。《民政志》分巡警、户口、地方自治三类，叙述了清季对新疆的行政管理方式，并且统计了清季新疆各县居民户口数量。《新疆图志》作为清代新疆最后一部官修通志，是研究新疆和研究西北史地的重要资料。

### 新疆图志·国界志

[清]王树枬编。清宣统元年（1909年）新城王氏刻本20幅8册；民国抄本20幅5册。

《新疆图志·国界志》共五卷，原为《新疆图志》的一部分，刊于其卷五至卷九。《新疆图志》是清朝宣统年间由新疆巡抚袁大化主修、王树枬总纂的一部图文并茂的省级地方志，全书116卷，成于六十余人之手，故有单独成书刊印者，《国界志》是其中之一。该书是王树枬亲自编纂的。

《新疆图志·国界志》大致采用中国古代史籍中编年史书的纲目体，除开头一篇长文扼要介绍清朝乾隆时期新疆地区国界的走向及其由于俄英列强扩张、侵略，致使我国新疆地区国界不断内移的情况作为序论外，正文对有关历史事件均按其发生的年月顺序记述。对每一事件从发生、演变、结果、影响等各个阶段的记述，大体都能主次分明、内容详细、观点明确，达到纲举目张的效果。而对沙俄通过军事侵略、政治讹诈割占我国领土诸暴行的揭露和对清政府执行"缩"的对外政策以及勘界订约官员失地丧权辱国行为的谴责，则对激励国人图强雪耻也起着重要作用，堪称记述在俄、英尤其沙俄侵略下，我国西北边界不断内缩、领土不断丧失、边界变迁的第一书。

《新疆图志·国界志》不仅汇集了清廷和新疆地方政府大量的档案和实地调查资料，还收罗了一些当时西方人士有关专著和评论的译文。所以在中俄西段边界史籍中，该书属于比较系统而又详细的一种，具有相当的史料价值。

### 新疆图志·艺文志

（清）王树枬撰。该书是《新疆图志》卷九十《艺文志》的单行本，宣统三年（1911年）活字本。

该书本着"录成书，不录散文"的原则，收录历代涉及西域的图书80种，略述书的作者、内容。上自北魏的《使西域记》，下至清光绪年间的《新疆道里表》等，主要为清代的书籍，近七成左右。

### 新疆屯田奏稿

（清）佚名辑。约4万字。甘肃省图书馆藏孤本抄本。

《新疆屯田奏稿》辑录道光二十五年（1845年）伊犁将军布彦泰等据天山南路勘田的全庆、林则徐呈文而写的奏折及清廷有关谕旨，后人始题此名。全书大部分为官私史籍所缺载，涉及道光中、后期南疆各地经济、社会，特别是招民垦荒、兴修水利等，资料十分珍贵，对了解19世纪中期新疆一度兴起的屯田垦荒高潮，对研究林则徐在新疆的实践活动，均有重要参考价值。

### 新疆外交报告表

（清）新疆外交研究所编辑，1册，清宣统二年（1910年）新疆官书局铅印本，北京大学图书馆有收藏。

《新疆外交报告表》是关于清代新疆地区在外交方面的历史信息的报告表，对于研究清代新疆地区外交问题具有宝贵的资料价值，如清朝与沙皇俄国在圣彼得堡签定有关归还新疆伊犁地区的条约，等等。

### 新疆外交说明书

（清）新疆交涉公署外交研究所辑，1册，宣统二年（1910年）新疆官书局铅印本。

《新疆外交说明书》是关于清代新疆地区在外交方面的历史信息的说明书，为研究清代新疆地区在外交方面的相关问题提供了宝贵资料。

## 新疆乡土志稿

马大正、华立主编《中国边疆史地资料丛刊·新疆卷》中的竖排版，全国图书馆文献缩微复制中心，1990年；马大正、黄国政、苏凤兰整理点校简体横排，新疆人民出版社，2010年。

马大正，中国社会科学院中国边疆史地研究中心原副主任、研究员。浙江省鄞县人，从事中国民族史研究，专治隋唐民族史、卫拉特蒙古史。主要论著有《厄鲁特蒙古史论集》《卫拉特蒙古史入门》《漂流异域的民族——17至18世纪的土尔扈特》《卫拉特蒙古简史》等。

《新疆乡土志稿》收录镇迪道、伊塔道、阿克苏道、喀什噶尔道下辖39地44种乡土志，分别是镇迪道下辖迪化县、阜康县、孚远县、奇台县、昌吉县、绥来县、呼图壁、镇西厅、吐鲁番直隶厅、鄯善县、哈密直隶厅、库尔喀拉乌苏直隶厅；伊塔道辖伊犁府、绥定县、宁远县、塔城直隶厅、精河直隶厅；阿克苏辖温宿府、温宿县、拜城县、柯坪分县、焉耆府、新平县、轮台县、若羌县、库车直隶州、沙雅县、乌什直隶厅；喀什噶尔道辖疏勒府、伽师县、莎车府、蒲犁厅、巴楚州、叶城县、皮山县、和阗直隶州、洛浦县、于阗县、英吉沙尔厅。其中哈密、昌吉、婼羌、沙雅、和阗均有两种稿本，故实为39种，编写时间始于光绪三十三年（1907年），迄于宣统二年（1910年）。当时新疆省建置有六府、八直隶厅、二直隶州、二分防厅、一州、二十一县、二分县，合计42个地方政权机构，除迪化府、疏附县、霍尔果斯分防厅三地乡土志尚付阙如，其余均已找到。记载历史、政绩、兵事、耆旧、人类、户口、实业、氏族、宗教、地理、道路、物产、商务等内容。书后附有新疆全省舆地图，共58张。

《新疆乡土志稿》对新疆地区的政治史，特别是对政绩、兵事的记述较为详细，尤其是对道光、咸丰以后新疆各地的政治、军事活动记载尤为丰富。该书对新疆建行省以后各地任职官吏的记述也颇详尽，如《新平县乡土志》对该县前后7任知县、9任典史的姓名、籍贯、任职时间，均有记录，此为史书所未载。该书堪称新疆乡土志类集大成之作，提供了丰富的有关经济史、人口史、边贸史的宝贵资料；并保存了一些罕见的地方独特史料。

## 新疆乡土志稿二十九种

湖北省图书馆辑，29 卷。有湖北省图书馆藏《新疆乡土志稿二十九种》（油印本）、新疆自治区图书馆 1976 年重印本。收录《中国地方志集成·新疆府县志辑》第 12 册（凤凰出版社，2012 年）影印本。

新疆各府、州、厅、县志多不过 55 种，其间大半为清光绪末奉敕而撰之乡土志，且皆为稿本或抄本，向未刊行，世人罕见。湖北省图书馆广为搜求，辑成是编。中华人民共和国成立后，1955 年湖北省图书馆将收集到的 29 种新疆乡土志率先打印成册，题名为《新疆乡土志二十九种》，此为新疆乡土志刊印之始。1976 年新疆阿克苏地委办公室档案科将此 29 种改竖排为横排翻印。29 种分别是：伊犁府、焉耆府、温宿府、疏勒府、莎车府、昌吉县呼图壁、阜康县、孚远县、鄯善县、宁远县、绥定县、精河厅、哈密直隶厅、婼羌县、轮台县、和阗直隶州、皮山县、洛浦县、伽师县、巴楚州、英吉沙尔厅、蒲犁厅、温宿县、拜城县、库车直隶州、沙雅县、温宿分防柯坪、乌什直隶厅。实际上是 28 个行政地区的乡土志，因其中婼羌有二种，故称 29 种。是志内容虽简略，但多为各邑首志，颇为珍贵，皆为稿、抄本，赖此方得广为流传。

## 新疆小正

（清）王树枏撰，全一册，即《新疆图志》卷五十二《物候志》单行本。朱士嘉等总编《中国地方志联合目录》，采录各分志十种，其中《新疆物候志》与《新疆小正》是同书异名。初版为 1911 年由新疆官书局所印木活字版。有民国七年（1918 年）《陶庐丛刻》铅印本。后收入《中国方志丛书·西部地方·第卅八号》（台北成文出版社，1968 年）影印本。杨镰、石永强主编《丝绸之路西域文献史料辑要》第一辑（新疆美术摄影出版社，新疆电子音像出版社，2016 年）影印。

该书以立春日在女为起点，以雨水日在虚、惊蛰日在危、春分日在室、清明日在壁、谷雨日在奎、立夏日在胃、小满日在昴、芒种日在毕、夏至日在参、小暑日在井、大暑日在井、立秋日在柳、处暑日在星、白露日在张、秋分日在翼、寒露日在轸、霜降日在角、立冬日在氐、小雪日在氐、大雪日在尾、冬至日在箕、小寒日在斗、大寒日在斗等二十四节气为主线，全面介绍了新疆的气候特点、温度变化、生活习惯、动植物基本情况，内容详实，结构紧凑，逻辑鲜明，具有较高的学术参考价值。

## 新疆学务公所开办章程

（清）新疆学务公所拟订，8章，1册。光绪三十四年（1908年）迪化新疆学务公所油印本，北京大学图书馆有收藏。

光绪三十四年（1908年），为推动新政，在新疆巡抚联魁等人主持下，新疆制订了"一练兵、二蕃牧、三商务、四工艺、五兴学"的"新政"方针，其中一项措施是将新疆原有旧有书院均改设学堂，并在迪化（今乌鲁木齐）设学务公所，统筹全疆办学之事。联魁遂于迪化行馆东院创建新疆学务公所。《新疆学务公所开办章程》就是为设立学务公所而制定的办学章程。

## 新疆巡抚饶应祺稿本文献集成

（清）饶应祺撰。稿本。1971年饶毓苏（饶应祺孙女）将所藏饶应祺稿本等文献捐赠给中央民族学院（今中央民族大学前身）图书馆。并由该馆收藏。2009年中央民族大学立项整理出版《新疆巡抚饶应祺稿本文献集成》38册，学苑出版社2009年版。

饶应祺（1837—1903），字子维，号春山。湖北恩施城关人。晚清政治家。光绪二十二年（1896年）升任新疆巡抚，为清代新疆行省第3任巡抚，兼兵部侍郎、都察院右副都御使、总理各国事务大臣等衔。从光绪十五年（1889年）到光绪二十八年（1902年）在新疆主政达14年之久。1902年调任安徽巡抚，1903年1月16日，病故于哈密途中。《清史稿》（卷四四八）有传。

《新疆巡抚饶应祺稿本文献集成》共有近 7000 余件，主要内容包括 4 部分：一是饶应祺在同州（今陕西大荔县）、甘州（今甘肃张掖市）、新疆从政时的奏折、奏片、公牍；二是饶应祺与清朝皇帝、大臣以及地方官衙、亲朋好友往来的明电、密电；三是饶应祺的往来信函稿本；四是饶应祺本传底稿、抄稿和母亲行述等。这些文献全部为手写稿本，既有原稿，也有抄稿。其中，由饶应祺向清廷上疏的奏折约有 617 件，各种电报稿 4447 件，书信稿 1677 件。文献内容为自陕西至新疆各地经办之公牍、函电、奏稿，具体包括甘肃新疆巡抚部院奏折、书信；奏办陕西清徭详批稿；西征筹粮信稿、来往电报稿、赈务稿、治判公牍；同州赈务总目、筹赈禀稿、公牍稿；藩臬任内奏折；恪靖侯奏稿、信稿；李文忠公致先中臣公稿等。这批史料对于新疆边界、民族治理、民族关系等重大问题研究是不可或缺的重要文献。此外，稿本文献还为研究近代以来西北边陲的社会与自然环境，研究清代后期新疆的军事与屯田状况提供了宝贵资料。

### 新疆巡警章程折稿

（清）吴引孙撰，有清光绪印本，民国二十六年（1937 年）国立北平图书馆抄本。收录在《中国边疆研究资料文库·边疆史地文献初编·西北边疆》第二辑，中央编译出版社，2011 年；《中国边疆行迹调查记报告书等边务资料汇编》初编，香港蝠池书院出版有限公司，2009 年。

吴引孙（1851—1920），字福茨，江苏仪征人，祖籍安徽歙县。曾任甘肃新疆布政使。

光绪三十一年（1905 年），甘肃新疆巡抚吴引孙上奏稿，奏稿名为《奏为新疆巡警重加整顿谨将现办情形酌拟章程缮具清单恭折仰祈》，详细说明了在新疆设立巡警的重要性和其他相关内容，并附有《新疆巡警酌改章程缮具清单》。《新疆巡警酌改章程缮具清单》记载了具体需设职位、人数、俸饷，规定巡警的工作内容和职责、意外情况的解决办法、因公受伤的抚恤额度等内容。

## 新疆伊犁乱事本末

（清）袁大化著，1册。民国初年（1912年）张开枚辑编本活字版。随后被收录于沈云龙主编《近代中国史料丛刊续编》第六十五辑（台北文海出版社，1979年）影印。《边疆史地文献初编·西北边疆》第二辑（中央编译出版社，2011年）影印。

袁大化（1851—1935），字行南，安徽涡阳人，原任淮军幕僚参谋，后被保荐至道员。宣统二年（1910年）冬，由江西巡抚调任新疆巡抚，成为清朝在新疆建省以来的第8位巡抚，也是最后一位巡抚。《新疆伊犁乱事本末》系袁大化离开新疆后所作，其作品还有《东陲游记》《漠矿录》《抚新纪程》《辛亥戡乱记》，以及任巡抚时主持新疆通志局编撰的《新疆图志》。

《新疆伊犁乱事本末》又名《新疆伊犁变乱始末》，是记载新疆爆发辛亥革命的重要文献，是书主要记载了辛亥革命爆发后，新疆革命党人刘先俊等在迪化（乌鲁木齐）组织武装起义的起因与经过。伊犁革命党人宣布独立，杀清将军志锐，拥广福为都督与清政府斗争的前因后果，以及作为新疆巡抚，袁大化一面派兵进剿，一面向宣统请旨讨伐，与义军激战于果子沟、大河沿、四棵树、精河一带的经过。

## 新疆咨议局筹办处第一次报告书

（清）佚名著，宣统二年（1910年）十月官报书局印行。收录在《中国边疆研究资料文库·边疆史地文献初编·西北边疆》第二辑，中央编译出版社，2011年；《中国边疆行迹调查记报告书等边务资料汇编》初编，香港蝠池书院出版有限公司，2009年。

报告书包括《移四道奉抚宪聊准资政院咨明咨议局章程候定草章咨商议妥再行奏闻已否设局从速咨报文》《详抚宪聊咨议局筹办处委员请以陆军粮饷核销委员吴令兼办文》《咨明奉抚宪聊准编查馆咨各督抚在省会速设咨议局文》《详抚宪聊设立咨议局并兼委议长议员文》《札委议长议员文》《详抚宪联新省咨议局议员选举恳从缓办文》《移四道地方自治恳从缓办

奉批饬属遵办文》《详新疆咨议局筹办情形暨变通实行办法酌拟章程请示文》《详请抚宪联刊发新疆咨议局筹办处关防文》《详核议潘道所拟调查户口清理国籍各办法乞核饬遵文》《详拟就忠义祠隙地并购民房筹修咨议局文》等。

## 新疆奏折

（清）陶模撰，4册，北京大学图书馆藏光绪二十年（1894年）线装写本。另有《近代中国史料丛刊》第45辑收录陶葆廉辑、陆洪涛校《陶勤肃公（模）奏议》，12卷，第1~4卷即新疆奏议。

陶模（1835—1902），字方之，一字子方，浙江秀水人。同治七年（1868年）进士，历任甘肃文县知县、甘州知府，调迪化，历宁夏、兰州知府、陕西巡抚、新疆巡抚。《清史稿》（卷四五三）有传。

《新疆奏折》是陶模任职新疆巡抚期间的奏折汇编。时逢英俄角逐帕米尔，坎巨提酋长率属民避入新疆，英俄军队越界进逼，形势危急。陶模废黜坎巨提旧酋，另立新酋，积极筹办战备守务，整顿地方，配合清廷外交，稳定了边疆。其奏折还涉及新疆地方政务、民事等，是研究19世纪末新疆地区动荡政局和西北边疆危机的重要资料。

## 新疆志稿

（清）锺镛撰，1册，共3卷，又名《西疆备乘》，有抄本、清宣统元年（1909年）哈尔滨中国印刷局铅印本、民国三年（1914年）铅印本、民国十九年（1930年）《湖滨补读庐丛刻》本。有《中国边疆研究资料文库·边疆方志文献初编·西北边疆》（知识产权出版社，2011年）影印。张羽新、张双志编纂《清朝治理新疆方略汇编》（学苑出版社，2006年）影印。《丝绸之路西域文献史料辑要》第一辑（新疆美术摄影出版社、新疆电子音像出版社，2016年）影印。全国图书馆文献缩微复制中心编《中国边疆史志集成·新疆史志》第三部（全国图书馆文献缩微中心，2003年）影印。

锺镛，别名锺广生，字逊盦，号半圆老人。浙江余杭人，生周岁而失母，父锺舜云作令广南，后卒，锺镛依继母成立，光绪十九年（1893年）乡试取中，曾任内阁中书等职，游幕四方，擅长古文，著有《逊盦诗集》。光绪三十四年（1908年），锺镛谪居新疆，在此期间，锺镛与裴景福、王树枏等人交游，应邀参加《新疆图志》的撰写工作，对新疆史地、建置、实业均有深入研究。1912年东归入燕京，卒年不详。

是书是锺镛为《新疆图志》所撰稿件的原稿。第一卷主要包括《新疆建置志序》《新疆职官表序》《新疆人物志序》，第二卷主要涉及新疆实业方面内容，《新疆实业志总叙》中有农田、蚕桑、森林、畜牧、渔业、矿产、工艺、商务等内容；第三卷《新疆邮传志总叙》，包括驿站、邮政、电线、铁路等内容。该书条理清晰，内容丰富，对研究新疆政治经济社会发展具有很大的学术参考价值。

## 新镌徽版音释评林全像班超投笔记

（明）华山居士撰。《宝文堂书目》著录，题作《班超投笔记》，《曲品》著录，皆未题撰者。《远山堂曲品》著录，题为"华山居士"作。《古人传奇总目》误为邱濬作，清以后诸家曲目均沿讹。

现存明万历三十八年（1610年）三槐堂刻本，题《新镌徽板音释评林全像班超投笔记》；万历间存诚堂刻本，《古本戏曲丛刊初集》据之影印，题《新刻魏仲雪先生批评投笔记》，1924年番禺许之衡环翠楼抄校本，凡2卷38出。事本《后汉书·班超传》，叙班超投笔后建功西域事。

## 新平县乡土志

（清）周芳煦修，不分卷。清光绪间抄本。有台湾《中国方志丛书》（影印本），台湾成文出版社，1968年；中央民族大学图书馆辑《中国民族史地资料丛刊》（吴丰培藏油印本）（中央民族学院图书馆，1978年）；1986年日本人片冈一忠辑《新疆省乡土志三十种》（日本中国文献研究会，

1986年)。点校本有马大正、华立主编《中国边疆史地资料丛刊·新疆卷》中的竖排版《新疆乡土志稿》(全国图书馆文献缩微复制中心，1990年)，据吴本收录整理，有舆图，且附有"新平县城乡礼俗一览表"，包括冠、婚、丧祭、宾、宗法等内容；马大正、黄国政等编《新疆乡土志稿》(横排重印)(新疆人民出版社，2010年)。

周芳煦，湖南湘乡人，监生，清末任新平知县。

《新平县乡土志》成书于清光绪三十三年(1907年)，系奉清廷敕编写的新疆乡土教材，3000余字。分历史、政绩录、兵事录、耆旧录、人类、户口、宗教、实业、地理、山、水、道路、物产、商务十四目。政绩录记设县以来官师如知县、典史、千总的姓氏、籍贯、到任时间等，留下了光绪末年新平县职官沿革表，此为史书所未载。兵事录、耆旧录、商务各目无实质内容。人类目简略记载缠回风俗、教俗。户口目记本境男女大小人口数。实业目分别记士、农、工、商人数，均记载简略。地理、山、水、道路着墨不多，水目提到孔雀河河名之由来。人类、宗教、礼俗目，载新平风土宗教，婚丧礼俗。

## 新省购办军械案

(清)总理各国事务衙门编，1册，国家图书馆藏。《总理各国事务衙门档案》内容之一，被辑入石光明主编《清代边疆史料抄稿本汇编》(影印)线装书局，2003年。

该档案收录清光绪二十二年(1896年)八月二十五日，新疆伊犁将军《订购德国枪弹已抵俄都续汇运费由》呈文一件，以及附录《致苏抚赵电稿：请由协甘饷内再拨银二千七百两交德华银行汇交许大臣由》和《复许大臣电稿：运费银千七百两仍由上海德华银行汇交由》二篇，光绪二十五年(1899年)正月二十一日发新疆巡抚《缓办贝尔当马枪由》文一件，四月十四日收伊犁将军《附奏订购德国新式炮弹假道俄境运赴伊犁一片抄稿咨呈由》呈文一件及附录《钞片：附奏订购德国新式炮弹假道俄境运赴伊犁由》，十二月十九日收新疆巡抚《新省应添购俄国贝尔当马枪备用由》呈文一件。

八月二十五日呈文大致内容是伊犁将军长庚因伊犁防务紧要需用快枪，奏请饬下出使俄德奥和大臣许代购德国毛瑟枪一千杆，借由俄境解运伊犁，并且确定了经费由江苏协饷垫付，上海汇交等细节。具体来看，从江苏协甘饷内提拨库平银一万两购买德国枪弹，钱款交由上海德华银行经办。在这批军火到达俄国税关后，需要进一步交付运费二千七百两才能运到伊犁，长庚请再从协甘饷中划拨库平银两千七百两交由上海德华银行汇交许支付运费。正月二十一日发文大致内容是新疆马枪尚不敷用，添购俄国贝尔当马枪五千杆，子弹一百万颗，但因中间人华俄银行董事璞科第暂时回国，故此事放缓办理。四月十四日呈文内容大致是奏请订购德国新式过山快炮、六响毛瑟枪和刀头枪弹等军火。十二月十九日呈文的内容主要是华俄银行董事璞科第推销俄国库存新贝尔当枪五十万杆，每杆枪价值约库平华银五两，子弹每千颗约银十二两，优惠政策包括每二杆随有备换枪上各零件一份，包运到中国海口；与之相对应的是清政府也有意购买，积极与俄方商谈详情。该档案对研究新疆地区的防务状况和火力配备情况具有较高的参考价值和意义。

## 新省善后销案汇编

（清）张蔚蓝著。1册。收录在《中国边疆行纪调查记报告书等边务资料丛编》初编，香港蝠池书院出版有限公司，2009年；《中国边疆研究资料文库·边疆史地文献初编·西北边疆》第二辑第3册，中央编译出版社，2011年。

张蔚蓝，字霁村，今河南张村人。17岁入大梁书院，光绪二十九年（1903年）举人，任清朝度支部主事，负责发放朝内官员俸禄。

该书详细记录了光绪二十三、二十四、二十五、二十六年新省善后销案，内容包括各年《新省善后销案的收支总数表》《收款细数表》《新省善后销案历年收款比较表》《新省善后销案历年支款比较表》《新省义学六十堂支款章程表》《新省保甲十八局支款章程表》《新省稽察十一卡及边卡六处支款章程表》《新省牛痘局十四处支款章程表》《罗布淖尔防营支款章程表》《新省俄文翻译馆支款章程表》《新省电表报局房及学堂支款章程表》和《章程凡例》等。

## 行程日记

（清）景廉撰，1卷，166页。有稿本。国家图书馆有收藏。

景廉（1824—1885），清朝大臣。《行程日记》记载了景廉从同治三年（1864年）正月初一到八月十九日由叶尔羌（今新疆莎车）经草地到达归化（今内蒙古呼和浩特旧城）的行程见闻。本书对研究当时新疆诸地自然、社会人文有着一定的价值。

## 胥园诗钞

（清）庄肇奎撰，清嘉庆十七年（1812年）刻本2卷，藏于中国国家图书馆、南京图书馆。

庄肇奎（1726—1798），字星堂，号胥园，浙江嘉兴人。顾曾撰《通奉大夫广东布政使庄公行状》附《胥园诗钞》之后，可见其生平。肇奎以博学保荐为贵州施秉令，调贵筑令。再调云南，补永北同知。云贵总督李侍尧以其才名檄令入幕。后补广南府，旋升迤南道。乾隆四十五年（1780年），李侍尧以贪纵受贿罪拿问解京，肇奎受其牵连，被遣戍伊犁。次年，由滇赴戍。四十九年，补伊犁抚民同知。五十二年冬，启程东归。五十三年入关。未几，即奉檄再回伊型。五十四年，期满回京。发广东，历知惠州、肇庆两府。再迁惠潮嘉道。六十年，升广东按察使。嘉庆二年（1797年），迁布政使。三年，卒于任。有《胥园诗钞》行世，载西域诗近200首。

《胥园诗钞》共四集，10卷。包括《浙西稿》2卷、《黔滇稿》2卷、《塞外稿》4卷、《岭南稿》2卷，附《诗馀》，共588首，顾增编。详细反映了庄肇奎为官浮沉始末。《胥园诗钞》收录庄肇奎所作西域诗200余首。其中最具艺术代表性的是七律组诗《出嘉峪关纪行二十首》。其余诗作内容多是写作者谪戍西域时所见所感，描绘了新疆当时风景优美，人烟稠密，治安良好的环境，借不同的景象抒发不同心情。其诗整体弥漫着浓厚的亲情和乡情。庄肇奎的诗歌创作还受当地文化影响，某些诗句亦带有浓厚的地域色彩，呈现出豪气与侠气。他在贬所写的《伊犁纪事二十首效竹枝词》组诗，内容涉及当地的物产、风俗、气候等，对研究当地的物产、民俗颇具史料价值。

庄肇奎所作西域诗与个人遭遇、生活经历、戍地风光、历史人文密不可分，对于了解当时的新疆历史文化、民俗风情有一定的价值。

## 徐星伯先生事辑

（清）缪荃孙撰。《艺风堂文集》刻本，1册，国家图书馆藏。1998年北京图书馆出版社版《北京图书馆珍藏年谱丛刊》第137册收录。

缪荃孙（1844—1919），字炎之，又字筱珊，号艺风。中国近代藏书家、校勘学家、教育家。被认为是中国近代图书馆的鼻祖。

徐星伯即徐松，清代有名的史地学家。关于徐松的生平，因为其后代及知交的早逝、文集典藏的失散，很快就难以确切行年。只有缪荃孙编定过类似年谱的《徐星伯先生事辑》和类似文集的《星伯先生小集》。据缪荃孙所叙，因修《顺天府志》，采访徐松事迹，"求传志不可得"，遂利用《畿辅通志》采访资料，梳理其抵牾，撰成《徐星伯先生事辑》。

据《徐星伯先生事辑》的记载，徐松原籍浙江上虞，因侨居大兴，遂为大兴人。嘉庆乙丑年进士，授编修，官至陕西榆林府知府。生于乾隆四十六年（1781年），卒于道光戊申年（1848年），享年68岁。《事辑》叙事从徐松1岁起，止于去世。与新疆相关者是徐松六年新疆谪戍生涯和西域史地撰述。嘉庆十五年（1810年）徐松被降职至新疆伊犁。十九年受伊犁将军松筠委托重修《伊犁总统事略》，得机会考察新疆各地，对该地区多有了解。参与镇压当年塔什巴里克莊阿珲孜牙敦之乱。并于嘉庆二十一年（1816年）秋天回到伊犁，当年就写成《西域水道记》5卷、《〈汉书·西域传〉补注》2卷、《新疆赋》2卷号称"徐星伯三种"的书稿。《徐星伯先生事辑》对其著作撰述系年记录，附有撰述著作表，有助于人们了解当时新疆的现实，又满足了学者们对新疆舆地之学研究资料的需求。但限于资料,在 2000 多字的《事辑》中,虽有 800 多字的篇幅记载了徐松遣戍时期的生活,仍然在关键的地方多所阙如,朱玉麒因此评价《徐星伯先生事辑》失之简单。

## 许文肃公遗稿

(清)许景澄撰,民国七年(1918 年)铅印,12 卷,《清代新疆稀见奏牍汇编》影印收录(新疆人民出版社,2014 年)。

许景澄(1845—1900),原名癸身,字竹筼,浙江嘉兴人。同治七年(1868 年)进士,授翰林院编修。光绪元年(1875 年),许景澄出任四川、顺天等乡试考官。光绪六年(1880 年)开始外交生涯,他曾被清政府任命为驻法、德、奥、荷 4 国公使。光绪十年(1884 年),出使法、德、意、荷、奥五国。光绪十一年(1885 年),又兼任驻比利时公使,主持勘验接收在德国建造的"定远""镇远"等战舰,并亲赴造船厂调查,撰成《外国师船表》。光绪十六年(1890 年),再任出使俄、德、奥、荷四国大臣,迁为内阁学士。十八年,沙俄出兵侵占中国新疆帕米尔地区,他曾作为中方谈判代表与沙俄谈判。二十三年,许景澄出任总理各国事务衙门大臣兼工部左侍郎,并兼任中东铁路公司督办。二十六年,义和团运动期间,清政府对外宣战。许景澄极力反对。慈禧定为"任意妄奏,语多离间"的罪名将其处死。

许景澄有《许文肃公遗稿》《许文肃公外集》《出使函稿》等著作传世。《许文肃公遗稿》收录沙俄出兵侵占新疆帕米尔地区时,他作为清政府谈判代表与沙俄谈判时的奏稿,涉及西北界务、帕米尔交涉等。

## 续文献通考

(明)王圻著。明万历三十一年(1603 年)曹时聘、许维新等刻本,80 册;清抄本,120 册。

王圻(1530—1615),字元翰,号洪洲,上海人。明代文献学家、藏书家。嘉靖四十四年(1565 年)进士,曾任陕西提学使,后归故里,"筑室淞江之滨,种梅万树，目曰梅花源，以著书为事，年逾耄耋，犹篝灯帐中，丙夜不辍。"（《明史》本传）因有感于马端临的《文献通考》不及宋嘉定以后事，又认为该书"以言乎文则备矣，而上下数千年忠臣孝子节义之流及理学名儒，类皆不载，则详于文而献则略。"（王圻《续文献通考引》）故倾四十年之力，撰成了上接宋嘉定年间、下迄明万历三十年（1602 年）左右，既是续修又是增补的《续文献通考》。此外王圻又有《洪洲类稿》《三才图会》《稗史汇编》及《东吴水利考》等著述行世。

《续文献通考》兼采《通志》之长，仿《文献通考》体例，又多分出节义、谥法、六书、道统、氏族六门，计三十门，年代与《文献通考》相接，收集资料较多，明代部分尤为丰富，在《凡例》中王圻自云"金匮石室之藏虽或不能尽者睹，余尝从台臣之后，凡六曹文牒暨诸先贤奏牍，咸口颂手录，得十一于千百"。可见具有相当的史料价值。

其中，卷二二二、二二三《氏族考》载西域相关人事，如"察罕，本姓乌密氏，元太祖赐姓蒙古；又察罕，西域纥城人"；卷二三二、卷二三三《舆地考》载边关事，多与边疆史地有关，如"甘肃，古河西四郡也。西控西域，南隔羌戎，北蔽胡虏，实为西陲（原书误作'郵'）孤悬绝塞"；卷二三七《四裔考》之《西夷》，亦载西域事，如"哈密城。此通西域自汉武始""于阗。在葱岭北二百里""鲁陈。鲁陈国去哈密千里，风俗淳朴"等。但是，《续文献通考》撰成后，传至清代，颇遭清人诟病，称其"体例糅杂，舛错丛生""遂使数典之书，变为兔园之策"。《四库全书总目提要》类书类存目时称"圻之旧笈，竟以覆瓿可也"，评价甚低。

## 宣统哈密直隶厅乡土志

（清）刘润通修。有首都图书馆藏稿本，后辑入《首都图书馆藏稀见方志丛刊》（国家图书馆出版社影印本，2011 年），湖北省图书馆藏《新疆乡土志稿二十九种》（油印本）、新疆自治区图书馆 1976 年重印本。点校本有马大正、华立主编《中国边疆史地资料丛刊·新疆卷》中的竖排版《新疆乡土志稿》（全国图书馆文献缩微复制中心，1990 年），马大正、黄国政等编《新疆乡土志稿》（横排重印）（新疆人民出版社，2010年）。

该志成书于宣统元年（1909年），记事至光绪三十四年（1908年），系奉清廷编书局令，以充小学课本而编纂。是志在光绪《哈密直隶厅乡土志》基础上编纂而成，分为历史、政绩录、兵事录、耆旧录、人类、户口、宗教、实业、地理、祠庙古迹、学堂、山、水、道路、动物、植物、矿物、商务等18目，计4000余字。其内容与光绪《哈密直隶厅乡土志》略同，只是体例稍异，其中缺载释递、赋税两目。祠庙古迹目记载唐代遗迹天山庙，以及龙王庙、万寿宫等各庙之方位、结构、环境与附近桥梁，较为详细。学堂目记哈密各城设初等小学堂八处。

## 宣统和阗直隶州乡土志

（清）易荣鼎修，不分卷，成书于清宣统元年（1909年）。该志仅存吴丰培藏本传世，辑入《中国民族史地资料丛刊》（油印本，中央民族学院图书馆，1978年）。点校本有马大正、华立主编《中国边疆史地资料丛刊·新疆卷》中的竖排版《新疆乡土志稿》（全国图书馆文献缩微复制中心，1990年），马大正、黄国政等编《新疆乡土志稿》（横排重印）（新疆人民出版社，2010年）。

易荣鼎，湖南省巴陵县人，光绪二十五年（1899年）任吐鲁番巡检，光绪三十三年至宣统元年（1907—1909）任和阗直隶州知州，编纂《和阗直隶州乡土志》。

该志是和阗直隶州继（光绪）《和阗直隶州乡土志》后的第二部乡土志，约1万余字。虽冠以"乡土志"之名，但未按《例目》编纂，分天文类（经纬度数、寒暑物候、雨量），地理类（沿革、治所、乡镇、疆界、山脉、川流、土壤、渠泉、邮驿、关隘），人事类（祀典、职官、武功、兵制、学校、田赋、工艺、商业、善举、礼俗、杂俗、伦理），物产类（动物、植物、天然物、制造物）4门29目，计近7000字。是志分类细致，各门各目均记载详尽，为研究新疆地方史提供了许多有价值的资料，是新疆诸乡土志中较为详备的一部。

天文类分3目，记本境经纬、气候、雨雪情况及对本境物产、农业生产的影响。地理类记述沿革、治所、乡镇、疆界、山脉、川流、土壤、渠泉、邮驿等情况，其中乡镇所记内容与光绪本稍有不同。土壤记载光绪三十四年（1908年）所调查的开垦旱地、养廉地、未垦地以及其他沙碛等不毛之地的亩数及占地情况。渠泉篇幅较长，记本境各明及其所辖各庄间干渠、支渠、泉水分布、深宽、命名情况，对明下各庄的记载是光绪本所未载的。人事类中祀典记每年本境各祠庙领祭费情况，这在其他乡土志中较为少见。田赋记载也较为详细，记额征地分内上地、中地、下地；记有杂费如牲税银、契税银及其他课银。礼俗与杂俗、伦理记载本境缠民的冠、婚、丧祭、祀事、宾及杂俗伦理情况，记载生动详尽，单是礼俗一节即篇幅长达2000字，是不可多得的民族社会生活史的重要史料。

## 玄奘传（大慈恩寺三藏法师传）

（唐）释慧立，彦悰笺。宋湖州思溪法宝资福禅寺刻大藏经本；民国铅印本；中华书局1983年版收录于中外交通史籍丛刊；中国社会科学出版社2003年版，藏于国家图书馆。

慧立，生于615年，唐代僧侣。天水（甘肃秦州西南）人，俗姓赵，本名子立。高宗敕名慧立，又称惠立。彦悰，生卒、籍贯不详。唐贞观末学于玄奘门下。著《大唐京师寺录传》10卷、《集沙门不应拜俗等事》6卷、《大慈恩寺三藏法师传》10卷、《唐护法沙门法琳别传》3卷。

该书是在玄奘逝世后，弟子慧立、彦悰将玄奘的生平以及西行经历编纂成书，为了弘扬师傅的业绩，在书中进行了一些神化玄奘的描写，这被认为是《西游记》神话故事的开端，也是今人研究玄奘之重要史籍。

该书又名《三藏法师传》《慈恩传》等，前5卷记玄奘出家及到印度求法经过；后5卷记回国后译经情况，叙述受到太宗、高宗的礼遇和社会的尊崇等。其中卷一详细记载了贞观元年（627年），玄奘从长安出发西行，途中经兰州到凉州，继昼伏夜行至瓜州，再经玉门关，越过五烽，渡流沙，备尝艰苦，抵达伊吾，至高昌国（今新疆吐鲁番市境），并且对这段交通上的困难和西陲边防镇戍情况有详细记述，对研究"丝绸之路"也是很有用的资料。该书还记载了从长安到高昌一路的风土人情和物产地貌，其中关于高昌国王对玄奘的爱戴挽留和强留以及后来放行的记载，对研究唐时期高昌国佛教文化和王室生活都有一定价值。

# Y

## 焉耆府乡土志

（清）张铣修，1卷。光绪三十四年（1908年）稿本、抄本。有湖北省图书馆藏《新疆乡土志稿二十九种》油印本、新疆自治区图书馆1976年重印本，日本人片冈一忠辑《新疆省乡土志三十种》（日本中国文献研究会，1986年）。又有首都图书馆藏本，后辑入《首都图书馆藏稀见方志丛刊》（国家图书馆出版社影印本，2011年）。此本书末署"光绪三十四年十月日知府张铣"，并钤有焉耆府印。点校本有马大正、华立主编《中国边疆史地资料丛刊·新疆卷》中的竖排版《新疆乡土志稿》（全国图书馆文献缩微复制中心，1990年），此本不收舆图，马大正、黄国政等编《新疆乡土志稿》（横排重印）（新疆人民出版社，2010年）。

张铣，甘肃武威县人，光绪三十三年（1907年）至宣统元年（1909年）任焉耆府知府，民国元年（1912年）任焉耆道台，辛亥革命中被哥老会所杀。

《焉耆府乡土志》成书于清末，系奉清廷敕令而编写的新疆乡土教材之一，4000余字，分沿革、政绩录、兵事录、耆旧录、人类、户口、氏族、宗教、实业、地理、山水、道路、物产、商务诸目。其中沿革即历史目，山、水两目合为一目。沿革、兵事、政绩录等目记述简略。户口记汉、蒙、缠、回男女人口数，对蒙户管辖交涉情况及蒙户与地方官府间的特殊管理方式也有记述。宗教记喇嘛教、回教信仰情况，分别记嗽嘛教中黄教、红教之分别及各自信徒人数；回教创始情况以及老教、新教各自信徒人数。实业分士、农、工、商分别记述，士记本府设立学堂的经过，较为详细。农记现有汉、缠、回、蒙古农户数。

首图本《焉耆府乡土志》前有手绘彩色舆地图一幅，此志末署光绪三十四年十月日知府张铣（焉耆府印）。是图山水标识较为夸张，立体感较强。亦无图例说明，较为简略。因其他各本均无舆图及作者署名年代，故此志及舆图价值很高。

## 严廉访遗稿

（清）严金清撰，有民国十二年（1923年）铅印本，藏于中国国家图书馆；2012年南京凤凰出版社出版的《无锡文库》第四辑收录。别本两种：《闲闲草堂诗存》不分卷，抄本，藏于无锡市图书馆；《严氏家集》不分卷，抄本，藏于中国科学院图书馆。

严金清（1837—1909），字紫卿，号闲闲堂老人，江苏金匮（今无锡）人。咸丰十年（1860年），太平军攻陷常州、苏州后，他为避乱前往新收复的杭州，依浙江巡抚王有龄，以通判衔办事。同治元年（1862年），浙闽总督左宗棠令其入幕，办理温州盐厘助饷。同治五年，署台湾府淡水抚民同知。同治九年，赴平凉陕甘总督左宗棠大营，办理营务。旋回籍守丧。光绪元年（1875年），抵甘肃省城，谒左宗棠，派办督辕文案。二年，随刘锦棠征天山南北两路，后升迪化直隶州知州。五年，因与镇迪道周崇傅不合，请假回籍。七年，受刘锦棠委托，由上海押运军装再至新疆。八年，赴南疆开办蚕桑矿务等事。九年，受钦差分界大臣乌鲁木齐都统长顺委派，办理中俄分界事宜。次年分界事竣，回乌鲁木齐，仍办营务。十一年，新疆巡抚刘锦棠上奏后，以知府候补。十五年，交卸局务乞假回籍。光绪二十年（1894年），随甘肃新疆布政使魏光焘援剿关东，重创日军。后又随魏光焘率军镇压甘肃河湟回民起义。光绪二十六年（1900年），八国联军占北京，慈禧太后挟光绪帝西逃。以随山西布政使升允护驾有功，署陕西按察使。光绪三十年（1904年），以其臬司办理不善，得降调处分，携眷回籍。卒于乡。

《严廉访遗稿》乃严金清族子懋功辑,共10卷,计公牍2卷、书札5卷、今体诗2卷、年谱1卷。书中卷八、卷九为其诗集,有西域诗80余首。其西域诗作大都作于光绪七年（1881年）作者第二次进疆以后。光绪二年（1876年）随大军西征时不见其诗作,可能是由于其戎马倥偬,无暇顾及。其西域诗作多为与易寿崧的唱和之作,但较之一般的唱和诗,内容更加丰富,多表现经行之地自然环境、边塞军事状况和战争场面,透露出强烈的爱国主义情感。书中也不乏表现塞外风光的写景诗,抒发对亲人思念的思乡诗和表现西征雄心壮志的抒怀诗,但少有记述西域民俗、文化方面的诗作。

严金清在新疆前后生活14年,其西域诗作可用九字概括:地域广,时间长,和诗多。但其西域诗皆为律诗、绝句二体,不见古体和歌行,其诗歌中对于经行之地地名、地理位置、自然环境和军事状况的记述,对于了解新疆历史、地名沿革、军事等具有很高的史料学价值。

## 研究俄约关于新疆人民国籍问题议案

（清）总理衙门清档,北洋政府政务司拟。抄本1册。收录在《中国边疆研究资料文库·边疆边务资料初编·西北边务》,中央编译出版社,2011年；《中国边疆行迹调查记报告书等边务资料汇编》初编,香港蝠池书院出版有限公司,2009年。

光绪七年（1881年）《中俄改订条约》规定了伊犁居民的国籍问题,入俄籍者限期一年迁居。而后有伊犁居民虽入俄籍但未迁居而享受俄国人在伊侨居者相同待遇、父子兄弟同居异籍、误认通商路票与国籍有关之纷扰等问题,导致户籍混乱,交涉案件办理棘手。此案便是针对伊犁居民国籍问题提出的解决方案。

## 盐铁论

（西汉）桓宽编著。上海人民出版社1974年版；华夏出版社2000年版。桓宽（生卒年不详）,字次公,汝南（今河南上蔡西南）人,西汉后期散文家。汉宣帝时举为郎，后任庐江太守丞。著有《盐铁论》10 卷 60 篇。

汉昭帝即位不久，始元六年（前 81 年）二月下诏命丞相田千秋、御史大夫桑弘羊召集郡国所举贤良、文学 60 余人至长安"问以民所疾苦"（《汉书·食货志》）。贤良、文学将民间疾苦直接指向盐铁政策，朝廷主持盐铁政务的大夫桑弘羊、丞相田千秋反驳解释，双方往来交锋诘难，展开了激烈的辩论。大辩论涉及的范围广泛且深入，涉及汉武帝时期政治、经济、军事、外交、文化方方面面的国家政策，甚至基本囊括了中国古代之基本经济、政治、军事、文化思想。或称，"这是儒家思想与法家思想的最后一次公开大论战"。盐铁会议结束后三十余年，当年亲身经历此事的桓宽根据此次会议的文献记载，加工整理成这部 60 篇的《盐铁论》。该书倾向于贤良、文学，赞成贵义贱利，重本抑末，主张教化的观点。有学者称，这种对"盐铁会议的定案，亦标志着中国正统封建经济思想的确立，缺乏重商精神与批判的意识的经济思想取得正统地位，这不能不说是历史的倒退。"然而，《盐铁论》保存了中国经济思想的不同观点，具有重要的价值，也是研究西汉经济史、政治史的重要史料。

西域方面，《盐铁论·西域第四十六》记载了双方有关西域政策的辩论。桑弘羊力陈盐铁政策为边防筹备费用，认为匈奴西役西域，给边疆地区带来巨大威胁；经营西域，是征伐匈奴的重要举措。武帝力排众议伐大宛，才使西域诸国纷纷臣服，匈奴困顿以致于败亡。武帝崩逝，征伐再无进展。文学反驳，征伐大宛只是满足朝廷追求奇珍异宝的需要，而大军万里跋涉，未及开战而损失过半，大举发兵造成三军疲敝，盗贼并起，派兵镇压，才得以平复。《盐铁论》这些记载对于后世了解西汉有关西域的各项经营政策与思想，是很有价值的。

## 衍庆堂诗稿

（清）颜检撰，有清道光闽浙总督署刻本 12 卷，8 册，藏于国家图书馆；2010 年上海古籍出版社《清代诗文集汇编》第 446 册收录。

颜检（1757—1833），字惺甫，又字岱云，广东连平人。乾隆四十二年（1777年）拔贡。朝考一等，以六部七品小京官用，签分礼部，拔贡用京官自是始。五十六年，扈跸滦阳，校射中四矢，赏戴花翎。后历任江西、河南、直隶按察使，河南巡抚。嘉庆七年（1802年），实授直隶总督。十年，易州知州亏空逾十万，颜检坐查办不力，降调革职。十一年七月，又以直隶藩司任内，书吏勾通侵吞帑项，事发，坐失察，戍乌鲁木齐。抵戍后，颜检住巩宁城"城南行馆"。在乌鲁木齐生活了十四个月后，十三年三月，释回。后历山东盐运使，浙江、福建巡抚等职，复督直隶。道光五年（1825年）在漕运总督任上，以河淤滞运降三品衔休致。寻以疏请截留漕粮忤旨，降五品衔。十三年，卒。

《衍庆堂诗稿》基本按照作者的人生经历及作诗的时间顺序编排，依次为《从政集》《白泉偶咏》（上、下）、《西行草》3卷、《东归草》《南征草》《北上草》《归去来草》。其卷四、卷五、卷六《西行草》和卷七《东归草》载西域诗630余首，就数量而言居历代西域诗人中第二。颜检西域诗的实践，不仅融合传统的诗歌创作观，而且用他特有的语言表现他生活在西域时期的人生价值和社会意义。其西域性的诗歌主要有以下几种题材：写景诗、纪行诗、述怀诗、思妇怀乡诗、唱和诗（和陶、和苏轼）、哲理诗。内容主要是描写谪戍乌鲁木齐途中的自然风景，哈密巴里坤绿洲的物产民俗，西域边境贸易的繁荣和西域生活中的交游活动，抒发谪戍西域的失意情绪，对家人亲友的思念，以及对宇宙人生的思考等。

颜检的西域诗语言清新质朴、明白自然，善用比喻、对偶，古体诗句长短相间，西域特征明显，具有很高的文学审美价值。其西域诗歌描写的对象超越了中原传统诗歌的意象，展现出民族地域风情的方面，具有文化交融的意义，对于西域文学的发展也有很大的推动作用。除文学价值外，其西域诗中展现出的西域自然环境、民俗风情、物产以及经济贸易发展等情况，对于了解新疆历史文化具有重要的史地学价值和民俗学价值。

## 杨和神道碑

（唐）天宝十四载（755年）立。《全唐文》《西域碑铭录》收录并释文。《杨和神道碑》，全称《四镇节度副使右金吾大将军杨公神道碑》，杨炎撰文。杨和，唐代将军，字惟恭，河东人，两《唐书》无传。碑文记载，其自幼学习兵法，发迹于洮、陇高原，"开元中，北蕃方盛，南寇于阗。公以中军副皷行而前"，又，"凡三破石国，再征苏禄、开勃者三，诛达觅者一。始自弱水府别将至执金吾。十五攻常冠军锋，大小百余战，竟终牖下。"可见其曾于唐玄宗开元、天宝年间参与守卫于阗的军事行动，又参与过三破石国之战，征讨突骑施可汗苏禄之战，讨伐小勃律等国的行动，战功显赫。石国，西域古国之一，位于今乌兹别克斯坦共和国塔什干；小勃律，古国，在今克什米尔的吉尔吉特附近。杨和历官行军司马、都虞候、武卫将军、四镇经略副使，加云麾将军兼于阗军大使，金吾大将军，四镇节度副使。天宝十四载病卒。杨和之子杨预，也是一位驰骋陇右、西域的名将，历官右武卫郎将，左卫将军兼瓜州都督、关西兵马使，伊西北庭都护。

杨和、杨预戎马一生，征西有功，但在两《唐书》中却没有他们的列传，《杨和神道碑》详细记载了杨和的世系、战功和卒年，以及杨预的历官，是研究他们生平的最主要的史料，也是研究西域这段历史的绝好材料，可以补充史籍有关史事的缺失，有很高的史料价值。

## 叶城县乡土志

（清）佚名编。清光绪三十四年（1908年）抄本。有吴丰培藏本，后辑入《中国民族史地资料丛刊》（中央民族学院图书馆，1978年）油印本；日本人片冈一忠辑《新疆省乡土志三十种》（日本中国文献研究会，1986年）。点校本有马大正、华立主编《中国边疆史地资料丛刊·新疆卷》中的竖排版《新疆乡土志稿》（全国图书馆文献缩微复制中心，1990年），马大正、黄国政等编《新疆乡土志稿》（横排重印）（新疆人民出版社，2010年）。

《叶城县乡土志》成书于清末，系奉清廷敕令而编写的新疆乡土教材，列历史、兵事、人类、地理、物产和商务等15目，约3000余字。历史、兵事、氏族、宗教、实业等目记载简略。政绩录记光绪间提孜拉普河上捐廉修桥及捐廉修庙之事。人类目记回民、英民、俄民之来源、聚居地、迁居年长、营生情况，记载详细。地理、山、水、道路记本境地理方位、四至八界、辖境庄乡、祠庙、学堂、山川道路，记载最为详细。

## 叶尔羌守城纪略

（清）壁昌撰，道光二十八年（1848年）刻本。中央民族学院图书馆1982年《叶尔羌守城纪略·乌鲁木齐守城纪略》收录该书，油印本。

壁昌（1795—1854），字东垣，号星泉，蒙古镶黄旗人，额勒德特氏，和宁之子。道光七年（1827年），从那彦成赴回疆，佐理善后。道光九年（1829年），擢头等侍卫，充叶尔羌办事大臣。在任期间清理私垦、整顿军台、新建汉城与回城隔别，颇有政绩。能访问疾苦，联络汉、回，"素得回众心"。受其父影响，对新疆政务民情较了解。道光二十七年（1847年），擢参赞大臣，改驻叶尔羌，遂专回疆全局。官至两江总督。《清史稿》（卷三六八）有传。

《叶尔羌守城纪略》主要记载道光年间和卓后裔叛乱事。道光二十八年（1848年）壁昌在离任福州将军之际，追忆叶尔羌军民守城经过，撰成是书。道光十年（1830年）八月，和卓后裔玉素普勾结浩罕等发动叛乱，侵扰西四城，并占喀什噶尔、英吉沙尔等地，进而攻击叶尔羌。清军援师迁延不至，壁昌抚谕回酋，同心守御，分扼科热巴特、亮噶尔诸要隘。敌军万余人攻城，壁昌迎战东门外，击退之。自九月至十一月，浩罕军三次进犯均被击退。壁昌颇得阿奇木伯克阿布都满之助，协力御敌，坚守80余日，直到伊犁参赞大臣哈丰阿援军到达始解围。

## 叶柝纪程

（清）王廷襄著，2卷。版本有清光绪二十一年（1895年）活字本；清宣统三年（1911年）铅印本；中央民族学院图书馆1983年油印本，香港蝠池书院出版有限公司2009年影印本。中央民族学院图书馆《甘新游踪汇编》收录，全国图书馆文献缩微复制中心《丝绸之路资料汇钞·清代部分》、香港蝠池书院出版有限公司《中国边疆行纪调查记报告书等边务资料丛编》收录。清光绪刻本藏于湖南图书馆；清宣统铅印本藏于中国民族图书馆；清宣统三年铅印本、香港蝠池书院出版有限公司2009年影印本藏于国家图书馆；油印本藏于中央民族大学图书馆。

王廷襄，光绪十八年（1892年）为新疆叶城典史。当时新疆巡抚陶模命其将自省会起程沿途经过地方、山川形势、道里、方向、远近逐站记载，俟到任禀复。事后，他将禀复内容著《叶柝纪程》一书。该书上卷记载迪化（今乌鲁木齐）至温宿州（在今阿克苏）行程；下卷记载温宿州至叶城行程。本书对清末新疆社会人文研究有一定价值。

## 一飞诗钞

（清）文冲撰，清道光二十八年（1848年）刻本2册，计《诗钞》1卷，《补遗》1卷，《邮筒存稿》1卷。诗集不分卷，亦未系年，诗按写作时代顺序排列。

文冲（1793—？），字一飞，满族辉发纳喇氏。约卒于咸丰末年（1861年），年七十余。家居河北。《八旗艺文编目》载其诗自谓："家住卢沟西复西。"（《绝句》）荫生，由工部郎中历官东河总督，专管防治河南、山东境内的黄河与运河。常奔走于山东、河北、河南间。以后官职升迁，于湖北为官多年。徐经《一飞诗钞叙》"少承门荫为水曹郎。抱卓荦不羁之才，以其余事闲为吟咏。既而扬历节镇，其间宦游所至，凡情怀之怅触，山川之登眺，云物之变幻，皆寓之于诗。"

1841年文冲因事贬谪新疆，经河南、陕西、甘肃，至伊犁。1842年秋冬至来年夏秋间,在伊犁生活十个月的文冲"奉诏东归"。在遣戍伊犁期间,文冲与林则徐、邓廷桢、伊犁将军布彦泰均有交往。《一飞诗钞》中保留了若干首遣戍期间所作的西域诗,如《苏文忠公生日作》:"天恩使我远荷戈,长风吹至伊犁河……。投荒万里匆匆客,纵不题诗亦断魂。"《和邓峪绮先生〈七夕感作〉兼呈少穆尚书》:"漫说双星驾鹤行,人间离合赖升平。寄言海土神仙使,好借风涛善用兵。"对于了解诗人心态以及道光时期伊犁遣戍文人的精神风貌有所帮助。

## 一个外交官夫人对喀什噶尔的回忆

[英]凯瑟琳·马噶特尼著,王卫平、崔延虎译。新疆人民出版社1997、2010、2013年版,各1册。此书与戴安娜·西普顿著《古老的土地》被收于《外交官夫人回忆录》,新疆人民出版社《西域探险考察大系》收录。新疆人民出版社1997、2010年版藏于国家图书馆。

凯瑟琳·马嘎特尼,是第一任英国驻喀什噶尔总领事乔治·马嘎特尼的妻子。她21岁时随其丈夫到达中国新疆喀什噶尔成为英国驻当地领事馆的女主人。她在喀什噶尔生活了17年,耳闻目睹了喀什噶尔的纷繁变迁和各种人事。《一个外交官夫人对喀什噶尔的回忆》以一个注重日常生活的普通妇女,记录下她在这一地区的经历。本书对于研究20世纪初的新疆,特别是南疆喀什区域社会史有着重要价值。

## 伊本·白图泰游记

[摩洛哥]伊本·白图泰撰。译本有马金鹏本,宁夏人民出版社2000年版,华文出版社2015年版。1册;李光斌本,名为《异境奇观:伊本·白图泰游记》,海洋出版社2008年版;李光斌、李世雄本,商务印书馆中国旅游出版社2016年版。国家图书馆有收藏。

伊本·白图泰,阿拉伯旅行家、文学家。生于摩洛哥。伊本·白图泰生活的时代正是摩洛哥历史上繁荣的马林盛世,阿拉伯帝国正处于不断扩张的时期。伊本·白图泰在受命来访中国之前，就已游历过同样属于蒙元帝国的两河流域和小亚细亚的钦察汗国、察合台汗国和伊尔汗国。元至正二年（1342年），伊本·白图泰奉印度国王（德里素丹）之命由海上丝路出使中国拜见元顺帝，几次经停阿拉伯商人十分集中的中国大港口贸易城市刺桐（福建泉州），并且出访过沿海的其他几个著名城市，后由泉州乘船西归，1347年至印度，1349年回到摩洛哥。后又去西班牙和中西非旅游。1354年定居非斯。口述其旅行见闻，由他人笔录成书，名为《伊本·白图泰游记》（原名《目中珍品，他乡异事，远游奇观》）。本书内容丰厚，包括其经印度来中国，曾在新疆地区游历的内容。

## 伊江百咏

（清）陈中骐著。清抄本1册，藏于北京大学图书馆。《醴陵县志》称他"尝著《竹枝词》数百首，《塞外曲》数十卷"，在东归途中，"携稿至潼关，被胠箧者卷去"。未知是否即《伊江百咏》组诗。此外陈中骐作品尚有王大枢《西征录》中保存的9首，《渌江诗存》中辑录10题24首及《兰州元夕竹枝词》，后者已被收入《中华竹枝词全编》。

陈中骐，字峻峰，生卒年不详，一字逸群，号滇池，生平事迹主要见于民国《醴陵县志》。志载陈中骐"世居邑之澧州。生而明敏，性慷慨不喜蓄积，诸观务大要，不屑屑求苛细，与人谭义理，豪杰者予之，邪由者嫉之。其人品端方类如此。冠年游黉序，文誉洋溢"。在遣戍西域之前，他曾署理江苏丹阳尉，因办事勤谨而升任吴江县令。继而被提拔为江苏按察司司狱。《醴陵县志》称陈中骐因"狱中重犯越逸，褫职发往新疆效力"。在遣戍期间，他受到时任伊犁将军保宁的赏识，被委以文职。嘉庆二年（1797年），由保宁奏请释归还乡，在伊犁生活八年之久。

"伊江"是清代对伊犁的别称，因此地有伊犁河傍城而过，故有此名。《伊江百咏》组诗题为"百咏"，实际存诗54首，采用五言八句的体裁，以诗注结合的方式记述西域风土人情，兼呈所感。就规模而言，《伊江百咏》也堪称是乾嘉时期西域组诗的又一鸿篇巨制。《伊江百咏》的独特性体现在三个方面：第一，展示伊犁惠远的人文与自然景观；第二，描写乾嘉伊犁地区的社会生活景致，如屯田、采矿等事务；第三，描述民俗风物，特别是组诗中所刻画的各族居民形象和不同民俗景观，颇为独特。《伊江百咏》以纪实为主，每首诗歌中都配有自注，在写作观念上摒弃了文人常有的猎奇心态，叙事摹物均秉持客观，使组诗具有了一定的史料价值。对人们了解乾嘉之际伊犁地区的社会文化有所助益。

## 伊江别录

（清）吴熊光撰，清抄本，1卷。国家图书馆有收藏。

吴熊光（1750—1833），字望晃，别字槐江，江苏昭文（今常熟）人。父祖三代皆贡生。乾隆三十三年（1768年）参加顺天乡试中举，三十七年中进士，授内阁中书。充军机章京，擢刑部郎中，后改御史。以明达勤慎深受武英殿大学士阿桂器重。前后随阿桂剿办兰州回民起义，四堵黄河决口及查阅淮河海塘，迁通政司参议。《伊江别录》为作者晚年所著，记述吴熊光被遣戍新疆一年中的见闻。具体来看，虽记满汉名人言行，以伊犁署名，但非仅新疆之事，涉猎面颇广。

## 伊江汇览

（清）格琫额纂，伊犁地区现存首部方志。国家图书馆藏。该书最早以抄本流行于世，后被收入中国社会科学院中国边疆史地研究中心主编《中国边疆史地资料丛刊·新疆卷》之《清代新疆稀见史料汇辑》（全国图书馆文献微缩复制中心，1990年），又见《中国地方志集成·新疆府县志辑》（凤凰出版社，2012年）影印，以及《丝绸之路西域文献史料辑要第一辑》（新疆美术摄影出版社，新疆电子音像出版社，2016年）影印。

格琫额，满人，于乾隆三十年（1765年）以佐领职衔来疆，乾隆三十四年（1769年）升为协领。在伊犁任职期间，他在开矿屯垦、烧砖制瓦、建庙立碑、浚河淘井、办理船运、建立学校、清查喇嘛、安置土尔扈特部众等方面做出一定成绩，四十一年升任副都统，其后历任库尔喀喇乌苏领队大臣，塔尔巴哈台领队大臣，和阗办事大臣兼领队大臣，后因贪索财物犯罪在乾隆五十四年（1789年）被处斩。

全书三万余字，不分卷，分列疆域、山川、风俗等26目次。乾隆四十年（1775年）或四十一年作者以亲身经历及耳闻目睹之事撰写成书，记载伊犁地区之疆域、山川、古迹、风俗、土产、文献、城堡、坛庙、衙署、仓储、官制、营伍、兵额、户籍、学校、军械、赋税、差徭、屯政、马政、牲畜、水利、船运、贸易、钱法、台卡、外藩等。此外，对乾隆三十六年（1771年）蒙古土尔扈特部从俄国伏尔加河流域率部东归，清政府救济安置等情况均有详细记载。尤其对伊犁的船运、水利的记载为他志所无。总之，该书内容丰富，史料价值较高，是研究清代伊犁地区状况的重要史籍资料。

## 伊江集载

（清）佚名著，不分卷，约17000余字。有北京大学图书馆藏清抄本、日本东洋文库抄本。收入中国社会科学院中国边疆史地研究中心主编《清代新疆稀见史料汇辑》（全国图书馆文献缩微复制中心，1990年）。《中国地方志集成·新疆府县志辑》（凤凰出版社·上海书店·巴蜀书社，2012年）影印。

该书记事始于乾隆二十二年（1757年），迄于咸丰年间（1851—1861），以舆地、城池、山川、坛庙祠宇、军台、河渡、堤堰、官制兵额、屯务为纲，屯务下附有兵屯、回屯、户屯、旗屯等目；以派防、营务、库储、粮入数、粮出数、饷入数、饷出数、红白赏恤、借办军装货物、内地代买纸札农具、封储钱两、实存银两、绿营采买、绸缎、回布、棉花、茶叶、铸钱、铝厂、铁厂、煤窑、木税、房租、杂税、厂务孳生牲畜、外裔、现办事宜为纲，现办事宜下又附有兵饷、仓粮、绸缎、回布、牲畜、借置货物及纸札农具钱两、兵屯、炮位、铜厂、铸钱、铅厂、银矿、回铁、房租、捐输、发商生意、通商、减饷酌发、防兵酌改等细目。该志在叙述上缺乏章法，似为宦新官员汇录官方档案拼凑而成，内容多偏向行政管理和政事沿革，兼及地理形势的考证。其中关于裁撤兵屯，增派南路防兵的记载，是研究咸丰年间伊犁当地旗屯、兵屯衰落的重要史料。

## 伊江杂咏

（清）薛国琮撰，清乾隆年间《永平诗存》刻本收录，1 卷，是作者作者流放新疆时，描写伊犁地区风貌所作的组诗。《永平诗存》为晚清京东著名学者史梦兰辑录的一部珍贵的地方文献，收录清代顺治至光绪年间永平府所辖乐亭、涿州、迁安、昌黎、卢龙、抚宁、临渝等地诗人 180 余家，诗近 3000 首，且附有诗家小传及点评作者生平。

薛国琮，生卒年不详，生平记载无多。《永平诗存》称："国琮字鲁直，卢龙（今属河北秦皇岛市）人。乾隆巳卯（1795 年）举人。官山西乐平县知县，因事谪戍伊犁，放归，卒于家。""巳卯"实为"己卯"之误。薛国琮于乾隆三十四年（1769 年）担任遵化州训导，之后丁艰离任，三十七年、三十八年再度署任，之后宦情失载。薛国琮遣戍伊犁缘由不详，据《续修昔阳县志》，薛国琮为乾隆末年（1796 年）山西乐平县最后一任县令，或于此期获罪被发遣伊犁。

《永平诗存》及《永平府志》卷四十八"艺文志"将薛国琮诗集称为《伊江杂咏》，而《永平府志》卷六十三"文学列传"及《卢龙县志》卷二十二"文艺"又将薛氏著述称为《伊江百咏》，其实为一。据《永平诗存》卷六所附《止园诗话》，薛国琮《伊江杂咏》共有 120 首，在辑入《永平诗存》时，被史梦兰删去 20 首，加上诗话中引用的一首删诗，今天可见到的薛国琮西域诗为 101 首。实际上，薛国琮《伊江杂咏》组诗系抄袭改编同期遣戍文人舒其绍《听雪集·伊江杂咏》而来。舒其绍（1742—1821），字遗堂，号春林，又号味蝉，直隶任邱（今河北任邱市）人，乾隆四十四年（1779 年）举人，曾官浙江长兴知县。嘉庆二年（1797 年），以秋审失出流戍伊犁，嘉庆十年（1805 年）放归。舒其绍《伊江杂咏》共计收诗 91 首，比薛氏现存诗歌少 10 首。二者诗歌内容完全相同的有 44 首，大致相同的 37 首。

这组诗作主要描写并记载了嘉庆年间伊犁地区的风物、民俗、矿藏物产、建筑、宗教、流人生活、商贸、奇闻及邻国概况等，虽然系在他人著作基础上修改增补而成，但其中也融合了作者本人的经历闻见，具有一定的史学和民俗学价值。

## 伊犁定约中俄谈话录

（清）曾纪泽撰，杨楷校订。原名《问答节略》，1887年甘肃皋兰朱克敬得其本，汇刻入《挹秀山房丛书》，改名为《金轺筹笔》。同年，浙江吴兴钱念劬（钱恂）得其书，与杨楷"重为校雠，订定凡例，谋之同志鸠赀刊以行世"，再改其名曰《中俄交涉记》。该书最初于光绪十三年（1887年）刊印行世，光绪二十二年（1896年）积山书局再版石印本四册，另有抄本一册。民国1946年神州国光社再版，180页。该书被沈云龙主编的《近代中国史料丛刊》初编第11辑收录，亦被中国历史研究社主编的《中国内乱外祸历史丛书》收录，由程演生辑录并作序言。

该书旧刻各本都没有著录作者姓名。程演生根据无锡杨楷重刻本序言、《曾惠敏文集》中《与陈俊臣中丞书》的记载，认为《伊犁定约中俄谈话录》为曾纪泽自记。

曾纪泽，曾国藩次子，晚清著名外交家，《清史稿》（卷四四六）有传，撰有《中俄交涉记》。杨楷，江苏省常州府无锡县人，光绪十八年（1892年），光绪壬辰科进士三甲64名。同年五月，以主事分部学习。

光绪三年（1877年），左宗棠击败阿古柏，收复除伊犁地区以外的新疆领土，中俄双方就新疆伊犁问题展开谈判。《伊犁定约中俄谈话录》详细记载了自1880年7月至1881年2月曾纪泽与俄外务部历次协商《伊犁条约》的谈话内容，按日期排列，共四卷。其中包括光绪五年（1879年）崇厚赴沙俄的第一次谈判，光绪六年（1880年）曾纪泽为改订崇厚签订的《交收伊犁条约》与沙俄第二次谈判的具体内容及条约细目。包括曾纪泽关于改订条约过程的奏报、谈判记录、相关条约全文。本书是后人探究中俄伊犁交涉，尤其是改约谈判历史细节的重要文献。

## 伊犁府乡土志

（清）许国桢修。清光绪三十四年（1908年）稿本。有湖北省图书馆藏《新疆乡土志稿二十九种》（油印本）、新疆自治区图书馆1976年重印本，1986年片冈一忠辑《新疆省乡土志三十种》（中国文献研究会，1986年）。点校本有马大正、华立主编《中国边疆史地资料丛刊·新疆卷》中的竖排版《新疆乡土志稿》（全国图书馆文献缩微复制中心，1990年），马大正、黄国政等编《新疆乡土志稿》（横排重印）（新疆人民出版社，2010年）。

许国桢，字干臣，陕西富平县人，幼时往兰州学商。左宗棠平定新疆时，许国桢弃商从戎，以军功任伊犁县知县，因清廉正直，多有作为，誉称"许青天"。后升知府，光绪三十四年在伊犁知府任上纂修《伊犁府乡土志》，辛亥革命后，曾任伊犁道道尹、观察使等职。

《伊犁府乡土志》成书于清光绪三十四年，系奉清廷敕令而编写的新疆乡土教材。是志未按清学部所颁《例目》分类编纂，分历代沿革（四至道里、疆域形胜、城池地名）、天文类（经纬度数、寒暑度数、雨量、物候）、地理类（山脉、川流、沙壤、水泉、牧界、国界、卡伦、驿站）、人事类（文艺、武功、种族、学校、职官、兵制、邻交、商业、工艺、田赋、钱币、祀典、名宦、乡贤、忠孝、节烈、各种人生业、礼俗）、物产类（动物、树艺、种植、矿产）5类37目，共计7000余字。类目基本上涵盖了伊犁府各方面的情况，是清末边疆史地研究的重要参考资料。是书颇重地理，仅山水河流就载有60余处，牧界、国界、卡伦、驿站叙述亦详。历史沿革记沙俄侵略中国的大量史实。人事类各目或过于简略，或无案可稽。物产类极为简略，但矿产记述较为详细。

## 伊犁纪行

[日]日野强著。版本有日文的博文馆（东京）1909年版与芙蓉书房1983版；汉文有黑龙江教育出版社2006年版，2册。黑龙江教育出版社2006年版藏于国家图书馆。该书在1980年曾经被摘译过。2006年9月黑

龙江教育出版社出版的中文版,由华立女士全文译出。是该出版社"边疆史地丛书"系列中的一本。在翻译过程中,采用以新版为主、对照旧版的办法,并补入了被新版省略掉的附录"新疆琼瑶"以全其原貌。

本书又称《伊犁之旅》。作者是日本军事间谍,1906年9月接受去新疆"视察"的秘密使命。1907年1月抵哈密,经吐鲁番、乌鲁木齐、玛纳斯、库尔喀喇乌苏、塔尔巴哈台等地,到达伊犁七城。接着,越过天山,遍访焉耆、库车、阿克苏、喀什噶尔、叶尔羌等城镇,然后越过喀喇昆仑天险进入印度。1907年12月由加尔各答乘船回国。1909年出版的两卷本《伊犁纪行》,是这次历时一年零四个月,陆路行程10392英里、海路5512海里的旅行见闻录。《伊犁纪行》全书上下两卷,上卷为"日志",也就是日野强的旅行日记;下卷为"地志",是他根据各方史料汇编的有关新疆各地地理、历史、风土人情的记载。《伊犁纪行》是了解20世纪初叶的新疆,以及同时代日本人的新疆探险史时不可缺少的基本文献。

## 伊犁禁俄人贩牲畜米粮案

(清)佚名抄。清咸丰至光绪抄本。收录在《中国边疆研究资料文库·边疆边务资料初编·西北边务》,中央编译出版社,2011年。

是文收录了关于伊犁禁俄人贩牲畜米粮案的档册记载,有外交部录档关于此案的底册、总理衙门清档等文件,内容包括中俄伊犁、塔尔巴哈台两处通商章程,记载了关于俄商贸易的规定;俄罗斯驻华使臣对伊犁禁俄人贩牲畜米粮案的回复等内容。对伊犁禁俄人贩牲畜米粮案的前因后果记载较为详细。

## 伊犁略志

(清)佚名纂,《中国地方志集成·新疆府县志辑》(凤凰出版社、上海书店、巴蜀书社,2012年)影印。

是书出自锡伯营文人之手,记载了乾隆二十九年至三十年(1764—

1765），伊犁各营官兵边卡巡防额数各处办理事件。对卡伦的建置，巡逻制度、兵丁配置，诸卡伦、哨所的建置、裁费、换防等情况记载得最为详尽。此外，还记载了伊犁地区所建铅厂、铸炼厂、红铜厂、铁厂、木厂、火药局、军械局、孳生牧场、官布铺、管药铺等官营厂矿及其经营、创收情况。对研究清驻伊犁的军事部署情况，以及驻军的官制、兵制等情况，具有十分重要的学术研究价值。

## 伊犁三种

（清）松筠等撰，14卷。有嘉庆十四年（1809年）序、程振甲也园刊本。

松筠（1752—1835），玛拉特氏，字湘浦，蒙古正蓝旗人，曾任伊犁将军等，清代著名边疆大臣。《清史稿》（卷三四二）有传。

《伊犁三种》含（清）汪廷楷原辑、松筠纂定、祁韵士编纂《西陲总统事略》12卷，松筠《绥服纪略图诗》1卷，祁韵士《两陲竹枝词》1卷。《西陲总统事略》又称《伊犁总统事略》，为嘉庆十三年（1808年）筠在伊犁将军任时，就知县汪廷楷未成之稿，委派郎中祁韵士重加编辑，以叙兵屯镇抚之要，边防形势之宜，复亲为厘定，并命守城尉赓宁增绘舆图。书中颇多考释，对屯兵、水利记述尤为详备。

## 伊犁试办钱法案

（清）佚名编，1册。清光绪年间抄本，国家图书馆藏。《总理衙门清宫档案》内容之一，后被辑入《国家图书馆藏历史档案文献丛刊·民国孤本外交档案续编》（影印），全国图书馆文献缩微复制中心，2005年。

内容主要有光绪十五年（1889年）四月十一日伊犁将军《具奏伊犁钱法久废现拟由官试办俾资畅行谨呈大概情形一折折由》和《伊犁试行钱票恐有匪徒摹造假票预先明之章程，希即照会俄国公使转饬俄商遵照乞示复由》的奏文二件，四月二十一日发俄国公使《伊犁设立钱局俄商使用钱票应遵新章由》信件一封，五月二十九日收俄国公使《函复伊犁开设官钱局行使钱票一事当预嘱商小心由》信一件，六月五日发俄国公使《函述伊犁官钱局拟定章程一节来函似未深悉其意，希仍照前函转饬该商遵办由》信一件，八月十一日收伊犁将军《前奏伊犁试钱行法一折奏到硃批知照由》奏文一件，等等。该档案对研究新疆地方货币史，经济史具有重要价值。

## 伊犁文档汇钞

（清）佚名撰，卷首题名《伊犁应办事宜》。抄本，藏于国家图书馆。该抄档曾被收进国家图书馆编《清代边疆史料抄稿本汇编》（线装书局，2003年）。另有国家图书馆分馆编《伊犁文档汇钞》（北京图书馆出版社，2004年）。又收入边疆史地文献初编编委会编《中国边疆研究资料文库·西北边疆》（中央编译出版社，2011年）影印。

该汇钞内容极其丰富，它以资料汇编的方式记录了道光年间伊犁驻防八旗官兵的军事活动、生产生活和行政事务，包括《伊犁巴彦岱满营应办事宜》《伊犁督催处、功边处、理事同知、抚民同知、船工处、喇嘛处应办事宜》《伊犁惠远城满营、军器局、军器库应办事宜》《伊犁粮饷、驼马处应办事宜》《伊犁印房、营务处应办事宜》。

## 议覆伊犁添设孳生牧厂试办章程

（清）佚名著。宣统二年（1910年）抄本，1册。收录在《中国边疆研究资料文库·边疆史地文献初编·西北边疆》第二辑第9册，中央编译出版社，2011年；《中国边疆行纪调查记报告书等边务资料汇编》初编，香港蝠池书院出版有限公司，2009年。

记录宣统二年伊犁将军为查实军饷、畜牧情况，肃清弄虚作假现象，奏稿禀明皇上，要求伊犁添设孳生各牧厂将购入马匹种类数量以及花费按年份如实报告的事件。包括《陆军部为恭录咨行事军牧司案呈宣统二年八月十九日本部具奏核议伊犁添设马牛羊孳生各厂试办章程并旧设羊厂变通办法一折本日奉》《奏为覆议伊犁添设马牛羊孳生各厂试办章程并旧设羊

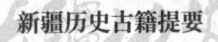

厂变通办法恭折会陈仰祈》。

## 异域归忠传

（唐）李德裕奉敕纂，2卷。有《玉海》辑录本，今佚。《新疆历史词典》列其名为《异域归忠录》，《中国历史大辞典》列其名为《异域归忠传》，后者较为通行。

李德裕（787—850），字文饶，赵郡赞皇人，唐代政治家、文学家。历朝历代对其评价甚高。李商隐在为其撰写的《会昌一品集》序中誉其为"万古良相"，近代梁启超将其与管仲、商鞅、诸葛亮、王安石、张居正并列，称之为中国六大政治家之一。

《异域归忠录》收于《玉海·艺文志》集部，但正文散佚，只留下序言一篇。该书写于唐武宗回纥国乱后，记载了秦汉至唐兴盛时期自由余至尚可孤凡三十位西域忠君人士的事迹，并记载了秦汉以来西域地区与中央王朝的交往及军事情况。据《新唐书》卷二一七《回鹘传下》记载，开成五年（840年），回鹘政权被黠戛斯攻破后，诸部逃散，三支西迁，两支南下。南下两支一以嗢没斯为首，一以乌希特勒（后立为乌介可汗）为首。会昌二年（842年）夏四月，嗢没斯率特勤、宰相二千二百余人诣振武降附。唐武宗遣使安抚，诏拜嗢没斯右金吾卫大将军、怀化郡王，其下酋长均加官赏，诏宰相德裕采秦、汉以来兴殊俗、忠效卓异者凡三十人，为《异域归忠传》宠赐之。此即《异域归忠传》的由来。

## 异域录

（清）图理琛撰，1卷，成书于清康熙年间。清雍正刊本，2册；清《四库全书》收录有该书。商务印书馆，民国丛书集成初编：《异域录朔方备乘札记》收录该书，1936年12月版，32开。台湾文史哲出版社1983年版《满汉异域录校注》，庄吉发校注，212页；国家图书馆出版社2014年版，4册。台北商务印书馆《影印文渊阁四库全书》收录。国家图书馆有收藏。

《异域录》记载图理琛奉命出使土尔扈特的沿途见闻。康熙五十一年（1712年），图理琛奉命出使土尔扈特，于康熙五十四年（1715年）回京，途径喀尔喀，过沙俄，最后至土尔扈特。归国后，其将途经各地的道里、民俗、物产、礼仪等情况记录下来，并配冠以舆图。该书是研究新疆、中亚地区的重要文献资料。

## 异域竹枝词

（清）福庆撰。有清嘉庆元年（1796年）南汇吴氏听彝堂刻艺海珠尘本；乾隆六十年至嘉庆元年（1795—1796）的稿本；嘉庆四年（1799年）《志异新编》本（两册一函，周升桓序）；商务印书馆1936年《丛书集成初编》收录。

福庆（1743—1819），字仲馀，号兰泉，亦称"用拙道人"。（长白）钮钴禄氏，满洲镶黄旗人，内大臣一等子额亦都裔孙，殷德（音德）之孙，爱必达长子。乾隆二十九年（1764年）由理藩院笔帖式入仕，后历部曹。四十二年后历任河间府、天津府、永平府同知等职。五十六年，擢甘肃安肃道。五十九年，调补镇迪道。嘉庆三年（1798年），调补甘凉道。四年，正月，擢安徽按察使；并署理安徽布政使。六年，迁安徽布政使，十月调江苏布政使（未赴任）。七年，擢贵州巡抚。十三年，因失查亏空库银，降为三品京堂用。后起为礼部尚书、兵部尚书，授内大臣。二十四年卒。

《异域竹枝词》一名《西域竹枝词》，是作者嘉庆元年镇迪道任上开始创作，一直持续到贵州巡抚任上，共收录诗歌100首。组诗在内容上分新疆、外藩、绝域诸国三类，其中与新疆有关的64首，外藩21首，绝域诸国15首，福庆在卷三之末说"《异域竹枝词》百首，皆咏其山川、风物、民情，以志其各异也"，而对"新疆之官制、屯田、赋役，皆略而不详"。每首诗下均有自注。自注征引文献有《异域琐谈》《西域同文志》《玉门县志》《安西州志》《回疆通志》《敦煌县志》《元和郡县志》等。

## 易简斋诗钞

（清）和瑛撰，道光三年（1823年）刻本4卷。1函2册，藏复旦大学图书馆、首都图书馆、国家图书馆。原书版高272毫米，宽171毫米，半叶9行，行18字，小字双行，行字同。白口，四周双边，单鱼尾。卷首有"道光三年岁次癸未孟秋之吉东吴侄吴慈鹤顿首拜序"。全书按照诗歌创作年代顺序编排，开篇之作《太平府廨八咏》作于乾隆五十一年（1786年）诗人任职天平知府时期，所收作者历时三十五载所作诗歌576首。

和瑛（1741—1821），原名和宁，避道光帝旻宁讳改。字润平，号太菴，额勒德特氏，蒙古镶黄旗人。乾隆三十六年（1771年）进士。历任知府、道员、按察使、布政使、西藏办事大臣等职。嘉庆六年（1801年）十一月，授山东巡抚。嘉庆七年因"金乡诗案"交部严加议处；又因隐匿蝗灾事被革职，贬谪乌鲁木齐效力赎罪。嘉庆七年（1802年）十二月行至哈密时，诏命其以蓝翎侍卫任叶尔羌办事大臣。八年十一月，调喀什噶尔参赞大臣。十一年，召任吏部右侍郎，旋又于归途命为乌鲁木齐都统，反辔西域。十三年十月回京。其后历任刑部侍郎、热河都统、盛京将军、兵礼刑三部尚书及军机大臣等职。道光元年（1821年）卒，谥简勤。和瑛一生笔耕不辍，著作颇丰，其孙婿盛昱曾亲见他多部稿本，感叹："简勤手纂稿本盈箱累架，著录不下千卷，盖其撰著之未刊行者多矣。"七年的新疆生活，和瑛留下了西域题材的诗歌共77题89首，占诗人现存全部诗歌的近五分之一。这也是《易简斋诗钞》中最具文学价值和特色的一部分诗歌。

和瑛新疆诗作主要有三方面内容，第一是描摹奇异壮丽的西域风物。和瑛在疆宦官七年，创作了大批反映边疆生活习俗、山川风物的诗歌。第二是歌颂统一，在清代西域的历史上，乾隆二十年（1755年）平定准噶尔达瓦齐政权、二十二年平定阿睦尔撒纳叛乱、二十四年平定大小和卓叛乱，西域也进入了一个比较长的稳定发展时期。和瑛的诗歌对清政府一统西域充满骄傲，同时也期待着西域一统之后西北人民能够乐业安居。通过和瑛反映清政府统一新疆的相关诗歌，可以看出他对清代西域平定的认识，以及清政府维护祖国统一所做出的努力与贡献。第三，和瑛是清政府边疆政策的主要实施者和执行人，他的诗作也反映出对西域边陲的经营与守卫。和瑛守官西陲期间，虽身居远荒，但心系朝廷，一直试图在新疆施展政治才华，从而实现报国之志。他身体力行地执行清政府治边政策，维护了边疆的稳定和民族团结。这些都在诗作中得到了具体展现。

### 英国国家图书馆藏敦煌西域藏文文献

金雅声、赵德安、沙木主编，西北民族大学，上海古籍出版社，英国国家图书馆编纂，目前出至第8册，上海古籍出版社2011年开始出版第1册，2013年出版第5册，2014年出版第6册，2015年出版第7册，2016年出版第8册。

敦煌藏经洞的古藏文文献，大约被英国斯坦因（1905年）和法国伯希和（1908年）分别掠取了一半，很多重要文献分藏于两地。《英国国家图书馆藏敦煌西域藏文文献》所收大多为斯坦因盗走的敦煌藏经洞古藏文文献。该书由西北民族大学、上海古籍出版社、英国国家图书馆三方合作进行编纂。英国国家图书馆负责提供全部缩微胶卷，西北民族大学海外民族文献研究所承担编纂，包括文献解读、藏汉文定名、叙录等工作，上海古籍出版社负责扫描、排版，出版英藏敦煌藏文文献的图版。仅举几册以明情况。《英国国家图书馆藏敦煌西域藏文文献1》主要介绍1906年英国探险队从敦煌莫高窟掠取的8至11世纪西藏"前弘期"的古藏文社会历史和宗教写本文献。《英国国家图书馆藏敦煌西域藏文文献5》收录图版700余张，《英国国家图书馆藏敦煌西域藏文文献6》有图版670余张，《英国国家图书馆藏敦煌西域藏文文献8》收录图版500余张。由于每张图版均被定名，加之书前有中文、藏文对照目录，因此能使利用者快速检索到有用材料。

### 英吉沙尔直隶厅乡土志

（清）黎丙元修。光绪三十三年（1907年）稿本、抄本。有湖北省图书馆藏《新疆乡土志稿二十九种》油印本、新疆自治区图书馆1976年重印本。收录在首都图书馆编《首都图书馆藏稀见方志丛刊》（红格稿本，国家图书馆出版社，2011 年）。点校本有马大正、华立主编《中国边疆史地资料丛刊·新疆卷》中的竖排版《新疆乡土志稿》（全国图书馆文献缩微复制中心，1990 年），马大正、黄国政等编《新疆乡土志稿》横排重印（新疆人民出版社，2010 年）。

黎丙元，标点本误为"黎炳光""犁炳光"，光绪末署新疆省英吉沙尔直隶厅同知。于光绪三十三年（1907 年）纂修《英吉沙尔直隶厅乡土志》，光绪三十四年（1908 年）二月革职。

《英吉沙尔直隶厅乡土志》系奉清廷敕令而编写的新疆乡土教材，全文计三千字。是志按清学部所颁《例目》编撰，分历史、兵事录、耆旧录、人类、户口、实业、地理、山、水、道路、物产十一目。所述历史、兵事、耆旧等内容，虽多录旧籍，亦补充有新的资料。历史目引用史籍文献记自汉代以来本境的隶属、建置沿革及清统一新疆以来设县、置官、驻防等情况。兵事录记清代历朝本境所历叛乱及平定之事，记载清晰。人类目详细记述布鲁特十四部之习俗、来源及历史。

## 由京至巴里坤城等处路程记

（清）佚名撰，1 卷。版本有清末抄本；学苑出版社 2006 版；蝠池书院出版有限公司 2009 年版。学苑出版社 2006 版被（清）厓滋等《历代日记丛钞》（第八十七册）收录。蝠池书院出版有限公司 2009 年版《中国边疆行纪调查记报告书等边务资料丛编（初编）》（套装共 50 册）收录。国家图书馆有收藏。

本书内容记述的是作者从北京至新疆北疆一路见闻。

## 游历刍言

（清）黄懋材撰。有清光绪二十三年（1897 年）湖南新学书局刻本，新阳赵氏丛书本，1 卷，国家图书馆有收藏。

《游历刍言》有"西域图说"内容，涉及新疆史地。

## 游历蒙古新疆日记

（清）余培森撰。中央民族学院图书馆1983年版1册。又名《迪化至阿尔泰行程记》。中央民族学院图书馆《甘新游踪汇编》收录，收藏。

余培森曾长期在新疆各地任职，《游历蒙古新疆日记》为其在光绪三十三年（1907年）赴新疆就职纪程之作。

## 酉阳杂俎

（唐）段成式撰。宋嘉定十六年（1223年）武阳邓复《酉阳杂俎》30卷本，是迄今所知《酉阳杂俎》最早最全的刻本。现存最早版本为明万历三十六年（1608年）李云鹄刻本；另有清光绪三年（1877年）崇文书局刻本；中华书局1981年排印本；上海古籍出版社2012年排印本。前卷20卷，续集10卷。

段成式（约803—863），字柯古，祖籍临淄（今山东淄博）。其父段文昌，字墨卿，相唐穆宗，历镇西川、淮南、荆南，封邹平郡公。段成式的幼年至青少年时期，一直跟随父亲，辗转往来西蜀、长安、荆州、扬州等地。经历了唐德宗、顺宗、宪宗、穆宗、敬宗、文宗、武宗、宣宗、懿宗等九帝。《酉阳杂俎》前集20卷有序，续集10卷无序，其中如"诺皋记""贬误""寺塔记""金刚经鸠异"等若干篇，并有小序，内容相对独立，可知这部书是陆续写成的。先写成了前集，其后又有所记录，续成后十卷。作为晚唐一部重要的史料笔记小说，以其内容广博受到历代学者的重视，并且多有征引，有许多可参补正史和反映当时社会文化的珍贵史料。《四库全书总目提要》曾称誉其为有唐以来"小说之翘楚"，鲁迅先生也认为此书"所涉既广，遂多珍异"。

《酉阳杂俎》对西域的记载很多，一定程度上反映当时社会的现实。如续集卷一《寺塔记下》，记载流寓长安的西域画家尉迟乙僧。前集卷七、续集卷一都记载了从西域传来的美食"饆饠"及其制作方法。《酉阳杂俎》还记录许多外来动物、植物、香料、木材等,是研究西域物产的宝贵资料。

## 于阗县乡土志

(清)佚名编。有日本人片冈一忠辑《新疆省乡土志三十种》(日本中国文献研究会,1986年)。点校本有马大正、华立主编《中国边疆史地资料丛刊·新疆卷》中的竖排版《新疆乡土志稿》(全国图书馆文献缩微复制中心,1990年);又有马大正、黄国政等编《新疆乡土志稿》(横排重印)(新疆人民出版社,2010年)。

《于阗县乡土志》成书于清末,是奉清廷饬令而编写的新疆乡土教材。是志按《例目》编撰,分历史、政绩录、兵事录、人类(附户口、氏族、宗教)、地理(附祠庙)、市镇、学堂、实业、山、水、道路、物产、商务13目,阙耆旧录,计15000余字,是新疆诸乡土志中较为详备的一部。是志颇重山川道里,仅水系就载有十余处,且叙其流经区域,可补其他史籍之不足。人类目记缠回人口、宗教情况,其中宗教通过征引法显《佛国记》记述本境汉晋之时信奉佛教之概况,以及缠回的婚、丧、礼、服、文字、饮食、钱币等风俗习惯。实业分士、农、工、商,分别描述各业经营之现状,提及缠回旧有农书名《哩萨拉》。商务记载各项物品的销量、销地、货源地等情况。

## 于阗县志

(清)贺家栋纂修,有国家图书馆藏民国抄本,收录国家图书馆编《清代边疆史料抄稿本汇编》(线装书局,2003年)影印。

贺家栋,字伯龙。湖南长沙人。出生于同治年间,由附生捐纳入仕,历任库尔喀拉乌苏直隶厅同知、洛浦县知县、于阗县知县、伊犁府知府等职。清末任伊犁知府兼将军署文案、伊犁参谋处总办。辛亥革命后,任伊犁临时政府参谋总长兼民财政总长,曾任迪化谈判伊犁方面代表。北京政府任命贺家栋为新疆省民政司长兼南疆宣抚使。受伊犁革命党人派遣到迪化（今乌鲁木齐），就省府人选问题与都督杨增新重开谈判，最后达成协议二十条，贺家栋任新疆民政长兼南疆宣抚使。不久，以母亲去世奔丧为由离疆回原籍。

《于阗县志》约成书于光绪三十三年（1907年）前后。此志记述于阗县历史、政绩录、兵事录、实业、地理（附祠庙、市镇、学堂）、山、水、道路、物产、商务等内容。

## 与俄交涉各案目录

（清）总理衙门清档。清咸丰至同治抄本，1册，藏于国家图书馆。收录在《中国边疆研究资料文库·边疆边务资料初编·西北边务》，中央编译出版社，2011年。

记载了咸丰、同治年间中俄交涉各案往来文件目录，包括咸丰十一年（1861年）《扩充馆地案》、同治元年（1862年）《俄馆被窃案》、咸丰十年至十一年（1860—1861）《俄国勘分东界案》、咸丰十年至同治二年（1860—1863）《勘分西界案》6卷、咸丰十一年《库伦章京加衔案》、同治二年《库伦与俄官行文章程案》。

## 御制十全记

清高宗爱新觉罗·弘历撰，有清高宗写本1册，拓本1册，各16开，同函装，皆藏于故宫博物院。写本、拓本前均有乾隆御制序，末署："乾隆五十七年岁次壬子嘉平月御笔"，并钤"八徵耄念之宝""自强不息"朱印两方。另有翟清福主编《海外中文图书·中国边境史料通编》收录影印本1册（13307—13732页），香港蝠池书院出版有限公司2008年。

爱新觉罗·弘历（1711—1799），清朝皇帝，年号乾隆，寓意"天道昌隆"。他25岁登基，在位六十年，退位后当了三年太上皇，实际掌权时间长达63年零4个月,是中国历史上执政时间最长、年寿最高的皇帝。因为"十全武功",乾隆皇帝晚年也自诩"十全老人"。乾隆一朝,文治武功兼修,延续了康熙朝、雍正朝以来社会经济发展的局面,历史上称之为"康乾盛世"。乾隆皇帝在位期间组织编纂的《四库全书》,是一部规模巨大的丛书,对保存古代典籍起了一定作用,而《四库全书总目》则是一部集古代目录学之大成的官修解题目录。

《御制十全记》是清高宗在乾隆五十七年(1792年)廓尔喀投诚,进表纳贡的背景下撰写的,记录了乾隆时期的十次重大军事行动。"十功者,平准噶尔为二,定回部为一,扫金川为二,靖台湾为一,降缅甸、安南各一,即今二次受廓尔喀降,合为十"。清高宗认为至此军功完善,除原书书写所用汉文外,还下令将此书翻写成藏文、蒙古文、满文,建盖碑亭,以昭武功而垂久远。《御制十全记》正文首列10次战役名称,次记平廓尔喀战役之详情经过,并依时间顺序以小字双行穿插其间,追溯其余各次重大战役之始末原委及军事胜利等情形。其中记载有1755年平定准噶尔达瓦齐部之战、1755—1757年平定准噶尔阿穆尔撒纳之战、1758年平定南疆大小和卓的相关内容。

## 寓舟诗集

清沈青崖撰,乾隆十三年(1748年)刻本,8卷。

沈青崖(1685—?),字艮思,号寓舟,顺天大兴籍,浙江嘉兴人。三十八岁时,由廪生中雍正元年(1723年)癸卯科举人。四年八月,考授内阁中书。五年七月,大学士马齐等保举内阁侍读,带领引见,奉旨补授内阁侍读。六年二月,推升户部贵州司郎中。七年十一月,怡亲王等保送,拣选御史引见,奉旨著记名。十一月初三日,奉旨特授陕西粮道。十一年,以陕西粮道管军需库务驻肃州。曾出关,远至哈密。乾隆元年(1736年)改授延榆绥道。乾隆三年,川陕总督查郎阿"奏劾肃州道黄文炜、军需道沈青崖侵帑,并及(刘)于义徇庇。遣左都御史马尔泰会鞫论罪"(《清史稿》卷二九七《查郎阿传》)。后又起复,官河南开归道。沈青崖博学多识，以史地学名世，有署陕西总督刘于义修、沈青崖纂的《陕西通志》，同驻肃州时与黄文炜一起主持修纂的《重修肃州新志》，沈青崖修、刘沆纂的《临颍县续志》。另有《寓舟诗集》《毛诗明辨录》等传世。

《寓舟诗集》中的诗作均有编年，始于康熙五十三年（1714年）甲午，止于乾隆十一年（1746年）丙寅，刻集时作者在世。前有乾隆十三年沈德潜和于大猷的序。作于西域境内者为雍正十二年（1734年）《西路从军乐》七绝16首，是为歌颂接任岳锺琪的宁远大将军查郎阿而作。这些诗真实地反映了雍正时期查郎阿主兵时的方方面面，诸如屯田、操练、射猎、选士、军械、军餐、军装、清廷与少数民族的关系等，都有涉及。其中第十四首对清军先进武器"劈山雷""九节炮"的描写，是历代西域诗中唯一赞颂先进武器的诗作。沈青崖亲历西域，所写皆其亲见，有感而发，因此《西路从军乐》这组诗后有沈德潜的批语云"切定本朝西陲，不作泛常塞下曲，是作者独到处"当为恰切的评价。沈青崖另有一首七言歌行《南山松歌》，诗前有小序："军中医院，推察药性，采皮熬汁成膏，号曰'松龄'，以贻同志，因歌纪之。"这首诗也是历代西域诗中唯一一首写"军中医院"的诗，借题发挥，歌颂了清统一西域前的战争。

沈青崖的西域诗虽然数量少，但作为清代较早来到西域的诗人，其诗歌如实地反映了当时各方面特别是巴里坤军营的相关内容，具有较高的史料价值。

## 元分藩诸王世表

（清）黄大华撰，8页。1935年开明书店二十五史刊行委员会将其收入《二十五史补编》中（中华书局，1955年）。

是表分为：一、元世系表，从巴塔赤罕列起，经十代列到朵奔蔑儿干和都蛙锁豁儿。在朵奔蔑儿干下列孛端察儿等。又自孛端察儿列起（中间有分支），经十代列到太祖铁木真等。铁木真下再列朮赤、察合台、窝阔台（太宗）、拖雷、兀鲁赤、阔列坚等。二、列表格详述各世情况：介绍各世王的不同译名、细列各分支的世系，并作简要说明。如：对脱罗豁真伯颜（十世)下的(十一世)朵奔蔑儿干,记为:"又作朵奔伯颜,为哈里哈尔楚之子,中间少二代。"这部分表从巴塔赤罕一世列到铁木真的二十二世,太宗窝阔台的二十三世,世祖忽必烈的二十四世,太子真金(裕宗)的二十五世,最后列到顺帝、宁宗的二十九世为止。以下几部分再分别列屯必乃薛禅、莫不律寒、尤赤哈萨尔、哈準(烈祖第三子、太祖之弟)、帖木哥斡赤斤(烈祖四子)、别勒格台(烈祖五子,太祖异母弟)、尤赤(太祖长子)、察合台(太祖次子)、太宗窝阔台(太祖三子)、睿宗拖雷(太祖四子)等各分藩诸王下的世系。这几部分表略的简明扼要,详的分支细述,对元世系有一目了然的功效。《元史·宗室世系表》中孛端察儿之前世系几乎略至失载,而是表则都具姓名、标明沿续,可补《元史》的不足。其简略之处,可依其它史籍对照补充。是表收入《二十五史补编》之前,原为作者稿本,1935年,开明书店二十五史刊行委员会将其收入《二十五史补编》中。

## 元和郡县图志

(唐)李吉甫撰,42卷。有明抄本6册,清抄本8册,清初抄本16册,清乾隆三十四年(1769年)钱氏通经楼钞本8册,清陈树华抄本6册,清嘉庆二年(1797年)阳湖孙星衍刻岱南阁丛书本12册,清光绪六年(1880年)金陵书局刻本8册,清怡颜堂抄本16册等。有贺次君点校的《元和郡县图志》(1983年,中华书局)。

李吉甫(758—814),字弘宪,赵郡赞皇(今属河北)人,早年以门荫入仕,补左司率府仓曹参军。贞元初年,迁太常博士,转屯田员外郎、明州长史、忠州刺史、柳州刺史、考功郎中、中书舍人等职。元和年间,李吉甫两次拜相,一度出掌淮南节度使,爵封赵国公,策划讨平西川、镇海,削弱藩镇势力,裁汰冗官、巩固边防,辅佐唐宪宗开创元和中兴。元和九年去世,追赠司空,谥号忠懿。

《元和郡县图志》是唐朝地理名著,为我国现存最早又较完整的地方总志。写成于唐宪宗元和八年(813年),虽名元和,却并非是元和年间实际控制的疆域地志。它的体例,和初唐魏王李泰《括地志》相同,是正史地志的扩充，但较为简括，在某些方面又超越《括地志》的内容形式，为后来的《太平寰宇记》等书开创了先例。此书以贞观十三年（639年）《大簿》规划的十道为纲领，配合当时的四十七镇，每镇一图一志，分镇记载府、州与属县的等级、户、乡的数目，开元、元和的贡赋以及沿革、山川、盐铁、垦田、军事设施、兵马配备等项。图的部分，在北宋时就亡佚了；志的部分，南宋淳熙三年（1176年）张幾仲首刻此书时也有缺佚，大体上还保持42卷之数，宋以后目录亡佚，又缺卷十九、二十、二十三、二十四、三十五、三十六，今天流传下来的只有34卷。因为图已经亡佚，故（宋）陈振孙《直斋书录解题》称为《元和郡县志》，现传各本仍用"图志"旧称。

《元和郡县图志》涉及到西域的记载为卷四十《陇右道下》"伊州""西州""庭州"条，记述了伊州、西州、庭州的历史沿革、所属县、辖境、贡赋，以及北庭都护府伊吾军、天山军、瀚海军的情况，具有重要的文献价值。

## 元秘史山川地名考

（清）施世杰撰，12卷，光绪二十三年（1897年）会稽施氏刊印鄹郑学庐刊本。另有《皇朝藩属舆地丛书》（光绪二十九年）金匮浦氏静寄东轩摹印本。原书注明有沈氏家刊本、沪文瑞楼石印本。《中文新疆书目》所列书目之一。

施世杰，清末会稽（今浙江绍兴市）人，生平无考。据自序，本书撰于光绪丁酉二十三年（1897年）。

《〈元秘史〉山川地名考》这是一部研究北方地理沿革的重要参考资料，共收地名考证162条，先举出地名的不同写法，然后考核少数民族语的对音，再举出所在今地，并时时匡正诸家著作的错误（共22处）。施氏针对《元秘史》中同地异名、译无定字、名似同名地非一地、译音音节不一等缺误，以灵石杨墨林刊本（即《连筠簃丛书》）为底本，译以对音，稽以史籍，参以《元经世大典图》、阮惟和《〈元秘史〉地理今释》等图籍，对其中山川地名遍加考证，并亲临内外蒙古实地验证，屡加改易，总成164条，撰为是书，对《元史》《辽金元三史国语解》及齐召南《水道提纲》、魏源《圣武亲征录》、沈垚《〈西游记〉金山以东释》、张穆《蒙古游牧记》、何秋涛《朔方备乘》、阮惟和《〈元秘史〉地理今释》、李文田《〈元秘史〉注》等诸家著作的错误多加纠正（共 22 处）。并提出考证非汉语地名的困难：同地殊名，译无定字；同名非一地；音有短长，字分多寡；经翻译，蒙夏易混淆。然牵强附会亦复不少。丁谦指出，"施氏之病，在但求对音，未将原文前后一一详核之"，不无道理。

## 元尚居汇刻三赋

（清）王秉恩辑，清光绪八至九年（1882—1883）元尚居刻本 2 册，北京大学图书馆藏。

王秉恩（1845—1928），字雪澄，一字息存，号茶龛，华阳（今四川双流县）人。同治十二年（1873 年）举人。晚清民国时期藏书家、书法家、诗人。

《元尚居汇刻三赋》包括英和《卜魁城赋》、徐松《新疆赋》、和宁《西藏赋》。

## 《元史》地名考

（清）李文田撰。此书有稿本、清末抄本，藏于国家图书馆。为《中文新疆书目》所列书目之一。全国图书馆文献微缩中心 1991 年制作该书微缩胶片一盘。该书被辑入《中国少数民族古籍集成》第 19 册（四川民族出版社 2002 年版）。

李文田（1834—1895），字畲光、仲约，号若农、芍农，谥文诚，广东顺德均安上村人。咸丰九年（1859 年）进士，光绪年间，官至礼部侍郎。李文田学问渊博，生平嗜学不倦，《清史稿》（卷四四七）称其"学识淹通，述作有体"。他工书善画，对经史、诸子、小学、金石、舆地、历算及诸艺术，皆博涉潜研。公务之余，勤于治学，对元史及西北史地研究尤精，金石碑帖书籍版本之源流，皆得其要。李文田晚年归故里，主讲广州凤山、应元书院,在广州筑泰华楼,藏书甚富,著有《〈元秘史〉注》《〈元史〉地名考》《西游录注》《塞北路程考》《和林金石录》《双溪醉隐集笺》等,是清代著名的蒙古史研究专家和碑学名家。

《〈元史〉地名考》顺德先生李文田所撰原稿不见,现所见内容是其友人元和祝心渊的节录本。《〈元史〉地名考》分为四部分,第一、二部分为元史地名考,按《元史》中出现的地名排序,逐条排比相关史料笺证。其中不乏新疆地名,诸如可失哈里、阿力麻里、马纳思河、叶密里城、不剌城、伊州、别失八里、昌八里城、独山城、北庭、哈喇火州、若先城、合迷城等;第三部分为不赛因分地(伊尔汗国,今中亚地区);第四部分附《马哥波罗游记按语辨》。

## 《元史》译文证补

(清)洪钧撰,30卷,3册。有光绪二十三年(1897年)初刻本。另有光绪二十六年(1900年)广雅书局刻本,(清)金匮浦氏编《皇朝藩属舆地丛书》光绪二十九年(1903年)石印本。上海商务印书馆1936年版《丛书集成初编》收录。

洪钧,字陶士,号文卿,江苏吴县人,同治进士,出任湖北学政、内阁学士等职。《清史列传》(卷五八)、《清史稿》(卷四四六)均有传。另有顾肇熙《吴县洪文卿侍郎墓志铭并序》和费念慈《清故光禄大夫兵部左侍郎洪公墓志铭》。

光绪十三年(1887年)洪钧奉命出使俄、德、奥、荷,在三年时间内,悉心搜访各种中国学者从未见过的蒙古史地资料和图籍,并组织使馆人员进行翻译。遇有关人名、地名、部族名的翻译有歧义的,前后文不一致的,"乃复询之俄国诸通人,及各国驻俄之使臣,若英、若法、若德、若土耳其、若波斯,习其声音,聆其议论,然后译以中土文字"。在此基础上广参博证,"稿经三易,时逾两年",写成《〈元史〉译文证补》初稿。归国后又与国内学者沈曾植等参证本国史籍,继续修订整理,惜尚未完全定稿而病逝。临终,他将定稿清本托付沈曾植和陆润庠,而将稿本交儿子洪洛收藏。不久，洪洛也病故，稿本散失。光绪二十三年（1897年），陆润庠将清本刊行，凡30卷，是为今日通行之《〈元史〉译文证补》（陆刻本）。其中10卷有目无书，应在已散失的稿本中。该书卷一《〈太祖本纪〉译证》上、下为全书主要部分，约占全书的四分之一，是研究成吉思汗时代及其先世历史的重要材料，内容比《元史·太祖本纪》详细丰富得多。卷二至卷二十五分别为《定宗宪宗本纪补异》《后妃公主表补辑》以及术赤、拔都以下诸金帐汗、阿八哈以下四代伊利汗、阿里不哥、海都、哲别、西域、报达、木剌夷补传，大大补充了《元史》定、宪两朝本纪的阙漏，增进了我国学人对元代西北诸藩的认识。卷二十六至卷三十为《地理志西北地附录释地》《西域古地考》《元世各教名考》《〈旧唐书·大食传〉考证》，这一部分在考证元代地理方位及古今地名对应上都十分精洽，"多能发前人之所未发"。沈曾植所藏清本（沈藏本）后亦有部分刊出，与陆刻本相较，略有出入。如沈藏本末附有《元经世大典地图》并洪钧所作长跋一首，为陆刻本所无，后由龙榆生录出刊于《同声月刊》1943年第三卷第二期（图未刊）。同年该刊第三卷第六期又据沈藏本刊出《〈元史·地理志〉西北地附录释地》，前较陆刻本卷二十六《地理志西北地附录释地》多一案语，约千余字，内容为说明《〈元史·地理志〉西北地附录》书法并考《元经世大典地图》绘制年代等，然无陆刻本该卷末"吉利吉思、撼合纳、谦州、益兰州等处"条及所附"谦河考"，其余文字亦互有增删。故陆、沈两本实可互为补充。

  关于《〈元史〉译文证补》的材料依据，据书中"引用西域书目"所列，主要有：拉施特《史集》、志费尼《世界征服者史》、瓦萨甫《诸国之区分及世纪之过渡》（即《伊利汗国史》）、阿黎毛夕耳《全史》、阿卜而嘎锡《突厥世系》、多桑《蒙古史》、霍渥尔特《蒙古史》、华而甫《蒙古史》、哈木耳《奇卜察克金帐史》、哀忒蛮《铁木真传》、贝勒津俄译本《史集》第一卷（包括《部族志》和《成吉思汗先世及成吉思汗纪》），以贝勒津所译《史集》第一卷和多桑《蒙古史》为主。因受其随从译员语种的限制，这些书大致不出俄、英、法、德几种语言。

  洪钧在蒙元史研究中利用西方资料以补汉文史料之缺，并利用西方史料与汉文史籍相参证，使治元史的学者眼界大开。国人借此得以了解蒙古人在中亚、西亚乃至欧洲的活动历史及国外有关蒙古史料与汉文史料的情况。此后，利用域外史料互补互证遂成一种史学研究新潮流。梁启超谓其掀起了"元史学"的第二次革命。

## 元史地理通释

（清）张郁文撰，4卷，成书于光绪二十七年（1901年），1925年苏州利苏印书社排印本，上海辞书出版社2000年翻印，是《中文新疆书目》所列书目之一。

张郁文（1863—1938），又名学文，字壬士，号胥湖居士，晚号阉如，江苏吴县胥口下场村（今属藏书乡）人。光绪年间廪生。其祖父张光阶对史地颇有研究，曾撰有《辽金元史地略》。张郁文从小勤奋好学，随父寓居木渎冯桂芬家，遍览冯家藏书，学识大长。张郁文受祖父影响，亦爱史地，尤好《元史》，著成《〈元史〉地理通释》凡4卷。另著有《灵岩山志》《火天居笔记》，并协助同里郭绍裘先生辑印《木渎诗存》，还曾校补徐傅的《光福志》。张氏门生吴昔苇等为颂扬其业绩，收集其藏书与遗著，在木渎建成壬士图书馆（即吴县图书馆的前身）。

张氏尝以《元史》谬舛，地理为尤，乃于光绪年间，搜辑《蒙古游牧记》《朔方备乘》《汉西域图考》诸书，考订元代地名、方位、建置沿革，著为是书。内容分为直省、分地、部族、山水四考，于《元史》错误有所是正，间附有元代十行省图、岭北行省图、西北三藩图，末附其祖尧阶所撰《辽金元史地略》一篇。

## 元西域三藩年表

（清）黄大华撰，2页。1935年开明书店二十五史刊行委员会将其收入《二十五史补编》中（中华书局，1955年）。

黄大华（1855—1910），一名大受，字伯子，号鞠友，大冶金牛西畈

（原属鄂城）人。1888年中举，次年取进士，分发浙江，历充浙江4次乡试同考官、一次武乡试受卷官。后历署浙江西安、德清、钱塘、鄞县、仁和、黄岩、诸暨等县知县。期间，曾兼任杭、严二州漕运守备，保升知府，钦加盐运使衔。1909年任浙江省咨议局议案审查委员会委员。编有《东汉皇子王世系表》《东汉中兴功臣侯世系表》《东汉三公年表》《〈三国志〉三公宰辅年表》《隋唐之际月表》《金宰辅年表》《元分藩诸王室表》《元西域三藩年表》十余种史表，被世界书局刊入《二十五史补编》。著有《汉志郡国沿革考》《明宰辅考略》《明七卿考略》《山脉指掌续》《四明酬唱集》《甬上骊唱》《历代纪元同异考略》《梦红豆村诗集》《梦红豆村文集》等书均已梓行，未刊行的尚有《历代帝王世表》《唐藩镇年表》等20余种。

此表记载了自元太祖元年（1264年）至明太祖洪武七年（1374年）之间西域三藩年表，内容包括朮赤、察合台、旭烈兀世系，附海都世系，按年月将其三藩的世系继立、受封、监国情况记载甚明。

## 岳容斋诗集

（清）岳锺琪撰，清道光年间鹅溪孙氏古棠书屋刻本4卷，1册。清鹅溪孙氏《古棠书屋丛书》收录。

岳锺琪（1686—1754），字东美，号容斋，四川成都人。岳飞二十一世孙。初由需次同知改武职，授松潘镇游击，旋擢固关营参将，再迁永宁协副将，康熙五十五年（1716年）准噶尔进攻西藏。五十八年，锺琪为清军先锋，轻装急进，直抵拉萨，大败准噶尔军。六十年，班师，擢四川提督。雍正元年（1723年）青海罗卜藏丹津叛，加锺琪奋威将军，随抚远大将军年羹尧进剿。三年，迁川陕总督。七年，拜为宁远大将军，进击准噶尔，出师西路，屯巴里坤。八年九月，离营回京面授方略，纪成斌护大将军印。准噶尔两万人犯巴里坤，成斌败绩。十年，廷议劾锺琪失机，所委非人，夺官交刑部拘禁。十二年，斩监候。乾隆二年（1737年），放归故里。十三年，以提督衔征大小金川，其土司莎罗奔乃锺琪入藏平叛旧部，锺琪单骑招降之；

由此，擢兵部尚书，赐号威信。其后又平西藏珠尔默特和杂谷土司苍旺叛乱。十九年，卒于垫江军中。谥襄勤。

《岳容斋诗集》含《蛩吟集》《薑园集》以及《复荣集》（上、下），其中《蛩吟集》收录诗42首，《薑园集》收录诗33首，《复荣集》（上）收录诗36首，《复荣集》（下）收录诗28首。古、今体诗凡143首，内有西域诗十余首。孙澍在《岳容斋诗集总论》评论："公于军旅之间，辄寄啸于笔墨，边塞诸作多慷慨悲歌之气；而退居居林下，寄情花鸟，又复神似放翁。"《岳容斋诗集》中有王廷松《岳威信公诗集序》，此人为岳锺琪幕僚，《序》作于岳锺琪病逝的同一年。由序可知，岳锺琪的西域诗除了"军旅之间，辄寄啸于笔墨"所成之诗外，还包括在狱中对军旅的追忆之作。

《岳容斋诗集》中的西域诗反映了岳锺琪在哈密、巴里坤一带居住的四年中，由西征主帅变成了阶下囚这一起伏的人生境遇对诗人思想变化的影响。从初至西域，满怀信心到战况不佳，不安于位的忐忑，再到罢职离军的凄凉，这些心理变化轨迹在他的诗中均有体现。

## 阅微草堂笔记

（清）纪昀撰。作于乾隆五十四年（1789年）至嘉庆三年（1798年）、纪昀离疆18年之后，历时九年写成。共计五种24卷。其中收录了有关新疆的记载近百则：《滦阳消夏录》28则、《如是我闻》24则、《槐西杂志》15则、《姑妄听之》16则、《滦阳续录》12则。如卷七中纪昀回忆流放新疆前曾有一军官为其测字，已准确预测他流放的地点和时间，而这一回忆是纪昀在追述殿试偶遇一"浙士"测字的经历时联想到的；卷七中乌鲁木齐军吏讲述的女鬼，与其上一条记载都是被迫害的女性死后变成鬼魂；卷十中舅氏张公讲述的忠犬守护主人尸体的故事，引起了有关程易门在乌鲁木齐所养之犬忠心护院一事的回忆。卷十五中提及新疆的物产。卷十七中有关回部老者算卜的记述和对温公美玉的追忆。卷二十关于黄河源出昆仑的考证和诚谋英勇公讲述的远程火铳，卷二十四对冰蚕的记载等，都是在记述其他地区事物时而产生的同类联想。此外,《笔记》中还有不少关于新疆自然地理、文物古迹的记载。如由"天生敦"的凿山取水联想到伊犁城的水乏凿井。卷十中先记载了镇守红山口的绰克图因为厌烦乌鸦的鸣叫引弓射之而抓获一个逃犯,进而又联想到镇守吉木萨尔的士兵因为不堪呜呜怪声的骚扰而发现了一具僵尸。《阅微草堂笔记》中的西域史料虽然有荒诞不经之弊,但是通过这些材料,可以大致窥见当时新疆的种种社会风貌,具有重要的文学价值和史料价值。

# Z

## 泽雅堂文集

(清)施补华撰,8卷,有清光绪十九年(1893年)陆心源刻本、清光绪十九年济南刻本,分别影印收录入《续修四库全书》和《清代诗文集汇编》,两者在文章数量和篇目顺序上略有差异。

施补华(1835—1890),字均甫,一作均父。浙江乌程(今湖州)人。一生经历道光、咸丰、同治、光绪四朝,是晚清重要的诗人、诗论家。早年与同郡人姚子展、戴望、陆心源、俞刚、王宗羲、凌霞交往甚密,被称为"苕上七子"。作为晚清湖州文坛重要的作家之一,施补华"负异才,髫龄即以能诗名"。施补华父亲早殁,兄弟二人与孤母相依为命,靠母亲络丝过活。施补华早年渴望通过科举入仕,但两次礼部试均落第。咸丰十年(1860年),庚申之乱作,当时太平军兵临湖州,施补华随赵景贤守城,帮办团练。同治元年(1862年)五月初三日,城中粮尽,熊得胜开门投降,湖州城破,施补华"负母而逃,掘野蔬充饥,母子十月身无寸棉"。此时正逢西北军兴,经杨昌濬引荐,他成为左宗棠幕僚。在兰州任幕僚期间,又被人诬陷,故转投入嵩武军统帅张曜幕府。光绪五年(1879年)进疆,随张曜一同驻节阿克苏,张曜"倚如左右手"。新疆战事平定后,张曜调任山东巡抚，施补华也随其重回内地，在治理黄河水患期间，得到重用。

施补华《泽雅堂文集》主要记载了他的交游情况，比较有特点的几篇文章均作于阿克苏。特别是《刘平国碑跋》一文，是最早对于拜城黑英山乡哈拉塔山麓的博孜克日格沟沟口、东汉永寿四年（158年）"刘平国刻石"的记载，具有重要的史料价值。这块碑石距今已经有1859年的历史，是新疆境内现存的最早的汉文碑刻，举世闻名。

## 泽雅堂诗二集

（清）施补华撰，18卷，清同治刻本。收入《续修四库全书》和《清代诗文集汇编》，主要收录了诗人往返新疆时期的诗作。

《泽雅堂诗二集》中的西域诗对于西域自然风光的描写较有特点。光绪九年（1883年）春，张曜命施补华至俄国边界"安抚各布鲁特种人"。他由喀什噶尔出发，经克奇克、明约路、安鸿安、堪苏、无胡素鲁克卡、乌鲁克洽提、业耕、爱里克什塘木、廓克苏、铁力克达坂、屯木伦，到达目的地，并完成任务。沿途行程千里，眼界大开，作《纪行十四首》，以纪行组诗的形式记载了行程经历。后被吴丰培先生以《泽雅堂纪行诗》为题，收入《丝绸之路资料汇钞》（清代部分）。

整体而言，施补华的诗歌气势恢弘、自然清新。诗人一生行迹跨越内地与西域，丰富的阅历与复杂的心情发之于诗，致使其诗歌题材及风格的丰富多姿。有江南山水的描绘，有西域风光和少数民族风情的记录，也有对战乱时百姓惨状的如实记录，诗歌风格缤纷多彩且能根据不同的题材进行诗风转换。吴昌硕评其诗"熔铸汉、唐，俯视侪伍；齐而不僻，正而不庸，洵乎大家风也"。张舜徽评其诗"辞雅而意锐"。在清末诗人，特别是西域诗歌创作群体中，是成就较高的一家。此外施补华还著有《泽雅堂诗集》6卷，清同治刻本，收录诗人赴新疆之前的诗作。

## 湛然居士文集

（元）耶律楚材著，最早编成于金哀宗天兴二年（1233年），共9卷，由中书省都事宗仲亨辑录，是《湛然居士文集》的前9卷；后人又补辑了1233—1236年的作品，是为本书的后5卷。其中诗12卷，文2卷。又有商务印书馆1926年《四部价目刊》本、商务印书馆1937年《丛书集成初编》本、中华书局1986年排印本。

耶律楚材（1190—1244），契丹族，辽皇族后裔，字晋卿，号湛然居士，蒙古帝国时期的政治家。先后辅弼元太祖、太宗父子，长期担任中书令。至顺元年（1330年），追封广宁王，谥号文正。金泰和六年（1206年），被征召授予掾职，后任开州同知。贞祐二年（1214年），金宣宗南迁至汴京，耶律楚材留在中都，被留守燕京的丞相完颜承晖任命为左右司员外郎。成吉思汗十年（1215年），蒙古军攻占燕京，成吉思汗收耶律楚材，称其为"长髯人"（蒙语音译吾图撒合里），任命其为辅臣。成吉思汗十四年（1219年），耶律楚材随成吉思汗西征。

《湛然居士文集》中的诗文，不少涉及耶律楚材随军之事，记录了其在西域地区的见闻和所感。任中书令后，在经国之暇，亦"惟以吟咏"。现存诗600多首，其中描写边塞风光和少数民族风情的诗作多涉及新疆地区，代表作有《西域河中十咏》《过阴山和人韵》等。

## 贞松堂藏西陲秘籍丛残

罗振玉编，甘肃文化出版社1999年版，1册。最早的版本为1939年上虞罗氏影印刊行本，后收录入《罗雪堂先生全集》三编第八、九册、《敦煌丛刊初集》第七册和《中国西北文献丛书续编·敦煌学文献卷1》。

罗振玉（1866—1940），字式如、叔蕴、叔言，号雪堂。毕生致力于搜集和整理甲骨、简牍、金石等出土文献资料，与王国维、郭沫若、董作宾合称为"甲骨四堂"，是敦煌学的奠基人。著作有《殷虚书契考释》《流沙坠简》《流沙坠简考证》《敦煌石室遗书》《贞松堂藏西陲秘籍丛残》等。

西陲秘籍即敦煌写经,清末甫现时学者惊为天籍,非大家名贤不能观览,罗振玉搜罗较多,储于贞松堂内。1939年民国上虞罗氏发行珂罗版《贞松堂藏西陲秘籍丛残》,极为珍贵。该书收录罗氏历年收藏的敦煌写本图版,分3集,共40类52件。其内容以佛经、道经、诸子经典、医书为主,间有少量户籍、牒文,第一集有《论语何晏集解》《老子道德经》《南华真经》《维摩诘经解》《百行章》《疗服石医方》《历日》《书仪》《周公卜法》《占书》《开蒙要训》《太公家教》及曲子词、户籍、牒文、变文等;第二集有《道家书》《老子应天经》《大道通玄要》《本际经》《太上灵宝洗浴身心经》《十戒经》等;第三集有《大品般若经》《妙法莲华经》《大集经》《佛说安宅神咒经》《律》等。这些秘籍文书有出自西域或涉及西域者,如《北庭都护府流外官》就是一件唐代西域北庭都护府的文书。

## 镇西厅乡土志

阎绪昌主修,高耀南、孙光祖编纂。清末抄本,名为《创修镇西乡土志》,藏于首都图书馆。收入首都图书馆编《首都图书馆藏稀见方志丛刊》第30册(国家图书馆出版社,2011年),中央民族学院辑《中国民族史地资料丛刊(七)》(油印本)(中央民族学院图书馆,1978年)。点校本有马大正、华立主编《中国边疆史地资料丛刊·新疆卷》中的竖排版《新疆乡土志稿》(全国图书馆文献缩微复制中心,1990年),马大正、黄国政等编《新疆乡土志稿》(新疆人民出版社,2010年),另有丝绸之路西域文献史料辑要编委会《丝绸之路西域文献史料辑要》第一辑(新疆美术摄影出版社、新疆电子音像出版社,2016年)。

阎绪昌,籍贯不详,光绪三十三年至三十四年(1907—1908)任镇西直隶厅同知。高耀南,新疆迪化人,光绪三十四年任镇西厅儒学训导。孙光祖,贡生,时为留省候补训导。

《镇西厅乡土志》系清光绪三十四年(1908年),由时任镇西直隶厅同知阎绪昌主修,镇西厅儒学训导高耀南、留省候补训导贡生孙光祖编纂完成。该志未按清廷所颁《乡土志例目》规定的15个门类编纂,而是自定二十四门。纂者博采详征，分类胪列，堪与好古多文的吐鲁番厅同知曾炳熿所编《吐鲁番乡土志》相媲美。

《镇西厅乡土志》分4卷二十四目，约24000余字，为新疆乡土志中篇幅最大、内容齐备、质量较高的一种。志首由创修阎绪昌和编纂高耀南二人分别作序文两篇，述纂写缘起、编纂之法与原则，序后列出该志创修、编纂、校对、采访各官职位、姓名等情况，这是其他乡土志中少见的。全志二十四目，其中忠孝、节烈、屯田、马政、水道、风俗六目缺原文，户口目数据详细，城分东、西、南、北四街，各街户数、大小男女各丁口数悉具，是其他乡土志所未备的。学校目先叙学校之由来、作用，后记镇西设学校之经过，科岁考试之沿革，并列出陕、甘闱中式的文、武举人及贡生名单，其中贡生孙光祖、李鸿仪，文举田种德、武举王兆琳等，均为编修此志参与之人。官制、营制记镇西地方官制、营制沿革，所设各地方官、军官奉银、养廉、公费、薪银等岁支银两额以及扣存情况等，包含了镇西地方官制、兵制相关情况，明晰具体。在"古迹"一目中，对著名的金石碑文《镇海碑》《天山唐碑》《天山庙记》均予详载，记述立碑背景、碑体情况。《天山庙记》未见他书有录，尤为珍罕。有关币制之记叙，为研究新疆经济史之重要资料。

首图所藏《镇西厅乡土志》有光绪三十四年李晋年行楷手书跋文一篇，此跋文虽短，然其所含信息十分丰富，为我们提供了清末新疆学者和官员对乡土志编写的种种看法和认识。

## 征西纪略

（清）曾毓瑜撰，4卷，成书于光绪十九年（1893年）十一月莎车军中，有光绪二十年（1894年）洪良品序。光绪二十年京师官书局铅印本刊行。白寿彝编《回民起义》（北京：神州国光社1952年版）收入第三册。朱汉民、丁平一主编《湘军》（社会科学文献出版社2013年12月版）收入第8卷。

曾毓瑜，字汉章，生卒年不详，湖南湘乡人。同治年间，陕甘回民反抗清朝统治多地动乱，清廷派多隆阿、杨岳斌、左宗棠、刘锦棠等先后出兵镇压。曾毓瑜以诸生从军西征，效力于左宗棠幕府，参与清军平定陕甘新回乱。其书以编年体例，依次记述。前三卷为《陕甘靖寇记》，第四卷《新疆靖寇记》，文末附《新疆兵变记》一篇。记述清同治元年起至光绪十年陕西、甘肃、新疆地区回民反抗及清政府镇压、新疆建省等史事，详述左宗棠西征用兵方略。作者自称陟天山，逾葱岭，对战事过程"耳闻目见"。书中提到左宗棠因案苛责刘锦棠，"锦堂有辞，倔强不服，宗棠颇不能平"。又言肃州马四慑于湘军兵威，接受招降，"诣军前乞降，诛之，守城客回、土回皆歼焉"，可见战事之残酷。卷四《新疆靖寇记》记与阿古柏战事。阿古柏和徐学功的勾结与反目，白彦虎入疆，景廉与金顺的矛盾，俄占伊犁，曾纪泽出使俄国，金顺收回伊犁等事。附《新疆兵变记》述官军中哥老会起事，金顺不能弥乱等。记事具体，具有较高史料价值。作者另有《东溪诗草》，光绪年间京师官书局排印本，1册，国家图书馆有藏本。

## 知还书屋诗钞

（清）杨廷理撰，道光十六年（1836年）金陵杨梁金局刻本，10卷。

杨廷理（1747—1813），字清和，号双梧，又号半缘、更生，晚年自署苏斋，广西马平（今柳州）人。年十二时应童子试，录取为府学生，又二年考取廪生。乾隆四十二年（1777年）始拔贡。次年入京，朝考一等一名，签发福建，历任归化等县知县。五十年，以考绩卓异升台湾府南路理番同知，次年八月到任。不数月，值林爽文事件爆发，杨廷理以守城有功，擢台湾知府。五十五年，升台湾兵备道，兼提督学政。五十八年，加按察使衔，赏戴花翎。六十年，以福建库亏空案及编造年谱以辨冤屈等因，拟斩监候，后改戍伊犁。嘉庆元年（1796年）八月赴戍，八年春。戍满释归。回籍后，于十一年降捐知府。至十七年，先后任台湾知府、淡水厅通判、噶马兰（今台湾宜兰）通判等职，被噶马兰民众誉为"开兰名宦"。嘉庆十八年（1813年），杨廷理于赴建宁知府任前，卒于台湾府署，终年六十七。事具自撰年谱《劳生节略》，附于《知还书屋诗钞》后。

杨廷理的诗集在生前随时刊布，凡九集，如嘉庆十一年（1806年）《再来草》，现藏于广东中山图书馆；二卷本《东游草》，现不知存轶。《知还书屋诗钞》为杨廷理第五子立亮于道光十六年请友人许乔林根据各旧刊本重加编订而成。前有许乔林、杨立亮序各一篇。收诗起于乾隆丙午（1786年），讫于嘉庆癸酉（1813年），存诗共1340首。杨廷理一生宦辙无定，四方奔驰，实为"东西南北之人"也，诗集各卷因以东西南北名之。其中，《西来草》三卷、《西来剩草》一卷和《东归草》中部分诗歌，为其遣戍伊犁时所作，凡616首，几占其诗歌总数的一半，可见西行经历对其创作的影响。杨廷理的西域诗最多的是抒发对家乡、亲人的思念诗作，同时也有大量反映伊犁风物、描写谪戍生活，以及与友人的诗酒唱和之作。体裁以律诗为主，对仗工整而不落纤巧，新奇而不事雕琢，颇为可读。但是，杨廷理的西域诗也有明显的缺点，如多步古人韵和自叠其韵，难出佳制；喜用典和给诗句加注，无所不注，影响诗歌意境，部分注语繁杂，有喧宾夺主之嫌；有句无篇。但总体而言，杨廷理西域诗的成就和价值是不可否定的。

## 职贡图

（梁）萧绎绘。真图已轶，存摹本四种，分别藏于台北故宫博物院、国家博物馆等地。

萧绎（508—555），字世诚，小字七符，梁武帝萧衍第七子。承圣元年（公元552年）即皇帝位，是为梁元帝。史称绎"博极群书"，"帝工书善画，自图宣尼像，为之赞而书之，时人谓之三绝"，有"贡职图"传于世。

《艺文类聚》卷五十五《职贡图序》谓梁元帝《职贡图》乃纪念其父梁武帝"君临天下之四十载"（502—541）而作。因而一般认为，《职贡图》是梁元帝第一次出任荆州刺史时所草创，大同六年（540年）或七年（541年）前完成。王素先生根据唐朝张彦远《历代名画记》卷七载梁元帝"任荆州刺史日，画《蕃客入朝图》，（武）帝极称善；又画《职贡图》。"以及其他史料记载，认为梁元帝《职贡图》应有三个不同阶段图：第一个阶段图名为《蕃客入朝图》，系第一次任荆州刺史时创作；第二个阶段图名为《职贡图》，系大同六年任京官时增补；第三个阶段图名为《贡职图》，系即位后的承圣三年（554年）春最终完成。

梁元帝《职贡图》摹本旧存三种：第一种为唐阎立本摹本，名为《王会图》，存鲁（虏）等二十四国使者着色画像，无题记；第二种为五代南唐顾德谦摹本，名为《梁元帝番客入朝图》，存鲁（虏）等三十三国使者白描画像，亦无题记。均藏台北故宫博物院。第三种为北宋熙宁十年（丁巳，1077年）前摹本，原名《唐阎立德职贡图》，金维诺先生考证，定为梁元帝《职贡图》，存滑、波斯、百济、龟兹、倭、狼牙修、邓至、周古柯、呵跋檀、胡蜜丹、白题、末十二国使者着色画像，并题记十三条（倭国后多宕昌国残题记）。该图原为清宫旧藏，当时尚存二十五国。民国十四年（1925年）溥仪携至长春，后流散民间。初为南京博物院收藏，后为国家博物馆收藏。这三种摹本中，北宋熙宁十年前摹本画风古朴，又有题记，最受学者关注。

近年又发现了梁元帝《职贡图》第四种本子。赵灿鹏于《爱日吟庐书画续录》卷五发现清末民初人葛嗣浵（1867—1935）所撰《清张庚〈诸番职贡图卷〉》，记录了清张庚（1685—1760）乾隆四年（1739年）摹本《诸番职贡图卷》。张庚摹本为"纸本。高九寸三分，长一丈四尺三寸四分。白描法，钩而不染。一国画一人，人约六七寸长，每人各载一记，统计一十八种"。有渴盘陀、武兴蕃、高昌、天门蛮、滑、波斯、百济、龟兹、倭、高句骊、于阗、斯罗（即新罗）、周古柯、呵跋檀、胡蜜檀、宕昌、邓至、白题十八国的题记。其中，渴盘陀、武兴蕃、高昌、天门蛮、高句骊、于阗、斯罗七国题记为北宋摹本所无，滑、倭、宕昌三国题记基本可以补足北宋摹本题记残阙的部分，其他可据以对北宋摹本文字漫漶处进行辨识者还有不少。

北宋摹本存滑、波斯、百济、龟兹、倭、宕昌、狼牙修、邓至、周古柯、呵跋檀、胡蜜丹、白题、末十三国题记，其中滑、波斯、龟兹、宕昌、邓至、周古柯、呵跋檀、胡蜜丹、白题、末十国属于西域诸国；张庚摹本存渴盘陀、武兴蕃、高昌、天门蛮、滑、波斯、百济、龟兹、倭、高句骊、于阗、斯罗、周古柯、呵跋檀、胡蜜檀、宕昌、邓至、白题十八国题记，其中渴盘陀、武兴蕃、高昌、滑、波斯、龟兹、于阗、周古柯、呵跋檀、胡蜜檀、宕昌、邓至、白题十三国属于西域诸国。两种摹本现存国家中"西域诸国"都占绝大多数，对于研究西域历史及西域诸国人种、服饰、中外交流，以及绘画艺术都有很高史料价值。不仅如此,《梁书·诸夷传》材料主要来自梁元帝《职贡图》,而题记所载比《梁书·诸夷传》更为详细,因此可以据此校正史书之所载,补充史书之所缺,对于研究梁朝与附从或周边各国的关系,乃至东亚世界关系、册封体制都有很高的史料价值。

## 止止轩诗稿

(清)赵钧彤撰,清嘉庆年间昌阳赵氏止止轩刻本,6册6卷。国家图书馆藏。

赵钧彤(1741—1805),字絜平,号澹园,又号雪山衲子。山东莱阳人。乾隆四十年(1775年)进士,授河南卢氏知县。后改补直京唐山知县。四十八年,遭人诬陷为贪赃,被逮入保定狱。四十九年三月,谪戍伊犁。由保定起程,次年三月抵戍。五十六年,释回。嘉庆十年(1805年)卒于乡。

《止止轩诗稿》中保存了赵钧彤遣戍西域期间的诗作,主要分为描写风物与抒发个人情志两部分。前者如《哈密》:"横扼新疆万里途,城门高榜古伊吾。雪撑天北羊头坂,泉注山南牛尾湖。野圃逢年瓜当饭,旗亭饷客茗炊酥。缠头王子台宫迥,牖户东开望上都。"《松树塘》:"密雪晚霏霏,低村柴筑围。冰藏枯水活,松带远山飞。但得轻装解,何殊久客归?入门登板榻,吹火燎征衣。"后者代表作有《元旦》:"一夜虚空爆竹声,夜寒新破晓寒轻。稀星压塞苍山曙,残炬摇风积雪明。冠带久颁都护路,春王同贺贰师营。黄云紫气天东满,却立军门望凤城。"《和静浦闻笳韵》:"短发梳还乱,征衣补又残。那堪砧杵急,益使角声寒。怀友眇天末,吟诗到夜阑。欲眠愁放脚,踏裂破衣单。"真实反映出乾嘉遣戍文人的经历与心态。

## 至正集

(元)许有壬撰。主要版本有清宣统三年(1911年)河南教育总会石印本10册;清抄本8册81卷。

许有壬,字可用,先世为颍州(今安徽阜阳)人,后迁居彰德路汤阴(今属河南）人，元中后期政治家、文学家。元仁宗延祐二年（1315年）进士及第，历仁宗、英宗、泰定帝（非正式称呼）、显宗、明宗、文宗、宁宗、顺帝七朝，仕宦四十余年，官至集贤大学士、枢密副使、中书左丞。为官廉洁勤政。

《至正集》是许有壬中年和晚年退居洹上的著作，内容丰富，涉及元代典章制度、人物、政治及社会风俗等方面，大多为许有壬本人所经历事件或是感想与听闻，较为真实，保存了元代后期社会诸多方面资料。特别是一些碑铭、记、序跋，如《西域使者哈扎哈津碑》《阿勒坦哈雅公神道碑》等碑文，多涉及元代典章制度，为研究元代社会、中原与西域的文化交流提供了很多珍贵的史料。

### 中俄边界条约集

商务印书馆编，1973年3月铅印内部发行。该书另有俄文本，亦由商务印书馆1973年出版发行。

《中俄边界条约集》是一部清代及民国初年中俄边界条约的资料汇编，正文收录了中俄自1689年9月8日《中俄尼布楚议界条约》至1915年6月12日《中俄沿霍尔果斯河划界议定书》期间签订的35份中俄条约，清代签订的条约总计32条，民国初年所签的条约则有3条。内容主要涉及中俄西北、东北边界的划分。其中西北界划分条约多与清代新疆行省有关，如《中俄伊犁界约》《中俄喀什噶尔界约》《中俄科塔界约》《中国塔尔巴哈台北段牌博记》《中俄续喀什噶尔界约》《中俄会订塔城哈萨克归附条约》《中俄会订管辖哈萨克等处条款》《中俄有关帕米尔问题的四个换文》《中俄勘修塔城中俄交界处所牌博文交据》。《中俄边界条约集》还设有附录，收录了苏联政府对中华民国政府发表的一些不涉及边界划分的宣言和声明，如《俄罗斯苏维埃联邦社会主义共和国政府对中国人民和中国南北政府的宣言》《俄罗斯苏维埃联邦社会主义共和国对中华民国政府的宣言》《苏联驻华代表卡拉罕对报界的声明（节录）》，以及1945年8月14日中华民国政府与苏联政府就对日作战后期及战争结束后解决双方争议问题签订的《中苏友好同盟条约》。

## 中俄国境勘界交涉及俄人劫毙中国人等案

（清）总理衙门清档。清光绪抄本，5 册，藏于国家图书馆。收录在《中国边疆研究资料文库·边疆边务资料初编·西北边务》，中央编译出版社，2011 年。

包括两个部分，一是俄国人劫杀中国人的案件交涉记录。包括伊犁将军金顺上奏、督办宁古塔事宜大臣吴大澂上奏等；二是中俄国界勘界交涉事宜。记载详细，内容丰富。

## 中俄交界记

（清）王锡祺辑，载《小方壶斋舆地丛钞》第三帙，光绪十七年（1891 年）刊印，上海著易堂铅印本。另载（清）汤寿潜辑《质学丛书初集》第 26 册，光绪二十三年（1897 年）武昌质学会刻本；（清）求志斋主人辑《中西新学大全》，十九卷九十一种，上海鸿文书局石印本；（清）佚名辑《游记汇刊》，十六种，湖南新学书局光绪二十三年版等。

王锡祺（1855—1913），字寿萱，别号瘦髯。清同治十一年（1872 年）中秀才，捐刑部候补郎中。自辟书室名曰"小方壶斋"，研究中外舆地之学。曾亲赴日本考察明治维新后的政治情况。撰有《方舆诸山考》《中俄交界记》《西藏建行省议》等。王锡祺生平喜好舆地游览之书，从光绪三年（1877 年）起开始进行专门地理学研究，编成《小方壶斋舆地丛钞》。

《小方壶斋舆地丛钞》，包括补编、再补编，共 64 卷，收书 1348 种，编录作者 600 余人，其中有 40 多个外国作者。该书在编排上，先全球，后分区；先本国，后外国；先内地，后边疆；先近邻，后远邦。地区上包括五大洲、远及南极。所收文论、书籍自然地理知识有 35 篇，世界地理方面有 287 种，中国地理种类最多，有总论，有专项，还有属于山川形势、农田水利、名胜古迹、风俗民情、民族事务、以及有关方面的论著、译著 1026 种。目前不少研究中外关系者都认为这部丛书中资料极为丰富。

《中俄交界记》是作者辑录中俄边界相关资料而成。始于康熙二十八年（1689年）《中俄尼布楚条约》订立，继由理藩院尚书图礼善雍正五年（1727年）与俄国官员订立《恰克图边界条约》及结果；咸丰八年（1858年）、十年，中俄关于黑龙江等地边界谈判及结果；咸丰十一年（1861年），中俄关于乌苏里江及兴凯湖的分界谈判及结果；同治三年（1864年），明谊受命与俄国在塔城谈判勘分西北边界；同治八年（1869年），科布多立界大臣奎昌奉旨与俄国官员谈判，科布多建立20个界牌、鄂博；九年，奎昌又与俄国商议勘分塔尔巴哈台方面边界；乌里雅苏台大臣荣全与俄国谈判乌里雅苏台西北分界；光绪七年（1881年），曾纪泽与俄国谈判收回伊犁并勘定安设界牌、附中俄卡伦单等。上述记载还包括中国与沙俄边境的自然地理状况、外交、通商等情况。

## 中俄界约斠注

（清）钱恂撰，凡2册6卷（另附《帕米尔分界私议》1卷，《中俄界线简明说》1卷），光绪二十年（1894年）上海醉六堂刻本。另有光绪二十三年（1897年）武昌质学会刻本。台北广文书局影印本。

钱恂（1853—1927），字念劬，浙江吴兴人。晚清著名外交家，清末民初的开明思想学者，曾任自强学堂（今武汉大学前身）首任提调。早年奔走于薛福成、张之洞幕下，后任湖北留日学生监督。光绪三十三年（1907年）以江苏补用知府出使荷兰，后改使意大利，与维新派、革命派等人员多有联系。作为一个外交人才，他以出色的眼光将大量当时的西方知识介绍到中国，其名至今在中国金融学、政治学、地理学等很多学科史上占有一席之地。撰有《中外交涉类要表》《各国运销茶数表》《中俄界线简明说》《中俄交界考》《帕米尔分界私议》《天一阁见存书目》《二二五五疏》等。

《中俄界约斠注》是作者对自康熙年间至光绪年间中俄两国边界条约进行的汇总和斠注，包括"康熙二十八年《黑龙江界约》""同治三年所立《勘分西北界约》""咸丰八年《瑷珲条约》""咸丰十年《北京条约》"等二十五条，每条均抄录条约原文并附作者对地名、界线、界碑的考证。

本书为研究中俄外交史、历史地理学以及官职名称均提供了详实的资料。

## 中俄外交说明书

新疆外交研究所编,宣统二年(1910年)成书,新疆官书局铅印本,国家图书馆藏。

《中俄外交说明书》,主要记录清朝中俄两国在外交方面的相关历史信息,包括两国之间签订的重要条约,如:《中俄尼布楚条约》《中俄布连斯特条约》《中俄恰克图条约》等历史资料。

## 中俄伊犁交涉始末

(清)罗惇曧撰,成都昌福公司铅印本。山东画报出版社2004年出版,被以民国《满清野史丛书》为底本整理的《满清野史续编》收录(第333~356页),为目前通行本。

罗惇曧(1872—1924),字掞东,号瘿公,又号瘿庵,清末广东顺德人,晚清名士,能诗,工书法。他早年就读于广雅书院,后康有为在广州万木草堂讲学,曾从康游,与陈千秋、梁启超并称高第。光绪二十九年(1903年)副贡,后屡试不中,报捐主事,调邮传部郎中。入民国后历任总统府秘书、参议、顾问、国务秘书等职,又曾为袁克定师。罗惇曧留心搜集辑存当代史料,曾在梁启超主编的《庸言报》上开设专栏,发表有关近世掌故的文字。其专著有《庚子国变记》《德宗承统私记》《中日兵事本末》《割台湾记》《拳变馀闻》《中俄伊犁交涉始末》《太平天国战纪》等,均以文笔雅洁、材料翔实、论说清晰著称,受到近代史研究学者的重视。

《中俄伊犁交涉始末》记载了清朝与俄国订立《伊犁条约》过程中清朝官员的奏疏,以及《伊犁条约》的相关法律条款。曾刊于1913年9月1日《庸言》第一卷第十九号《史料》专栏,系《清外史》之一种。全文约两万字,其中记载有张之洞、郭嵩焘、曾纪泽等人针对伊犁问题所呈奏疏凡1.7万余字;罗瘿公本人仅叙述事情的起因、经过与结果,其中包含罗瘿公所列的部分条款内容，以及作者根据传闻所写的人物对话，约 2300 字，占全文的十分之一。

## 中俄约章会要

（清）总理衙门辑。一函 4 册，分上中下三卷，另有续编一卷。上卷 52 面，约 7500 字；中卷 82 面，约 12 千字；下卷 78 面，约 11 千字；续编 122 面，约 18 千字。有光绪八年（1882 年）总理衙门铅印本和光绪年间同文馆聚珍印本。

《中俄约章会要》收录自康熙朝至同治时期的中俄间条约，按条约内容分为三类，包括总约、界务条约和商务条约，分三卷收录。上卷"约总"，收录《天津条约》和《北京条约》；中卷"界务"，收录《黑龙江条约》《瑷珲城条约》《勘分东界条约》《恰克图条约》《勘分西北界条约》《乌里雅苏台界约》《科布多界约》《雅尔巴哈台界约》；下卷"商务"，收录《恰克图市约》《伊塔通商章程》《陆路通商章程》《改订陆路通商章程》《陆路通商章程》《三联执照章程》。

## 中国地方志集成·省志辑·新疆青海西藏

全 3 册（影印），凤凰出版社、上海书店、巴蜀书社合编，2012 年出版。
《中国地方志集成》是国家古籍整理出版专项经费资助项目，它从全国现存的 8000 余种历代方志中择优选取收录 3000 余种，47000 余卷，包括各地的通志、府志、州志、厅志、县志、乡镇志、以及山水志、寺庙志、园林志等。第一册收录（清）傅恒等修、褚廷璋等纂、英廉等增纂《乾隆钦定皇舆西域图志》，该《图志》是据清光绪间铅印大字本影印；第二册收录（清）袁大化修，王树枏、王学曾纂《宣统新疆图志（一）》；第三册收录《宣统新疆图志（二）》。其中《新疆图志》较为全面地记述了新疆的历史地理、典章制度、民族、礼俗、物产、人物等情况，是研究新疆历史文化的重要资料。

## 中国地方志集成·新疆府县志辑

全 12 册（影印），凤凰出版社、上海书店、巴蜀书社合编，2012 年。国家图书馆藏。

《中国地方志集成》是国家古籍整理出版专项经费资助项目，它从全国现存的 8000 余种历代方志中择优选取收录 3000 余种，47000 余卷，包括各地的通志、府志、州志、厅志、县志、乡镇志、以及山水志、寺庙志、园林志等。总体说来，《集成》具备覆盖面广、编印质量高、实用价值大等特点。

《新疆府县志辑》选取《道光钦定新疆识略》《民国新疆志略》《乾隆回疆志》《乾隆西域总志》《嘉庆西陲总统事略（一）（二）》《嘉庆回疆通志》《新疆乡土志稿二十九种》等 42 种具代表性的反映新疆地区自然、社会和人文方面的方志资料，内容广泛，记述翔实，是研究新疆历史文化的重要资料。

## 中国西北稀见方志（续集）

邵国秀编，被辑入《中国公共图书馆古籍文献珍藏本汇刊·史部》（中华全国图书馆文献缩微复制中心，1997 年）影印。《中国西北稀见方志（续集）》辑入甘肃省图书馆藏西北五省（区）方志的稿本、抄本、珍稀刻印本 37 种，编为 10 册。

其中第十册为新疆地区方志，有《（道光）西域考古录》《（光绪）新疆大记》《（民国）新疆大记补编》《喀什噶尔英吉沙尔》《莎车府志》《乌苏县志》六部志书。《西域考古录》，俞浩撰，记述了兰州以西、天山南北路，以及西藏诸地古今地名、山川形势、风土民情、在记述中有所考辨。《新疆大记》，阚凤楼撰，由其孙阚铎校对付印。《新疆大记补编》，吴廷燮纂，书中分述疆域、山水、村屯、道路、沟渠、户口、田赋、部族、物产与郡县建置始末，条目清晰，叙述详明，皆胜于《大记》。再如《莎车府志》，佚名纂，宣统元年（1909 年）抄本。此书对莎车的物候、川流、国界、牧界、种族、沿革、学校、官制、邻交、商业、工艺、田赋、物产等等，均有详细记载。这些内容对于研究新疆地区的经济社会发展具有很大的史料参考价值和意义。

## 中国新疆壁画艺术全集

《中国新疆壁画艺术全集》编辑委员会编，新疆美术摄影出版社2009年版，共6册。

全集分六册，分别介绍了克孜尔石窟、库木吐喇石窟、森木塞姆石窟、克孜尔尕哈石窟、柏孜克里克石窟等。其中，第一册名为《克孜尔石窟（1）》，包括了克孜尔石窟初创期（公元3世纪末至4世纪中）绘画、贫人须摩持缕施佛缘、佛度病比丘缘、山林禅修图、立佛、金翅鸟与猿猴、坐禅比丘与伎乐、伎乐与花鸟、佛传图、佛传故事坐禅比丘与动物、乾闼婆、背子雌猿、双天人等内容；第二册名为《克孜尔石窟（2）》，包括了克孜尔石窟繁盛期（公元6世纪至7世纪）绘画、龟兹风壁画的形成与发展、券顶壁画、天相图局部、日天问佛日月往行缘、佛度病比丘、右壁全景、弥勒菩萨说法图、弥勒菩萨说法图局部、佛传图等内容；第三册名为《克孜尔石窟（3）》，包括了克孜尔石窟后期（公元7世纪左右）绘画、因缘故事局部、小儿播毂踊戏缘、梵豫王施谷缘、须阇提本生、须达拏本生、白象本生、月光王本生、婆罗埵逝供食出火缘、券顶壁画局部、蛤闻法升天缘局部、舞师女作比丘尼缘、萨薄本生、兔本生、摩诃萨埵太子本生、啖摩迦本生、八王分争舍利图、供养人等内容；第四册名为《库木吐喇石窟》，包括了库木吐喇石窟（公元5世纪至11世纪）绘画、立佛谷口区、供养菩萨谷口区、菩萨谷口区、供养菩萨谷口区、立佛与菩萨谷口区、降魔变谷口区、魔军怖佛谷口区、穹隆顶谷口区、迦叶禀受经戒作沙门、长者造塔得升天宫缘等内容；第五册名为《森木塞姆石窟、克孜尔尕哈窟》，介绍了森木塞姆石窟（公元4世纪至10世纪）绘画、因缘故事第24窟、猴射第24窟、梵志第24窟、天宫伎乐第26窟、菩萨和天人第26窟、天人第26窟、执金刚第26窟、举哀力士第27窟、主室壁画第30窟、设头罗健宁王本生第30窟、鹦鹉舍生救火本生第30窟以及玛扎伯哈石窟、克孜尕哈石窟、托乎拉克艾肯石窟、阿艾石窟、七个星石窟、北庭龛窟等内容；第六册名为《柏孜克里克石窟》，包括了吐峪沟石窟高昌郡至高昌国时期（公元327年至640年）绘画、雅尔湖石窟、七康湖石窟、柏孜克里克石窟、胜金口石窟、伯西哈石窟、回鹘高昌前期（公元10世纪至12世纪）大桃儿沟石窟、回鹘高昌后期（公元12世纪至14世纪）小桃儿沟石窟的石窟壁画，有菩萨、禅观图、千佛、千佛局部、窟室内景、塔、说法图等内容。

新疆是佛教东渐的"桥头堡"，石窟壁画是佛教历史的真实载体。石窟的开凿依时代、地区的递变，呈现出丰富多彩的状况，壁画是其多彩的诠释和挥致。石窟壁画的种类和题材内容服从于宣弘佛法、阐释佛义的需要，是研究中国佛教史、新疆史以及中国绘画史的重要资料。

## 中国印度见闻录

[阿拉伯] 佚名著，穆根来、汶江、黄倬汉译。中华书局1983年版1册。《中外关系史名著译丛》收录。国家图书馆有收藏。

《中国印度见闻录》又名《苏莱曼东游记》。系根据唐代来华的阿拉伯商人苏莱曼等人的见闻所撰，851年汇集，880年续成。书中有关于突厥的托古兹古思和唐王朝请回纥王派兵平"安史之乱"等有关情况记载。对当时新疆风土人情、自然面貌有记述，对相关研究有重要价值。

## 中国与叙利亚之间的古代丝绸之路

[德] 阿尔马特·赫尔曼（A.Herrmann）著。有1941年天津影印本。1册。阿尔马特·赫尔曼（A.Herrmann），德国历史学家。

《中国与叙利亚之间的古代丝绸之路》又名《汉代绘绢贸易路考》。19世纪末，德国地质地理学家李希霍芬在《中国》一书中，把"从公元前114年至公元127年间，中国与中亚、中国与印度间以丝绸贸易为媒介的这条西域交通道路"命名为"丝绸之路"，这一名词很快被学术界和大众所接受，并正式运用。其后，赫尔曼在《中国与叙利亚之间的古代丝绸之路》

一书中，根据新发现的文物考古资料，进一步把丝绸之路延伸到地中海西岸和小亚细亚，确定了丝绸之路的基本内涵，即它是中国古代经过中亚通往南亚、西亚以及欧洲、北非的陆上贸易交往的通道。

## 中国之旅行家

[法]沙畹著，冯承钧译。版本有商务印书馆（上海）民国十五年（1926年）版、上海古籍出版社2014年版1册；台北商务印书馆1975年版1册，67页。上海古籍出版社版与《摩尼教流行中国考》合刊。商务印书馆（上海）《尚志学会丛书》收录。商务印书馆（上海）民国十五年（1926年）、台北商务印书馆1975年版，藏于国家图书馆。

沙畹，世界上最早整理研究敦煌与新疆文物的学者之一，法国研究敦煌学的先驱。该书介绍了张骞、法显、惠生、玄奘、郑和等人的事迹。本书通过我国的古籍，考证东亚的外交政策、商业交往、宗教进化及多数国家的地埋古物风俗等。莫东寅认为，此书"不特为翻译之晶，且兼有考据之功"。

## 中天竺行记

（唐）王玄策撰。共10卷，原书已佚，其文散见《法苑珠林》《太平寰宇记》《太平御览》等书引文中。此行记约成书于661—666年之间，今见残本存于唐释道世所撰《法苑珠林》一书中。有关《中天竺国行记》研究方面的史料有：孙修身《〈大唐天竺使出铭〉的研究》，对1990年6月发现于西藏的《大唐天竺使出铭》进行了考释；林梅村结合考古材料和语言研究成果，对《大唐天竺使出铭》进行校释，著有《〈大唐天竺使出铭〉校释》，均可供进一步研究参考。

王玄策，唐朝官员、外交家。唐初贞观十七年至龙朔元年（643—661）间三次出使印度（一说四赴印度），是对中印关系史做出重要贡献的人物。《中天竺行记》又名《王玄策行传》，记唐朝使节王玄策出使天竺

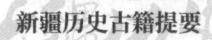

的行程及平阿罗那顺之乱的经过。该书为研究西域史、中西交通史的重要资料。

## 中亚细亚探险谈

［英］斯坦因著，有清宣统二年（1910年）王国维译稿本；民国十七年（1928年）石印本。1册。《海宁王忠悫公遗书》收录。民国十七年石印本藏于国家图书馆。

马尔克·奥莱尔·斯坦因，是著名的英国考古学家、艺术史家、语言学家、地理学家和探险家，国际敦煌学开山鼻祖之一。他于1900—1901年、1906—1908年、1913—1916年、1930—1931年分别进行了四次著名的中亚考察，考察的重点地区是中国的新疆和甘肃。本书正是对这些探险活动的一个反映。

## 舟车所至

（清）郑光祖编，13卷。版本有清道光二十三年（1843年）琴川郑光祖青玉山房刻本6册；中国书店1991年影印本1册。国家图书馆有收藏。

郑光祖，是清代江南地区的一位普通士绅。《舟车所至》全书含21种地理类史料。其中《塞北纪闻》《西域旧闻》《伊犁日记》《乌鲁木齐杂诗》等涉及新疆历史人文内容。

## 竹书纪年

春秋时期晋国史官和战国时期魏国史官所撰，编年体史书。有商务印书馆1937、1959年版；上海古籍出版社2005年版，该版本32开，293页。

西晋武帝太康二年（281年，一说咸宁五年［279］或太康元年），于汲郡（治所在今河南汲县西南）战国魏襄王（或曰魏安釐王）墓中发现此书。原简散佚，后经荀勖整理成篇。该书原无名称，因写在竹简上，被称为《竹书》，因按年编次,又被称为《纪年》;或冠上出土地点,被称为《汲冢竹书》或《汲冢纪年》。一般称为《竹书纪年》。南宋以后亡佚。后有十余种辑本。近人王国维《古本竹书纪年辑校》《今本竹书纪年疏证》为一代名著。今人方诗铭、王修龄重辑《古竹书纪年辑证》,是目前最完善的古文《竹书纪年》辑佚本。

《竹书纪年》共 13 篇,叙述夏、商、西周和春秋、战国的历史,周平王东迁后用晋国纪年,三家分晋后用魏国纪年,至魏襄王二十年(前 299 年)为止。开篇以君主纪年为纲目,上下记载了 89 位帝王、一千八百四十七年的历史。该书是中国古代唯一留存下来的秦统一之前的编年通史。

《竹书纪年·周纪》中有关于西王母的记载。穆王十七年(前 2561 年),穆王西征昆仑丘,会见西王母。西王母劝止周军西进,西王母国还派遣使者觐见,穆王在昭宫举行接见礼仪。西王母所居的昆仑丘即在今新疆境内。可见在很早的时候,中原已与西方一些地区有交往,而交往的对象为女性西王母。西王母居住在远古人类居住之地喜马拉雅山脉和昆仑山脉,该书反映了古人对故乡的怀念,对祖先的崇拜。

## 竹叶亭杂记

(清)姚元之撰。有稿本;清光绪十九年(1893 年)姚虞卿刻本;清宣统二年(1910 年)上海扫叶山房石印本等。8 卷 4 册。稿本、光绪姚虞卿刻本藏于国家图书馆,宣统上海扫叶山房石印本藏于新疆维吾尔自治区图书馆。

姚元之(1773 或 1776—1852),字伯昂,号荐青,又号竹叶亭生。安徽桐城人。姚元之有家学渊源,多才多艺,《清史稿·姚元之传》称:"元之学于族祖鼐,文章尔雅,书画并工。"嘉庆十年(1805 年)中进士,道光二十三年(1843 年)致仕。先后在翰林院、南书房、内阁、詹事府、礼部、兵部、刑部、户部、都察院等部门任职,并参加过《清高宗实录》《清仁宗实录》《大清一统志》《国史》等官书的编撰。其从孙姚穀在《竹叶亭杂记序》中言:"官京朝数十年,每就见闻所及,成《竹叶亭杂记》十万馀言。"此书的写作与丰富的内容，与他长期在京做官的经历，以及参与编撰诸史书的经历密切相关。

《竹叶亭杂记》共记载各类闻见312则，其中有关西域的记载共19则。内容涉及涉及政治、民俗、物产等多个方面。如《竹叶亭杂记》卷一中对喀什噶尔伯克等年班进京的规定有较为详细的记载。卷三记载："叶尔羌、和阗皆产玉，和阗为多，然入贡则由叶尔羌大臣奏进。"又载："叶尔羌西南曰密尔岱者，其山绵亘，不知其终。其上产玉，凿之不竭，是曰玉山，山恒雪。"卷三中还细致地描述了叶尔羌的办事大臣公署之景："叶尔羌，西域一大都会也。其办事大臣公署，即小和卓木之花园。有大池，水池中造八面亭，有长桥，高下曲直，可达亭前。居室临水，有艇子舣于水旁，开门即可泛舟。其地恒燠，夹水长堤，花木若春，垂杨两岸，掩映水碧。西域无杨，惟此园独有。居其中，恍如西湖上游也。"这些西域记载，从一定程度上反映了新疆的风貌以及清政府新疆治理的政策。不但使人增广见闻，而且具有一定的史料价值、认知价值等。

### 总统伊犁事宜

（清）永保撰，又名《伊犁事宜》。成书于清乾隆年间，仅有抄本传世。今有马大正据吴丰培教授私藏本为蓝本，校订整理，载于中国社会科学院中国边疆史地研究中心主编《清代新疆稀见史料汇辑》（全国图书馆文献缩微复制中心，1990年）。

《伊犁事宜》内容为北路总说、南路总说。北路总说包括镇西府、孚远城、乌鲁木齐、库尔喀喇乌苏、精河、塔尔巴哈台、伊犁；南路总说包括喀什噶尔、英吉沙尔、叶尔羌、和阗、乌什、阿克苏、库车、喀喇沙尔、吐鲁番、哈密、北路道里、南路道里、惠远城满营档房应办事宜、惠宁城满营档房应办事宜、锡伯营应办事宜、索伦应办事宜、察哈尔应办事宜、厄鲁特应办事宜、绿营应办事宜、印房折房应办事宜、册房应办事宜、管理军台领队大臣办事档房应办事宜、喇嘛处应办事宜、回务处应办事宜、营务处应办事宜、抚民同知应办事宜、理事同知应办事宜、粮饷处应办事宜、驼马处应办事宜、功过处应办事宜、督催处应办事宜、铜厂应办事宜、铅厂应办事宜、船工应办事宜。此书的内容虽然包括全疆，但约有一半篇幅记述伊犁将军府之事，尤其详于各处应办事宜。

## 左宗棠全集

（清）左宗棠撰，15卷本。岳麓书社于1983至1996年间陆续整理出版，刘泱泱等校点，逾800万字。

左宗棠（1812—1885），字季高，湖南湘阴人。清末湘军首领，洋务运动的倡导者和力行者。先是领军镇压陕甘回民起义；继之大举督师西征，歼灭入侵新疆达15年，并获得英、俄等国支持的西亚浩罕国入侵者阿古柏，收复新疆，并促成新疆建省，推进西部开发；晚年入值军机、总督两江、督办福建军务，病殁于抗法前线。

《左宗棠全集》包括《左宗棠全集：奏稿（1—9）》《左宗棠全集：附册》《左宗棠全集：家书诗文》《左宗棠全集：札件》《左宗棠全集：书信（1—3）》。主要收集了左宗棠一生的文集及奏折书信等。岳麓书社出版的《左宗棠全集》为左宗棠研究提供尽可能充分、可信的第一手资料，对研究左宗棠这位历史人物提供了文献指导。

# 后　记

　　《新疆历史古籍提要》是中国书籍出版社申请的国家古籍整理出版资助项目。我第一次认识书籍出版社各位同仁，是在 2017 年的 5 月的一天，中国敦煌吐鲁番学会的副会长兼秘书长柴剑虹先生打电话给我，说书籍出版社有一个《新疆历史文献综录》的草稿，请我审稿提意见，他本人要去法国不能参加会议。我说我看一下吧，如果审不了就请其他人。柴先生说，你肯定可以审，不要找其他人了。柴先生比我年长，且学问广博，素来为我所敬重，因此我应允下来，并认真审稿，总不能辜负柴先生的信任吧。审读会议上，我提了六条修改标准和原则，还提了一些具体意见。书籍出版社的领导及其主管领导真正是虚怀若谷，不以为忤，反而盛赞，并把我列为下一阶段审稿的核心专家。后来，又提议委托我担任主编，主持《新疆历史古籍提要》这个项目。

　　对于出版社领导的信任，我是非常感谢的，但是，最初我也是坚决拒绝的，因为我深知，《新疆历史古籍提要》是"新疆文库"的一种，而"新疆文库"是中央文件审定的重点资助项目，主编责任重大。我也深知，审稿提意见与主持项目是两回事，前者相对简单，只要肯下功夫，一本本核对原著，就能发现问题，只要充分调动自己的学术积累，就能提出好的建议；而后者则复杂得多，涉及的问题多得多。就我而言，首先是时间问题，承担项目花费的时间要远远多于审稿的时间，而我恰恰时间不够用。我承担的《新疆通史》辅助项目《唐代西域官府文书整理与研究》多年来没有交稿，成了压在我心头上的重荷。上班时忙于单位的工作，退休了忙于国家社科基金重大项目，好不容易计划 2017 年完成这项工作，哪有时间和精力承担新的任务？其次是学术领域问题。历史文献是一门专门的学问，而我并不擅长此道。我主要研究新疆中古史，研究新疆出土文书尤多，虽然由于单位工作的需要，也涉猎新疆近现代史与现状问题，但毕竟不是我的专长。新疆历史文献时限拉得很长，其中明清文献居多，也非我之所长。再次是作者队伍问题。我的学生们都毕业了，各有各的工作，同事们也都忙得不可开交，没有一支可以调动的队伍。因此，我向出版社提议聘请其他人为主编，并积极推荐人选。不过，由于种种原因，最后还是由我来承担这项工作。

非常感谢北京师范大学古籍与传统文化研究院院长张荣强教授和教研室主任毛瑞芳副教授，他们积极支持这个项目，组织在校研究生参与这个工作。非常感谢新疆师范大学历史学院副院长施新荣教授，带领他的研究生团队也参加这个项目。施教授本人主要研究明清新疆历史，与我正好可以互补，因此，顺理成章成为该项目的副主编。施老师又邀请新疆师范大学文学院、历史学院的两位副教授担纲本项目部分内容的撰写工作，从而组成了该项目的写作班子。非常感谢我的老同事——中国社会科学院中国边疆研究所毕奥南研究员，他退休后非常繁忙，我戏称他不断扩张，但在百忙中还是接受了我的邀请，担任该书稿的审稿工作，这样，又组成了施新荣、毕奥南和我的审稿班子。

文献条目撰写的分工大体上是，北师大学生孙延政、赵妍、乔佳宏、朱雪阳撰写正史、一般史书、类书、方略、奏稿、个人传记、出土文书、碑刻、墓志、壁画、图录、舆图等文献条目，新疆师大学生吴冰寒、王高策、宋俐、孙瑞雪、张歌负责撰写方志、族谱、家谱、文牍、档案等文献条目，新疆师大马晓娟、吴华峰老师分别负责撰写探险报告游记、文集文献条目。两位老师此前做过类似专题研究，基础较好。需要说明的是，由于学生们学术训练有限，专业经验不足，有些条目是审稿老师在审稿过程中代为完善的，有些条目甚至是审稿老师重新撰写的。这是我要特别感谢审稿老师的。

总的说来，参加项目的每位老师作者都认真工作，因此该项目得以如期完成。当然，其间也有一些波折。主编人选耽误了几个月时间，对项目的进度是有影响的。工作安排上，最初北师大学生的分配和条目的选择是在毛瑞芳老师指导下进行的，后来因为毛老师工作忙等原因，直接由我与学生沟通（孙延政同学协助我做了许多联络工作，在此表示感谢）；同学中有中途退出到国外学习的，对条目的完成也有一定影响。新疆方面时间无法保证，承担任务的老师、学生压力非常大，资料的查找也有诸多困难。两地开展工作，沟通协调也存在一些问题。审稿过程中删了七、八万字的成稿，是很遗憾的。虽然如此，但质量上仍然有不尽如人意的地方。这一点我要负主要责任。

最后，要特别感谢中国书籍出版社的王平社长、刘向鸿总编，以及出版社上级单位中国新闻出版研究院的黄晓新书记。黄书记是《新疆历史文献综录》的策划者和组织者，始终关心《提要》的工作，亲自过问主编人选问题。王社长亲自到北师大古籍与传统文化研究院与参加项目者座谈，而刘总编则自始至终关心本项目的进展，与我们共商解决问题的办法，并特别向国家古籍整理规划办公室申请项目延期结项时间，为我们完成项目争取了时间。

关于条目排序，最初我们拟按《新疆历史文献综录》的分类法分类并按类编排，后来又拟效法《新疆历史词典》等工具书按笔画排列，但做了一点尝试又放弃了。交稿以后，考虑到分类是一个细致的工作，在有限的时间里，我们并无把握使每一种文献条目的归类都准确无误，从读者方面考虑，分类也不便检索，因此我向刘总提议，取每个条目首字的拼音字母，按汉语拼音字母的顺序进行编排，这对于提高本书的质量和方便读者来说都是非常有利的。在此，再次感谢中国书籍出版社的大力支持！

同时，也感谢所有参加这个项目的老师和同学！

主编 李方（北京师范大学历史学院特聘教授）
2018 年 9 月 15 日于北京天通苑寓所